贵州大学民族学长江学者团队
中国人类学民族学研究会苗学研究专业委员会
贵州大学民族学重点学科群建设项目成果

苗学论丛(一):苗学研究回顾与展望

纳日碧力戈　张　晓　主　　编

李一如　执行主编

知识产权出版社
全国百佳图书出版单位

图书在版编目（CIP）数据

苗学研究回顾与展望／纳日碧力戈，张晓主编. —北京：知识产权出版社，2017.9
（苗学论丛；一）
ISBN 978-7-5130-4823-1

Ⅰ.①苗… Ⅱ.①纳… ②张… Ⅲ.①苗族—民族文化—研究—中国 Ⅳ.①K281.6

中国版本图书馆 CIP 数据核字（2017）第 057948 号

内容摘要

本书是由贵州大学长江学者团队、中国人类学民族学研究会苗学研究专业委员会等合编的关于苗学的书籍，是本书编委会在 2014 年召开的"中国人类学民族学研究会苗学研究专业委员会成立大会暨'苗学研究的回顾与展望'学术研讨会"中的参会论文择优进行整理、编排后形成的一本学术著述。书中共收录相关文章 30 篇，分别整合于"回顾与展望""田野调查"及"学术论坛"三个子专题之下。本书所收著述从不同的角度探讨了同苗学相关的诸多论题，是对于苗学研究近年来的现状进行综合梳理的一部书籍，对于了解苗学研究的现状及发展趋势具有重要意义。

责任编辑:王 辉 **责任出版:**孙婷婷

苗学论丛（一）：苗学研究回顾与展望
MIAOXUELUNCONG(YI) : MIAOXUE YANJIU HUIGU YU ZHANWANG
纳日碧力戈 张晓 主编
李一如 执行主编

出版发行：知识产权出版社有限责任公司
电　　话：010-82004826
社　　址：北京市海淀区气象路 50 号院
责编电话：010-82000860 转 8381
发行电话：010-82000860 转 8101
印　　刷：北京嘉恒彩色印刷有限责任公司
开　　本：720 mm×1000 mm　1/16
版　　次：2017 年 9 月第 1 版
字　　数：380 千字
ISBN 978-7-5130-4823-1

网　　址：http://www.ipph.cn
　　　　　http://www.laichushu.com
邮　　编：100081
责编邮箱：wanghui@cnipr.com
发行传真：010-82000893
经　　销：新华书店及相关销售网点
印　　张：22.25
印　　次：2017 年 9 月第 1 次印刷
定　　价：68.00 元

本书编委会

主　　任：纳日碧力戈

委　　员（按年龄由高到低排序）：

　　　　　翁家烈　　杨培德　　石朝江　　杨茂锐

　　　　　张　晓　　王万荣　　李国栋　　张兆和

　　　　　杨正文　　杨志强　　麻勇斌　　刘　锋

　　　　　沈　红　　贾仲益　　李一如　　左振廷

编者序言

　　苗族是中国古老和人口较多的民族,历史悠久,文化灿烂,在中国的历史发展长河中为中华文明做出了应有的贡献。苗学,是研究苗族的综合性学科,是以苗族群体及苗族地区的经济社会发展为研究对象建立起来的专门学问,是苗学工作者经年累月对苗族历史文化及苗族社会经济和生活经验的深入考察和研究的总结。随着苗学研究的扩展和深入,苗学急需搭建全国性的交流平台,中国人类学民族学研究会苗学研究专业委员会在这样的背景下应运而生。

　　中国人类学民族学研究会苗学研究专业委员会是按照人类学民族学学科领域的划分和学术研究的需要组建的学术性组织之一,是中国人类学民族学研究会的分支机构之一。苗学研究专业委员会将以此机构为依托,凝聚全国各地的苗学力量和资源,共同助力苗学的纵深发展,并力争推进苗学的学科建设,培养苗学的各层次人才,特别是年轻的苗学学者,走向高水平的学术层次,走向成熟的学术路径,开拓苗学的研究新范式和视野及维度,提高和丰富苗学研究的理论和方法。

　　目前的苗学一方面急需进行基础性的研究工作,需要在深入扎实的田野调查基础上,进行理论上的深化,提炼出高水平的苗学。例如,苗族的历史文化,尤其是《苗族古歌》《苗族贾理》《苗族英雄史诗亚鲁王》等古代经典,是苗族传统社会历史文化的经典集成,是苗学研究核心的口碑文献,历来受到苗学界学者的重视,对其研究无疑对苗族认识自身具有很高的理论价值和现实意义。另一方面又急需对苗族地区现代化的社会经济发展的现实进行应用性的研究,通过这些研究既给国家有关部门建言献策,又能给本民族本地区的发展提供符合实际的建设性的指导。

例如,苗族地区的旅游开发和文化传承等,都需要苗学工作者的积极实践和参与。

中国人类学民族学研究会苗学研究专业委员会针对苗学成果不易出版的情况,拟以《苗学论丛》系列文集,选刊部分研究成果或会议论文,共同探讨苗学发展及其社会价值和现实意义,以飨读者和学者,并希望苗学界及学界同仁共同关注苗学,助力苗学。

//目　录//

回顾与展望

田　野　调　查

学 术 论 坛

回顾与展望

苗族历史源头研究回顾

潘定发

摘　要：文章就苗族历史源头及相关问题进行回顾与反思,针对已有研究成果作粗浅概括,并提出深入研究苗族历史源头的想法和建议。

关键词：苗族　历史源头　研究现状　研究建议

当前苗学研究的两大基本任务是研究苗族的历史和研究苗族的现状,笔者认为,这两大基本任务也是对苗学研究的高度概括。实现这两大基本任务就是苗学的研究方向。苗学研究工作,只有把握这个正确方向,紧紧围绕党委政府在苗族地区的具体工作任务,紧密结合苗族与苗族地区的社会经济的实际来进行开展苗学的具体研究。本研究就苗学研究的历史源头及其相关的问题展开回顾与讨论。

一、研究苗族族源的重要性

众所周知,研究苗族历史的目的是为了弄清苗族的历史发展过程并寻找其发展规律进而用以指导本民族继续发展和繁荣,发扬苗族的勤劳勇敢和奋发向上的精神,继承苗族几千年悠久的历史文化,增强民族自豪感、自尊心和自信心,不断提高苗族人民的全面素质,加速本民族的发展步伐,共同促进整个中华民族的大发展,为人类的进步事业做出应有的贡献。研究苗族的历史,其目的最终还是为了更好地了解苗族的现在和苗族的未来发展与繁荣。一方面,以前出版的《中国通史》或《中华民族史》中很少准确地记载包括苗族在内的少数民族的历史。因此,只有深入研究并弄清苗族的历史脉络,才能将真正的苗族历史写进新的《中国通史》或新的《中华民族史》中。另一方面,在当前大力发展包括苗族文化在内的民族文化

作者简介:潘定发(1942—),男,苗族,贵州省凯里市人,雷山县苗学会副会长,中国民族博物馆苗族文化雷山研究中心特约研究员。主要研究方向:苗族历史、苗族医药史和雷山苗族文化。

旅游业和民族文化产业中，经常会遇到游客或一些人类学民族学的学者问及苗族的历史源头、历史框架、苗族形成时代及其苗族文化的历史上限等一些问题。如果不弄清苗族的历史中的上述基本问题，就不能准确地回答一心想了解苗族历史中上述重大问题的游客或学者。

如果他们遇到十位苗学专家听到三四种甚至是五六种不同说法，那么到底该听谁的呢？试想，面对一心想了解苗族历史的游客或学者，如果不能准确、及时地回答，可能会导致不应该的尴尬。这些游客或学者还特别喜欢直接向基层苗族民众问及这些问题。前些年著名学者余秋雨到雷山县西江千户苗寨时就曾向苗族小姑娘们问及苗族与蚩尤的关系等有关苗族历史方面的问题。苗学的专家学者如果自己也不弄清或专家学者们间又各唱各的调各敲各的锣，致使拿不出一种共识的苗族历史知识向苗族民众作普及教育。诚然，对于一个没有本民族文字记录历史的苗族来说，没有把从上古或古代到近代间苗族历史详细记录下来，而今要想准确或相对准确地编写出令人满意又能够使国家认可的《苗族通史》之类的民族史书是一件很难做到的事。

认真研究并弄清楚苗族的历史，尤其是最早的主干源头史，是最困难的重要研究任务之一！作为苗族学者或学习的后人，有必要向石启贵、杨汉先和梁聚五等先辈学习，要有"明知山有虎，偏向虎山行"的无畏困难的精神，继续深化苗族历史最早源头的研究。因此，下大力气认真研究苗族历史的目的是想尽早地使苗族群众对上述历史或族源问题做到统一认识，即真正符合苗族历史事实。至少满足当今苗族地区的发展旅游业的需要，以便相对准确地将苗族历史的真实告知游客或学者，也才能使热爱苗族的专家学者准确地把苗族的历史和苗族的文化真实的写进公开发表的文章、书籍、画册等。否则，可能以后还会有人错误地在新的《中国通史》或《中华民族史》之类的史书中不真实、不准确地反映和书写苗族的历史。那时，我们就很难说是他们的责任了。目前重要的是，从苗族的真实历史中发现线索，找寻苗族发展事实的依据，做实苗族历史的研究，解决目前存在着的一些分歧问题，解答亟待回答的历史问题，理清苗族历史的发展脉络。使苗学界及热爱苗学的人士，加上关爱苗族的有关民众都来支持和促进苗族社会经济、文化的大发展，共同促进整个中华民族社会经济的大发展、大繁荣，共同为人类的发展进步做出应有的贡献。

二、苗族族源的研究状况

对于苗族的历史,尤其是苗族历史源头的研究,中外就有许多学者进行了研究,并取得不少有价值的成果。在汉文献中,中国的先秦史籍及《二十四史》就有不少研究或记述过苗族的历史,虽然只是零星而且是碎片性的资料,但对苗族历史的记载和研究具有一定的史料价值。本书就汉文献的记述并结合中国近现代一些史学家的研究成果作简要的概述,以概括苗学研究的现状。

《苗族简史》中正文第一章第一节族源和族称的第(一)款对"族源"这样记述:"苗族的族属渊源,和远古时代的九黎、三苗、南蛮有着密切的关系。在我国长江中下游和黄河下游一带,很古的时候就生活着很多原始人类,他们经过世世代代的生息繁衍,通过艰苦的劳动,在距今五千多年前,逐渐形成了部落联盟"[1]。这个部落联盟叫九黎,以蚩尤为其首领。《苗族简史》是由国家民委组编的中国少数民族简史丛书之一,是苗学专家编写的具有一定共识的苗族史书。

由此,此后很多有关苗族历史及族源的书籍、史志书和苗学文章都照《苗族简史》定下的这个框架进行陈述:"九黎、三苗、荆蛮与苗族一脉相承。"甚至记述为"九黎、三苗、荆蛮、武陵蛮、五溪蛮与苗族一脉相承"等[1]。这里包含或涉及着许多问题,诸如苗族的最早主干源头、苗族形成于何时代、苗的历史框架示意表达式等问题。下面便逐个进行简要的回顾和评述。

(一)苗族历史的最早主干源头

关于苗族历史的最早主干源头,从目前的所见文献记载来看,目前大体有三种观点。

1.苗族历史的最早主干源头——两大江流域

现在绝大多数有关苗族历史的文章均按《苗族简史》之记述:苗族历史的最早主干源头既是在长江中下游流域又是在黄河下游流域。没有先后之分。说明苗族先民人多势众,占领了大半个当时的中国。这里明确指出,苗族不是从天上掉下来,更不是如西方人所说上帝造人,而是由古猿人群发展起来。那么,是南北这两部分苗族先民是否是分别来自两群古猿人群中?何时代何事使南北这两支古猿人群共同发展为苗族的南北先民?

2.苗族历史的最早主干源头在黄河下游流域

一部分苗学专家认为:苗族最早先民是北方人,是东夷人。他们先在北方黄河下游流域发展，被炎黄打败后南下到长江中下游流域。如今更有人研究说北京古猿人正是苗族的最早先民。

伍新福在《东夷、南蛮与苗族》[2]一文中的观点认为：从现在掌握的史料分析判断，中国北部黄河下游一带，应是蚩尤九黎族的发迹地和最初分布及活动地区……九黎族群便是继承太昊、少昊事业的东夷族群。伍新福肯定地说，苗族先民源自北方黄河下流，是确定无疑的。

但是伍新福也承认："苗族最早是源于北方，还是发自南方，中国史学界历来有不同观点。"他接着说：早在范文澜主编的《中国通史简编》中，即认为远古苗族是在南方，逐渐向北发展……看来《中国通史简编》及后来持苗族源于南方观点者，都是以"三苗说"为前提，即认为苗族源于"左洞庭，右彭蠡"的"三苗"[2]。

实际上，是伍新福误读了范文澜的全部记述。范文澜在《中国通史简编》中讲得很清楚：早就住在南方的蛮族中的九黎族团（蚩尤为首领）→部分北上并先于炎黄两族团进驻中原，后与炎黄决战于涿鹿结果蚩尤斗败被杀→一部分余部退回西起洞庭湖，东到鄱阳湖的南方，又受黄帝以下诸帝，以攻黎攻苗为主要事业，到禹才最后打败了"三苗"[3]。故，范文澜并不是以"三苗说"为前提，即认为苗族源于"左洞庭，右彭蠡"的"三苗"。

只要认真全部看了范文澜的记述，是绝不会得出如伍新福对范文澜的误读概述。梁聚五就不同，他就准确读懂了范文澜的老版本的准确观点。

上述伍新福文章观点：蚩尤九黎部落集团是东夷人；苗族先民源自北方黄河下流，是确定无疑的观点。其主要依据是：一是蚩尤九黎部落长期在东夷地域尤其是在黄河下游流域活动。笔者认为这是事实。问题是蚩尤和九黎的原来最早的祖籍又是谁？

有许多史学家认为：蚩尤的祖籍是南方人，和九黎一样是南方的苗蛮族团。笔者认为：蚩尤也许可能是在山东一带即东夷的地盘里出生并长大成为九黎部落联盟的最著名的大酋长。正如许多山东人南下参与解放贵州并留黔工作，其子女和孙辈子女成了黔人，但他们的祖籍仍是山东籍人氏一样。

二是九黎族群便是继承太昊、少昊事业的东夷族群。文中又说：十岁佐少昊的颛顼……这就是说作为史称五帝中（五帝中第一帝是黄帝，并且这个第一帝是在蚩尤被杀之后才被称为黄帝的事呀！）的第二帝颛顼突然变成了与蚩尤一起继承少昊事业的后来者。这说得过去吗？

三是苗族对伏羲、女娲的崇拜。并说汉晋以前的文献史籍均肯定,伏羲即太昊,为"东夷"之祖。

事实真的是伏羲=太昊吗?

目前,有许多史学家和伍新福的观点一样,认为:伏羲=太昊。即认为二者是同一人或同一族群名,为今山东一带人氏。既然苗族对伏羲、女娲的崇拜,那就是伏羲=太昊,而太昊是北方人氏,因此崇拜伏羲即太昊的苗族先民,也就应当属于生活在今山东一带的东夷族群人氏。于是得出苗族先民源自北方黄河下流,是确定无疑的又一观点。事实也是如此吗?

的确,伏羲氏是代表中国一个比较漫长的上古历史时代。范文澜在《中国通史简编》中就说:"'易系辞传'有所谓'作结绳而为罔罟,以佃以渔'的伏羲氏时代。"[3]有大量的汉文古籍史料显现出这个时代的特征:中国古代人群在物质生产方面已经从原先的游荡寻找食物活动进入从事渔猎和畜牧业生产的谋生发展方式;在人类自身繁衍方面已开始由原始群的杂乱婚姻形态开始进入有序状态。在苗族先民中流传的先祖伏羲兄妹(黔东南苗族称姜央兄妹)在一场灭绝人类的大洪灾之后幸存,不得不成婚育子繁衍人类的故事传说,也是对远古母系氏族婚姻的一种反映。

笔者在《试谈苗族的历史框架》❶一文中对许多文献史料进行梳理:关于伏羲的远古传说,最先是从中华旧石器时期就生活在中国南方的苗族最早先民即苗蛮族群中流传,然后向北方(黄河中下游流域)和四周传播的观点。而南方指的就是长江流域尤其是指长江中下游流域。伏羲是南方人氏。

历代史书都明确:太昊是北方人氏,属于生活在今山东一带的东夷族群人氏。

那么,为什么一些史学家(包括部分苗学专家)仍相信伏羲=太昊这样的错误观点呢?

笔者认为:①中华旧石器时期就生活在长江中下游流域的苗蛮族群中的一部分人(史称九黎人)比神农族群、炎帝族群和黄帝族群最早进入中原,是这些北进的苗蛮族群人们把关于先在苗蛮族群中流传的伏羲兄妹或者伏羲和女娲的故事流传到后来和蚩尤九黎族团有交往的住在北方的炎帝、神农和黄帝三族群和东夷族群、其他氏族或部落中去有关,久而久之,伏羲也就被视为北方人氏住在北方去了;

---

❶ 参见中国苗族网。

②如徐旭生所指出的：自从汉代刘歆用比附《左传》与《周易·系辞》的办法把伏羲与太昊说成是一人[4]；陈连开在《中华民族多元一体格局（修订本）》一书中也撰文说："先秦文献，伏羲与太昊完全是不相关的神或人，《世经》（刘歆著）始将二者合为一位，作为始以'木德王'有天下而列于三皇之首。故后世考伏羲地理，多依太昊遗裔分布于关于太昊活动范围而推论伏羲的神话源于山东泰山以北以西今豫东鲁西北地区。"[5]

许多史学家，包括一些苗学专家至今仍持伏羲＝太昊的错误观点，因而认为伏羲是住在北方，是北方人。于是便把苗族的最早源头主干也定位于住在北方山东境内靠海边的东夷人（笔者按：诚然，九黎族群后来在涿鹿大战中败仗后也有一部分东夷人随着九黎人迁到南方，参与建三苗部落联盟，以后也衍变成苗民）。因而也就把祖籍本为南方的九黎人氏的蚩尤误称为北方的东夷人氏。

3.苗族的最早主干源头在长江中下游流域

部分著名史学家却是这样记述着苗族的源头是在长江中下游流域的：

（1）1905 年，梁启超在《新民》杂志第 65 号、66 号发表《历史上中国民族之观察》论文，谈及民族源流问题。他认为："中国民族从总体上可以分为 9 个派系，第一是华族，其他 8 个派系为苗蛮族、蜀族、巴氏族、徐淮族、吴越族、闽族、百粤族、百濮族。这些民族皆组成中国民族最重要分子也。"[6]

1923 年，梁启超在《中国历史上民族之研究》一文中，将中国民族改分为 8 组：诸夏组、荆吴组、东夷组、苗蛮组、百越组、氐羌组、群狄组、群貊组。梁启超的"组"相当于"族系"的概念。

苗蛮组。对苗蛮组，梁启超先生说："苗、蛮族种类甚多，今在滇、黔、桂诸省者，细别不下数十族，今学者研究之结果，区为三大系，曰苗，曰摆夷，曰保保。"[6]梁启超对苗蛮组的分类，主要着眼于近代分布区域，因为苗、摆夷（今傣族）、保保（今彝族）主要分布在西南，但族属类别上是有区别的，他们分别属于汉藏语系的苗瑶语族、壮侗语族、藏缅语族的民族。

（2）1943 年，徐旭生出版《中国古史的传说时代》，在第二章"我国古代部族三集团考"里把中国远古人类大致分为从西北部发祥而来的华夏（神农炎黄）、山东沿海的东夷和南方的苗蛮三大集团[3]。苗族的先民则是地处长江流域尤其是长江中下游流域的苗蛮集团。

（3）范文澜等不少史学家均持此见，只是范氏把苗蛮称为"南方的蛮族"。20

世纪 30 年代后期，范文澜在延安受中共中央委托，编写《中国通史简编》竖排版本上就写得很清楚。他认为："居住在南方的人被统称为'蛮族'。其中九黎族最早进入中部地区……蚩尤是九黎族的首领，……九黎族驱逐炎帝族，直到涿鹿，后来炎帝族联合黄帝族与九黎族在涿鹿大械斗，……结果蚩尤斗败被杀。九黎族经长期斗争后，一部分被迫退回南方，一部分留在北方……不过苗也是大族，退到南方后，势力还很强盛，占有土地西起洞庭湖，东到鄱阳湖（笔者按：这不就是三苗国的地域吗？），与北方黄炎族对抗。……黄帝以下诸帝，以攻黎攻苗为主要事业，到禹才完成了这个事业……"[3]

笔者想，看了梁启超、徐旭生和范文澜等的上述观点发表《苗族简史》出版之前，人们一定自然会问：《苗族简史》当年为何不采纳梁、徐、范等的观点呢？是《苗族简史》编写组不相信三位的观点？还是采取苗族历史的源头应该在两大江流域的折中办法？

（4）20 世纪 50 年代，苗学先驱梁聚五在《苗族发展史》第二编第二节引用了范文澜在《中国通史简编》的旧版本上的说法："东部是夷，济水流域，是夷族的根据地。大概从东北沿渤海岸入山东境，南下到淮水流域。南部蛮族为苗黎瑶，由长江流域，北进到黄河流域。西部是羌族，从西方侵入中原，与苗黎杂居。北方狄族……""占领黄河流域最早的，是羌族与苗族。羌族中之炎帝，以及苗族中之蚩尤所率领之一群。"继续引用说："蛮族中九黎最强，大概是联合 9 个部落，每个部落各包括 9 个兄弟族，共 81 个兄弟族。蚩尤做大酋长。"这就是说，梁聚五是赞同范文澜关于苗族的最早居地是住在南方即长江流域，然后才有一部分即九黎人北进到黄河流域发展之观点的。特别值得注意的是，梁聚五强调，东夷不是苗族的最早主流源头。梁氏认为，蚩尤被黄帝族群残杀后，有部分九黎人被俘。余下的"究竟往哪里走呢？北进有狄，东进有夷，西进又有氏羌。……最好，迅速脱离敌人的追击，向着长江流域撤退。……沿途都有蚩尤的余部。"[7]这就是强调：东夷不是苗族的最早主流源头。这与梁聚五上述赞同范文澜关于苗族的最早居地是住在南方即长江流域尤其是长江中下游流域，然后有一部分北进到黄河流域发展之观点是一致的。

（5）李廷贵等在《苗族历史与文化》的《叙论》中说："苗族的发祥地是长江中下游，对初步开发长江流域起过很大的作用。上古之世，苗族曾四向发展，到达黄河下流与东海之滨。"周光大在第一章也说："许多历史事实表明，九黎是南方最早最大的部落联盟""蚩尤是九黎部落联盟的首领。""'九黎'是我国古代传说中的三大部落联盟集团之一。"周又说："长江中游一带应是苗族最早的原始居地。"[8]笔者认为该书是同意了梁启超、范文澜、徐旭生等上述观点的。

（6）吴荣臻等在《苗族通史》第一册的导论部分在论及苗族多元一体论中说：历史上庞大的苗蛮族团，绝不是由某一对公公婆婆生的儿女或由某一个氏族发展而成的，而是主要由长江流域格聚的若干块地方和若干个氏族部落经几万年乃至几十万年长期生活，劳动，相互往来，逐渐融合而成的。吴等还认为：在我国南方旧石器时代发展形成的晚期智人，应是祖祖辈辈生活在我国南方各民族的共同祖先，当然包括发祥并祖祖辈辈生活在长江流域、淮河流域的原居民——苗蛮集团的直系祖先[9]。的确如此，苗族先民不是从天上掉下来的，更不是如西方人讲是上帝造的，也可能会是由南方的某群古猿人繁衍发展起来的。近年浙江考古发现100万年前就有古人类的活动遗迹。关于人类的起源，《苗族古歌》里讲得还算清楚。苗族的古老先民即苗蛮族团经历了中华古代很长很长的历史阶段。

笔者认为，苗蛮，这是梁启超、徐旭生等经常用的名称，也是符合苗族先民处于南方时发展稻作农业的名称，范文澜则称为"南方的蛮族"；有个别史家又将苗蛮称为古代的南蛮或古三苗或三苗[10]。因蚩尤被杀后由蚩尤九黎后裔建有三苗国，三苗国最后被禹击败之后又有史称的南蛮。前后间极易混淆，故笔者主张前者的古三苗和古南蛮均不宜再用，只宜取苗蛮族团，苗胞应来个约定俗成；徐旭生讲的苗蛮族团包含苗族和南方其他少数民族的先民，至于有哪些非苗族的民族，只能由当事族认可，也是他们的意愿与权利。

（7）叶舒宪等在《山海经的文化寻踪》一书中有一小标题写为"蚩尤不出于东方而原住南方"。接着叶氏等人说：与黄帝对抗的是南方的蚩尤。这一"南北冲突"是上古史一大事件。古代文献里，蚩尤一直被认为是南部中国、九黎—三苗集团的祖先。疑古学派兴起后，渐渐认定蚩尤属于东方集团，而否定古籍上很可靠的"南方说"。顾颉刚则认为："黄帝固战神，然其神从西方来，而东方则自有其战神，蚩尤是也。"……反对"南苗说"、倡导"东夷说"最有力者要数徐旭生先生。他最重要的论据其实只是对《逸周书·尝麦解》一句话的解释。叶氏是不同意顾、徐等人的蚩尤"东夷说"观点的[11]。

（8）湖南省新化县与安化县接壤的大熊山东南麓（属冷水江），有一块"蚩尤屋场"墓碑，碑立于1927年冬，碑文共400余字，记载此地为蚩尤的出生地。中国民间文艺家协会于2006年9月30日发布《关于同意命名湖南冷水江市为"中国蚩尤文化保护基地"的决定》[12]。即便蚩尤不在此地而是在北方出生,这碑也说明了蚩尤是南方籍人氏。而且,有人立碑于1927年的那个年代,本身就说明了蚩尤的祖籍确实是在南方。

（9）《张家口涿鹿三祖文化、合符文化》❶一文说:……回顾中华文明初创,炎黄部落处黄河流域,代表大汉族文化,而蚩尤居南方,代表九黎、苗族等少数民族文化,5000年前,战争的性质是部落间融合,而非国家性质。事实上,中国多数的史学家都把苗蛮末期中的九黎人及出身于此族团的蚩尤确定为南方人,即长江中下游流域的人氏。

（10）河姆渡遗址考古队等研究认为蚩尤为南方人士。理由主要有:根据现在所知的出土考古资料,上古鸟纹,所见最早的是在河姆渡文化遗址。河姆渡文化距今有7000多年历史,遗址中出土日鸟合璧的文物和稻谷遗物及其先于北方等,再结合甲骨文有这么一个象形字;该字上面两只角,一只眼在中,下面是人操干戈的形状。篯字在甲骨文字中有从禾。《广韵》引庄子言:"篯"是稻名。而稻作起源于河姆渡文化。给"篯"添禾,也证蚩尤来自江南。山东曲阜附近,春秋时期还有"故篯"的地名,是后人纪念蚩尤的,是他把稻作文化、鸟文化带到中原。黄帝和蚩尤的争斗,使长江和黄河之间各个水系的文化,得到充分的交流,对后来影响深远,促使长江、黄河逐渐形成一种精神的共同趋向。

以上这些考古等证据认为蚩尤的祖籍是南方苗蛮族团人氏,也证实了范文澜、陈连开、叶舒宪等人的观点。笔者论述过:蚩尤也许可能是在山东一带即东夷的地盘里出生并长大成为九黎部落联盟的最著名的大酋长。正如许多山东人南下参与解放贵州并留黔工作,其子女和孙辈子女成了黔人,但他们的祖籍仍是山东籍人氏一样。持这种观点的学者认为苗族的最早的主干源头是在南方即长江中下游流域。目前笔者是同意并持此观点的。苗族的先祖在一万多年前就作为中国人最早培育了水稻。因此才被史学界说苗族是最早培育水稻的典型农耕民族。近些年考古发现100多万年前浙江一带就有古人类活动。

（二）苗族的最早主干源头是否止于蚩尤九黎

目前大多数学者均认为:苗族的最早主干源头是止于蚩尤九黎时代。自《苗族

---

❶ 参见中国民族宗教网。

简史》出版后，有关苗族族源的书籍、史志及苗学文章都按照《苗族简史》定下的这个框架："九黎、三苗、荆蛮与苗族一脉相承。"甚至记述为"九黎、三苗、荆蛮、武陵蛮、五溪蛮与苗族一脉相承"等。

这个框架也暗含：苗族历史的最早主干源头是止于蚩尤九黎。

也有专家认为，苗族历史的最早主干源头是止于伏羲氏时代。石朝江在凯里召开的 2012 年"中国·贵州·凯里苗族文化论坛"学术研讨会上宣读论文《重建苗族古史研究——兼论在苗疆腹地建立伏羲女娲陵园》。石文是根据大量汉文史籍和伏羲、女娲源自苗族之创世神话而提出此观点的[13]。伍新福《东夷、南蛮与苗族》一文中也认为：苗族对伏羲、女娲的崇拜，还举了许多例子予以佐证。但伍先生是否同意石朝江的观点，尚未得知。

也有人认为，苗族历史的最早主干源头是止于某一支古猿人时代。理由是从大量的考古史料显示，早在 400 万～300 万年前，在中华大地上就有古猿人即自立人的活动。历经过自立人（古猿人）、早期智人（古人）和晚期智人（新人）阶段。但起源是多源的，不是只由一对雌雄古猿繁衍发展起来的。中华大地上的远古居民，分散活动于四面八方，在彼此分隔的条件下，适应辽阔中华大地各区域不同的自然环境，创造着不同的历史与文化。旧石器时代已显现出来的区域性特点的萌芽，到新石器时代，更发展成为不同的区系，从而成为认识中华民族起源多元特点的基础。

同理，作为土生土长在中华大地上的苗族先民也不是从天上掉下来的，更不是如西方人讲是上帝造的。根据大量的考古发现和梁启超、徐旭生、范文澜、陈连开等史学家，以及苗学专家的研究认为，苗族的最早主干先民是南方人的观点，而推断出可能会是由南方的某支古猿人繁衍发展起来的。

中国有三皇五帝之说。三皇有多种说法，但比较科学的说法应为：三皇指的是燧人氏、伏羲氏和神农氏。

笔者认为，别的三皇组合讲法不很科学。笔者曾在《试谈苗族的历史框架》一文中较详细地阐述了这一观点。

（三）苗族形成于何时代

为了进一步阐明清楚苗族的历史框架，关键是苗族形成于何时代的问题。

（1）有观点认为，苗族是在"三苗"时代之后形成的。但事实是，在"三苗"时代之后苗族先民就再也没有连成一片共同地域的历史机遇了！没有了共同地域，一个族群的人们共同体怎么会产生出一个共同认可且有共同心理素质的民族来呢?

(2)李廷贵、周光大等在《苗族历史与文化》一书中阐述:"苗族在'三苗'后期形成之时,恰适连续数次被华夏民族集团战败,苗蛮民族集团便发生了分化、改组……",又说:"三苗"是苗族最早形成的雏形[8]。

(3)苗族形成于"三苗"时代。笔者经过研究得出,苗族形成于"三苗"时代。理由详见拙作《苗族形成于"三苗"时代的初步探讨》。同时,在互不相知的情况下,吴荣臻主编《苗族通史》第一册也详细地阐明了苗族形成于"三苗"时代的问题。

事实上,笔者后来看到伍新福早在《中国苗族通史》(上册)的绪论部分中就提出了苗族形成于"三苗"时代。伍氏先说:"本书作者认为,苗族应是在作为一个共同体被分化瓦解之前初步形成起来的。具体说是在'三苗'时代。"但十分遗憾的是,伍先生在后面的章节就逐步放弃此观点。然后说:"可能正是在'三苗'时期,苗族作为一个单一的民族已初步形成";又肯定地说:"苗族和瑶族大概自两汉后即开始分离,唐宋后则明显地形成了两个单一的民族。"[14]作者观点的变化不知居于什么理由。

为了简要说明苗族形成于"三苗"时代的问题,这里不得不重述蚩尤九黎族团在涿鹿打了败仗后有一部分苗族先民又退回故地即长江中下游流域,与当年未北上的同胞经过共同努力,不久后又建立了可与华夏族团相抗衡的三苗部落联盟。三苗国又最后被华夏族团尧舜禹先后肢解:即"窜三苗于三危""分北三苗""入于南海"等之后在中华大地上形成了天各一方的三大支苗族!即形成了操苗语三大方言区的苗族。可见,苗族的形成时代只能是在这三大支苗民最早一批分开之前的"三苗"时代的中晚期。因为此后苗族先民就再也没有连成一片共同地域的历史机遇了!笔者认为:只要西部方言区有一部分苗族与"窜三苗于三危"有关。苗族形成于"三苗"时代的中晚期的结论就可以成立,否则就不能成立。换句话说,导致形成三大方言区苗族的首批苗民分手在何时之前的时代就是苗族形成的时代。中华人民共和国成立时,全苗族虽然散居天各一方,但在共同语言母体、习俗、民间文学艺术、社会内部基层组织、思维方式,尤其是民族共同心理素质等仍顽强地保持着共性,特别是有着共同苗民族的称谓(虽各地叫法有些语音差异,这是因为一方面方言差异;另一方面是避免他族群的追杀)和苗族人文始祖认同意识(尤其是以崇拜民族英雄蚩尤为凝聚力!有些苗区的传说未直接提蚩尤名字,主要是为了避免他族群的追杀,但他们用地名或服饰图案或别名故事等隐蔽方式继续传承苗族的历史文化）。因而,在中华人民共和国成立时,为了更好地贯彻民族政策而进行民族识别工作时,操苗语三大方言区的苗族及其代表都心甘情愿地共同自认为苗族,因为这是苗族先民们在久远时代于长江中下游流域始创稻作农业积淀成的族称,是最贴近史实又符合苗族意愿的并由自称与他称相结合的称谓。

（四）苗族历史框架的表达式

关于苗族的历史框架之表达式,目前主要有两种:

（1）到目前为止,多数的专家学者接受这样陈述:"九黎、三苗、荆蛮与苗族一脉相承。"甚至记述为"九黎、三苗、荆蛮、武陵蛮、五溪蛮与苗族一脉相承"等。

（2）笔者在《试谈苗族的历史框架》一文提出了新的表达式。经过这几年的思考,基本形成了如下的表述。笔者认为,苗族的历史框架可以用粗线条记述为：某支古猿人……苗蛮族团［……燧人氏（黔东南苗族称为火耐氏）→伏羲氏（黔东南多数苗族称为姜央氏）］→蚩尤九黎→三苗（苗族在此时代中晚期形成）→苗族操苗语三大方言分布在中华大地上,还有近300万人迁居外国。而应舍去以往的传统记述:"九黎、三苗、荆蛮与苗族一脉相承"和（或）"九黎、三苗、荆蛮、武陵蛮、五溪蛮与苗族一脉相承"等的旧提法。❶

这个框架显示:苗族历史最早最久远的主干源头是居住在长江流域尤其是长江中下游流域的某支古猿人群至少是苗蛮族团（苗蛮的末期中的主力即九黎人后来分多批进入中原……）。如果只写到九黎,就容易理解成苗族最早主干源头在北方。加上他们相信南方的伏羲=北方山东一带的太昊（是汉代刘歆和班固造成）。虽然范文澜早已明确:九黎是出自"南方的蛮族"即梁启超和徐旭生等所说住在长江中下游流域的苗蛮族团,而后有很大一部分分批北进中原……

三、苗族族源研究的科学思路

为了继续搞好包括研究苗族历史源头在内的苗学研究,笔者建议:

（1）一定要继续坚持用马克思主义的辩证唯物主义和历史唯物主义的理论与方法论,这正是中国共产党用辩证唯物主义和历史唯物主义的办法来解决中国革命（含改革）和社会主义建设产生的理论,尤其是解决中国民族问题而产生的民族理论和民族政策,以此来指导苗学研究工作。因为恩格斯在《自然辩证法》中说

❶ 参见中国苗族网。

过:"一个民族想要站在科学的最高峰,就一刻也不能没有理论思维。"[15]而这个"理论思维"就是辩证唯物主义和历史唯物主义。

(2)要十分重视不断发现新的考古资料及其研究成果。

(3)必须特别地要加以重视苗族的口碑资料。因为世界上任何一个民族的最初的历史,总是先用口耳相传的传说、故事、巫词、歌舞、节日、生产(物质生产和人的繁衍)、生活习俗、服饰纹样(如刺绣、织锦和蜡染、银饰图案等),以及地名、子父连名制等方式经世代流传下来的。固然,在一些苗族地方的故事传说中,缺乏对某个战争或民族英雄的陈述,这很可能是由于苗族先民害怕他族群的追杀等原因而不言传。自然不能因此就断言某支某地苗族不参加某次战斗或其他什么的。当然更需持有弃伪存真的谨慎精神。

(4)必须继续重视对汉文史料的收集整理和去粗取精的(例如,上述的伏羲=太昊)的精细工作。要下大力气地从浩如烟海但却纷乱繁杂、真假的汉文献史料中梳理出符合中国历史和苗族史实的材料来。不能样样皆收,样样皆取,应该明辨真伪,去粗取精,辨取有价值的史料。费孝通在《中华民族多元一体格局》中就说:"被认为是汉族祖先的黄帝,就曾在黄河北岸和炎帝和蚩尤作过战。炎帝后来被加入了汉族祖先之列,所以现在通常认为中华民族是'炎黄子孙'。蚩尤在传说中却一直被排斥在'非我族类'之中。但是他所率领的'三苗'却还有人望名构史地和现在的苗族联系了起来。这固然是牵强的推测,但蚩尤之后有一部分被留在汉族之外却可能是事实。"[5]作为今天苗族的我们,更应该持有冷静、客观的态度来看待蚩尤是否苗族的人文始祖的"事实"!更应该客观、公正考察"三苗"是否苗族历史中的一个重要时代!对于类似费氏的观点,我们可以这样回答:费孝通先生完全享有只相信自己的观点而不必要相信与自己观点相异的他人之观点的权利!不相信蚩尤是苗族的人文始祖,不相信蚩尤是苗族的民族英雄!但苗族人民却世世代代打心底里崇拜着蚩尤(苗族只知称其为尤公),并以包括服饰上装饰品的纹样、重大节日、故事传说、巫词、人名和地名等在内的各种方式来祭祀、缅怀着蚩尤!

我们在书写自己民族历史时,一定要实事求是,要崇尚历史真实,要有严谨的求实作风。现在能够挖掘到什么程度就写到什么程度。不要把包括苗族历史在内的中国历史的上限说死,要留有空间。有些问题只能留待将来考古史料证据来补充和证实,由最新证据来纠正。

（一）对认识分歧的问题要持正确态度

笔者认为，根据人类认识论的规律和特点，我们对苗族历史的认识也还在不断地深化中，认识才能不断地接近苗族历史的真实。因此在认识过程中，在初始的阶段甚至相当长的一段时间内有一些不准确或有误的认识是难免的。包括苗胞在内的人们开始对某些同一事或历史人物如蚩尤的看法往往是有两种以上的不同看法，这是十分正常的事。不同的看法正是促使持不同观点的人们进一步对历史事实及其人物事迹进行深入研究。既然对苗族历史包括苗族最早的主干源头、蚩尤的祖籍和苗族形成的时代等还有一些不同的看法。

我们应该保持开放的心态，宽容的胸襟，坚持"百花齐放、百家争鸣"的"双百"方针开展苗学研究工作。建议尽早在各种刊物、各种学术会议或相关的学术文章展开广泛地讨论苗学的相关问题。尽早使苗学界对苗族历史的相关问题的认识达到统一（即符合苗族历史发展的事实）。力争各种刊物、各种学术会议或相关的学术文章共同关注苗学，这样的重要目的，就是为苗族同胞和热心研究苗学的各界人士有一个学术交流和相互借鉴的平台，对苗学的重大学术问题等做到相互借鉴、彼此沟通，共同助力，一起努力来完成和实现。

（二）组织苗学力量，共同推进苗学大发展、大繁荣

把现有的全国各地各级苗学会和其他学术团体的苗学力量组织起来，"三个臭皮匠顶个诸葛亮"，共同拧作一股绳，劲往一处使，力促全国各地各级苗学会加强联系，相互交流和积极参与，共同攻克苗学的重要问题或苗学的重大项目。首先以书面或网络的形式从学术交流的角度来讨论一些重大问题。

把苗族历史源头作为首要问题共同探讨，各种苗学力量都当作认识主体的重要组成部分来建构一个庞大有力的苗学机构，以便采取强有力的措施积极攻关，投入中坚力量研究重大项目，争取达成大家认可的问题共识，以便统领来自不同学科和领域的苗学力量。

开展广泛地学术交流，积极推进人才沟通，使全国各地各级苗学会和其他学术团体的苗学力量和苗学专家学者能够相互了解、相互信任，相互促进，相互鼓励，共同发力，为苗学的大发展、大繁荣贡献各自应尽的力量。

总之，本书以回顾苗族历史源头为契机，总结研究经验，吸取成果养分，以资苗学发展，展望苗学未来。

参考文献

[1]《苗族简史》编写组.苗族简史[M].贵阳:贵州民族版社,1985.

[2]伍新福.东夷、南蛮与苗族[J].苗学研究(内刊),2008(2):1.

[3]范文澜.中国通史简编(修订本)[M].北京:人民出版社,1964:89-94.

[4]徐旭生.中国古史的传说时代[M].桂林:广西师范大学出版社,2003:43-65.

[5]费孝通.中华民族多元一体格局(修订本)[M].北京:中央民族大学出版社,1999.

[6]梁启超.饮冰室文集[M].吴松,卢云昆,王文光,段炳昌,点校.昆明:云南教育出版社,2001:1685.

[7]张兆和,李廷贵.梁聚五文集[C].香港:香港科技大学华南研究中心,2010:59-62.

[8]李廷贵,等.苗族历史与文化[M].北京:中央民族大学出版社,1996:1,18,441.

[9]吴荣臻.苗族通史(卷一)[M].北京:民族出版社,2007:32.

[10]林甘泉,等.从文明起源到现代化[M].北京:人民出版社,2002:251.

[11]叶舒宪,等.山海经的文化寻踪(上、下)[M].武汉:湖北人民出版社,2004:1808.

[12]麻勇斌.苗族跨国认同研究的四个问题[C].贵阳:贵州省苗学会论文集,2010:44.

[13]石朝江.重建苗族古史研究——兼论在苗疆腹地建立伏羲女娲陵园[C].贵阳:中国贵州凯里苗族文化论坛论文集,2012:235.

[14]伍新福.中国苗族通史(上册)[M].贵阳:贵州民族出版社,1999:9,31,87.

[15]恩格斯.自然辩证法[M].北京:人民出版社,1971:29.

苗族服饰的研究回顾与展望

何兆华

摘 要:在苗族丰富与多元的文化中,服饰不仅是物质文化的展现,更是历史与文化建构的媒介。本研究从民族识别、历史与人类学研究及非物质文化遗产这三种脉络来进行文献回顾,并在此基础上,提出后续研究的展望与建议。

关键词:苗族 服饰 历史 文献回顾 展望

一、民族识别脉络下的苗族服饰研究

追溯这种以服装外形人群分类的方法,并非始自民族识别。更早以前,自清代开始,苗族服饰的外形,已成为区辨不同的苗族支系的分类依据。康熙三十一年(1692年)随着清朝的扩展,鄂尔泰等监修的《贵州通志》,出现一种新的文类,其中最引人注目的是,书中除了用文字描写贵州风土外,也用30个图册写这些苗民。虽然《黔苗图说》的文体,迥异于贵州方志、地方史的书写,但也因其图像上艺术的特性,而接近文人间传颂的绘本,而非历史。然而《黔苗图说》对西南人群的分类方式,对后来历史、民族志或苗族服饰的研究,却影响深远。

自清代开始,服饰的外形,已成为区辨不同的苗族支系的一种方式。《黔苗图说》将各地苗人依照穿着的类型,区分为82种。虽然在其分类标签下,并无法将每一地区的服饰的整体造型的细部的差异标记出来。但却成为往后学者做研究时,沿用的系统。书中分类标准依照汉化程度、地名或方向名、地域特色、职业、衣服颜色、花纹、裙长、装饰特点来区分。其中以衣服颜色、花纹及裙长、装饰特点做区分的有:青苗、黑苗、白苗、红苗、花苗、大花苗、小花苗、花衣苗、短裙苗、长裙苗、围裙

作者简介:何兆华(1964—),女,汉族,台湾省新北市人,台湾辅仁大学织品服装学系副教授,台湾清华大学人类学博士。主要研究方向:苗族服饰、中国服装史、文化人类学。

苗、枕头苗、锅圈苗、青头苗、红头苗、尖顶苗等。

近代对少数民族的分类与建构,以 20 世纪 50 年代起的民族识别计划最为庞大。这是一个根据民族和内部文化差异,将族群实体化的"自我溯源"计划。民族识别工作所标榜的科学性,最主要是依据语言学为基础。以语言系统而言,苗族可分为三大方言,一为湘西方言(东部方言);二为黔东方言(中部方言);三为川黔滇方言(西部方言)。王辅世认为在这三种方言群中,尚可划分为 8 种土话(1981:585)。一般认为说湘西方言的苗人是"Kho Xiong";说黔东方言者自称为"Hmu";说川黔滇方言者自称为"Hmong"。主要分布在湖南、贵州、云南、广西、四川等地。

站在民族识别的基础上,近年来,针对苗族服饰的研究专书,已十分丰富。其中,《中国苗族服饰》《苗族服饰文化》《苗族服饰图志——黔东南》《中国苗族服饰图志》《中国苗族服饰研究》大多站在厘清苗族服饰究竟有多少种类的角度来进行论述。

这些专书延续民族文化宫在 1985 年所订定的分类体例,利用型与式的概念,来进行苗族内部的区辨。《中国苗族服饰》以语言作为标志,将服饰分为五型二十一式。其后杨正文《苗族服饰文化》也依循此概念,将苗族服饰分成女服、男服和仪式服三个类别,再按服装结构、装饰部位及穿着方式将苗族女装区分为十三型八十一式,"型"的命名上下文根据苗语方言区、行政区、河流、山岳名及上衣式样和裙式等;"式"的名称则多为县、镇、乡等行政区地名。虽然杨正文企图结合民族志与工艺的研究,让服饰分类更具地方特性,但不可讳言的是,杨正文并无法回答"型"与"式"背后的人群界线、文化逻辑及社会关系。

"型"的概念,除了典型化人群的分类系统外,更将服饰的款式特征化。同样的,江碧贞与方绍能企图通过民族志显现苗族的服装界线。在《苗族服饰图志——黔东南》一书中,将黔东南苗族服饰分为 39 支系,企图用民族志调查划分出人群与服饰的界线,并厘清服饰是否可作为一个婚姻单位的分类。调查过程中江碧贞与方绍能发现不同类型服饰,并不是一个清楚的人群界线,甚至是存在着一些交互的影响。但为了勾勒出服饰类型的共通性,选择舍弃类型在人群之间使用的差异性。在笔者 2006—2007 年进行田野调查时,同样发现地方上的苗人的确把服装视为一个通婚与祭祀的群体单位,但这个界线是一个软性的界线,会因着各种政治、经济与历史处境而改变。

二、历史与人类学研究脉络下的苗族服饰研究

过去没有统一文字的苗人社会,早期的历史书写,大多是以汉文为主的观点与形象留存于史籍著录中。先秦古籍中,有关苗族族属、族称起源的看法,最常见的就是依据《尚书·吕刑》中的记载。"三苗"一说,成为后代学者考证苗族族源或历史事件的依据。清康雍年间,对贵州的疆域做了较大的调整与定型,贵州当时方志的编纂,以田雯《黔书》《贵州通志》、李宗昉《黔记》、爱必达《黔南识略》、罗绕典《黔南职方纪略》(1821—1850)为代表。这些方志维持华夏对四裔人群的书写传统,不但将西南多个民族混为苗,也将苗的来源附属于华夏历史的书写之中。

在"溯源"工作上,凌纯声先生对西南民族史方面的论述,聚焦在中国民族起源、构成、迁徙,以及中国南方与东南亚文化与民族关系的探讨。以民族迁移与文化传播的观点研究汉藏语系(包含汉掸、苗瑶、藏缅)各族的构成,并用"神农集团""黄帝集团"等来做人群的划分与历史的建构。凌纯声、芮逸夫在《湘西苗族调查报告》中,基于追求华夏历史的延续性与扩张性,大量使用音韵训诂的数据考定苗族的族源。多以共同自称族名与神话传说来考证苗族之民族渊源,借此建构苗族历史。石启贵《湘西苗族实地调查报告》,在研究上承继华夏对四裔人群的书写传统。在民族起源的论述上,强调苗汉同源,并将先前古籍中零散的数据连贯起来,完成"三苗"为苗人的先祖,蚩尤为苗人的首领,苗人与汉人皆来自黄河流域的说法。这样的观点,甚至影响到后来苗族典范历史的建构。

现代苗族历史学家,认为苗族的祖源,可能与五千年前长江中下游和黄河下游一带,当时以蚩尤为首领的九黎部落有关。上古史中传说,在黄河上游的姬水发展出以黄帝为首领的部落联盟❶,与九黎征战于涿鹿,九黎战败后即向南迁徙,盘踞长江中下游广阔地区而逐步向西迁徙。近代有更多的学者,通过爬梳汉人典籍,勾勒苗疆形成的过程。追求文化根源的认同,甚至把苗族的祖先推向蚩尤,是近代中国西南少数民族走向"国家化"的过程。当前苗族的精英,在面对华夏民族的国族建构所营造的炎黄子孙的认同时,选择以蚩尤为始祖,甚至成为我群与他群区分的标志。

---

❶ 苗族历史的建构与黄帝的传说有关。至于黄帝在中国的建构过程见沈松侨.我以我血荐轩辕——黄帝神话与晚清国族建构[J].台湾社会研究季刊,1997(28):1-77.

如前所述,以服饰作为区分"我群"及"他者"的研究方法,并未脱离自清代及20世纪50年代民族识别以来的分类范式。但席克定《再试论苗族妇女服装的类型、演化和时代》一文,则企图用服装形式回答苗人迁徙历史及族群起源的问题。席克定根据吴仕忠《中国苗族服饰图志》中的服装类型,再依据"服装""领""襟""裙式"的结构特点,把苗族服饰分为:"贯首装""对襟装""大襟装"三类,在"类"之下,依据领子、开襟方式、款式特色,依序区分出"型"与"式"。最后,再从这些服饰的外观与特性,来归纳苗族服饰与中原服饰的关系,由此挑战苗族服饰起源的问题。

王明珂指出,虽然芮逸夫广泛应用考古、民族志、语言学与体质的数据,是一项研究方法的突破,但却并不表示这样的研究能更客观与更确实。对于"历史"与"族群"研究显现出来的缺陷,王明珂引谢世忠的分析,认为芮逸夫先生:没有从田野民族志建立族群历史的概念、对于文献中"虚构的民族志"缺乏分辨、以汉人本位立场来看土著的要素与特质、缺乏系统性的人类学理论辩证。同样的,席克定以服饰外形作为与中原民族交互影响的依据的论述,也掀起了很大的波澜。杨东升认为席克定是以苗族服饰汉化结果来推论,在方法上及证据上,都显不足。杨东升认为苗族服饰不是源于中原服饰,而是自源发展的结果。

从象征的角度,讨论苗族服饰上图纹的象征意涵与文化起源的议题,可以在杨昌国《苗族服饰-符号与象征-贵州民间文化研究丛书》、歧从文《贵州苗族绣绘》及安丽哲《符号·性别·遗产:苗族服饰的艺术人类学研究》看到。以上论著分别从服饰上的纹样探源,运用民族志与文献考证相结合的方式,来解读纹样如何成为穿在身上的"文字",以及解开远古历史的谜团。陆晓云也认为苗族服饰代替了文字的功能,它是苗族历史、文化、艺术、哲学和信仰的视觉再现。然而,不可否认的是,在大量采用汉人著录的文献资料作为解释的同时,也就丧失地方观点。不同于从古籍出发,王伟光《苗汉刺绣——老虎变龙》运用田野调查及苗族传说、古歌,让口传文学与服饰上的刺绣图像进行交互的验证,试图找到刺绣图像如何作为"文字"表述的证据。在王伟光的研究中,虽然已经让民族志数据主导知识的建构,但因为太过于试图找出苗族古歌与图像的关联性,因此反而丧失以图像数据作为主体研究的异己认知、文化态度,以及与"被记录者"之间的互动关系、诠释角度。

有趣的是,本研究认为服饰及图像的确可以揭开"历史"与"族群"之间复杂的纠葛关系,也可以借此解开苗族服饰与历史论述的权力与竞争之处。因此笔者近五年的研究，一直聚焦在"历史"与"族群"之间的探讨，以贵州黔东南地区台江县施洞镇苗族服饰为核心，展开长期的调查与研究。我的博士论文 Gifts to Dye For：Cloth and Person among Shidong Miao in Guizhou Province（《染之成礼：贵州施洞苗族的布与人》），聚焦苗族服饰在艺术与历史互动与形塑的议题上。从民族志中，一方面可以看到服装款式如何成为施洞苗人进行人群结群与区辨的依据；另一方面又如何在历史化的过程中通过服饰，作为文化的历程。除此以外，通过田野调查，笔者也陆续解开这些图像背后的文化逻辑。其中蝴蝶与鸟，鱼与水生动物，龙与牛都与性别建构，及生育繁衍的概念有关。此外，通过剪纸图案的解析，在《施洞苗族剪纸图像上的戏曲与女性形象》一文，揭示出螺蛳姑娘与祝英台在作为苗汉女性形象的认同与区辨的过程。

如何解决历史文献与图像研究的困境？除了民族志以外，是否另有蹊径，可以揭开苗汉观点的差异？杨庭硕、潘盛之在《黔苗图说——抄本汇编》企图将民族志与历史文献资料对话。王鹏惠则指出《苗蛮图册》在运用历史记忆方面，承袭《后汉书·南蛮西南夷传》的叙述模式，一方面合法化异己的相关传说；另一方面同时掌控异己历史记忆的解释权。陆次云《峒溪纤志》用盘瓠、九隆的神话，陈鼎《黔游记》竹王的神话显现汉人有意将苗族非汉的起源，解释成与汉人迥异，以作为建构异己的依据，同时又在另一面的解释中，强化蛮夷与汉人之间源远流长的亲属关系，以塑造彼此的依存关系。作者指出画册之中的滇黔异族，完全是沉默的客体，汉人简略的再现方式，不但简化个别异文化的差异，同时也充满谬误的诠释与想象。王鹏惠针对明清时期官方与民间文本及画册中的内容研究，发现汉人通过历史记忆、既存的族群关系，以及刻板印象来强化华夷之别。此外，借由蛊毒、恋药、幻术与人变兽的书写，对汉人内部发出警讯，提醒异己的危险，尤其是应严防女性的危险。另一方面又积极地对未开化的地区进行汉化的渗透，运用图像的书写，穿透文字与语言的障碍，反复加深华夷之别。

不同于王鹏惠认为的《苗蛮图册》是一种延续历史记忆的看法。Hostetler 指出18 世纪下半叶完成的《苗蛮图册》，在文体上与中国过去对异己的书写，有明显的断裂。显现一种作为统治者驾驭边民"剿"与"抚"的"官书"，是一种"近代早期民族志"的文体。Hostetler 从《苗蛮图册》绘画的表现，指出此书并不只是汉人对"他者"的分类想象而已，更是帝王的统治技术的表现。通过直接观察、运用服装的色彩、装饰、图纹作为分类，在面对异己的命名、分类上日益精确。随着统治者对西南边区的扩张与萎缩,同样显现在《苗蛮图册》绘制的热忱与表现。Hostetler 认为在比较版本后,发现乾隆时期的版本充满自信,展现王化披靡的乐观,因此不管是对异己服饰、信仰、习俗皆十分热衷;但这种乐观的态度,在嘉庆以后便荡然无存。版本的抄袭与僵化,显现"苗乱"引发统治者对异己"旋抚旋叛"的焦虑及不耐烦。因此也使得《苗蛮图册》从统治者的"官书",沦落为艺术市场文人的消费商品。Hostetler 对《苗蛮图册》的论述,显示在历史建构的过程当中,边缘人群被观看的被动角色。Hostetler 指出这类前现代(pre-modern)的图像数据,最重要的并不是以科学测量为基础的技术,而是绘制主体的异己认知、文化态度,以及与"被记录者"之间的互动关系、诠释角度,才是历史论述的权力与竞争。

三、非物质文化遗产脉络下的苗族服饰研究

为宣扬中国多元文化,吸引西方世界关注,1982 年 6 月在贵阳所举办的"贵州苗族服饰展览",1984 年在北京展览后,1987 年 10 月则由中国文化中心在纽约举办 Richly Woven Traditions—Costumes of the Miao of Southwest China and Beyond 展览。这个展览,应是首次由中国内地推出的苗族服饰展,由纽约设计技术学院(FIT)的 Theresa Reilly 教授策划并编辑专刊,专刊内同时有张富民及林耀华的专文,开启了世界各国对苗族的好奇与热情。

联合国教科文组织与云南大学在 2000 年 6 月 26 日至 7 月 7 日共同举办"中、老、泰、越苗族/蒙人服饰制作传统技艺国际研习班"从"保存苗族文化""保存人类文化遗产"的概念出发,把苗族服饰喻为"穿在身上的史诗"。这种概念,引发一系列抢救、纪录、传承的想象。颜恩泉《云南苗族服饰文化的传统与发展》、李正周《穿在身上的一本"书"——云南文山苗族自治州苗族服饰的文化功能》,便是在此脉络下的出版。除此以外,针对贵州苗族传统服饰文化,在现代文明的冲击下发生了变迁的现象,则在田茂军《文化变迁与苗族服饰转型》和黎焰、杨源《近现代贵州苗族服饰文化的变迁》中可以看到。

通过非物质文化遗产在官方的推行,如何关注民族特色,以作为申报的基础。围绕着台江县苗族相关民族特色的研究,如雨后春笋般出版。冯骥才《苗人的灵魂——台江苗族文化空间》可以说是为申报世界非物质文化遗产所完成的论述。除此以外,更细腻的对地方世居民族文化的研究,可以在高冰《芳寨苗族饮食与服饰的变迁——台江县施洞镇芳寨村田野调查报告》、周相卿《黔东南台江县阳芳寨

苗族文化调查与研究》、张少华《方旒苗俗》看到。在以上文献当中，都认知到生活的历史记忆，是展现地方文化独特内涵的依据。

随着非物质文化遗产的推动，学者们开始试图从生态环境与历史方向，探索苗族服饰在当代保存与应用的可能性，苗族服饰如何从被观看的异文化，转变成需要被抢救、被保存的无形文化资产。周世英、东旻、许桂香、尹红不只探索服饰的技艺及其传统，更从非遗的角度，提出如何将传统苗族服饰文化与现代服饰文化完美结合，通过市场，让贵州传统苗族服饰文化在全球化处境下得以发展的策略。

四、结论与未来的研究

到目前为止，苗族服饰的研究，在方法论上有必要进一步提升。苗族服饰是一项综合的文化表现，在研究方法上，需要做跨领域的结合，才能拨开缠绕的线团。其中如何结合物质、技艺、艺术、生态、社会、宗教、文化与象征来进行细致的分析，却又不因理论观点而失焦，才能避免在方法论上过度简化、导因为果或功能论的谬误。

在过去的研究，已经知道细致的民族志、并以地方知识为基础的视角，是厘清这些问题的重要基础。长期以来，我们习惯用族群的特征，如语言、服饰、发式、风俗习惯、宗教信仰来作为区分人群的标志。这个方式，体现的典范是自涂尔干以来对社会封闭性的看法，这种论点忽略了人群作为一个行动者在建构群体时的主动性。因此"族群"的区别，并不仅是结构性的力量的主导，在族群的互动关系中，结群方式的多元，足以突破封闭的界线而有动态的关系。然而，不容忽视的是"界线"是在互动过程中被定义、显现出来的。

此外，研究者通常通过"符号"来切入，进一步理解、感知、触摸或体会地方"文化"与"历史"，或理解苗族如何借由服饰，诉说自己是谁。但我发现过去研究者通常忽略服饰的物质或技术层面，而直接讨论文化象征的意涵。在未来的研究中，如果可以使用艺术人类学的观点，细致地理解服装是如何在社会脉络被制作、生产、使用、流传，甚至如何在去脉络后，如何在博物馆或收藏家间流传并生产知识的话，才能真正从对象中看到文化或历史。

从苗族的观点，面对过去发生过的历史事件，无论是战争或贸易，鲜少是著录于史籍的，口语的流传反而是较多的。笔者所研究的施洞地区的苗人，对于记忆过去战争与贸易的方式,迥异于汉人,显现出一种用绣片上的图像书写历史的独特方式,其中最引人入胜的就是张秀眉与务冒细的故事。故事不但显现开辟苗疆时苗汉的冲突,最难能可贵的是显露出当地人(尤其是当地女人)表述自身处境的历史化过程。通过剪花高手将图像与故事代代相传,不但创造了苗人引以为傲的服饰文化,更在上面通过书写创造苗族人群共同的认同。究竟这历史事件,如何塑造并转化苗人的人观,则是必须深入田野才能厘清的问题。

如何从地方文化脉络之下,通过服饰表露自我的历史情境并重新论述。这样的研究,可以让我们重新醒思并意识到这个区域的复杂与动态关系。从区域研究的观点,过去认为云贵高原人群边缘化的形成是受制于华夏的统治者,然而从民族志资料却显现地方并非全然没有自主性,而是有各种不同方式的响应。苗族通过服饰的形象,不只是中央对边缘的定位,同时引发地方重新思考自我的定位。这个彰显自我形象的方式,显现族群的认同多元,超越"多元一体"的格局。

从苗族服饰传承的现况来看,人才及文化断层是一项危机。苗族的物质文化中,服饰(包含织品、服装、银饰)是最珍贵的文化遗产,在改革开放后,经过博物馆、收藏家及各种文化商人的大量购买,苗族服饰在苗族村寨已逐渐消失。再加上现在的苗族女性因打工及受教育的影响,已经逐渐丧失制作传统苗族服饰的能力,影响所及是苗族服饰物质文化的断层。虽然国内积极推动非遗传承人的各项事务,但在传承人缺乏学理基础上,难免偏向商业导向,而无法在文化上永续传承。因此,如何通过大型数据库的建立,有系统地搜集国内外苗族服饰的图文件及文献资料,并建立各项织、染、绣、打银等技术传承的数据库,对于将来复振苗族服饰的物质与文化有莫大的帮助。

参考文献

[1]王伟光.苗汉刺绣——老虎变龙[M].台北:艺术家出版社,1999.

[2]王鹏惠.汉人的异己想象与再现:明清时期滇黔类民族志书写的分析[J].台湾大学考古人类学刊,2002,58:146-189.

[3]东旻.试论苗族服饰文化的历史积淀[M]//民族服饰与文化遗产研究——中国民族学学会2004年年会论文集.昆明:云南大学出版社,2001.

[4]冯骥才.苗人的灵魂——台江苗族文化空间[M].哈尔滨:黑龙江人民出版社,2005.

[5]民族文化宫编委会.中国苗族服饰[M].北京：民族出版社，1985.

[6]石启贵.湘西苗族实地调查报告[M].长沙：湖南人民出版社，1986.

[7]安丽哲.符号·性别·遗产：苗族服饰的艺术人类学研究[M].北京：知识产权出版社，2010.

[8]江碧贞，方绍能.苗族服饰图志[M].台北：辅仁大学出版社，2000.

[9]何兆华.施洞苗族服饰中鱼与水生动物的研究[J].辅仁民生学志，2008，16（1）：67-83.

[10]何兆华.找吃找穿的时间：贵州施洞苗人历法实践中的我群建构[J].民俗曲艺，2009，166（12）：7-59.

[11]何兆华.施洞苗族剪纸图像上的戏曲与女性形象[J].民俗曲艺，2012，177（9）.

[12]吴仕忠.中国苗族服饰图志[M].贵阳：贵州人民出版社，2000.

[13]张永发.中国苗族服饰研究[M].北京：民族出版社，2004.

[14]杨东升.苗族服饰与中原服饰的关系问题——对苗族服饰来源"中原说"的辩驳[J].吉首大学学报（社会科学版），2011，32（4）.

[15]杨（昌鸟）国.苗族服饰-符号与象征-贵州民间文化研究丛书[M].贵阳：贵州人民出版社，1997.

[16]杨正文.苗族服饰文化[M].贵阳：贵州民族出版社，1998.

[17]杨正文.鸟纹羽衣：苗族服饰及制作技艺考察[M].成都：四川人民出版社，2003.

[18]杨庭硕，潘盛之.《黔苗图说》抄本汇编[M].贵阳：贵州人民出版社，2004.

[19]沈松侨.我以我血荐轩辕——皇帝神话与晚清的国族建构[J].台湾社会研究季刊，2004（28）：1-77.

[20]陆晓云.苗族服饰中的装饰艺术符号[J].南通大学学报（社会科学版），2009，25（5）.

[21]周世英.贵州蜡染回眸及未来发展的思考[J].贵州大学学报（艺术版），2003（4）.

[22]周相卿.黔东南台江县阳芳寨苗族文化调查与研究[M].北京：民族出版社，2012.

[23]歧从文.贵州苗族绣绘[M].南京：江苏美术出版社，1998.

[24]苗族简史编写组.苗族简史[M]//国家民委民族问题五种丛书之一——中国少数民族简史丛书.贵阳：贵州民族出版社，1985.

[25]费孝通.关于我国民族的识别问题[M]//费孝通.民族与社会.北京：人民出版社，1981：1-30.

[26]席克定.再试论苗族妇女服装的类型、演化和时代[J].贵州民族研究，2001（3）.

[27] 高冰.芳寨苗族饮食与服饰的变迁——台江县施洞镇芳寨村田野调查报告[M]//
贵州世居民族研究(第2卷).贵阳:贵州民族出版社,2006:279-283.

[28] 颜恩泉.云南苗族服饰文化的传统与发展[M].台北:唐山出版社,2004.

[29] 芮逸夫.湘西苗族调查报告[M].北京:民族出版社,2003.

[30] 王明珂.根基历史——羌族的弟兄故事[C]//黄应贵.时间、历史与记忆.台北:台湾
研究院民族研究所,1999.

[31] 谢世忠.中国族群政治现象研究策略试析:以"傣泐"为例的探讨[J].考古人类学
刊,1990(46).

[32] 黎焰,杨源.近现代贵州苗族服饰文化的变迁[J].湛江师范学院学报,2006,27(1).

[33] 张少华.方旋苗俗[M].北京:中国文联出版社,2010.

苗族服饰研究范式的反思

李一如

摘　要：苗族服饰是苗族文化的特殊载体,也是苗族历史文化的体现特质和凸显特征。有关苗族服饰的研究成果至今极为丰硕,且研究视角和方法也极为多样,对苗族服饰的方方面面都进行了比较和分析,也有涉及服饰与其他学科的跨学科研究等。本研究从研究范式的角度对苗族服饰的研究成果进行整体宏观的评述,进而考察苗族服饰研究范式的得失,并从当今的历史视角和学理视野重新审视已有成果的研究范式,进一步对苗族服饰的前沿研究作尝试性的探瞻。

关键词：苗族服饰　范式　历史学　民俗学　文化学　语言学　符号学

苗族服饰是苗族历史文化的特殊载体和体现特质之一,以其夺目的色彩、繁复的装饰和耐人寻味的文化内涵著称于世。苗族服饰图案承载着传承本民族历史文化的重任,具有凸显文化内蕴的表达功能。苗族服饰图案是一种随着苗族服装服饰发展起来的装饰及文化艺术,至今仍应用于日常的服饰和生活用品之中,且具有实用功能和审美功能相结合的特点,被赋予了继承民族传统、纪念祖先和传承祖训等丰富多彩的内涵和意义,这些图案背后的意义和由来代表着苗族人民的感性经验和对客观世界的解释。由于无法被世人完全解读的历史原因,这些服饰图案所代表的表达功能和传达的特定含义也蒙上了神秘的色彩,这也变成了苗族服饰图案所具有的独特魅力。正因为如此,苗族服饰成为我国所有民族服饰中最为华丽、光彩夺目的服饰,既是中华文化中的一朵奇葩,也是中华历史文化的瑰宝。由此,研究苗族服饰的成果卷帙浩荡,汗牛充栋,但站在新的历史背景,我们有必要对这

作者简介:李一如(1974—),男,苗族,贵州省台江县人,华中科技大学在读博士,贵州大学清水江学研究中心研究员;中国人类学民族学研究学会苗学研究专业委员会常务副秘书长。主要研究方向:藏缅语族语言和苗瑶语族语言及文化。

些成果做一个评述,特别是研究苗族服饰的范式,更应该做一些思考和回顾,以资借鉴。德国大哲学家康德认为哲学问题主要集中在以下三个问题上:一是我能够知道什么?二是我应该做什么?三是我可以希望什么?这三个问题也是我们研究的基本步骤与原则。审视前人成果,可以让我们知道什么;更让我们知道该做什么;最后我们才知道希望去做什么。哲人的启示促使我们的研究更加深入和理性。

一、苗族服饰研究成果概况

苗族服饰随着苗族的发展而变化繁荣并演变成多彩艳丽的民族文化精品,它以图像性的文字符号记述苗族的迁徙历史、文化变迁及社会生活等,并不断积累世代发展的内容,随着苗族一代代的创新发展而完善服饰的花样与种类,形成繁复庞杂的苗族服饰系统,蕴涵着经久不衰的苗族精神与苗族历史文化的脉络,也蕴藏着苗族历练的艰辛历史与创业发展的伟大实践。由此,引起越来越多的专家学者对苗族服饰的关爱与重视,吸引他们对苗族服饰进行不同角度的探讨和研究。

首先引起专家学者重视的是对苗族服饰的繁多种类和艳丽样式的注意,逐渐地意识到苗族服饰具有文化内涵的表现和苗族节日文化的展演作用,从苗族服饰的研究可以理解和研读苗族历史文化,进而引起专家学者研究和解读苗族服饰的种类、样式、工艺、分布及其与苗族历史文化的关系等,于是专门分析和研究苗族服饰的论文、专著等相继面世,而且对苗族服饰的研究成为研究苗族历史文化和苗族社会组构的重要领域。

这些成果为目前能够见到的苗族服饰研究成果概括,这些成果是以苗族服饰为题的专著或硕博论文,当然还有一些专著也辟有专章、专节对苗族服饰进行研究或探讨,这类专著的数量就更多,而以苗族服饰为题的单篇论文更是举不胜举了。从研究领域来看,以上成果对苗族服饰的各个方面或视角均有讨论;从研究范式来看,采用的方法和角度多种多样,有单独使用的,也有交叉使用的,涉及人文社科的各种方法论,也有涉及自然科学的方法,这些方法的应用对深入研究和再研究具有一定的启发意义。

二、研究现状

(1)现有成果概述。从所收的有关苗族服饰的研究成果文献来看,研究苗族服饰的成果非常丰硕。研究人员所在单位不尽相同,涉及各个行业;所在地区也跨度很大，包括中国各省份，国外自然也有，如日本、美国、法国等，只是国外的成果未能尽收。仅就以"苗族服饰"为主题的单篇论文在中国知网就可搜索到600多篇●；如以涉及苗族服饰（装）或苗族妇女服饰为题进行搜索，就可以搜到上万条甚至更多。

从这些所收文献或成果来看，说明对苗族服饰的研究确实有其研究的价值，也值得各领域的专家学者探索和讨论，这方面的成果也同时反映出专家学者的认真努力和扎实研究，当然，同时也反映出一些不好的现象：良莠不齐、参差上下；甚至马虎草率的急就章，或者人云亦云、没有调查、没有思考和研究的文章。

综观以上论及苗族服饰的研究成果及文献，这些成果大部分集中且深入对苗族服饰的种类描写，或以服饰图样、图案与苗族历史文化的有关联性进行表面描述和分析，或归类，或说明；甚至有不少文章以一己的想象，加以臆想，东拼西凑，还冠以最新理论或方法，其实这样的文章根本就脱离苗族群体本身或脱离苗族文化的本真，做些实事以外的瞎想；尤其不少年轻学者或作者仅凭自己的想象凑文章字数，他/她根本就不了解或不想了解苗族服饰的成果有哪些，前人已经做到何种程度，就"复制""粘贴"成一篇"论文"，这样的操作不在少数。

目前已经面世的专书对苗族服饰的进行整体上的描述和分析，读者也可以从中读到苗族服饰的一些历史和文化信息，也能够满足一些单方面或几方面结合的研究。从前沿视野的学术水平来看，尽管目前苗族服饰的研究成果涌现很多，几乎每个月就能够在网上搜索20篇以上与苗族服饰相关的文章，而这些论文的题目或立意都很吸引读者的眼球，仔细阅读后，却发现这些论文几乎雷同，因为90%的论文都没有实地田野的新材料支撑，罗列数据矛盾、重复，甚至出现错误的表述和描写等现象，盛产背后的隐忧确实让我们担忧。

当然，我们也看到，真正深入田野调查，并结合苗族迁徙历史与文化，体现苗族复杂分布和聚居现状进行全方位分析研究的论文或著作，数量也极为可观。这些是真正具有学术价值的成果，值得我们深入去反思和考察，尤其是如何从中利用新颖的理论和方法，实现理论升华和再造，提升方法论水平的积累。

（2）突破与成就。本研究着重考察和审视现有苗族服饰研究成果的得失，特别是想从研究的范式上去审视已有研究成果的成功经验和取得的突破，或者是建构起来的新理论、新思想，或新方法论，尤其在研究范式上的新颖经验和相关理论

● 该搜索截至2014年9月。

应该推广应用与再分析，促使其再现更大的价值和借鉴作用。对以上文献的突破作一些总结和审视，有利于本研究目的的实现。

第一，在研究对象上，从以苗族服饰的样式为主逐步重心转移到以苗族服饰的文化内涵为主，近期又以探讨服饰的文化与现实应用结合为主作为突破。

第二，在研究层次上，早期偏重苗族服饰的样式及艳丽的外表描述，中期转向对服饰种类的具体分析和表述，近期则集中在分析服饰与文化的关系及现实社会的应用变化。

第三，在研究性质上，早期注重苗族服饰的种类分类的规范和归类标准，中期对服饰的做工和工艺价值进行初步探讨，近期则在此基础上进行解释性分析的探讨。

第四，在研究理论上，早期侧重苗族服饰的种类或样式的描述和标准的理论探讨，中期进一步对服饰的工艺价值及文化内涵进行理论建构，近期则在文化学、历史学、民俗学、美学、艺术学等学科上进行理论性解释和学理建构。

第五，在研究领域上，早期侧重服饰的样式与种类的范式探讨。之后逐渐扩及服饰的工序、服饰与历史文化的关系，利用阐释学理论和现象学、符号学等进行更大范围的研究，形成服饰与文化学、历史学、民俗学、艺术学、图像学、美学等学科相互结合，形成跨学科的多科性研究。

第六，在研究深度上，早期重视种类与样式的描写和分布的调查，中期逐渐转向服饰和苗族历史文化的深入分析探讨，最近利用多学科理论进行深入研究和交叉学科的相互补充解释与理论阐释，概括苗族服饰研究的理论特点和梳理苗族服饰发展和创新价值，特别是新时期苗族服饰与现实社会的功能利用和创新的思考。

从这些突破与创新的方面重新审视已有的研究成果，本研究一再重申，苗族服饰是苗族历史文化的载体，也是苗族文化的重要组成部分；因此，必须注意到以下几点，才有利于本研究的反观和创新审视。

苗族服饰是苗族文化体系的重要组成部分，从服饰中可看出苗族历史的发展进程和文化沉积，集中反映了苗族在与自然的抗衡中对事物的认识和升华，在此间也就产生了苗族的审美意识。

随着社会的进步和经济文化的发展，苗族的生活也日益好起来，其服饰也在不断地发展变化，服装款式已由原来的单一的以深蓝色或黑色为基调而发展为色彩艳丽的式样，而且更接近于艺术舞台化，走向现实生活的艺术化渠道。

　　苗族服饰的现代化，反映了苗族群体的发展和文化发展的综合态势，研究成果的正面反映，促进苗族文化的健康发展和繁荣，只有真实地扎实的研究成果，才能真正反映苗族服饰和苗族历史文化的内涵关系。

　　本研究对已有研究成果的重新审视和反观，也就是提醒研究者能够做到明辨真伪，去粗取精，能够促进苗族服饰文化发展的成果真正成为苗族社会及苗族地区经济发展需要的精品和精神食粮，否则，就只能被遗弃并判为垃圾，弃之为快。

　　（3）研究范式反思。恩格斯说："一个民族要站在科学的高峰，就一刻也不能没有理论思维。"对现有的研究成果，我们应该以新视野和新高度重新审视和反思，如果这些成果真正立足于苗族的真实历史文化和苗族社会的现实反映，那么有利于促进苗族社会的发展与苗族文化的繁荣；否则，将带给苗族本身和苗族文化的负面影响与误导，甚至对苗族群体与苗族历史文化的传承有害，也可能限制苗族将来的发展富强，戕害苗族历史文化的健康发展和繁荣。

　　审视过去，展望未来。研读已有成果，我们可以了解现有研究成果的价值和意义，还能让我们再次审视苗族的历史，尤其是从苗族服饰研究成果的历史文化积淀反映中所体现的苗族社会和文化特质。这些成果确实值得研究人员细细品读和反思，从以上所收现有成果的研究状况看，其研究范式存在不可忽视的弊端，自然影响成果的真实价值和借鉴作用。

　　以苗族服饰文化为研究对象，以造型、纹饰、色彩、风格方面的特征以及相关的文化背景、生活习俗、民族性格和审美心理为切入点，探讨苗族服饰艺术的一般规律和特殊表现。在展开理论研究的同时，构建开放式、跨领域、交叉式的调查和实践。研究方向逐渐扩展，涉及服饰文化研究、服饰工艺研究、服装装饰研究、服装色彩研究、服装审美心理学研究、民族文化元素在现代服装设计中的应用研究、民族文化符号与设计理念研究、民族文化元素与设计风格研究。这些研究领域已经成为新时期的苗族服饰研究走向，而单一的描写和表述，已经逐渐退出研究领域的舞台。

　　在中国各民族的服饰中，苗族服饰是最为丰富多彩的。苗族有100余个支系，就有百余种服饰❶，从精细华美的施洞苗服饰到原始粗犷的南丹苗服饰，风格款式各异。贵州是苗族服饰最为精美之地，也是一个集中体现苗族服饰丰富多彩的地方特色，刺绣、蜡染、纺织、银饰都极为出色，充分体现出富有特色的苗族服饰艺术。

---

❶　由于苗族分布和支系的复杂，调查也没有详尽，其服饰的种类与划分目前未能有统一的标准和数量。

苗族是一个民族意识和艺术才华都很强的民族,不仅将文化传统倾注于口头文学,更将它倾注于服饰图案之中,其不仅有记述人类起源神话的"蝴蝶妈妈"和苗族祖先英雄故事的"姜央射日月"等图案,更有追述苗族先民悲壮迁徙史的"黄河""长江""平原""城池""洞庭湖""骏马飞渡"等主题图案。世界上没有哪个民族像苗族这样将服饰图案作为史书,深切地表达历史并作为苗族群体的标志世代相传。苗族服饰无处不向世人昭示:我们是苗族,我们来自黄河之滨,长江之畔,我们长途跋涉,历尽艰辛,我们有自己独特的灿烂文化。

本研究认为,尽管苗族服饰的种类复杂,款式多样,包含的文化意蕴丰富,虽然目前不可能把苗族所有的服饰调查清楚,但针对某一种类的深入阐释和分析,基于最扎实的田野作业,利用多学科的分析方法,可以使研究人员或读者获得真实和可靠的信息,更进一步把苗语三大方言苗族服饰作为一个整体的研究对象,进行全面考察服饰的表象及特点,将服装类型视作集体社会的表征的概念,并运用服装的款式元素作为区辨群体界线的方法,成为一种论述苗族历史与文化的范式❶,并从历史学、民俗学、文化学等角度,对苗族服饰作系统的分析研究和深入阐释,这可以让我们看到不同于单眼视角,或独面解释描写的文章要好得多,因此我们对以往或前人的研究范式进行反思,敢于探讨跨学科、多视角的相互结合研究。本研究提倡苗族服饰还应该注意两个结合、两个并重:实证研究与理论阐释相结合,技艺传承研究与服饰本体研究相结合;界内研究与跨界研究并重,基础理论研究与实务应用研究并重。

三、苗族服饰研究的范式前瞻

鉴于目前苗族服饰研究的现状,本研究认为可以采用比较法和整体性的视角对苗族三大方言及国外苗族的服饰进行跨方言、跨地区、跨国界的比较或同类("型""式")比较相结合的方法,把苗族三大方言的服饰作为一个整体进行比较和考察,对苗族服饰进行多角度、多视角的对比分析,包括图案、图标、画面、纹样、设计等的分类归纳,服饰中各种图案结构的描写分析,不同图式功能的分析研究,各类图形、图案的表意特征和色彩应用的文化诠释;同时关注苗语三大方言苗族服饰制作技艺的差异,并力求揭示出产生这种差异的文化原因和社会因素。在此基础上,从语言学和符号学的角度对服饰的图案、图式、图形、象征意义等作进一步深化

---

❶ 何兆华:《苗族服饰的研究回顾与展望》,未刊。

的分析，探讨不同方言服饰中图案、图式、图形的相同与相异关系，找出彼此的联系点，探讨不同方言苗族服饰在发展和演变过程中的规律性特征和变异因素。

现代文化人类学的蕴涵共性、类型标记性及符号学的标识性与标出标记在服饰研究的等级反映等现象可以在苗族服饰研究中得到普及应用，苗族服饰种类、类型及分布十分复杂，利用文化人类学、符号学与语言学的相关共性标记理论是开展服饰研究的有效方法。目前关于苗族服饰的研究主要集中在某一地区或某一方言的服饰的文化研究，其方法主要是服饰图案、图形等的描写和解释，没有对服饰进行语言学、文化学或历史学等视角的解读，更没有跨学科的综合解读，也没有就不同方言、不同地区的苗族服饰作类型或整体的深入比较研究。因此，以语言学、历史学、阐释学、符号学等的视角对苗族服饰及其图案、图式、图形、象征意义等现象作比较研究，有助于从理论上对苗族服饰及其图案、图式、图形、象征意义等外在表征进行规律性特征的挖掘和解释，有助于深层次地研究和探讨各方言服饰的深层内涵的研究问题。

研究思路和方法。服饰学界与设计学界的学者或研究人员普遍认为，服饰的样式和种类的发展变化与社会现实生活需要密切相关，服饰与服装是随着社会发展而变化的，服饰的品种、品质与花色、图形、图案均与现实生活中人的审美息息相关，与人的社会生活品质有着同步发展的关系，尤其是人的生活质量和社交功能有相当大的一致性，反映在服饰和服装发展的规律性也表现出极大的相似性。

本研究试从语言学、符号学、阐释学等理论视角出发，以苗族服饰的研究范式为检视重点，涉及服饰的种类、样式、图案、图形，象征意义、图腾标志、工艺、工序等各方面的研究范式进行宏观考察和审视，并切入苗族服饰的母语表达进行诠释，挖掘服饰每种样式、图案、图形，象征意义、图腾标志、工艺、工序的苗语本意，以此作为对象，考察三大方言苗语不同意义的类型比较研究；并以此将苗语三大方言苗族服饰作为一个整体，来考察分析苗族服饰的种类、样式、图案、图形，象征意义、图腾标志、工艺、工序等各方面。在具体研究过程中，注意考察分析各方言服饰中工序、技艺的差异，服饰演变的规律的探讨等一系列的系统性的理论分析和对比，既把握苗语三大方言苗族服饰的整体性，又不抹杀各方言服饰的特色，并在此基础上进行苗族服饰的特质与苗族支系的亲缘比较研究，探求苗族的地域发展和苗族社会婚姻圈的发展规律性特征。

研究范式探索。①共时和历时结合。当代文化学与民俗学均注重把现象的共时描写和文化变化的历时分析结合起来,注重历史演变的规律对共时类型的解释作用。因此,对于苗族服饰的各种实物样品,先将其视为一个共时平面,作以充分而细致的平面描写和共时分析。在此基础上,对所收服饰物件作以历时考察,以观察所收服饰物件中的历时因素;考察其与苗族社会历史的变化之间的联系,找出其中因变的缘故和促动因素。从这个角度来讲,这一方法有助于深入挖掘苗族服饰的一些发展变化规律性特征,也会给不同方言苗族服饰以至不同民族服饰的比较研究提供充分的实物说明和事实例证。

②定量和定性结合。定量研究主要以数据、模式、图形等来表达并加以叙述;定性研究结论多以文字描述为主。定性研究是定量研究的基础,是它的指南,但只有同时运用定量研究,才能在精确定量的根据下准确定性。不管是人文社科还是自然科学,都会注重量化的研究作用与实证性功能。定量分析和定性分析两种方法的结合对于任何研究领域都是非常重要的,两种方法的结合可以比较精确而实证地概括出研究对象的发展演变规律。选取某一地区或某一方言苗族服饰的一定数量服饰样品,从服饰的种类与样式的变化到图案、图形、象征意义、图腾标志、工艺、工序等各方面进行分析,考察这些样品的各项特征,考察这些特征在不同地区、不同时代的变化,从这些量的变化,可以看出服饰的相关变化,可以归纳苗族服饰发展变化的某些规律性特征;再者,苗族服饰的发展变化,能够反映苗族社会历史的发展变化的痕迹,以致探讨苗族文化的发展趋势及其方向和特点。从一定数量的实物例证,就可以对苗族服饰的一些方面多出性质判定,得出某些实质性的本质和特征。

二者结合对考察苗族服饰的种类、样式、图案、图形等都是至关重要。通过考察苗族服饰的各种类别的发展演变,可以诠释苗族文化发展变化的社会历史轨迹,并进一步对苗语三大方言的苗族服饰等在数量和性质上的对应性和非对应性,这种探索有助于探明苗语三大方言苗族服饰的不同发展特点与各自相异点,也可以对不同方言地区的服饰定性考察和分析,定量和定性二者结合有利于苗族服饰研究的更加深入和全面。

③系统性和典型性结合。苗族服饰种类繁多,样式复杂,数量庞大,不可能每个种类、每种样式、每个图案都得一个个分析,只能择取典型的种类或样式进行分析研究,以此作为某些服饰的代表来进行典型描写和分析,做出某些概括和典型性的结论。苗族服饰的工艺与工序是复杂的过程系统,包含材料、做工和设计等一系列的系统性过程,每个步骤有其独立的制作工序,因此,对这个制作过程赋予仔细

考察,就可以考察到苗族人对服饰的用心与赋予的感情,加上每件产品服饰所包蕴的劳动汗水。

④点和面结合。苗族服饰繁多复杂,分布广泛,研究不可能做到样样研究、个个分析,只能择取某个典型的种类或样式,或图案,或图像进行研究,以"某一个点"作为代表来进行分析研究,以此对某一片,某一地区,或某一方言的苗族服饰做出某些概括和典型性的分析,概括出一个"面"的代表性特征和规律性特点,最后才能对具有代表性的一个地区或某种方言的苗族服饰进行结论的总结研究。

前人的研究成果文献中,运用系统性研究和典型性研究的方法结合已取得丰硕的成果,这些经验和知识可以成为今天研究的借鉴,因而也可以利用成果与经验对苗族服饰再进行系统地、深入地研究。

对苗族服饰作系统性、整体性的研究确实具有一定的难度。但只要方法得当,选取材料恰当,选用服饰实物实用,研究就会达到预期的目的。

四、苗族服饰研究的前沿探瞻

第一,加强苗族服饰的调查、整理、归纳和研究。在过去的调查、整理中,由于技术、指导思想和观念等限制,在苗族服饰的调查、整理和研究以点带面、遗漏或以点概面,很不全面。苗族三大方言的服饰存在较大差别,体现在服饰的方方面面,各有特点,这些反映了苗族服饰的发展差异和地方变体,也反映了变体支系苗族对服饰的不同工艺和审美,更反映了不同社会生活及社会组织及其婚姻圈。因此,应整合苗学研究力量,用社会学、文化学、人类学和民俗学等交叉学科的理论和方法展开细致深入的调查、整理和调查研究。

第二,加强苗族服饰实物研究。目前,虽然苗族服饰的图案、图形及象征意义等研究展开得早,成果众多,但苗族服饰的整体研究和比较研究相对少,对苗族服饰的母语解读至今未见。为此,必须加强实物解读与分析,不仅在宏观理论研究上整体把握,才能够找到苗族服饰整体性、系统性的特点,而且进一步在深度挖掘和比较研究的基础上,深入研究苗族服饰各项具体工序或图案、图形的解读、分析或诠释,以期能够实现不留死角的阐释和研究。

第三,整合苗学科研队伍力量,加强团队协作研究。目前各研究单位和高校较为独立,各自为政,合作攻关的项目较少,重复立项、浪费资源的情况经常出现。很多学术资源无法共享,如博物馆、文献中心、展览馆、考古所等各家资源被闲置,甚至存在各自保密的现象,想利用的研究人员无法得到,造成资源闲置和浪费。因此,应跨单位、跨学科整合各有关学术单位和学者的力量,才能更好地开展重大课题研究,以得到整体、系统的研究。以贵州大学张晓教授申报获得的省长基金项目"贵州省苗族代表性服饰(头饰)研究"就是一个最好的例证。

第四,加强国内外学术交流,广泛收集海内外苗族服饰研究成果。总体深入研究苗族服饰,必须建立苗族服饰各个种类的详细、可靠、大量的实物库和文献数据库。同时,国内苗族学者要走出国门,到美国、东南亚、德国、澳大利亚等国家和地区进行实地调查、采集(摄像)。深入了解苗族服饰在海外的传承和利用的基本情况,掌握苗族服饰的流传和技术传承变化现状,才能对苗族服饰的现实整体有所把握。

第五,运用跨学科、跨领域深入研究。尽管在苗族服饰研究中已经运用了考古学、历史学、文化学、民俗学、人类学、社会学、语言学、符号学、美术学、服饰设计学等各学科的理论和方法,但已有成果显示:大部分均为单科作用,或单向思维,并没有综合利用和交叉使用;因此,将来的服饰研究,必须考虑多学科相互借鉴,交互使用,切忌单向引导,要让有用的跨学科、新理论变成研究苗族服饰的利器,争取突破现有囿限和框架。

总之,苗族服饰是苗族非常典型的文化载体和文化特质,其外表靓丽鲜艳,工艺精巧,设计精美,具有一定的审美性和学术性。研究苗族服饰,对研究苗族历史文化起着重要的促进作用,反思和重新审视已有研究成果,更利于苗族服饰研究的纵深发展。因此,反思与重新审视将对将来苗族服饰研究有着十分重要的理论意义和现实意义,更加具有一定的开创性和前瞻性。

参考文献

[1]乌丸知子.一针一线——贵州苗族服饰手工艺[M].蒋玉秋,译.北京:中国纺织出版社,2011.

[2]安丽哲.符号·性别·遗产——苗族服饰的艺术人类学研究[M].北京:知识产权出版社,2010.

[3]席克定.苗族妇女服装研究[M].贵阳:贵州民族出版社,2005.

[4]刘太安.中国雷山苗族服饰[M].北京:民族出版社,2004.

[5]杨正文.鸟纹羽衣:苗族服饰及制作技艺考察[M].成都:四川人民出版社,2003.

[6]张永发.中国苗族服饰研究(文集)[M].北京:民族出版社,2004.

[7]江碧贞,方绍能.苗族服饰图志[M].台北:台湾辅仁大学出版社,2000.

[8]杨正文.苗族服饰文化[M].贵阳:贵州民族出版社,1998.

[9]杨鹍国.苗族服饰:符号与象征[M].贵阳:贵州人民出版社,1997.

[10]龙光茂.中国苗族服饰文化[M].北京:外文出版社,1994.

[11]贵州省文化厅.贵州苗族服饰(全新带碟)[M].贵州省文化厅印,2012.

[12]民族文化宫编委会.中国苗族服饰[M].北京:民族出版社,1985.

[13]曾宪阳,曾丽.苗绣[M].贵阳:贵州人民出版社,2009.

[14]吴仕忠,等.中国苗族服饰图志(汉英对照)[M].贵阳:贵州人民出版社,2000.

[15]宛志贤.苗族盛装[M].贵阳:贵州民族出版社,2004.

[16]周莹.意义、想象与建构:当代中国展演类西江苗族服饰设计的人类学观察[D].北京:中央民族大学,2012.

[17]周梦.苗侗女性服饰文化比较研究[D].北京:中央民族大学,2010.

[18]王斐.以苗族服饰为例探究苗族文化与汉文化的关联[D].北京:北京师范大学,2009.

[19]申卉芪.论苗族传统服饰图案的现代应用[D].北京:中央民族大学,2005.

[20]彭现.苗族嫁衣在现代服饰设计中的应用研究[D].西安:西安美术学院,2014.

[21]罗一格.对山江苗族民俗文化及其艺术表现上的思考[D].北京:中央民族大学,2013.

[22]曾元春.广义文字学视阈下的苗族服饰纹样研究[D].北京:中国海洋大学,2013.

[23]胡红.长角苗服饰纹样制作技术传承方式及影响因素研究[D].重庆:西南大学,2013.

[24]范贤坤.苗族刺绣色彩语言在当代绘画中的应用研究[D].重庆:西南大学,2013.

[25]杨婷.云南民族服饰纹样艺术图式研究[D].昆明:云南大学,2013.

[26]刘方园.苗族、花腰傣服饰元素在现代服装中的应用[D].昆明:昆明理工大学,2013.

[27]陈志锋.生活方式变迁与传统苗族纹样设计研究[D].北京:北京服装学院,2013.

[28]王璐.苗族装饰纹样在湘苗聚居地住宅景观中的运用方法研究[D].成都:西南交通大学,2012.

[29]杨雪.贵州松桃苗族服饰审美文化研究[D].重庆:西南大学,2012.

[30]刘芳君.湘西苗绣装饰纹样初探[D].苏州:苏州大学,2012.

[31]赵祖凤.湘西苗族服饰的民族特色在工笔人物画中的体现[D].成都:西南民族大学,2012.

[32]刘萍.苗族银饰在现代服饰设计中的价值[D].长沙:湖南师范大学,2012.

[33]苏文雪.苗族服饰元素在现代服装设计中的应用[D].沈阳:沈阳师范大学,2012.

[34]池家晗.黔西南苗族服饰在高校工笔花鸟画创作教学中的探索与实践[D].桂林:广西师范大学,2012.

[35]曾石.贵州省苗族服饰文化旅游资源的价值及开发研究[D].重庆:重庆师范大学,2012.

[36]陈丽艳.苗族服饰图案的构图形式研究[D].昆明:昆明理工大学,2012.

[37]李再黔.贵州省黔东南州苗族服饰文化产业研究——以马克思主义文化观为视角[D].昆明:昆明理工大学,2012.

[38]李彦.台江县苗族刺绣文化探析[D].贵阳:贵州民族大学,2012.

[39]郎丽娜.高坡苗族"背牌"文化研究[D].贵阳:贵州民族大学,2012.

[40]何莎.探究现代视觉冲击下湘西苗族服饰图案在设计中的应用[D].大连:大连工业大学,2012.

[41]刘娜.湘西苗族服饰美学与时装设计应用研究[D].长沙:湖南科技大学,2012.

[42]姬益波.主题创作法在现代影楼服饰设计中的运用——黔东南苗族影楼服饰的主题性设计[D].南京:南京艺术学院,2012.

[43]曹亚男.湘西苗族踏虎凿花研究[D].赣州:赣南师范学院,2012.

[44]程文钰.黔东苗族百褶裙考析及设计应用研究[D].北京:北京服装学院,2012.

[45]肖柳庆.融水苗族服饰及其在本土院校现代服饰设计教学中的应用[D].郑州:中原工学院,2012.

[46]杨洋.旅游开发下的苗族姊妹节文化变迁研究[D].广州:中山大学,2011.

[47]汤丽茗.论雷山县苗族服饰刺绣工艺的传承与发展[D].北京:中央民族大学,2011.

[48]廖萍.苗族服饰的生态审美解读[D].南宁:广西民族大学,2011.

[49]许哲丽.昆明地区苗族服饰艺术发展研究:以禄劝、安宁、嵩明为例[D].昆明:昆明理工大学,2011.

[50]李红杰.昆明近郊大花苗服饰艺术研究[D].昆明:昆明理工大学,2011.

[51]俞菀.苗族服饰的视觉认知功能[D].上海:复旦大学,2010.

[52]杨光明.台江施洞苗族服饰中生殖崇拜图案的教育内涵研究[D].重庆:西南大学,2010.

[53]郭欣欣.苗族服饰图腾图案的美学探析[D].西安：西北大学,2010.

[54]童友军.论施洞苗族服装配饰艺术[D].昆明：云南大学,2010.

[55]蒋怡敏.苗族服饰图案在数字插画中的应用与研究[D].上海：东华大学,2010.

[56]李晖.黔东南苗族服饰中传统动、植物图案的应用研究[D].武汉：中南民族大学,2010.

[57]尤阳.云南苗族服饰图案暨图形元素形式构成研究[D].昆明：云南艺术学院,2010.

[58]周蕾.苗族服饰造型艺术中现代设计元素的发掘研究：以贵州黔东南苗族服饰为例[D].北京：北京印刷学院,2010.

[59]李亚洁.黔东南苗族服饰色彩研究[D].北京：北京服装学院,2010.

[60]王爱青.苗族文化在学校教育中的传承机制研究——以台江县苗族服饰文化为个案[D].重庆：西南大学,2009.

[61]余珊.大众文化语境下的黔东南苗族服饰文化传播研究：以西江苗寨为个案[D].武汉：武汉大学,2008.

[62]杨涛.黔东南苗族刺绣工艺研究及其运用[D].成都：西南交通大学,2008.

[63]李晖.苗族服饰图腾图案在现代服装设计中的应用研究[D].无锡：江南大学,2008.

[64]张晓妍.昆曲正旦造型创新设计中苗族服饰语言的运用与研究[D].上海：上海戏剧学院,2008.

[65]邢瑞鸣.苗族首饰再设计[D].北京：北京服装学院,2008.

[66]梁恒.湘黔苗绣装饰图案元素研究[D].长沙：湖南大学,2007.

[67]朱晓萌.从苗族银饰的构成艺术探究其内在价值[D].天津：天津工业大学,2007.

[68]屠佳.女性文化的性别特征探析——以苗族女性服饰系统为个案[D].金华：浙江师范大学,2006.

[69]李丹.云南苗族服饰图案艺术研究[D].昆明：昆明理工大学,2006.

[70]黎焰.黔东南苗族女装结构及着装方式[D].北京：北京服装学院,2006.

[71]龙叶先.苗族刺绣工艺传承的教育人类学研究——湘西凤凰苗族农村社区（榔木坪村）个案分析[D].北京：中央民族大学,2005.

[72]田丽艳.剑河苗族锡绣研究[D].北京：北京服装学院,2005.

[73]赵一凡.苗族服饰图腾图案研究[D].天津：天津工业大学,2003.

[74]贺琛.苗族蜡染研究[D].北京：北京服装学院,2003.

[75]赵祎.贵州施洞苗族银饰文化考察[D].北京：北京服装学院,2003.

[76]詹炳宏.苗族刺绣研究[D].北京：北京服装学院,1997.

苗族妇女研究回顾与展望

杨　菲　张寒梅

　　摘　要：苗族妇女研究是苗族研究的重要组成部分，但与其他研究相比，无论从理论上、方法上，还是从研究范围、研究内容上都显得较为薄弱。近年来，苗族妇女研究取得了很大的发展，本研究以历史为线索，回顾苗族妇女研究的曲折道路，在追溯中总结其成功的经验，反思其存在的不足，在反思中探索苗族妇女研究的新方法、新视野，对今后的苗族妇女研究做出展望。

　　关键词：苗族　妇女研究　回顾　展望

　　苗族妇女研究是苗族研究的一个重要组成部分，是指以苗族女性和妇女问题为研究对象的科学研究领域。它既包括上升到大学科体系的妇女学，也包括针对社会中各种苗族妇女问题所进行的学术理论活动。苗族妇女研究的目的在于描述和解释苗族妇女现象，解决苗族妇女问题，预测苗族妇女发展，推动苗族妇女解放与人类解放同步前进。

　　苗族妇女研究作为苗族研究的重要组成部分，直到 20 世纪 80 年代末才逐渐引起人们的关注。它伴随着妇女研究的迅速崛起而产生，其研究视野和领域也在不断扩大，从关注婚姻家庭、教育范畴逐渐向社会、经济、文化等层面拓展。

一、苗族妇女研究的背景

　　苗族是一个发源于中国的全球性民族，在 2010 年人口普查中，中国苗族总人口为 9426007 人，主要分布在贵州、湖南、云南、重庆等省（区）。关于苗族的人类学研究，我们可以追溯到西方人类学的初期阶段，发展至今已经有一百余年的历史。

　　作者简介：杨菲（1988—），女，贵州大学 2014 级民族学硕士研究生；张寒梅（1969—），女，苗族，贵州省文联民间文艺家协会，副编审，研究方向为苗族文化。

归纳起来苗族人类学研究大概经历了四个发展阶段：一是早期西方冒险家、传教士对苗地和苗族各支系的一般描述阶段。这个时期的代表作有英国军人布勒契斯顿（Blakiston Thomas Wright）19世纪60年代所著的《长江上的五个月》、英国伦敦教会洛克哈特（Lockhart William）的《关于中国的苗子或土著居民》、英国传教士柏格理（Samuel Pollard）所著的《苗族的故事》《在中国难于进入的角落里》《云南北部的碉堡》《云南北部见闻录》《未被踏查过的中国地方》《柏格理在中国》等书。二是20世纪初期到中期，西方学者和早期受西方文化影响的中国学者关注中国少数民族，对一些苗族地区进行的人类学调查和学术研究。具有代表性的是日本学者鸟居龙藏和他的苗族研究著作——《苗族调查报告》。三是本民族的知识分子对本民族历史文化、风俗习惯的早期调查研究活动。湘西苗族学者石启贵是以苗族人身份从事苗学研究的先驱之一。1933年他随同凌纯声、芮逸夫等人对湘西苗族进行调查，1940年写成《湘西土著民族报告》，1951年写成《湘西兄弟民族介绍》，1986年由后人将其诸成果合并以《湘西苗族实地调查报告》一书面世，由湖南人民出版社出版，2002年8月再版。中华人民共和国成立后，从事苗族本民族文化研究的知识分子更是不断增多，队伍不断壮大。四是20世纪中期迄今，国内外苗族研究的广泛开展。这一时期的著作繁多，在此就不一一赘述了。

在这一百多年里，苗族人类学研究可谓走过了一个由外（国外）到内（国内）、由浅及深、由分散到系统的过程。今天的苗族人类学研究已经成为一个以本国和本民族学者组成的一个庞大的专业群体为基础，涉及人文、社会、自然等领域的综合性学科，一些学者甚至将这日渐完备的研究体系称为"苗学人类学"。

二、苗族妇女研究的主要内容

（一）早期传教士著作和地方志中有关妇女的描述

苗族人类学研究虽然只有一百余年的时间，大规模的苗族人类学研究更是在20世纪50年代，随着中华人民共和国成立初期全国范围内的少数民族识别和社会历史调查工作的展开才逐渐开始的。但在早期传教士对于苗族的一些考察与描述性的著作中以及古代和民国初年间编撰的一些苗族聚居区的方志和调查报告等著述中有一些关于苗族妇女的零散记录。前者如柏格理的《中国历险记》中的第四章——一位发狂的苗家妇女，以及《在未知的中国》第一章——佩戴珊瑚串珠的姑娘等。后者如清朝嘉庆年间严如煜所著的《苗防备览》，1940年著名人类学家凌纯声、芮逸夫写成的《湘西苗族调查报告》，梁聚五的《苗夷民族发展史》，盛襄子的《湖南之苗瑶》《湘西苗疆之设治及其现状》等，吴泽霖、陈国钧、杨汉先等对贵州苗族的研究，如《贵州短裙苗的概况》《贵阳苗族的跳花场》等，以及日本学者鸟居龙藏所著的《苗族调查报告》。在上述这些著作中有一些对于苗族人的民族志描述，其中可以零星的看到一些苗族妇女的情况，包括她们的生产劳动、服饰、社会交往、婚姻、禁忌等。在中华人民共和国成立后编纂的有关苗族的民族志或地方志中，也有相关方面的介绍和描述。他们的相同点在于这些介绍和描述并不是以女性为内容主体，只是这些文化社会事象与女性的关系相对比较密切一些，在谈到它们时，对这一事象中的女性状况只做简单地提及而已。如《贵州省志·民族志》第一章就是对于苗族的介绍，其中谈到苗族的人口状况、服饰、婚姻、家庭、丧葬等习俗时有少量的与苗族妇女有关的资料。

（二）关于苗族妇女的综合研究

王慧琴的《苗族女性文化》（1995）一书，从"绚丽的女性服饰文化""民间文学中的女性形象""女性的歌舞与节日""早熟的爱情生活""独特的婚姻""苗族的家庭""苗族信仰及外来宗教在苗族妇女中的传播""对女性的束缚""苗族妇女的社会角色"和"演变中的苗族女性文化"十个方面系统全面地阐述苗族女性文化，展现苗族妇女在苗族文化创造、发展和传承中的重要地位和作用。张晓的《西江苗族妇女口述史研究》（1997）和《"好女人"的建构——以西江苗寨的一个家族为例》（2007）是两部研究苗族妇女与社会文化互动的代表作。在《西江苗族妇女口述史研究》一书中，作者运用文化人类学参与式观察的田野工作方法，对贵州省雷山县西江苗寨妇女群体与特定文化体系间的互动关系进行了多角度的深入分析。《"好女人"的建构——以西江苗寨的一个家庭为例》一书，以西江苗寨一个家族女性鲜活生动的大量案例为主要的剖析个案，从"文化的建构""历史的建构"和"女性的自我建构"三方面来阐释，西江苗族社会历史、文化和女性个体三者之间的互动过程，及该过程中互动主体如何来建构一位"好女人"。

（三）有关苗族的婚姻家庭和亲属制度的研究中涉及的苗族妇女研究

由于传统人类学对婚姻家庭和亲属制度的重视，这些研究不可避免地要涉及女性。苗族人类学在这方面的研究主要有：①苗族的婚恋习俗、婚姻制度及其变迁。如贵州师范大学龙仙艳的《苗族女性婚恋的美学审视》《从难题求婚透视苗族女性的婚恋观》分别从美学和苗族民间故事中的难题求婚等角度切入，论述了苗族女性的婚恋观。华中科技大学的孙秋云、李欣欣所写的《大众媒体、打工经历与贵州西江苗族乡村妇女婚恋模式转变》一文认为，乡村婚恋模式转变是社会转型期家庭生活的重要变迁。文章分析了贵州西江苗族妇女婚恋途径、婚姻仪式的转变。认为大众媒体、打工经历是影响苗族乡村妇女的婚恋模式发生自由化、混合化趋势的主要因素。②苗族承嗣制度和亲属称谓的变迁研究。如中央民族大学袁洁的博士论文《社会继承制度变迁中的苗族女性研究——以贵州黔东南雷山县郎德上寨为个案》文章以实地研究为主，分别从八个章节，对于苗族社会的继承制度变迁与女性的社会角色及空间权力转变之间的关系，进行了不同层面的分析，对于苗族的社会文化变迁和苗族女性的历时性发展做了一个纵向的呈现与剖析。③苗族婚姻与家庭的当代嬗变。华中科技大学李欣欣的博士论文《现代性体验下苗族乡村妇女的家庭生活——基于贵州黔东南西江千户苗寨的调查与阐释》，文章以贵州黔东南西江千户苗寨为田野个案，以西江苗族妇女为研究对象，将电视媒体和打工经历作为个人体验现代性的重要途径，分析现代性背景下传统社区苗族妇女家庭生活的变迁，以及妇女自身对这种转变的理解和感受，进而探讨现代文化与传统文化的冲突与融合，思考全球化背景下的民族文化自觉问题。

（四）有关苗族妇女服饰文化的研究

有关苗族服饰文化的著作可以说是蔚为壮观，涉及苗族服饰文化的内涵与社会功能研究、苗族服饰的制作工艺及传承研究、苗族服饰的发展演变研究、苗族服饰的现代应用研究等方面。由于在传统的苗族社会，服饰的制作工艺主要是掌握在苗族妇女手中，因此可以说苗族妇女与苗族的服饰文化之间的关系最为密切。针对苗族妇女服饰文化的研究也是苗族妇女研究的一个重要组成部分。由于苗族服饰研究的著作繁多，不可能一一叙述，在此就挑选其中一部分苗族服饰文化与苗族妇女紧密结合起来的研究成果加以论述。如席克定所著的《苗族妇女服装研究》从苗族妇女服装的类型、服装的款式和类型形成的时间、服装的发展与演变、服装的社会功能等几个方面对苗族妇女的服装进行了较为深入的研究。龙子建等著《湖北苗族》中"文化篇"部分"物质文化"一节，分析了湖北苗族服饰与湘西、黔东北地区苗族的异同，并将苗族儿童服饰、妇女银饰、妇女服饰进行了分析，并以宣恩、咸丰、利川、鄂西等地为例对湖北苗族服饰进行了简要的介绍。贵州大学张妙琴的硕士论文《"麻"与苗族妇女的人类学研究——以贵州省威宁县雪山镇切冲寨为例》，文中作者以贵州省威宁县雪山镇切冲苗寨为例，以"麻"为切入点并和女性的视角相结合,探讨"麻"的物性和文化意义及其与人的互动——互构,对社会关系的塑造或凸显。最后,作者得出结论:"麻"不仅展现其在切冲苗族社会生活中不可或缺的重要性,凸显出苗族妇女在当地民族文化的创造与传承中的能动性和贡献性,而且亦能证实由"麻"切入理解大花苗社会文化和社会关系的可能性与重要性。浙江师范大学屠佳的硕士论文《女性文化的性别特征探析——以苗族女性服饰系统为个案》,以苗族服饰为切入点,从符号象征学、社会性别的角度通过对苗族的服饰文化的解读和阐释中去完成对苗族女性文化的研究。作者通过借助苗族服饰这个个案,建立起其外在的服饰符号特征与内在女性文化之间的因果关系,折射出女性文化的性别特征。田茂军的《苗族女红文化的内涵与特色》一文认为苗族女红艺术是苗族妇女实现其人生价值的精神创造方式,这也是苗族妇女作为人的本质力量的最终显现方式。作者从苗族服饰的创作主体——苗族妇女切入,论述了苗族妇女以苗族服饰为传承载体具有精美的加工技艺,表现出丰富的审美情趣和复杂的文化内涵。

(五)有关苗族妇女教育的研究

贵州苗族妇女教育的著作并不多,其中大部分是针对女童的教育问题进行探讨,作者大多是将女童教育作为其中一个章节或一小部分进行分析、阐述。关于女童教育问题的研究成果大多以论文的形式体现出来。伍新福在《苗族文化史》一书中,对苗族文化教育状况存在的问题作了简单的总结,苗族干部文化偏低,妇女干部特少,文化程度更低,难以胜任妇女工作;就学的人数少,女生人数更少;并针对当地具体情况分析了苗族学生入学率低的原因,提出了相应的对策,对于女童教育问题只是简单的一提而过,没有过多的文字分析。韩嘉玲在其博士论文《贫困地区妇女发展进程研究——贵州省雷山县案例剖析》中,分析了贫困地区女童教育滞后的诸多因素,指出最根本的还是经济原因,其次是学校布局不合理,学生学习条件恶劣,师资力量不足。还有一个重要的原因是教育内容与农村生活、民族文化相脱节。指出解决贫困地区的教育发展问题主要还应依靠国家财政拨款。陈忠勇在其博士论文《贵州省毕节地区苗族女童教育发展的背景、现状和策略研究》中,综合运用民族学、社会学、教育学、心理学等学科的理论和方法,对毕节地区苗族女童教育进行研究,分析了毕节地区苗族女童教育取得的成绩及存在的问题,并从经济、传统习俗、家庭教育、自然地理环境及学生心理等方面分析毕节地区女童教育落后的原因,提出了解决毕节地区苗族女童教育问题的对策,认为发展毕节地区苗族女童教育应在遵循民主化原则、内源发展原则、民族性原则及质量效率原则的基础上,提高认识,转变观念,加强领导和管理,实行普通教育与职业教育的早期结合,整体优化学校的育人环境,加强教师队伍建设。

(六)文学与苗族妇女研究

苗族女性文学研究在学科中比较边缘化。因为苗族文学是非主流的,那么苗族女性文学及其研究就更是非主流的。尽管如此,苗族女性文学也在夹缝中不断生长,发出自己独特而有坚韧的声音。

对苗族女作家的创作风格和手法的研究是苗族女性文学研究中的主要研究内容。如王昕昱、彭子红、邓婕的《试析苗族女作家龙宁英与她的小说集〈女儿桥〉》;向亿平的《浅析湘西女作家龙宁英散文的民族性》;何小平的《论苗族作家龙宁英创作的审美人类学诗学特征》。

也有对苗族文学中女性形象的研究。如黄尚霞的《新时期苗族作家小说中的女性形象探析》一文对于苗族文学中的女性形象谱系、男权话语下的女性形象、女权话语下的女性形象等内容进行了探讨,作者认为新时期苗族作家小说中的女性形象异彩纷呈,有传统型的女性形象,亦有新时代的女性形象。男权话语下,传统型女性形象是理想的形象,脱离男性秩序的女性则不被认可。女权话语下,敢于追求自我价值的女性形象是理想的形象。两种形象的塑造都有其抒写的社会意义。

三、苗族妇女研究的特点

(一)在民族志与地方志中缺乏对女性的关注,特别是对普通妇女的关注

通过笔者在上述列举的苗族民族志与地方志可以发现这些作品对妇女的描述相当少。根据笔者掌握的资料,其他有关苗族的历史文化的著述也是如此。笔者没有发现有关苗族妇女的专门章节,也没有以苗族妇女为专门的调查对象的田野报告。

(二)对妇女的研究集中于婚姻家庭

妇女的传统生活领域主要在家庭中,所以对她们的研究也集中于此。对于妇女其他的社会生活则关注较少。随着时代的发展,特别是改革开放以来,苗族妇女在社会生活中扮演的角色越来越多,社会地位和作用日益提高,这势必要求研究者走出原有的研究局限,对其加以全方位、多侧面的探讨和研究。

（三）苗族人类学的妇女研究还主要是传统人类学的妇女研究

20世纪90年代以来,中国少数民族妇女研究从现存的问题入手,密切关注少数民族妇女生存发展的变化和矛盾,对少数民族妇女的社会地位与发展、文化教育、婚姻家庭、生育健康、人口状况等加强研究。苗族的妇女研究虽然经过广大学者的努力,取得了一定成绩。但是总的来说苗族的妇女研究起步较晚,基础薄弱,大多数研究还停留在传统阶段即把妇女作为研究对象,而缺乏作为性别制度的分析。正是因为如此,也给以后的苗族妇女研究留下了广阔的发展空间。

四、对于今后苗族妇女研究的展望

面对未来,今后的苗族妇女研究应从以下几方面努力:

（一）苗族女性研究应关注不同地区苗族,做好关于妇女的民族志

科学研究要收集大量的资料,如果没有或缺少可靠的资料,那么科学研究就是无本之木、无源之水。苗族妇女研究当前存在的一个很大的问题就是没有系统全面的资料。这就需要我们做大量田野工作。每个地区都有其不同的特点和文化背景,所以不同地区的苗族妇女发展状况都不一样,在这个问题上没有捷径可走。做妇女民族志,不仅要描写苗族妇女中的精英阶层,而且要把普通苗族妇女也要写入历史,纳入人类学、民族学研究的范畴中来。

（二）关注不同的研究领域

以往的苗族妇女研究领域比较传统,涉及文化教育、婚姻家庭、服饰等方面的内容比较多,对苗族妇女的社会生活,包括政治、经济等方面的内容也是近几年才逐渐涉及。而且还有更多的领域未曾涉足或鲜有所及,诸如苗族妇女的心理、健康等。

（三）引入新的研究视野和研究方法

苗族妇女研究的成果虽然丰硕,但大多都局限于传统的研究领域,研究方法也很陈旧。今后的苗族妇女研究不仅要拓展研究内容,而且要运用新的研究方法和角度去重新审视苗族妇女的历史地位与作用。更重要的是引入新的理论和方法后,苗族妇女的研究能够对苗族妇女的发展起到指导和服务实践的作用。

（四）致力于苗族妇女理论的建设

苗族妇女研究是中国妇女研究的一个重要组成部分,当前,西方妇女研究理论

领域不断地拓宽视野,在批判"男性中心"的同时开始反省自己的"西方中心";与此同时,非西方国家的女性研究在"本土化"的旗帜下对学科"重建"做着强调和努力。因此,苗族女性研究应追随中国妇女研究本土化发展的步伐,尽快地建立起科学的、系统的苗族女性研究的学科体系。

参考文献

[1]鸟居龙藏.苗族调查报告[M].贵阳:贵州大学出版社,2009.

[2]凌纯声,芮逸夫.湘西苗族调查报告[M].北京:民族出版社,2003.

[3]柏格理,甘铎理.在未知的中国[M].东人达,东旻,译.昆明:云南民族出版社,2002.

[4]王慧琴.苗族女性文化[M].北京:北京大学出版社,1995.

[5]张晓.西江苗族妇女口述史研究[M].贵阳:贵州人民出版社,1997.

[6]张晓."好女人"的建构——以西江苗寨的一个家庭为例[M].贵阳:贵州大学出版社,2008.

[7]席克定.苗族妇女服装研究[M].贵阳:贵州民族出版社,2005.

[8]伍新福.苗族文化史[M].成都:四川民族出版社,2000.

[9]方素梅,杜娜,杜宇.20世纪90年代以来的中国少数民族妇女研究[J].民族研究,2004.

[10]刘芳.人类学研究百年脉络简溯[J].广西民族研究,2008(1).

[11]杨昌国.国外苗学的历史梳理[J].贵州民族学院学报(哲学社会科学版),2004(1).

[12]龙仙艳.苗族女性婚恋的美学审视——现实与文本叠印下的率性美[D].贵阳:贵州师范大学,2007.

[13]龙仙艳.从难题求婚透视苗族女性的婚恋观[J].民族文学研究,2007(2).

[14]孙秋云,李欣欣.大众媒体、打工经历与贵州西江苗族乡村妇女婚恋模式的转变[J].兰州学刊,2001(7).

[15]孙秋云.现代性体验下苗族乡村妇女的家庭生活——基于贵州黔东南西江千户苗寨的调查与阐释[D].武汉:华中科技大学,2011.

[16]袁洁.社会继承制度变迁中的苗族女性研究——以贵州黔东南雷山县郎德上寨为个案[D].北京:中央民族大学,2012.

[17] 屠佳.女性文化的性别特征探析——以苗族女性服饰系统为个案[D].杭州:浙江师范大学,2006.

[18] 张妙琴."麻"与苗族妇女的人类学研究——以贵州省威宁县雪山镇切冲寨为例[D].贵阳:贵州大学,2010.

[19] 田茂军.苗族女红文化的内涵与特色[J].吉首大学学报(社会科学版),2003(1).

[20] 陈忠勇.贵州省毕节地区苗族女童教育发展的背景、现状和策略研究[D].重庆:西南大学,2001.

[21] 王昕昱,彭子红,邓婕.试析苗族女作家龙宁英与她的小说集《女儿桥》[J].民族论坛,2009(6).

[22] 何小平.论苗族作家龙宁英创作的审美人类学诗学特征[J].保定学院学报,2010(2).

[23] 向亿平.浅析湘西女作家龙宁英散文的民族性[J].考试周刊,2011(88).

[24] 黄尚霞.新时期苗族作家小说中的女性形象探析[J].铜仁学院学报,2013(1).

苗族传统宗教信仰研究的回顾与展望

陆　群　蒋欢宜

摘　要:苗族传统宗教信仰研究开始于 20 世纪二三十年代,经历了 50 年代到 70 年代的曲折发展和停滞阶段,80 年代复兴,90 年代进入全面发展阶段。苗族传统宗教信仰研究具有与其他学科的交叉兼容性,形成了一支专业队伍与业余研究人员优化组合的研究队伍,建立了一批各具特色的研究阵地。未来苗族传统宗教信仰研究应具有跨学科研究的视野,更加注重面向社会,解决民族地区的实际问题,如关注苗族传统宗教信仰的文化生态、重视研究苗族传统宗教信仰的当代价值等。

关键词:苗族传统宗教信仰　历程　阶段特征

一、苗族传统宗教信仰的研究状况

　　苗族传统宗教信仰研究兴起于 20 世纪二三十年代,早期的研究是随着对苗区社会调查的展开而开始的。凌纯声、芮逸夫的《湘西土著居民报告书》、石启贵的《湘西土著民族考察报告书》,其中记载了湘西苗族有关宗教风俗习惯方面的内容。1933—1937 年,石启贵搜集湘西巴岱文化的仪式经文 100 册,后于 2009 年由中央民族大学与史语所合作整理出版,定名为《民国时期湘西苗族调查实录》,共 8 卷 10 分册,交由民族出版社刊行。其主要篇幅是湘西苗族祭祀辞和相关习俗,详细介绍了巴代祭祀科仪。这是迄今为止对于苗族宗教仪式过程描述最完备的资料集成。日本学者鸟居龙藏的《苗族调查报告》其中提供了大量苗族传统宗教的资

　　作者简介:陆群(1969—),女,土家族,湖南古丈人,吉首大学哲学研究所教授,硕士生导师,中国宗教学会理事,吉首大学民族宗教文化研究中心主任,主要研究方向:宗教与文化;蒋欢宜(1988—),女,汉族,湖南安化人,吉首大学哲学研究所宗教学硕士研究生。

料。20世纪50年代以来,相关单位在全国各省搜集整理民间文学资料,已经出版的《民间文学资料》集成涉及滇黔苗族爷利涛祭祀(打老牛)歌、湘西吃牛巫词,第59集涉及苗族巫歌巫词,第61集收录了苗族祭鼓词。60年代至70年代,苗族传统宗教信仰研究处于低迷,直至改革开放后逐渐出现研究热潮。

1990年10月,中国首届盘瓠文化学术研讨会的召开,其宗教研究应面向社会的姿态,标志着苗族研究也进入新的蓬勃的阶段。鉴于苗族传统宗教信仰研究成果主要集中在1990年以后,本综述的重点放在这一时期。苗族传统宗教信仰研究的主要成果集中在如下一些方面。

(一)原始资料的继续收集与整理

1980年以后对苗族传统宗教信仰的研究延续了早期开拓者们的做法,首先是继续致力于原始资料的收集与整理。吕大吉等主编的《中国各民族原始宗教资料集成——苗族卷》[1],介绍了苗族传统宗教信仰的基本情况,它是我们研究民族信仰和宗教不可多得的活化石。石宗仁所著的《中国苗族古歌》,共分为十一部,其中第五部《辰州接龙》描述了苗人接龙祭祀的隆重场面和祭龙由来。吴晓东的《苗族祭仪"送猪"神辞》,是对湖南凤凰县禾库镇苗巴岱吴老腊采访的基础上整理编撰而成的[2]。陆群在田野调查的基础上,把巴岱信仰文化分切成15块不同构成单元,分别按仪式、传承人、音乐、舞步、服饰、道具法器、手诀、咒语、符箓、愿标、化水、神图、面具等方面进行整理与编目,建立起一个集文字、照片、影像为一体的电子数据资料库。该资料库共计文字整理和收集200余万字,图片及照片2000余张,影像资料100余小时。❶ 此外,张子伟撰写出版的《湘西苗族傩戏发展简述》、石宗仁所著的《中国苗族古歌》(1990),龙宁英的《苗族巴岱古老话》(2012)、《古苗河风情》(2001),石建华、伍贤佑主编的《湘西苗族百年实录》,龙庆和的《湘西苗疆志》(2007)等是湘西地区的史料汇编,其中也有大量对湘西的宗教文化的详细记录。

很多县市民族事务委员会编撰的《民族古籍资料》都不同程度地涉及苗族宗教信仰方面的内容。紫云苗族布依族自治县民委两次到该县火花区采风,并将录音整理刊印《民族古籍资料(一)》,其中涉及苗族宗教的有立柱仪式歌、死者生平歌、开路歌、砍马经、巫师法术歌等[3]。《四川苗族古歌》,其中有不少涉及苗族宗

---

❶ 该资料库是陆群国家社会科学课题"苗族'巴岱'信仰的历史与现状研究"2011—2014年的最终成果,结题等级为优良。

教文化的内容[4]。

（二）对苗族传统宗教信仰的定性分析

对苗族传统宗教信仰的内涵、特征及功能的定性分析，旨在构建苗族传统宗教信仰的整体认识，使人们对苗族传统宗教信仰有一个整体把握。伍新福认为苗族宗教还没有达到一神教层次，仍处于万物有灵基础上的多神信仰和崇拜阶段[5]。吕养正撰写的《苗族鬼神文化研究》，认为苗族传统宗教信仰的基本特性是在"巫教"信仰，苗族信鬼，又由于受殷楚巫文化的影响，衍化成独特的鬼巫文化。这一观点，在学术界具有一定的认同。郑英杰的《苗族巫文化的原型与巫性略论》（2008）、张子伟编撰的《湘西傩文化之谜》（1991）、陆群的《民间思想的村落——苗族巫文化的宗教透视》[6]《湘西原始宗教艺术研究》等书中内容直接沿用了这一观点，并以湘西苗族为案例，对苗族传统宗教信仰的巫性作了分析。李廷贵、田彬等学者对鬼巫文化的成因作了分析[7]。罗义群亦认为苗族巫术中混杂着民族历史、哲学、诗歌、神话故事、小戏、音乐、舞蹈及器乐，它与苗族巫教互为表里[8]。并认为苗族巫术的起源和历史发展作了追溯，认为苗族巫术可追溯到原始社会，但殷商时代才真正成为苗族特有的文化形式。苗族巫术与宗教具有同一性、与神话具有混融性、与艺术具有互渗性[9]。龙文玉认为苗族发明和推广了招魂巫术，该巫术包括为病者招游魂、替死者招亡魂两类，其他民族的喊魂习俗是受苗族影响的结果[10]。陈一石注意到苗族巫师巫术包括过阴或称望鬼术、驱鬼术、占卜术与神判法术[11]。杨德认为苗族占卜有用人占卜、食物占卜、动物占卜、植物占卜等，认为通过占卜可以了解苗族的历史、哲学、宗教[12]。

一些学者亦关注苗蛊问题。泳霞、王鹏皋、陈国钧巫蛊的表现形式作了介绍；刘锋认为苗族巫蛊是一种以自我为中心的以邻为壑的想象与建构，这一观念来自对毒药和阴影的想象与建构，其根基是巫文化，中心是影魂成活。鬼蛊观念导致通过想象建构我群与他群、洁与不洁的界限[13]；陆群探讨了巫蛊的形成，认为湘西的自然地理环境与人文历史传统及医疗条件的恶劣等因素都是蛊产生的原因，并通过分析指出巫蛊是传统社会调衡社会的一种方式。

（三）神灵体系研究

一些学者从对苗族传统宗教信仰神灵体系展开了研究。苗族传统宗教信仰神灵体系包括自然崇拜、灵魂崇拜、图腾崇拜、祖先崇拜等。

自然崇拜：盛襄子认为苗族的神灵体系包括天地山川、白帝天王（三王神或竹王)、太后(三王之母疑即高辛氏女)、财神、盘王及列祖列宗；主张苗族乃中国巫教之首创者，并从巫之来源、卜策之记载上进行了论证[14]。周相卿基于雷山县方祥乡格头村的田野调查[15]。胡卫东基于黔东南苗族树崇拜的[16]，对苗族的树崇拜展开分析。杜殿文注意到榕江苗寨祭祀土地和岩石祭拜，指出岩石由女人祭拜，主要保佑孩子健康如石，长命百岁[17]。

灵魂崇拜：杨正文认为苗族先民曾经历过灵魂、影子、躯体三位一体的认识时期[18]。刘德昌列举了苗族不同支系有关亡灵鬼魂的两魂说、三魂说，鬼魂有善恶之分[19]。

图腾崇拜：学界对图腾崇拜的研究，主要集中在盘瓠、蝴蝶妈妈等的研究方面。有些学者对苗族的图腾崇拜问题进行多视角的思考，希望能够宏观把握这一问题。如吴晓东的《苗族图腾与神话》[20]这部书是在搜集了大量资料的基础上写成的，是一部涉及口头文学、语言学、民俗学、考古学与人类学的论著，对苗族支系及其图腾进行了比较全面地梳理，对其相关的图腾神话进行了相应的阐释。此论著提出了一些比较新的观点：盘古神话最早产生于古苗瑶语族生活的荆楚地区，犀牛为苗族图腾，是盘古的原型，"盘古"为"老爷爷"的意思；盘瓠神话是楚与卢戎战争的反映，图腾标志是盘瓠神话形成的关键，"盘瓠"为"王爷"之意等，此论著体现了作者力图将历史与现实结合起来，从整体上把握研究对象的全新理念，这也是从猜谜般的神话研究走上实证的第一步。海力波认为卵图腾是苗族的原生图腾，龙蛇图腾与凤鸟图腾是苗族的次生图腾，牛、犬、枫、蝶图腾是苗族的再次生图腾，再次生图腾是苗族图腾信仰的主体。苗族图腾信仰的地区差异与图腾发展史上的伏羲、女娲两支系划分有关。[21]一些学者认为苗族曾经盛行盘瓠崇拜，盛襄子[14]、吴曦云[22]、王岚[23]、张永国[24]、隆名骥[25]、陈一石等[26]学者主张苗族以盘瓠为始祖。少数学者则否定拜与盘瓠拜的同一性，苗族是盘瓠的后裔是错误的[27]。

祖先崇拜：学界对祖先崇拜的研究，主要集中在蚩尤、白帝天王等方面。苗族公认蚩尤为其始祖，田玉隆研究了苗族民俗文化中的蚩尤形象[28]，隆名骥注意到苗族最神圣、最严肃的祭祖仪式是祭祀始祖蚩尤，苗族的椎牛祭祖仪式源于对蚩尤的崇拜，并认为神牛是蚩尤的精灵。卫聚贤考察了湘西麻阳红苗的天王庙的祭祀，认为神主乃南宋乾城三兄弟因平苗有功受封又被杀，当地土人祀以为神。进而考证出天王庙即竹王庙[29]。苏堂栋的《族群边缘的神话缔造：湘西的白帝天王信仰（1715—1996）》一文较早关注到湘西本土白帝天王信仰的变迁，他通过对湘西地区不同信众群体在不同时期所缔造的关于白帝天王的故事的考察,指出在湘西一些群体采用"挪用"与"叙事化"的双重手法,把借用的或原创的事件与本群体中已经存在的符号和神秘历史融合起来,完成"白帝天王"神话的本地化。论证了"只要神话解释满足了群体的意识与需求对它的阐释可以是多种多样的"这一观点。吕养正认为白帝天王是湘鄂渝黔边苗民心目中道德和司法的最终裁判者,其原型是竹王,并兼具民间神话中白孩子的精魂。竹王被白帝天王所置换固然与苗族鬼神崇拜意识的放大和深化有关,但更重要的是它与苗民族千百年来的命运抗争有关[30]。向春玲的《湘西凤凰城天王信仰的历史考察》[31]中指出白帝天王信仰曾经是凤凰城众多神灵信仰中较为典型的一种,为苗、土家和汉等族人民所崇祀,通过对凤凰城天王信仰的历史考察,追溯天王信仰的原生态神话向次生形态转化的历史逻辑,以此揭示在民族融合过程中这种转化的内在机制。明跃玲的《湘西苗疆边墙与白帝天王崇拜文化》对18世纪湘西苗疆的宗教信仰进行了论述[32]。吴曙光认为苗族祭祖具有神秘性与人性相结合的特点,祖先不能恶意地支配子孙;在以虔诚的祭祀敬仰祖先的同时,又自主地把握祖先的善恶变化,以期达到伦理默契而不是绝对顺服于鬼神祖先[33]。

(四)神职人员研究

一些学者注意到苗族神职人员的职能、报酬,传承、社会功能及其在苗族文化传承中的贡献[34-36]。吴晓东对苗族巫师的二重人格作了分析,他认为,由于畏惧神鬼,进而畏惧巫师,苗民并不乐意担任巫师,拜师学巫者几乎是不得已而为之。苗族巫师表面上受人敬畏,自己却敬畏着阴间的神鬼,他为自己的信仰所左右[37]。他还比较了汉苗巫师之间的差异[38]。陆群以苗族巴岱"过法"仪式为例,探讨了巴岱身份的获得的条件,认为能否成为巴岱除了对巴岱个人修为的要求外,还受到客观条件的限制。只不过以往学界所注意的大多是巴岱的个人修为,而鲜有注意到后者,即客观条件的限制,而后者,却是巴岱过法中不可或缺的起重要决定作用的条件[39]。

(五)仪式及其变迁研究

一些学者较早地关注到宗教仪式中符号的特殊意义,并对其变迁进行研究。他们多以人类学和民族学的方法呈现仪式的过程,探究仪式的内涵及变迁。

就宗教仪式及其符号解读而言,吴雪梅通过人类学方法还原了20世纪30年代小茅坡营苗族的椎牛祭祖仪式,揭示了该仪式在族群中生存互惠和民族认同的重要意义,并且聚焦国家权力在 21 世纪该仪式在小茅坡营村的重新操演中起到的作用,表明了民族文化与国家权力的互动关系[40]。张坦的《苗族椎牛祭祖活动中牛的符号意义》考察了牛这一符号在苗族椎牛祭祖仪式中的意义,指出在"椎牛祭祖"的仪式中牛这一符号的意义历经了"人肉圣餐"—"图腾圣餐"—"牺牲"的变异,但始终保持着"祖先崇拜"这一基本的"母体"[41]。石伶亚的《人神沟通与情感宣泄:特定场景中的纠纷解决——以吉首乡鸦溪天王庙神判活动为考察背景》记录了鸦溪天王庙"吃血赌咒""抬天王菩萨游行""告阴状"等神判仪式解决当地纠纷的过程,指出这种解纷机制是白帝天王信仰功能的世俗体现,揭示该机制存在的现实依据。石宗仁认为苗族祭祀有郊野式祭祀、村落庭院式祭祀和庙堂庵祠式祭祀三种:郊野式祭祀崇拜自然神灵,原始的神话文学还没渗入其中,其迷信色彩很浓,是苗族巫教的低级发展阶段;村落庭院式祭祀中的跳香、还傩愿、吃猪、接龙、椎牛、喊魂等活动,是苗族巫文化的基本部分,也是苗族神话文艺的重要组成部分;庙堂庵祠式祭祀是苗族宗教的最高层次,已没有原始文学的成分,是一种纯宗教祭祀崇拜活动[42]。石寿贵对苗族"巴岱"所持的 300 多种手诀进行了分类解读,他指出苗族"巴岱"手诀分为苗、客两种,这些手诀既包含有天地阴阳、宇宙万物以及有关空间划分及时间表述的方式的信息,又是阴阳、数码、高低、远近、方位、物性等信息符号,透视出湘西苗族"巴岱"文化的博大精深[43]。石家齐对湖南花垣苗族接龙盛况作简要叙述,指出苗族盛行接龙,其起源甚古,实是原始社会图腾崇拜遗风[44]。

对苗族宗教信仰历史变迁,一些学者也提出了一些看法。如陆群对苗族"巴岱"原始宗教体系内部出现的"巴岱雄"与"巴岱扎"两大支系的特征和形成原因进行了考察,指出在历史过程中,由于经济方式的变化和外来文化的冲击,指出这是原始宗教运演过程中值得注意的一个事实,对之进行剖析,可透视原始宗教变迁过程中的诸种情态[45]。其在研究"巴岱"信仰神龛设置的文化内涵及其变迁时认为"固守"与"调适"是腊尔山苗族"巴岱"信仰神龛设置及其变迁过程中呈现出的两个样态,一方面通过神龛的设置严格恪守古老的以祖先崇拜为核心的宗教信仰传统,使"苗族"区别于"他族",并确证苗族内部不同支系的区分,使苗姓的实际存在不受汉姓的干扰,并确保这种区分不被遗忘;另一方面由于近代社会变迁和外来文化的冲击,其信仰内部固有的封闭性和稳定性在一定程度上发生动摇,神龛的设置发生了适度的"调适",出现了"有限度"的回应[46]。

二、研究特点及存在的主要问题

(一)苗族传统宗教信仰的研究特点

1.与其他学科的交叉兼容性

由于苗族传统宗教信仰自身的混融性,其与民族历史、民族政治、民族经济、民族哲学与伦理、民族文学、民族艺术等交叉兼容,致使对苗族传统宗教信仰的研究,不仅是宗教研究学者的使命,也引起很多其他学科的学者不同程度关注。这也是近30年以来有关苗族传统宗教信仰的研究成果不止局限在宗教研究领域,在其他学科如宗教艺术、宗教伦理、宗教生态等研究成果中也大量包含的主要原因。仅以宗教艺术为例。杨鹍国的《苗族舞蹈与巫文化》一书主要介绍了苗族的巫文化及苗族舞蹈的艺术审美特色,为我们研究苗族宗教舞蹈艺术提供了借鉴[47]。陆群的研究专著《湘西原始宗教艺术研究》[48]将湘西少数民族原始宗教与原始艺术联系起来,考察民族审美形式如何与民族宗教活动依存、共生,如何因宗教活动而强化或复杂化的形态与动因,体现出"艺术发生—艺术存在—艺术变迁"的系统逻辑层序,认为原始宗教从其诞生之日起就开始了与原始艺术彼此交融和交相为用的"亲缘"关系,但原始宗教与原始艺术毕竟是两种不同的文化,各有其自身发展的内在逻辑和特点,这为两者的文化分野埋下了种子,也决定了原始宗教艺术在历史过程中"变迁"的不可避免。姚岚在《试论湘西苗族接龙舞的文化精神》一文中对湘西苗族接龙舞的由来、发展过程及其独特的表演过程进行详细阐述,挖掘与整理出其中所蕴含的文化精神,并赋予它新的内涵和现代人文精神[49]。

刘廷新就湘西苗族接龙仪式与接龙舞的起源、形态、艺术特色等进行初步的考究和辨析[50]。

2.专业队伍与业余研究人员的优化组合

对苗族传统宗教信仰的研究,从研究队伍来看,既有受过专业教育的研究人员,如吴晓东、罗义群、陆群、吕养正、明跃玲、杨德、石宗仁、张子伟、陈一石等,也有对本民族有着强烈情感,利用工作之余,自发、自觉参与到研究中来的业余研究人员如石家齐、龙文玉、隆名骥等,形成了一支专业队伍与业余研究人员优化组合的研究态势。二者相互学习,共同探讨,优势互补,共同推动了苗族传统宗教信仰研究的发展。

3.形成了各具特色的研究阵地和研究群体

在贵州大学、贵州民族学院、吉首大学均成立了民族文化研究所或民族宗教文化研究中心,把苗族传统宗教信仰研究作为研究的主要内容,他们在苗族传统宗教信仰研究中起着中坚作用。贵州大学、云南大学是苗族传统宗教信仰研究的重要阵地,一大批学者基于各自的学科背景,对苗族传统宗教信仰展开了多角度、多层次、多视阈的研究,形成了一个具有强大研究能力和创新精神的研究团队。近些年来,吉首大学苗族文化研究的队伍也在不断壮大,在学科背景方面日趋多元化、在学历结构和职称结构方面日趋合理和完善,取得了颇为丰硕的研究成果。

《贵州民族研究》《贵州大学学报》《云南大学学报》《云南社会科学》《贵州社会科学》《黔东南民族专科学院学报》《民族论坛》《怀化学院学报》《重庆师范大学学报》等学术刊物成为发表研究和介绍苗族文章的主要阵地,这几种刊物成为苗学人联络和交流的主要纽带。同时,《民族研究》《中央民族学院学报》《中南民族学院学报》《吉首大学学报》等也发表了很多有关苗族传统宗教信仰方面的文章。

一些学术团体相继成立,他们创办刊物,举办会议,相互竞争,优势互补,加强了研究人员的往来,有力地推动了苗族研究向纵深化方向发展。贵州省苗学会召开了七次会员代表大会,在 2013 年的第七次会员代表大会上,会议与时俱进的修改了《贵州省苗学会章程》,增加了文化遗产保护等内容,明确拓宽了苗族传统宗教信仰的研究范围。2012 年 10 月,湖南省苗学会年会在花垣县召开,中国民俗学会、中国艺术研究院人类学研究中心、《中国民族》杂志社、湖南省社会科学院、中南民族大学、吉首大学、怀化学院、贵州省苗学会等国内各研究机构、相关单位的120 余名专家学者参加交流。学术交流会上,历史、民族、文化等各领域的专家纷纷畅所欲言,围绕蚩尤文化这一中心议题各抒己见。本次湖南省苗学会年会共收到近 100 篇论文,从中整理了 77 篇优秀论文汇编成册。其他各州县的苗学会,活动页非常频繁,他们都互通情报和信息,经常展开学术交流,既加深了友谊,又推动了研究的进展。

一些专题学术研讨会也频频召开,如 1990 年 10 月,中国首届盘瓠文化学术研讨会在泸溪举行,120 多名来自全国各地的专家学者聚集在一起,研讨盘瓠文化。专家学者深入民间调研,收集整理盘瓠文化历史资料,相继出版了《沅水盘瓠文化游览》《盘瓠文化探源》《泸溪民俗拾贝》等与盘瓠文化相关的书籍 10 余种。再如

2009 年 10 月在湘西土家族苗族自治州花垣县举办"中国·湖南（花垣）首届苗族文化艺术节"暨全国蚩尤文化研讨会，会议形成了《全国蚩尤文化学术研讨会的论文集》，本书既有对古代文献中关于蚩尤记载的进一步梳理与阐释，也有存活于民间的蚩尤祖神崇拜资料的搜集、整理、翻译与运用，对推动蚩尤文化研究的深入发展，有效地利用蚩尤文化资源，具有重要作用。

（二）苗族传统宗教信仰研究的主要问题

1.本体研究多，与社会发展、社会稳定关系的研究较少

以往的研究成果，主要集中在对苗族传统宗教信仰的事实性描述、宗教仪式及其符号意义解读、宗教文化和宗教现象内涵及特征的探究、宗教文化的变迁及其功能分析，苗族传统宗教信仰与社会发展、社会稳定关系的研究较少。

2.重源而轻流，重传统功能的价值研究，而轻当代性价值判断

部分学者先验地认为苗族宗教信仰是一个自足完整的板块，而对其在历史过程中由于社会变动、文化交流的作用，其表现形式、内涵、特征、功能等方面发生变化的内在逻辑缺乏应有关注和历史性追问。虽有过探讨，但对于苗族传统宗教信仰内部的"分脉"出发变化依然难以给予足够认识。苗族传统宗教信仰形式延续至今，它在现代环境下对苗族地区的社会到底产生哪些影响，特定历史场景下苗族宗教信仰的仪式活动与政治、权力和外来文化的关系及民间信仰的仪式作为民族认同和国家认同方式所具有的作用等方面，至今仍缺乏深度研究。

3.研究资料一定程度的"他性"，部分研究资料来源缺乏明确的时空场域

如已有研究中没有充分注意到不同区域苗族自身的叙述话语和叙述逻辑，对苗族传统宗教神职人员一律按汉语称呼为"巫师""鬼师""苗巫"等。应该看到，不管采用什么称呼，都不会比他们自己对自己所采用的称呼更好，在内涵的理解上也才可能更确切。如苗族东部方言区对本民族传统宗教神职人员的称呼是"巴岱"（"bax deib"），"bax""deib"的本意虽然说法不一，但"巴岱"意译为"主持祭祀祖先活动的人"却是无疑。如果不充分注意到苗族自身的叙述话语和叙述逻辑，就难以对"巴岱"信仰及其内部的"分脉"获得精确地区分，也就很难对"巴岱雄"与"巴岱扎"两大支系所包含的不同祭祀仪式及其不同意义加以精确理解，这样难免带来认识上的模糊。部分研究资料的来源缺乏明确的时空场域的交代。另外，个别学者民族情感浓厚，在一定程度上损害了学术研究的理性与客观。

三、研究的未来面向及展望

(一)苗族传统宗教信仰研究的未来面向

苗族传统宗教信仰研究向何处去,是每一个研究者必须认真思考的问题。笔者认为,宗教研究应面向社会,解决民族地区的实际问题,增强学术研究与民族社会的联系与互动,提升学术研究服务民族社会发展的能力。这是因为,从大的方面讲,社会主义核心价值体系建设必须将宗教文化纳入其视野,并对宗教与社会主义相适应的理论与实践进行深化研究;从小的方面讲,民族地区宗教信仰问题常常和民族问题交织在一起,宗教冲突往往导致民族冲突或社会内部的冲突。对此,我们必须给予充分的认识和足够的重视,科学引导和规范民族地区民间宗教与社会主义相适应,为我国民族地区民间宗教事务管理提供资料储备和历史借鉴,为我国民族地区防范突发性信仰失控及统一战线理论研究提供理论支持。

(二)苗族传统宗教信仰研究的展望

1.关注苗族传统宗教信仰的文化生态

要把苗族传统宗教信仰放在当地社会、经济、文化的大背景中来考察,了解当地的社会结构特点、地理环境和自然资源、经济结构、人文历史资源等情况及其对苗族传统宗教信仰历史与现存状况的影响;了解改革开放以来当地社会、经济、文化的巨大变化,如城乡结构的变化、城镇人口构成和乡村人口构成的变化、人口流动的走向与频率、从业结构的变化、科教文卫事业的变化等情况及其对苗族传统宗教信仰历史与现存状况的影响。

任何一种文化现象都不是孤立存在的。无论在历史上还是在当今社会,在拟调研的区域内都程度不同地存在着其他宗教。苗族传统宗教信仰是在与其他宗教的互动中生存和变化的。因此在调研中,了解苗族传统宗教信仰与其他宗教在时空结构、人员结构、信仰结构、组织结构等方面的互动关联,是认识苗族传统宗教信仰存在状况的必不可少的基本信息。如关注苗族传统宗教信仰所在的特定地域。进一步把苗族传统宗教信仰在特定调研地区的空间分布与时间分布弄清楚。通过文献(地方志、碑文等)搜集和访谈,梳理苗族传统宗教信仰在调研地区的历史沿革和活动场所的地理位置;通过实地考察和访谈,对现存苗族传统宗教信仰的基本情况,如人员构成、信仰构成、活动(仪式)构成、组织构成等有第一手资料的把握。

2.重视研究苗族传统宗教信仰的当代价值

世界宗教研究所教授卓新平所指出,因为"宗教在世界上所有民族的形成过程中,都起过重要作用,在有些民族文化共同体形成的过程中,宗教起到了决定性的作用。宗教文化几乎无例外地都是早期民族文化的主流或正宗。"[51]系统、透彻地了解中国传统文化,并使其宗教文化内容得到积极的弘扬。

宗教信仰是文化遗产资源,这是一个在新形势下凸显的新命题。随着文化旅游的发展,尤其是非物质文化遗产保护运动的展开,宗教信仰作为文化"资源"的事实已日渐清晰地呈现在民众的眼前,引导着人们的观念,启迪着人们的认识。一个新的关键词在学术界悄悄出现,那就是"宗教类非物质文化遗产"。不仅要认识到宗教的信仰功能,还要认识到宗教在承载文化、持续传统方面及民间社会动员方面所具有的重要作用。一个基本的观点是:致力于加强地方"宗教资本"运作的机制[52]。在这种情势下,人们也逐渐意识到民族宗教信仰作为"民族文化遗产"的重要性。

就苗族传统宗教信仰而言,其作为苗族文化遗产的事实已毋庸置疑。苗族传统宗教信仰虽然形式上以各类祭祀活动、信仰习俗的面目出现,但其内容包罗万象,涵盖苗族历史文化的诸多领域,如哲学玄易、政治军事、天文地理、历史人文、农牧工商、医药卫生、建筑修造、婚丧嫁娶、法律规款、饮食服饰、音乐舞蹈、文体工艺、礼仪交际、伦理道德等。而其信仰活动已不同程度演变成集宗教、娱乐、商贸于一体的综合性群众文化娱乐活动,以至于研究苗族的社会历史、文化艺术,如果摒弃了宗教的表现形式,很多东西就失去了依附。因为,苗族传统宗教信仰不但提供了苗族文化不可分割的重要思想内核,而且其本身在很大程度上构成了苗族传统文化的重要表现形式。所以,应致力于苗族传统宗教信仰资源的保护与开发研究,主要侧重于强调它的社会文化传承价值,而对于其经济价值,笔者赞成的是"有限度"的开发和利用,即尊重传统、合理利用、适度开发。

3.重视研究苗族传统宗教信仰与社会和谐

苗族传统宗教信仰作为苗族民族精神与民族情感的核心,是苗族同胞日常行为规范和道德准绳,是他们凝聚宗族力量的重要精神支柱,在规范人们的行为,稳定村寨的社会秩序方面起着极其重要的作用,对社会的政治、经济、文化、心理产生重要影响。但是,应该看到,作为一种文化存在,苗族"巴岱"信仰并不总是起到良好的社会功用,它的某些方面,在一定程度上潜藏着对社会的不利隐患,可能成为社会某些不安定因素的源头。和谐社会是人类普遍的价值追求。和谐的社会关系状况往往取决于其内部和外部民族关系与宗教关系的互动,和谐社会的营造必须有内外部和谐关系作为条件,包括和谐的民族关系、和谐的宗教关系、和谐的族教关系等,不能离开宗教关系去解读民族关系,也不能离开民族关系、宗教关系去解读人类关系。对此,应予以足够重视。

4.跨学科研究视野的建立

在研究方法上,应力图打破学科壁垒,在民族学、宗教学、历史学、法学、心理学、艺术学等多学科的交叉互渗中寻求新的学术研究点,使所关注的核心问题尽可能得到合理阐释和解决。

苗族传统宗教信仰研究成果非常丰富,本研究限于学术视野的局限,难免挂一漏万,疏漏之处,还望多多包涵。

参考文献

[1]吕大吉.中国各民族原始宗教资料集成——苗族卷[M].北京:中国社会科学出版社,1996.

[2]吴晓东.苗族祭仪"送猪"神辞[M].北京:民族出版社,2007:213.

[3]贵州省民族事务委员会古籍办,紫云县民族事务委员会.民族古籍资料(一)(内部资料)[M].贵阳:贵州地质彩印厂,1995:136.

[4]古玉林.四川苗族古歌(下册)[M].成都:巴蜀书社,1999:619.

[5]伍新福.论苗族的宗教信仰和崇拜[J].中南民族学院学报,1988(2).

[6]陆群.民间思想的村落——苗族巫文化的宗教透视[M].贵阳:贵州民族出版社,2000.

[7]李廷贵,杨正勇.苗族巫教文化浅议[J].贵州民族研究,1989(3);田彬.论湘西苗族的梅山崇拜[J].邵阳师专学报,1996(1).

[8]罗义群.苗族"巫术艺术"论[J].贵州民族研究,1988(1).

[9]罗义群.论苗族巫术的形成、流变与消亡[J].贵州民族研究,1990(3).

[10]龙文玉.苗族的招魂风俗与屈原的招魂作品[J].吉首大学学报,1982(1).

[11]陈一石,曾文琼.苗族原始宗教试探[J].贵州民族研究,1982(2).

[12]杨德.苗族占卜试析[J].贵州民族研究,1992(1).

[13]刘锋."鬼蛊"的想象与建构:以黔东南苗族聚居区为中心的考察[J].思想战线,2007(5).

[14]盛襄子.湖南苗史述略[J].新亚细亚,1937,13(1):72-90.

[15]周相卿.格头村苗族原始宗教信仰与习惯法关系研究[J].西南政法大学学报,2000(1).

[16]胡卫东,吴大华.黔东南苗族树崇拜调查与研究[J].原生态民族文化学刊,2011(1).

[17]杜殿文.大山中的榕江苗族[J].文明,2008(9).

[18]杨正文.苗族"灵魂"观念浅析[J].贵州民族研究,1990(2).

[19]刘德昌,袁定基.论苗族鬼灵世界的现世意义[J].西南民族大学学报,1996:73-91.

[20]吴晓东.苗族图腾与神话[M].北京:社会科学文献出版社,2002.

[21]海力波.苗族图腾信仰管窥[J].民族论坛,1996(1).

[22]吴曦云.苗族的图腾和盘瓠[J].中南民族大学学报,1991(3).

[23]王岚.论苗族盘瓠崇拜属于图腾崇拜[J].西南民族大学学报,1990(1).

[24]张永国.关于苗族的图腾崇拜问题[J].贵州民族研究,1980(2).

[25]隆名骥.苗族风俗中的祖先崇拜[J].吉首大学学报,1982(2).

[26]陈一石,曾文琼.苗族原始宗教试探[J].贵州民族研究,1982(3).

[27]天娇.与"盘瓠是苗族始祖"论者商榷[J].民族论坛,1989(1).

[28]田玉隆.论苗族民俗文化中的蚩尤形象[J].贵州社会科学,1997(1).

[29]卫聚贤.红苗见闻录[J].说文月刊,1939,1(11):629-631.

[30]吕养正.湘鄂西苗族崇拜白帝天王考辨[J].中央民族大学学报,2002(1).

[31]向春玲.湘西凤凰城天王信仰的历史考察[J].西南民族大学学报(人文社会科学版),2007(3).

[32]明跃玲.湘西苗疆边墙与白帝天王崇拜文化[J].怀化学院学报,2008(3).

[33]吴曙光.试论苗族祖先崇拜的"非异己性"特征[J].贵州民族研究,2001(3).

[34]石家齐.苗族"巴岱"初探[J].中南民族学院学报(哲学社会科学版),1988(6).

[35]田潘盛之.论苗族巫师的社会职能[J].贵州民族学院学报,1990(2):80-86.

[36]刘援朝.苗巫与苗族传统社会[J].贵州民族研究,1995(3):58-61.

[37]吴晓东.苗族巫师的二重人格[J].怀化师专学报,1994(2).

[38]吴晓东.东部苗族地区的苗巫汉巫之异同[J].怀化师专学报,1991(3).

[39]陆群.社会结构与巴岱身份的获得——以兴中村巴岱"过法"仪式为例对特纳理论

的检讨[J].中央民族大学学报,2014(5).

[40]吴雪梅.椎牛祭:从历史的记忆到现实的操演——以小茅坡营苗族为例[J].贵州民族研究,2005,25(4).

[41]张坦.苗族椎牛祭祖活动中牛的符号意义[J].贵州民族学院学报(社会科学版),1990(3).

[42]石宗仁.苗族多神崇拜初探[J].中南民族学院学报,1986(1).

[43]陆群,石寿贵.跃动在手指间的无声叙事——苗族"巴岱"手诀解读[J].民族论坛,2013(4).

[44]石家齐.苗族接龙[J].民族论坛,1989(1).

[45]陆群.腊尔山苗族"巴岱"原始宗教"中心表现形态"的分径与混融[J].宗教学研究,2011(1).

[46]陆群."巴岱"信仰神龛设置的文化内涵及其变迁考察[J].宗教学研究,2012(1).

[47]杨鹍国.苗族舞蹈与巫文化[M].贵阳:贵州民族出版社,1990.

[48]陆群.湘西原始宗教艺术研究[M].北京:民族出版社,2012.

[49]姚岚.试论湘西苗族接龙舞的文化精神[J].黄冈师范学院学报,2009(1).

[50]刘廷新.湘西苗族的接龙与接龙舞考析[J].琼州大学学报,2005(6).

[51]卓新平.宗教比较与对话(第三辑)[M].北京:社会科学文献出版社,2000.

[52]金泽.宗教人类学(第一辑)[M].北京:民族出版社,2009:398.

苗族贾理研究的回顾与展望

杨茂锐

摘　要: 苗族贾理作为国家级非物质文化遗产名录,其内容包罗万象、博大精深,是研究苗族古代社会的"百科全书"。对哲学、文学、史学、民族学、文化人类学、宗教学、民俗学、语言学、神学等学科有十分重要的研究参考价值,本研究拟从对苗族贾理研究的回顾及展望进行探讨。

关键词: 苗族贾理　回顾　展望

苗族贾理(以下简称"贾理")是集文学、史学、哲学、法学、管理学、社会学、民族学等于一体的苗族古代经典。贾理是苗族一种口传的民间文学形式;是国家级非物质文化遗产名录;是研究苗族的"百科全书"。中华人民共和国成立以后,特别是党的十一届三中全会以来,一批有识的苗学之士,十分重视对贾理的搜集整理和研究,为传承保护和弘扬优秀传统文化做出了应有的贡献。

一、苗族贾理研究的回顾

国内对苗族贾理的研究笔者认为大致可分为三个阶段。

1.从多种称谓到统一称谓

"贾理"主要流传于贵州省黔东南州的凯里、麻江、黄平、施秉、台江、剑河、雷山、丹寨、榕江、从江等市县,黔南州都匀、三都、荔波、福泉等市县,以及桂北的融水等苗族聚居区一种口传的民间文学形式。这些地区的苗族人习惯把 jax(贾)和 lil(理)合称汉音译为"理辞",在苗语语境里汉音的"贾"和"理辞",苗语合称 Jax lil,汉语音义译为"贾理"。"贾理"在学术界,有的采用汉音译为"贾""佳""加"

作者简介:杨茂锐(1953—),男,苗族,贵州省凯里市人,贵州大学人民武装学院国防教育系原主任、教授、贵州省苗学会副会长兼执行秘书长。主要研究方向:科学社会主义、民族学等。

"嘉";有采用汉语意译为"苗族理辞""苗族理词""理词"等。黔东南苗族侗族自治州将苗族世代相传的古传经典"贾理",用汉语音义结合,统称为"苗族贾理",向国务院申报"国家级非物质文化遗产名录"。国务院于2008年以第二批国家非物质文化遗产名录公布。序号:563;类别:民间文学;编号:1-76;项目名称:苗族贾理;申报地区或单位:黔东南苗族侗族自治州。这就把苗族这一古传经典统一称为"苗族贾理",使贾理从原来的多种称谓到统一称谓。这一统一的称谓也体现"贾理"信、达、雅的原则。"贾"是"理"的形表,"理"是"贾"的灵魂,"贾"和"理"有着不可分割的关系,"贾理"是"贾"这一古籍巨著的核心和简称,这个"贾理"不等同于汉语的"理"或"道理",它的内涵和外延要广泛得多,它是苗族先民们如何体悟宇宙万物之间的关系和发展变化规律。苗族社会与自然的道理、源理、哲理、伦理、法理、心理及习惯禁忌等,具体内容和叙理、辩理、判理等程序和内容,集中地反映了古代苗族人民的自然观、伦理道德观和价值观。笔者认为把苗族的"贾""理""理词""古老话""古理古规"等统称为苗族"贾理"是合适的。"贾理"是苗族文学、史学、哲学、法学、民俗学、自然科学、巫学、语言学、教育思想等的综合集成,可谓苗族的一部"百科全书"。"贾理"(Jax lil)对于帮助人们研究苗族的历史渊源、社会性质、社会结构、民族关系、迁徙史、习惯法、伦理道德、婚姻家庭、风俗习惯、哲学思想、原始宗教、语言文字、古代科技、教育思想等珍贵的古籍作品资料。它淋漓尽致地展现了苗族农耕社会与苗族文化风貌。它被列为国家级非物质文化遗产名录,是当之无愧的。

2. 从内部资料整理到公开出版

龙明伍,用汉字近音记录舟溪镇曼洞村龙喜传贾师的贾理,共计79道,14000多行,是汉译本中比较全面的一部资料,刊登在(1986年《贵州民间文学资料》第33期)。潘文忠,用国际音标搜集记录舟溪镇曼洞村龙喜传贾师的贾理,由桥波整理翻译的贾,谓《说古理词》,计6000多行,刊在1985年《贵州民间文学资料》第6期;还搜集有甘超村吴子兴、吴乜堂的贾理资料,印成单行本,该资料本因"文革"原因,书的前后已残,只剩余中间部分,还有7000行左右。洋洛,搜集记录舟溪镇甘超村吴子兴、吴炳银、吴炳昌三个贾师的贾理,整理翻译为《说古歌》,刊在1985年《贵州民间文学资料》第6期。潘光华,搜集丹寨县贾师杨永珍的贾,整理翻译为(苗族理词之一),5500多行,并搜集王品高的贾,翻译为(苗族理词之二),刊在《贵州民间文学资料》第61期,还搜集丹寨县余西成的贾,翻译为《评理歌》,刊在

《民间文学资料集》第 14 集。以上四位苗族学者所搜集记录《苗族贾理》资料比较完整,其他的搜集整理的《贾理》都是片段的。如桂舟人(汉族)搜集黄平县常井寨龙在发的理歌,译成《追理溯道》(一)、《追理溯道》(二),收入《民间文学资料集》(第 14 集);唐春芳,搜集整理翻译唐德海歌师的《道理歌刀》(一)、《道理歌刀》(二),收入《民间文学资料集》(第 14 集);姜开鹏搜集记译黄平县四屏白宝张句保口述的《古理古道》等。文经贵、唐才富二人,整理翻译麻江县巫师文玉祥的《苗族理词》,1990 年内部出版,这是用苗文记译的第一本"贾理"资料。2013 年由李天云搜集整理译注的《丹寨苗族习俗礼仪理词选编》出版,丰富了苗族贾理的内容。其内容包括祭尤节祭词、祭鼓词、苗甲子、寻活保家祭词、定亲讨鸡词、娶媳妇祭词、开柜子理词、开大门词、开舅家门礼仪词、跳楼梯词、招入学启蒙神词、立凳子词、犯丧襄解词等。到目前为止,公开出版的"苗族贾理"著作有吴德坤、吴德杰搜集整理翻译的《苗族理辞》,2002 年由贵州民族出版社出版,被评为贵州省第五届哲学社会科学二等奖。王凤刚搜集整理译注的《苗族贾理》,2009 年由贵州人民出版社出版,2011 年 9 月被新闻出版总署和国家民族评为首届向全国推荐百种优秀民族图书。由于王凤刚三十年如一日整理记录民族文化《苗族贾理》,获中华文化促进会、凤凰卫视主办的"智慧东方——2013 中华文化人物",2014 年 1 月 8 日颁授典礼在澳门特别行政区隆重举行。吴培华等收集整理的《贾》,2009 年由大众文艺出版社出版。2012 年 12 月贵州民族出版社又公开出版了杨文瑞搜集整理译注、贵州省民族古籍整理办公室编的《贾》。到目前为止,公开出版的《苗族贾理》书有四部。其中,除了《苗族贾理》的搜集整理译注王凤刚是丹寨人搜集的贾来自丹寨外,其他三位苗族贾理著者均来自凯里市舟溪镇,他们搜集整理的苗族贾理是来自被称为"嘎闹"的中短裙苗,涵盖凯里市舟溪、麻江县白午、丹寨县南皋、雷山县的公统等地,这支中短裙苗大约有 10 万人口。以上四部公开出版的《苗族贾理》著作,内容大同小异,但又各有特点,相互补充,构成具有苗族特色的贾理文化。

3.从搜集抢救到初步研究阶段

成果主要有:燕宝的"贾理春秋——读《苗族理辞》";李锦平的"一部苗族历史文化的百科全书——评《苗族理辞》";吴一文的"《苗族理辞》简评";胡晓东、胡廷夺的"'理辞'与'苗例'";王凤刚的"国家级非遗代表作《苗族贾理》评介"和"一部文化价值非凡的苗族古代经典——《苗族贾理》评介";李天翼的"苗族历史文化的瑰丽画卷:简评《苗族贾理》";余学军的"贾理:苗族文化大法典"等。在这些研究中主要是对"苗族贾理"公开出版的价值、意义进行评述及介绍其内容。最有代表性的是燕宝先生撰写的"贾理春秋——读《苗族理辞》",发表在 2003 年第 4 期《黔东南社会科学》,获中国科学发展优秀学术成果一等奖,并入选首批《中国专家学术成果通鉴》。他认为贾理"第一是指天地日月的产生与发展变化;第二是指社会的伦理道德准则;第三是指一切神话和历史的传说已成为共识的典故;第四是指古人传下的节日与风俗"。也有学者认为贾理是一部"法典"。主要依据是乾隆皇帝 1736 年给"总理苗疆事务大臣"张广泗关于署理"苗疆事宜"的御批:"苗民风俗与内地百姓迥别,嗣后苗众一切自相争讼之事俱照苗例,不必绳以官法。"所谓苗例就是"苗族贾理"。也有学者认为"苗族贾理"被列入国家级非物质文化遗产名录,因为它的内容博大精深,是研究苗学的百科全书。此外,还有些学者对苗族贾理的内容进行解读。例如,杨茂锐先生发表在《贵州民族大学学报(哲学社会科学版)》2012 年第 5 期的"苗族贾理社会管理思想试论";吴定先生撰写的"试论苗族理辞的社会功能"等。

二、苗族贾理研究的展望

1.苗族贾理的研究将向深度广度拓展

胡晓东博士主持完成的国家社会科学基金项目《苗族理辞通解》是从苗族语言学的视角来解读的;唐皓教授的国家社会科学基金项目"苗族贾理社会管理思想与社会管理创新的地方实践研究"是从管理学视角对苗族贾理及对社会管理方面作用的研究。随着人们对苗族贾理认识的深化及重视,研究的深度广度将进一步拓展。一是全面系统的解读。苗族贾理的搜集整理译注对于抢救保护传承濒临失传的苗族文化来说固然十分重要,如果不对文本进行认真、细致、客观、全面的解读,就失去搜集整理的意义。因此,从研究的内容来看,主要包括∶①研究贾理的意义目的与方法;②贾理传承的主要方式和特点;③贾理的哲学思想;④贾理的法律思想;⑤贾理的教育思想;⑥贾理的文学价值;⑦贾理与苗族原始宗教;⑧贾理与苗族古代科技;⑨贾理与苗族习俗;⑩贾理的保护与传承。例如,关于苗族"贾理"的哲学思想,从已公开出版和未公开的"贾理"来看,通篇贯穿朴素的唯物主义思想和朴素的辩证法思想。我们以吴德坤、吴德杰搜集整理翻译,贵州民族出版社2002 年 10 月出版的《苗族理辞》为例。该"贾理"从第二篇《开天辟地》到第十一篇《制鼓祭祖》,主要叙述的是日星辰的形成、万物万事之来源、人类的起源、鬼神的产生、"鼓社"的兴起,以及民族的形成、发展、交往和迁徙,物与物之间、人与人之间、人与物之间的关系等方面的内容,在叙述的过程中,它展现了苗族先人的智慧和对自然、社会的深刻认识。

2.苗族贾理的研究将向应用性转化

2013 年 8 月 19 日,习近平在全国宣传思想工作会议上强调:"对我国传统文化,对国外的东西,要坚持古为今用、洋为中用,去粗取精、去伪存真,经过科学的扬弃后使之为我所用。"根据这一论述,作为国家级非物质文化遗产名录的苗族贾理,蕴藏着丰富的法律思想。它是苗族古代社会的一部"法典",有着极其丰富的法律思想,汇集了大量的民事、刑事纠纷案例及审判标准,是旧时黔东南、黔南等地苗族的"榔头""理老""寨老""鼓藏头"等头面人物作为当事人说理断案、排解纠纷、判断是非的重要"法律"依据。在全面建成小康社会的今天,我们可"经过科学的扬弃后使之为我所用"。

湘西苗族民歌研究综述

麻美垠

摘　要:湘西苗族民歌是湘西苗族文化重要的组成部分,一直以来受到民族学、民俗学、音乐研究者及人类学专家学者的青睐,各种研究成果丰富。为了给后来研究者提供一项较为翔实的研究素材,特对湘西苗族民歌自 20 世纪 80 年代以来的研究成果进行综合叙述。

关键词:湘西苗族　民歌　研究　综述

一、民族志书写的湘西苗族民歌研究

湘西最早的苗族民歌显性研究应该算石启贵的《湘西苗族实地调查报告》。《湘西苗族实地调查报告》对苗族文化研究重要贡献表现在以下几个方面:一是研究者首次使用现代民族学、人类学的田野调查法对湘西苗族社会进行全方位深度调查。二是研究者首次使用民族志体例对湘西苗族社会的各个层面进行步步深入书写,开创了湘西苗族文化整体性研究的先河,给中华人民共和国成立以来湘西民族文化研究提供了鲜活的史学资料。三是研究者首次使用白话文形式,将湘西苗族文化在原《志》的基础上全面系统的类型化,报告经过整理后分为十一个章节,内容从地理概貌、历史、经济生产、生活习俗、婚姻家庭、司法政治、文化宗教等方面进行了详细归类,开创了湘西苗族文化白话文研究的先河。四是研究者首次全面记录湘西苗族民族民间口传文化,如湘西苗族民间童谣、苗族竹枝词、苗族椎牛神辞、椎猪神辞、苗族民歌、苗族接亲歌(现在被称为堂根歌)等湘西苗族口碑文化。在方法上,为后来研究者提供了研究记录的范式作用。《湘西苗族实地调查报告》

作者简介:麻美垠(1976—)女,湖南花垣县人,苗族,中国民主同盟成员,硕士学历,助理研究员。主要研究方向:湘西州苗族文化。

对于湘西苗族民歌研究的最大贡献在于，首次以白话文形式将湘西苗族特色突出的民歌以汉字代苗音形式全面记录，记录的内容包括苗歌汉译、苗俗歌词、通俗山歌、故事歌、妇孺童谣、苗语童谣等，此外还记录了湘西苗族的奇巧谜语、乐器乐曲、成人及儿童玩物等文化娱乐资料。在苗歌汉译中作了较为详细的记录，包括接亲嫁女歌、椎牛祭典歌、酒歌、秋千歌、情歌、字谜歌，在故事歌里详细记录了傩神起源歌和一些汉书文献的传说和演义苗语化的歌。其中接亲嫁女歌的详细记录为后来研究者提供了湘西苗族群众仪式歌演唱模式嬗变的轨迹。例如，在《湘西苗族实地调查报告》中接亲嫁女歌：

主唱开场歌（鉴于文章所限，只收录直译、意译部分）：

谢媒歌（直译）：从头一二哥根挤，好话拜亲目在先。苟受向门茹口水，得尧得弄后剖边。从头一二哥根挤，好话拜亲目在先。苟受向门茹口水，得尧得弄后剖边。

（意译）：从头一二唱根底，好话拜亲您在头。媒人真是好才嘴，良言美语去帮求。从头一二唱根底，好话拜亲您在头。媒人真是好才嘴，良言美语去帮求。

唱给新娘（直译）：代帕生成立哥将，代浓生成耐格比。同秧下斗波个郎，及帕苟将叉比楼。代帕生成立哥将，代浓生成耐格苟。同秧下斗波个郎，及帕苟将比耐波。

（意译）：男大生成守门户，女大生就要嫁出。似秧育在畦田里，秧苗移栽才长谷。男大生成守门户，女大生就嫁他乡。似秧育在畦田里，秧苗移栽才长粮。

唱给新郎（直译）：和苟岔没吼告住，走儒运程牙雅偷。禾内禾那配扶儒，岔刀团圆出阿比。帕住配央同泵都，贺喜刀儒阿列欧。得苟岔没吼告住，走儒运程主牙雅。禾内禾那配扶儒，岔刀团圆也阿枷。帕住配央同泵都，贺喜刀儒阿列琶。

（意译）：宗北才有二十龄，今年走了好运程。日月天生配合好，结成夫妻喜盈盈。新娘似花人乖巧，贺喜得个贤内人。宗北才有二十龄，今年运气真不差。日月天生配合好，结成夫妻做一家。新娘似花人乖巧，赢得满堂宾主夸。

唱给婆母（直译）：剖奶加铺欧大挑，管苟欧都召斗当；阿你没得出及召，阿列受你及昂让。剖奶加铺欧大挑，管苟欧都召及老。阿你没得出及召，阿列受你及昂苟。

（意译）：咱娘我要赠一方，先唱两句放在前；嫂嫂若有一足处，请别游寨去闲谈。咱娘我要赠一方，先唱两句放在头；嫂嫂若有不足处，不要道短寨中游。

唱给小姑(直译):代勾及兵包大都,管苟大都高包蛮。阿你又弄单剖屋,头没喝及浓缠缠。能扔帮光你及出,阿刚将部召戎善。代勾及兵包大都,管苟大都高包目。阿你又弄单剖屋,头没喝及浓戎戎。能扔都光你及出,阿刚将部召戎丛。

(意译):家妹我也说一番,请妹注意听我言;嫂嫂初到咱村寨,举目陌生行动难;同嫂山野采葱菜,莫丢嫂嫂在陡山。家妹我也说一番,请妹注意听我诉;嫂嫂初到咱村寨,举目到处都生疏;同嫂山野采葱菜,莫丢嫂嫂在深谷。

收场歌(直译):茸砂降你立阿叩,斗度降门立阿普。修砂修都降聋豆,堂卡长走叩及足。斗砂降你立阿叩,斗度降门立阿刚。修砂修都降聋豆,堂卡长走叩及央。

(意译):歌没唱完请停声,话未讲尽请患音。歌曲话语请收起,有客重逢再陪君。歌没唱完请停声,话未讲尽请莫讲。歌曲话语请收起,有客重逢再陪郎(摘自《湘西苗族实地调查报告》,湖南人民出版社,1996)。

此外,湘西苗族民歌常见于历代方志的苗俗篇记载,如《乾州厅志》(咸丰版)、《凤凰县志》《花垣县志》《古丈县志》《吉首市志》《泸溪县志》《湘西土家族苗族自治州民族志》等及湘西土家族苗族自治州概况编写组编的《湘西土家族苗族自治州概况》(民族出版社)等,在其风俗篇均有对湘西民歌以记叙的方式记录,但未对其进行深层次的文化阐释。

二、作为收集整理的湘西苗族民歌集成

在湘西苗族"堂根"文化深入调查过程中发现,广大苗族文化和苗族民歌研究者对于湘西苗族民歌分布区域范围、内容形式、音调音律、歌词翻译等做出不少贡献。主要是以湘西州民委、湘西州文史委、吉首大学的民族文化研究所及各县的民宗委为主要研究机构,在苗族的史料收集上,将湘西苗族民歌收录其中。如伍新福著的《中国苗族通史(上下卷)》、吴荣臻等编的《苗族通史》五卷本、伍新福和龙伯亚所著的《苗族史》、湘西州政协(文史委员会)编的《湘西文史资料》(第八辑)(内部刊物)、湘西州政协文史资料研究委员会(花垣县委员会、凤凰县委员会)编的《湘西文史资料》(第二十二、二十三辑)(内部刊物)、湘西州政协文史资料研究委员会编的《湘西文史资料》(第四辑)、湘西州政协(文史委员会)编的《湘·鄂·川·黔边区名镇》等。石建华、伍贤佑主编的《湘西苗族百年实录(上下卷)》,以湘西苗文化为对象的《湘西苗族百年实录(上下卷)》几乎囊括了湘西苗族的历史、经

济、政治与文化,其中研究最深的为苗族音乐、苗族东部方言的语言研究和湘西苗族的斗争革命史。《苗族通史》在体例上改变了以历史纪年时间为线索的传统史书写作方式,篇章结构采用了民族志书写,将苗族文化的各个体系囊括其中,苗族民歌被列入娱乐文化中。在学术界的湘西苗族民歌研究现状还停留在苗汉音译或意译的记录层面,如龙生庭编译的《苗族东部方言情歌选(苗汉对译)》。还有未正式出版的湘西苗歌收集如《神奇的花垣》(花垣县政协文史委主编)、《神奇天缘》(龙志明主编),花垣县文艺联合会、花垣县苗歌协会 2000 年伊始联合主编的《花垣苗歌集》(每两年一册,目前出版共四册,全使用汉字代苗音形式)等,收集和整理湘西苗族民歌达 3000 首之多。

在湘西苗族民歌收集整理中价值最大的是刘自齐、赵丽明选译的《板塘苗歌选》。《板塘苗歌选》可算是继《湘西苗族实地调查报告》之后对湘西苗族民歌研究最为深入的湘西苗族民歌收集整理成果。《板塘苗歌选》以苗、汉直译及意译方式精选了湘西苗族歌圣石板塘(第三章)的苗歌代表性篇幅。《板塘苗歌选》共收录湘西苗族民歌十二首,共分为六个部分。其内容涵盖了湘西苗族神话传说(吕洞山古歌、龙潭河、百鸟裙)、生活哲学(算学问答歌、劝夫妻和睦歌、辞老歌)、苗族名人(苗族名人歌、苗歌祖师张八姐)、汉学神话(猴儿出世——《西游记》片段)、反抗斗争(民国歌、祖先歌、五洲五种歌)等几大部分。这几大部分苗族民歌综合体现了湘西苗族社会的政治、经济与文化,同时也是湘西苗族歌手关心时事、关注现实、关爱同胞的具体体现。在《板塘苗歌选》民国歌、祖先歌、五洲五种歌中,集中体现了石板塘为了提高苗族人民的民族自信心,反对封建统治阶级的民族压迫政策,号召和鼓动苗族人民振兴自己的民族的强烈愿望。《板塘苗歌选》不仅体现石板塘关心政治、唤醒民众的民族责任心,同时还通过对板塘苗歌的收集整理翻译,为后来研究者提供了一种口传历史的客观依据。

三、湘西苗族民歌个案研究成果

普遍性的湘西苗族民歌个案研究成为湘西苗族民歌的另一种研究范式,成果也颇为丰富。但是,作为苗文化传承载体、保持着完整结构体系的湘西苗族民歌在现代文化的冲击中亦落入了"博物馆"保护式的命运,真正湘西苗族民歌的价值并未在湘西现代社会中获得深层次认识与很好体现。研究的主体主要体现在湘西苗族民歌音乐审美上,但多数表现为个案论点,并未对湘西苗族民歌的承载主体及组成结构进行深究。在对湘西苗族民歌的个案研究中,主要取得以下几个方面的成果;一是对湘西苗族民歌概述性研究。这些个案研究主要侧重于湘西苗族民歌分布、民歌类型或者民歌演唱者的综合概述,不发表评论。例如,李北川的《湘西苗族:心声尽在"歌莎"中》(对话音乐人);熊晓辉的《湘西民族民间音乐概述》;隆名骥的《苗族谜歌浅议》。二是对湘西苗族民歌的声腔研究。这些个案研究侧重点主要是湘西苗族民歌的唱腔、韵律及变异状态进行研究。如黄满芳的《浅论湘西苗歌的声腔运用特色》;胡远慧的《湘西保靖县苗族、土家族民歌族性特征调查研究》《湘西保靖县苗族民间调查研究》《湘西苗族民歌衬词、衬腔研究》;刘洁的《湘西苗歌及演唱特点研究》;花老虎的《湘西苗歌研究》;易松的《湘西苗族多声部苗歌艺术浅析》;尹建国的《湘西苗族民歌及演唱特点》;向燕的《湘西苗族民歌润腔研究》;唐芳的《湘西苗族的音乐特征与演唱特色》;龙飞屿的《湘西南多声部苗族"歌鼟(teng)"研究》;雷惠玲的《湘西苗族民歌演唱研究》。三是关注湘西苗族民歌的艺术特征。这些个案研究主要侧重于湘西苗族民歌所体现出来综合艺术性,研究重心由湘西苗族民歌音乐声腔特点转向了音乐综合类型特征。如宋晓丹的《试析湘西苗歌的艺术特色》;王跃辉的《婉转流畅,意境高绝》;武敏的《湘西花垣县苗歌的艺术特色》;张艺的《湘西苗歌的种类及特征分析》;石源澄的《湘西苗歌浅说》;张旺、丁渝珈的《湘西苗歌特色及其传承现状分析——以吉首丹青镇苗歌为例》;崔思蘽的《湘西苗族"三脚马"苗歌探析》;王燕的《湘西苗族民歌音乐风格分析研究》;龙杰的《湘西苗歌情歌赋比兴初探》。四是对湘西苗族民歌的人文思考。21世纪以来,随着对湘西苗族民歌的大量人文研究,为整体性研究湘西苗族文化提供了科学的、史学的、人文的理论和材料基础。这类湘西苗族民歌个案研究侧重点是对苗族民歌的承载主体进行探究,不仅仅是因为歌而研究歌,而是对歌所承载的文化内涵和文化功能进行探讨,继而了解湘西苗族民歌在湘西苗族传统社会中的价值内涵。如林春菲的《民间歌谣传承与发展的民俗学思考——兼以湘西苗歌为例》;高荣博、张颖洁、肖诠的《试论湘西苗歌的审美总蕴及其社会文化功能》;曾丽蓉的《湘西苗歌传承与保护的思考》;吴晓的《湘西苗歌的文化身份想象》《娱乐景观建构与身份表意实践——湘西苗歌广场展演的人类学分析》;吴华强的《湘西苗歌研究的当代缺失》《湘西苗族情歌衰微的思考》《湘西苗族音乐文化研究应注意的几个问题》;张军英的《湘西苗族婚嫁歌曲研究》;张卫民的《原生民歌发展新样式》;麻美垠的《现代性语境花垣苗歌的传承》;王竹青的《湘西苗歌与民俗文化初探》;魏育鲲的《湘西苗族民俗雄、马岱扎仪式音声表述下的信仰关系》;胡希旷的《湘西苗族歌谣价值观念浅议》。

　　其中张军英的《湘西苗族婚嫁歌曲研究》和麻美垠的《现代性语境花垣苗歌的传承》首次用民族学、民俗学及人类学的整体研究方法,对湘西苗族民歌中的婚嫁歌曲进行深度探讨。张军英在《湘西苗族婚嫁歌曲研究》中,围绕湘西苗族婚嫁歌曲的承载主体,从婚嫁歌曲的生存土壤、艺术特点、社会功能及湘西苗族婚嫁歌曲的传承和发展等多方面,对湘西苗族民歌深层次的整体关怀。麻美垠在《现代性语境花垣苗歌的传承》中,首次使用结构人类学的理论基础,使用民族学、人类学实地调查法,结合实地调查资料对湘西花垣苗族婚庆"堂根"歌的人文组成结构进行解读,开创了湘西苗族民歌结构人类学研究之先河。此外,湘西苗族民歌的个案研究还体现在以民间文学的方式书写记录,收集一些民间故事、民间歌谣、民间传奇等,如张应和著的《苗乡探奇》(四川民族出版社);龙宁英主编的《古苗河风情》(湖南人民出版社);甘肃古籍文献整理编译中心编的《中国民俗:湖南民俗》(甘肃人民出版社)等,对湘西苗族民歌所体现的地域风俗、民族文化色彩进行了概述。

参考文献

[1]刘自齐,赵明丽.板塘苗歌选[M].长沙:岳麓书社,1992.

[2]伍新福.中国苗族通史[M].贵阳:贵州民族出版社,1999.

[3]石启贵.湘西苗族实地调查报告[M].长沙:湖南人民出版社,1986.

[4]吴荣臻,吴曙光.苗族通史[M].北京:民族出版社,2009.

[5]伍新福,龙伯亚.苗族史[M].成都:四川民族出版社,1992.

[6]石建华,伍贤佑.湘西苗族百年实录(上下卷)[M].北京:方志出版社,2008.

[7]龙生庭.苗族东部方言情歌选(苗汉对译)[M].昆明:云南民族出版社,2002.

[8]李北川.湘西苗族:心声尽在"歌莎"中[J].广播歌选,2002(1).

[9]熊晓辉.湘西民族民间音乐概述[J].毕节学院学报,2011,29(2).

[10]隆名骥.苗族谜歌浅议[J].中南民族学院学报(哲学社会科学版),1991(2).

[11]黄满芳.浅论湘西苗歌的声腔运用特色[J].中国音乐,2013(2).

[12]胡远慧.湘西保靖县苗族、土家族民歌族性特征调查研究[D].长沙:湖南师范大学,2004.

[13]胡远慧.湘西保靖县苗族民间调查研究[J].民族民间音乐,2012(5).

[14]胡远慧.湘西苗族民歌衬词、衬腔研究[J].星海音乐学院学报,2003(3).

[15]刘洁.湘西苗歌及演唱特点研究[J].地方音乐,2012(4).

[16]花老虎.湘西苗歌研究[J].音乐研究,1994(1).

[17]易松.湘西苗族多声部苗歌艺术浅析[J].学术论坛,2011(12).

[18]尹建国.湘西苗族民歌及演唱特点[J].中国音乐学,2005(1).

[19]向燕.湘西苗族民歌润腔研究[D].北京:中央民族大学,2012.

[20]唐芳.湘西苗族的音乐特征与演唱特色[J].南京:南京师范大学,2008.

[21]龙飞屿.湘西南多声部苗族"歌鼟(teng)"研究[J].长沙:湖南师范大学,2008.

[22]雷惠玲.湘西苗族民歌演唱研究[J].长沙:湖南师范大学,2006.

[23]宋晓丹.试析湘西苗歌的艺术特色[J].艺文研究,2007(1).

[24]王跃辉.婉转流畅,意境高绝[J].船山学刊,2007(4).

[25]武敏.湘西花垣县苗歌的艺术特色[J].艺海,2012(6).

[26]张艺.湘西苗歌的种类及特征分析[J].西安音乐学院学报,2001(12).

[27]石源澄.湘西苗歌浅说[J].吉首大学学报,1993(3).

[28]张旺,丁渝珈.湘西苗歌特色及其传承现状分析——以吉首丹青镇苗歌为例[J].大众文艺·民族民间文化研究,2011(4).

[29]崔思蕖.湘西苗族"三脚马"苗歌探析[J].中国音乐,2006(3).

[30]王燕.湘西苗族民歌音乐风格分析研究[J].中国科教创新导刊·体育与艺术教育,2003(13).

[31]龙杰.湘西苗歌情歌赋比兴初探[J].怀化学院学报,2002(12).

[32]李燕,张效玉,赵学森.湘西墨戎苗歌音乐特征及传承[J].艺海,2012(11).

[33]林春菲.民间歌谣传承与发展的民俗学思考——兼以湘西苗歌为例[J].湖南社会科学,2013(4).

[34]高荣博,张颖洁,肖诠.试论湘西苗歌的审美总蕴及其社会文化功能[J].商业文化,2011(6).

[35]曾丽蓉.湘西苗歌传承与保护的思考[J].当代教育论坛,2010(7).

[36]吴晓.湘西苗歌的文化身份想象[J].广西社会科学,2009(9).

[37]吴晓.娱乐景观建构与身份表意实践——湘西苗歌广场展演的人类学分析[J].湖北民族学院学报(哲学社会科学版),2009,27(3).

[38]吴华强.湘西苗歌研究的当代缺失[J].人民音乐·民族音乐,2009(8).

[39]吴华强.湘西苗族情歌衰微的思考[J].吉首大学学院(社会科学版),2008(5).

[40]吴华强.湘西苗族音乐文化研究应注意的几个问题[J].民族论坛,2009(7).

[41]张军英.湘西苗族婚嫁歌曲研究[J].长沙:湖南师范大学,2011.

[42]张卫民.原生民歌发展新样式[J].中国音乐学,2013(3).

[43]麻美垠.现代性语境花垣苗歌的传承[J].重庆:西南大学,2012.

[44]王竹青.湘西苗歌与民俗文化初探[J].长沙:湖南师范大学,2009.

[45]魏育鲲.湘西苗族民岜雄、马岱扎仪式音声表述下的信仰关系[J].音乐探索,2013(2).

[46]胡希旷.湘西苗族歌谣价值观念浅议[J].民族论坛,1990(4).

田野调查

湘西苗族"穿街"的调查与阐释

龙海清

摘　要:"穿街"是湘西苗族宏大的民俗庆典。其起源于苗族古老的傩祭与道教相结合的产物。经过长期的传承与流播,至今依然保持完整,过程复杂而隆重,其中的穿走阴阳街、上刀山下火海、登车等重要仪式环节具有深刻的象征意义与社会功能。它既是传承苗族传统文化的综合载体,又是湘西苗族人民在吸收了外来文化过程中进行文化重构后的资本再运作,已成为苗族文化的有机组成部分。

关键词:湘西苗族　穿街　传法度职　象征意义

"穿街",苗语叫"纤甘"[tçhε⁵³ ka⁵³]❶,它是湘西苗族民间信仰神职人员觋师(即男祭司)传法度职的重要仪式,也是苗族民众参与性极强,规模最为宏大而热闹的民俗庆典。它既保留了苗族历史积淀下来的文化特质,又吸纳了外来文化的诸多元素,最能反映湘西苗族民间信仰在社会变迁过程中所体现出来的基本特征。

所谓民间信仰,是指民众自发产生的各种神灵崇拜(包括自然崇拜、图腾崇拜、祖先崇拜、英雄崇拜、名人崇拜等)所产生的思想观念、行为习惯、结构模式及相应的仪式活动。在其存续发展过程中,又常和道教、佛教、儒教等人为宗教互相影响、相互渗透,构成社会极为普通而影响广泛的民俗文化现象。有的学者称为民俗宗教,有的又称为民间宗教,有的又称为普世宗教,对于少数民族民间信仰而言,有的又称为民族宗教。尽管目前学界对这些概念尚无统一界定,且各有主张,歧异纷呈,但在我看来,有一点是毋庸置疑的,那就是信仰与仪式都是它们共同具备的两个范畴。信仰的表达和实践都是通过仪式来实现的。"穿街"作为湘西苗族的重

作者简介:龙海清(1944—),苗族,原湖南省民间文艺家协会主席,湖南省文联研究员。主要研究方向:民族民间文化研究。

❶ 对苗族中的专有名词,在行文中用汉字记音,在括号内用国际音标注上准确读音,此注音仅在正文首次出现时标注,后不再标注。

要仪式,无疑是我们认识湘西苗族民间信仰乃至整个湘西苗族传统文化及社会历史演进的最好窗口。

湘西苗族"穿街"是如何起源的?其流播状况如何?无论是20世纪三四十年代外地著名学者凌纯声、芮逸夫等人的湘西苗族调查报告,还是本土本民族学者石启贵的调查实录,对此基本上是阙如的。近期,滕继承在他的《刀刃上的舞蹈》一书中,也仅仅是把上刀梯说成是苗族"巫鬼文化母体分娩的婴儿"[1]。至于为何会"分娩",如何"分娩",他没有论及。因此,在这里有必要进一步地探讨,以期起着抛砖引玉的作用。

傩祭在中国有着十分久远的传统。它在流传过程中,形成了所谓"乡人傩""国人傩""天子傩""大傩"等不同形式。"乡人傩"的文献记载,始见于孔子《论语·乡党》中,而后三者则始见于《吕氏春秋》的不同篇什中。自秦汉以来,对"傩"的记载、注疏繁多。到了20世纪八九十年代对傩文化的研究成为学界的热点。然而,什么是傩,古今的解释颇为不同。古代注家多把傩解释为"驱逐疫鬼"或"强鬼"。而今人的解释却又见仁见智,各有各的说法,但都存在一种"泛傩主义"倾向,即将民间信仰的一切驱恶纳吉仪式和巫术行为及演化而成的艺术活动均纳入傩的范畴。有个别学者还将傩文化与农耕文化等同起来。对傩的界定,从内涵到外延都定得十分宽泛,有过多的随意性,因此也就失去了边界。如果按照这些界定,岂不将世界上任何地区、任何民族的原始宗教都可以称为傩吗?

其实,从湘西苗族的田野调查资料看,对傩的界定可以划出一定范围的。苗族的傩祭除一般意义上的驱邪纳吉以外,还有追远敬祖的重要内容。这个"祖"就是仪式中所奉祀的傩公傩母。这对傩公傩母就是神话中人类再繁衍的祖先。有此,才有了傩文化的内涵特质,舍此,就会失去界定的依据。

中华民族本是一个注重慎重追远的民族,在苗族中的体现尤为突出。几乎所有重大祭祀仪式,都有请神环节,请神中,无不请祖先神。苗族的祖先意识,大体可分为五类:一是人类起源的"祖先",这类"祖先"是由图腾神话、创世神话来诠释的。比如,流传于湘西苗族地区的"神母狗父"(亦即盘瓠辛女)神话、盘古神话、枫树神话就是其中典型的代表。这类"祖先"是原始思维中的"祖先"。二是人类再繁衍的祖先,也是原始思维中的"祖先",即上文提到的傩公傩母。它是由洪水神话,亦即人类再繁衍神话来诠释的。湘西苗族中的"果索果本"神话就是属于此类,其流传不仅普遍,而且同一母题的不同异文甚多。三是英雄祖先,这以人文祖先蚩尤为代表,是与炎帝、黄帝并称的中华民族的祖先之一。四是宗族的祖先,即族谱或家谱所追溯的宗族祖先,往往以家中神龛中某某堂为标识。五是家族祖先,也是较近的历代祖先,俗称"家先"。

湘西苗族的"穿街"中,不仅要敬"家先"及其他祖神,更要奉祀傩公傩母,且神坛中必摆傩公傩母神像。这无疑是由古代的傩祭演化而来的。

现在的问题是,为何只有巴代扎在举行"还傩愿""穿街"仪式时,神坛摆有傩公傩母像,而巴代雄却没有呢?傩公傩母是否为外来文化的置入呢?我的答案是否定的。巴代雄在举行重大祭祀仪式时,也同样要祭祀傩公傩母。这可以从其巫辞中得到印证。

"椎猪"是湘西苗族最为盛大祭典之一,主祭者就是巴代雄。它的起源可能比"椎牛"更早。石启贵先生说:"椎牛神咒,虽属古体排偶,谐音押韵,但总可令人懂得一半,而椎猪神咒,句句不知是说何事,编者未深考究。"[2]可见,此俗由来甚古。而在此祭典中,首先要祭雷神,且忌用盐,这正和湘西苗族的洪水神话亦即傩公傩母由来的神话中雷公怕盐的情节相关联。在向神灵通呈供品的神辞中,先提到一个祖神名,叫"拔鬼马"[bhɑ^{44}qun^{42}ma^{54}],译者直译为"女祖神"[3]。此处,应漏记男祖神之句,因为接着请神灵享用供品时,其指称是用的"请你们"。这里的男女祖神当为傩公傩母。值得注意的是,就在本节神辞接下来,即出现两个祖神的具体名称,石启贵先生用汉字记音为"三周老楼"和"豆走老妹"[3]。后来翻译整理者也许没有弄清这是何神,对此仅用"苗语音译神名"[3]注释。因国际音标为译者根据数十年前的汉字记音所加,恕不引录。这两个神名当是指傩公傩母,民间有的称"东山老人"与"南山圣母"。这两个苗语的前两个音节,即"三周"与"豆走",当是指称方位地名,与"东山""南山"同义。而"老"字即为"傩"字。因"傩"与"老""罗""刘"音近,所以在20世纪80年代在从事民间文学三套集工作普查时,有的将"傩"记为"罗",或为"老",或为"刘"。❶这是记录口传文本常见的现象。所以,可以认为石启贵先生所记的"老楼""老妹"即为"傩楼""傩妹",也就是傩公傩母。此说明,巴代雄是奉祀傩神的。

吴晓东在他的《苗族祭仪"送猪"神辞》一书中说,从他收录翻译的神辞中看,

---

❶ 中国民间故事集成全国编辑委员会,等.中国民间故事集成·湖南卷[M].北京:中国 ISBN 中心,2002:21-37.

"送猪"所祭祀的神灵最主要的有两个："这两位神是由坐于夯果那间房的一女一男来扮演,这一女一男称为柳帕柳尼(lioux npad lioux nit)。"[4]"帕"指女性,"尼"为男性。我以为他所记的"柳"也与"傩"音相近,其本义就是"傩"字。正如前述所说,在民间转辗流传过程中,会有不同的音变。故采集者会用不同的汉字来记音。苗族在过去大多并无专门神坛或祖坛,所谓"夯果"即为先祖神位之所在,往往以火炉膛的一边作象征标志。这两位坐在"夯果"房间的一男一女所扮演的角色,不难认定,应是傩公傩母。

清代陆次云(生卒年不详,生活于清康熙年间)在他的《峒溪纤志》载："苗人腊祭曰报草,祭用巫,设女娲伏羲位。"腊祭为古时岁末之祭,用狩猎的猎物祭祖宗,学界一般认为源于周代。苗语称"报草",大约和《风俗通》"狪猎大祭,以报功"的解释相通。1933年,芮逸夫先生曾到湘西苗族地区进行专门调查,他撰写了《苗族的洪水故事与伏羲女娲》,载于民国时期的台湾历史语言研究所主办的《人类学刊》第一卷第一期。闻一多先生又根据此文所提供的人类学调查资料进一步考证认为,"伏羲女娲确实是苗族的祖先"[5]。也就是说,洪水神话故事的兄妹二人、伏羲女娲、傩公傩母三者为同一对象。从古代文人到现代学者所提供的资料及研究成果,都可以佐证,苗族奉祀傩公傩母为祖先由来已久。

正是苗族有着这样的傩祭传统,一旦受到道教的渗透与影响,就易于被吸收,从而转化为苗族文化的形态。从现在流行于苗族中的"穿街",无论是所祭之神,还是传法的内容及度职的形式,都无不体现了对道教的兼容并蓄。

道教之传入湘西,最早可追溯到东晋时期葛洪(283—363年)到今花垣县尖岩山的修道炼丹。不过,此地现今并无实物遗存,只有清宣统版的《永绥厅志》记载。葛洪是否在此布道,更无从稽考。有志书记载且有道教宫观遗存相互印证者,则是到了唐代。到了元明之后,宫观建筑逐渐遍及各地。明洪武元年(1368年),湘西各府、州、县设有专管道教人员的机构。清咸丰年间,凤凰道纪司派道士杨道泉赴江西龙虎山取得印信一枚,文曰"凤凰道纪司铃记",后执掌大印,专管各教坛及其道教人员[6]。说明到了明清之后,道教在湘西得到了更广泛的传播。道教对湘西的影响,正一派占主导地位。根据湘西土家族苗族自治州宗教局于2010年对州内道教神职人员道士的登记,入册者包括苗族、土家族、汉族在内各族道士全是清一色的正一派[7]。正一派因奉持《正一经》而得名。其主要特点是崇拜鬼神,画符念咒,驱邪禳灾,祈福纳吉,生活上可以结婚。而苗族的巴代扎的很多规习,与正一派颇为相似,其"穿街"与正一派的"授箓"不无渊源关系。"穿街"的成型当有一个吸收、演变、成型到成熟的历史过程。要说它形成于具体的什么年代是困难的。至迟到了清代同治年间,它已在苗族地区十分成熟,且广泛流传。据我多次到凤凰县茶寨巴代扎麻绍明家中访问,他至今使用的手抄本即抄至清同治七年(1868年)的版本。但这个手抄本在罗列叩请苗族祖师的名单上,从龙法高算起到杨法兵止竟达27个,若以每代作20年计,则可以往前推到540年,即推到公元1328年,那是元末泰定年间了。若以较为保守推算,师徒两代相差10年计,也可往前推到公元1790年,即清代乾隆年间。概言之,苗族的"穿街"大约成型于元代时期,盛于明清到民国之际。这与"生苗""熟苗"的划分和道教在湘西传播的历史是相吻合的。到了清末民初,尽管道教已濒临衰竭,但湘西苗族的"穿街"依然盛行。到了1949年之后,"穿街"曾中断一段时期,至20世纪80年代起,遂又恢复起来。

从巴代扎举行仪式所用的汉语及涉及的地名看,"穿街"的流播路线总体上是从"熟苗区"往"生苗区"方向发展的。因为作为巴代扎,既要懂得一定的汉语又得认识相当数量的汉字,方可依据手抄本或背得相应的咒语和神辞。据我从凤凰县阿拉镇安平村巴代扎龙凤炳家所看到的一套《还傩愿》手抄本(不知为何,该手抄本目录中有"穿街"内容,正文中却无),内中既有位于"辰州"等东部地名,又有西部的贵州"思州"名称,甚至还有"思州和尚"一节。且巴代扎所使用的祖师棍,既有雕为人头的,也有龙头式的。据凤凰马鞍村巴代扎龙再章说(笔者于2011年9月访问他),不同的型制代表不同的师承关系。麻阳、泸溪一带多为陈法阳派,祖师杖头为镰刀式的❶;凤凰很多乡村为谭法清派的,杖头为人头式的。然而,我调查发现,杖头型制不同却是错杂相处的。并非以地域划分。这说明,"穿街"在湘西的流播向度并非是单线单向的,而是多源多线多向性的,且呈相互交错、相互影响的网络形状。因此,要画出一个"穿街"的流播路线是极为困难的。不过,到现在保存得比较好的,倒是"生苗区",而"熟苗区"反而是不完整甚至难以见到了。

一、"穿街"的前期准备与仪式过程

巴代扎在出师立坛时,必须经过"穿街"这道"毕业考试",方能得到相应身份与独立主持仪式的资格。虽然有的人说,巴代雄也"穿街",但据笔者考察,其传法

---

❶ 笔者调查中,未见祖师杖头为镰刀式的,人头式与龙头式为常见,不知所记是否有误。

度职自有一套独立的方式,与巴代扎有别,能否称为"穿街"尚待深究。故以下内容,仅限于巴代扎方面。

(一)前期准备

1.拜师与收徒

任何人要成为巴代,首先要有一段拜师学法的过程。在湘西苗族中,拜师学法没有年龄大小的严格规定,只要达到一定的年龄,识得一定数量的汉字,便于念诵科仪文本,即可跟着师父参与各种仪式。笔者在调查中发现,有的自十二三岁便开始学法,有的则在中年后才开始从师学习。拜师时,并无固定程式或仪式,也没有规定固定送师礼品,随个人意愿而定。师父所收之徒,可以是自己的嫡亲,也可以是无亲属关系的他人。但传男不传女是不变的规矩。若所传授的弟子为自己的儿孙,则称新承弟子,否则,称为新传弟子。作为笔者调查的两个重点对象,我亲眼所见的王贵生主持"穿街"的新投弟子即为他自己的儿子。而麻绍明已传的弟子,既有他的长孙,也有外乡之人。由此也可见,收徒对象并无辈分和是否为亲缘关系的规定。徒弟学法的时间也并无统一期限。如麻绍明本人,20世纪50年代即开始学法,后为社会环境所限,曾中断一段时期,直到20世纪70年代初才举行"迁街"仪式。若社会环境允许,只要学会应当掌握的科仪及其内容和程序,即可进行"毕业考试",即举行"穿街"仪式。在民间有一种说法,拜师学法必须真诚,不能视为儿戏,一旦投入这个行当,就要应邀参与各种法事,若是长期放弃,拒做法事,就会受到神灵惩罚,遇到凶事。不过,这只是一种规习的警示。

2.物质筹措

举行"穿街"活动,需要一定的财力、物力做基础。因为延请师父、招待客人和仪式所必备的祭品,耗费不菲。诸如做糍粑的糯米、鸡鱼、豆腐、烟酒、香纸等物是不可或缺的。在中华人民共和国成立前,经济贫困者,还得有为时一个月的讨米过程。近几十年来,由于经济的发展,生活状况的改善,这种近似仪式的讨米活动,已基本绝迹。在仪式活动期间,亲朋好友也会挑来大米以示道贺。

3.刀梯的制作

若本寨没有现存的刀梯,须上山砍树制作。刀梯树一般采用枫木,枫树在苗族中被视为母亲之树,这源于古老的图腾崇拜。在苗族神话中就有人类产生于枫树之说。用于作刀梯之树,要选主干笔直者,枝叶要繁茂,据说,这样才能让子孙人旺发达。这是一种象征意义。在砍树前,要烧香焚纸以祭祀山神。树干运回来后,由木匠加工成能钳进长刀的刀梯。刀梯长约 12 米,可间隔插进 36 把长刀。随着时代的发展,枫树崇拜的观念日渐淡薄。用于旅游表演的刀梯,有的甚至用钢管制作了。这是一种异化的演变。在民间中,其实是很少有人收藏数十把大刀的。在"穿街"之前,还有一个借刀的过程,以凑成所需的数量。

4.日期选择与场地的确定

对日期的选择,说法不尽统一。按石启贵先生在他的《湘西苗族实地调查报告》中说,此项活动,"多在正月元宵节前,择寅、戌二日为之。因传此为煞日,原欲以煞为吉也"[2]。可是,花垣县排碧乡板栗村的石山东却说,寅、巳二日为忌。麻绍明则肯定寅日之说。而王贵生则说得比较具体,认为重阳节是傩神下降之日,自此日起可以举行"穿街",到腊月二十日至正二十日的一个月时间又为禁期。但持寅日说法者居多。其场地有室内和室外,室内于将出师立坛者的家中,场外则选择在离该屋不远的坪坝,以作为立刀梯、设老君殿、安天门、布置模拟阴阳街和容纳众人观看的场地。

5.延师

"穿街"不只是弟子与师父两人之事,需若干巴代相助。在日期确定之后,便延请同坛巴代及相邻的坛班届时来"穿街"主家参与法事。少则五六人,多则数十人,常见者为十多人。其扮演的角色分工,主要是证盟师、座(掌)坛师、传度师、接度师、唱度师、保举师等。保举师不一定由巴代担任,由普通身份的叔伯兄弟等人担任即可。在我所见的王贵生主持之仪式中,就是如此,而且是在仪式举行过程中由坐于老君殿上的师父当众宣布的。

6.净身

在仪式正式举行之前,新承新传弟子和师父必须净身。其内容有两个方面:一是三天之内,夫妻不得同房,此禁忌只限于弟子与其主要师父,前来帮助的师父亦即"帮师"不限;二是用桃树枝烧水洗脚,并去掉体内脏物,后者系指带五爪动物在体内的残留。事实上,作为巴代扎是严禁吃五爪动物,诸如狗、虎、猫、乌龟王八、青蛙及蛇类等肉是不能吃的。

7.神坛布置及榜文牒书的书写

此项工作于即将出师立坛的弟子家中进行。神坛分上坛、下坛、中宫等处。上坛位于堂屋正中神龛上方,下坛则位于上坛右下角(指同向左右)。两者用红纸书写供奉的各种神灵名称之位。前者主要是地位尊贵之神,后者主要是掌握神界兵马之神及兵马数量。中宫即为篾片、彩纸扎成的"桃源洞",位于上坛下方前面,两边置傩公傩母神像及傩面具(若是"穿街"之前需举行"还傩愿",此必不可少,否则可有可无)。后壁悬挂"三清"及其他神灵的多幅彩色画轴。除神坛的布置外,还要制作用彩纸剪裁的各种吊挂(上书各种吉祥诗联语句)和三角彩旗。同时,还要书写各种榜文和牒书。如王贵生所举行的"穿街"时,门外即张贴有"师父榜文""刀梯榜""禁坛榜文""康王书""行香榜""行乡榜""招军榜""右仰通知"等。而书写的"阴阳合同"必须具两份,一份在仪式中烧化,以示交给神界为据,一份则由新的出师立坛者保存,直到该人去世时随之烧化。室外的工作主要是在上刀梯场上搭建老君殿,内置供摆设祭品的方桌和供座坛等师父三人坐的板凳,以作传法时之用。在老君殿前面,又用木柱和木板搭建牌楼一座,称为南天门。

(二)神坛供奉的神灵与祭品

"穿街"的宗教主要功能,是传法度职,而度职后的主要标志是在家中立有神坛,即上述的上坛与下坛。坛上所供奉的神灵由于师承谱系的不同和转辗传抄中的差错等各种原因,各坛之间在具体文字内容上既有共同之处,又有不同程度的差异。麻绍明与王贵生同样如此。现以这两人为例作综合性介绍。

上坛神灵:两者都以"证盟上司三十三天昊天金阙玉皇大帝"为至尊,处于正中位置,字体也略大些。在玉皇左右两边都分别有三清三境、三元盘古、东山圣公、南山圣母、三桥皇母、十二花林妹妹、五岳大山神帝、户主宗支历代祖先老幼神灵等神位。其余诸如合院圣母、张天师、李真人、四官大神、招财童子、进宝郎君、四值功曹、桃源仙洞天下九州兵马大元帅、九天司命、太乙府君等,或见之于麻坛,或见之于王坛,为节省篇幅,此不一一对比罗列。应当补充地说,在王贵生的上坛中,把东山圣公、南山圣母称"乡神",在其他人的坛中,张赵二郎之位也经常出现。而花垣县雅酉镇的龙正平在祖先牌位处却是"武陵堂传教宗师龙清高"。这些都是值得注意的现象。

下坛神灵:基本上是各方各路兵马及怪异凶恶之神的牌位。麻、王二人的下坛均以"南郊大王北郊大王五路五猖兵马"之位居中,同样以较大字体书之。两边都有东方九夷、南方八蛮、西方六戎、北方五狄、中央三泰等金、木、水、火、土五城兵马及上、中、下三洞梅山神主及其兵马之位。其余诸如雷公雷电闪电三娘、黄斑饿虎、犁头铁锁仙人、炼丹炼药仙师、行符勒水仙人、藏身变影仙师、翻身走梁仙人、穿岩破洞统管九州兵马、行走阴曹兵马、反行倒走、吃毛吃血、穿山破洞之兵、穿山过海藏身保命积(稽)鬼仙人、捉鬼捆鬼拷鬼枷鬼五猖、三元将军、四元枷拷等之鬼神名,或见于麻坛,或见于王坛。

总之,这些神灵以道教之神为主又纳入了众多的民间信仰的鬼神。

仪式的祭品主要是香烛、钱纸、刀头猪肉、大米、糍粑、酒水、豆腐等物,置于坛前。其摆设方法和种类数量,多以五、七、九碗或堆常见。

(三)仪式过程

1.祭祀寨中神坛神祠

在正式举行"穿街"之前,引度师要带弟子到本寨的神坛神祠进行祭祀。我所见的麻绍明的"穿街"就在茶寨离他家不远的自然村举行。该村只有当坊土地庙,故仅祭拜此庙。而王贵生所举行的"穿街"在他住的牛岩村举行。该村不仅有土地庙,还有飞山庙、公安庙及设在山顶以巨石为标志的管理整个山寨的祖庙亦称保寨岩。在"穿街"之前,都要到这些地方一一祭拜。其功用是向这些神灵通报某人即将出师立坛,以后做法事与神灵打交道时,不至于让它们感到陌生和意外,以期得到护佑支持,使法事顺利进行。

2.还傩愿

麻绍明与王贵生两人做法最大的不同之处就在于,前者的"穿街"不一定在这之前举行"还傩愿"的各项程序;而后者的"穿街"则事先必先举行"还傩愿",待"穿街"仪式做完,才在最后统一举行送神仪式。由于"还傩愿"与"穿街"的项目程序相同者居多,不需"还傩愿"的"穿街",事实上主要是省掉了扮先锋、开山、算匠、师娘、和尚等娱神娱人的节目,这只是程序上的多寡差别而已。

3.开坛请神

苗族民间信仰的任何重大仪式活动,都得先举行请神仪式。"穿街"更是如此。参与仪式的巴代,身穿红色长袍,头戴绘有神像的冠扎,肩负柳巾,一手持师刀,一手持牛角,且吹且舞,迎请诸神到来。开坛之初是立禁安位,其意是对不好的鬼约法五章,不准进来,对于所谓好鬼者则安排座位。在开动锣鼓(即敲锣打鼓)后,便主祭师父口念巫辞,叩请神灵前来。先请家先和传法的历代宗师,接着请证盟上司三十三天昊天金阙玉皇大帝和三清三境,再请桃源洞仙人、三桥皇母、十二花林妹妹、合院圣母等各阶各路神灵。用打筶方式看是否请来,顺筶者象征请到,于是敲锣打鼓、吹牛角以示庆贺;若非顺筶则再次请之,直到抛成顺筶为止。

4.通呈

其意是由巫师向神灵通报某省某县某乡某村弟子某某人一心投坛拜法,请诸神保佑,以求"穿街"成功及其家人顺利平安。

5.献供品

此与"还傩愿"的"交牲"与"上熟"形式相同,其意是敬献酒肉以送神享用。

6.安五猖和封刀

此项议程一般在前一天晚饭后为之。立五猖时,在下坛铺一席子,引度师和新弟子都是用翻跟斗过去,后用席子封坛。引度师口咬一鸡,用鸡血化下坛五猖,后把鸡丢到外面(鸡炒熟后给师父们吃)。安坛时,除上述动作外,主要以念咒语方式进行,安完后则献祭品给五猖享用。封刀一般在深夜举行。所谓封刀,即封刀口,念咒语为之。有的则用纸包刀。一共为36把刀,自行确定正反面,把刀丢在地上,若正面朝上,则封刀成功,否则重来。所谓封刀即象征变刀,即把钢刀变成木器或平地,在上刀梯时不致伤人。

7.立营扎寨

此项议程不可或缺,一般在上刀梯当天上午进行。即从立坛者家中到刀场老君殿途中立有五个营,每个营插个小旗做标识。这五个营即兵马之营。第一营是:"奉请东方东九夷,九九八万一千兵马骑青马、驾青云,青旗青号守一营"。第二营是:"奉请南方南八蛮,八八六万四千兵马骑赤马,赤旗赤号守二营"。第三营是:"奉请西方西六戎,六六三万六千兵马骑白马,白旗白号守三营"。第四营是:"奉请北方北五狄,五五二万五千兵马骑黑马、驾黑云,黑旗黑兵守四营"。第五营是:"奉请中央中三泰,三三见九,骑黄马、驾黄云……"。所谓五路五猖兵马亦如是。

8.查营

在立营之后,就是查营。所谓查营,就是看上述各营兵马是否已定位,从第一营到第五营逐营检查。其查的方式就是打筶,若是顺筶,则说明该营兵马已按指令扎营,则送祭品给神兵享用。若是阴筶或阳筶,经重新请来,再送祭品给它们享用。

9.穿街与问答

"穿街"队伍从屋内出发时,沿途走在最前面的是持旗者,有五人,一人扛一面旗,每一面旗代表一路兵马,接着为巴代队伍,每人均右手拿师刀,左手持牛角号,肩上放一柳巾;紧随其后的敲锣打鼓者,最后则为观看群众。到了刀梯场上,巴代队伍走在最前面,再为敲锣打鼓者和持旗者,欲想通过此仪式除病消灾的一般群众则尾随其后。先绕场两周,再举行"穿街"。所谓街者,实际并不是市镇的街巷,而是平地上插上 24 面左右的小纸旗以象征。王贵生称为"八卦街",麻绍明称为"阴阳街"。巴代"穿街",主要是以手舞柳巾、脚踏罡步的舞蹈动作方式前行。老君殿上有一巴代师父,手挥令旗,作指挥样。每穿一道街毕,巴代们便站立在老君殿前吹角。苗族民间中,之所以将传法度职的仪式称为"穿街",大约就是据此而得名。在此过程中,有一重要的环节,就是坐于老君殿上的"上坛师父"与在坛下的引度师的问答。从这些问答的内容中,可知在模拟"穿街"时有几个回合。绕场两周,表示引度师带领新投弟子腾云驾雾到老君殿门前投坛拜法。经过一番询问与回答后,上坛师父告诉引度师他们要有三十三重街要过,于是又行请师(历代传法祖师)和"穿街",完备后又带新投弟子到殿前请求投坛拜法,第二轮被告知还有六十六重街要过,第三轮被告知又有九十九重街要过。如此反复三次,才行受戒传法。按照麻绍明所保存的手抄《传法书全本》看,"穿街"和问答应是穿插进行的。可是,我所见到的麻绍明、王贵生所举行仪式中,"穿街"连在一起,回答连在一起。这是具体操作上的灵活处理。

10.保举师与"三桥皇母"来坛前

此环节见于王贵生的仪式中,麻绍明的仪式未见。上坛师父与引度师问答完毕后,即宣读保举师名单。每一个人代表一个月,共 12 人。上坛师父逐一念其名单,于是被念名字之人到殿前喝一口酒吃一块肉,送新投弟子一红包,多少不限,百元几元均可,弟子用布袋授之。12 个保举师仪式完后,由三个成年妇女扮成三桥皇母,身着苗族盛装,在新承弟子的柳巾上穿上一针,并放一点钱到新投弟子口袋中。然后喝一口酒吃一块肉。三人依次完成这程序后,便合唱一首苗歌,以表示对新承弟子的鼓励和祝贺,俗称"封赠",后新承弟子也喝一碗酒以示感谢。此等方式,颇具苗族地方特色。

11.受戒与传法

在穿完九十九重街之后,则认为新投弟子忠诚可信,经得考验,便可以对其传法。但在传法之前,必须对其劝戒,其戒条有十项:一是不要怨天恨地,指风骂雨,欺神灭众;二是不要懒惰,慵工贪眠好睡,不轻慢师匠,不敬神灵;三是不要打人六畜,强人婚姻,奸人利己;四是不要嫌贫爱富,利私嫌轻;五是不要粗心浮气,忘恩负义,不尊师祖;六是不要潦头截尾,身体不躬诸神;七是不要邀请不算,祈神装腔,吝步诸神;八是不要酗酒赌博,打街骂巷,荤素不净;九是不要忤逆不孝,欺公凌祖,埋怨父母;十是不要不孝伯叔兄弟、亲戚六眷、姑丈姊妹;否则诸神不助,枉费前功。

受戒之后则相继传法。传法的方式,是传度师用唱与手诀相结合的方式,将所传内容先传予引度师,再由引度师用手势接再转交给新弟子。新弟子用一布口袋或围兜接入。所传真法说是有三百六十道。其中包括护身诀、开坛诀、五云诀、差兵诀、收兵诀、五雷诀、追魂诀、求雨诀、打洞诀、三元将军诀、四元枷拷诀、斩鬼诀、金销银销诀等。所赐法器有令牌、竹筶、法衣、冠扎、柳巾、师刀、总师棍、统兵旗、印玺等。若是五代传人以上者则授玉皇玉玺,若未达到五代传人资格者则授太上老君印鉴。此外,还有各路兵马和兵器。兵马、兵器并非现实实物,而是以口语说唱和手诀表示。据麻绍明介绍,手诀有阴阳各三十六套共七十二种,主要代有各种工具和兵器,以及驱邪镇鬼、安神解难之方法。据我所见,所谓阴阳者,往往是左右手指方位的互换。

12.上刀梯与踩犁口

在上刀梯与传法的先后次序上在民间流传中不尽统一。王贵生的做法是先传法后上刀梯,而麻绍明的做法是先上刀梯后传法。在石启贵先生的记载中是在穿第二道街后进行,完后再进行第三道"穿街"。依传度师与引度师的问答文本内容考究,石的说法可能更接近原始状况。上刀梯之前,须在刀梯柱下烧香敬神和开刀口,开刀口以口诀为之及撕下封刀时包刀的纸张。巴代们在梯柱旁经过一段踏罡步、柳巾舞之后则开始上刀梯。先由引度师上,有的做法是由新承新传弟子接着上,再由其他师父上。有的做法则是弟子最后上,届时,燃放鞭炮,到顶后,行鞠躬礼,后将刀梯顶上的旗帜取下来,上刀梯环节结束。继之为踩犁口环节。先把犁口烧红并拿来一个"造水碗",若把筷子插进碗里水中不动,才证明可以踩犁口。巴代再用碗中之水在犁口喷上一口,后用柳巾挥一挥,名为退天火、地火、阴火、阳火四火。再将数面烧红的犁口端到老君殿前。巴代师父带领弟子光着脚从其上走过,脚板却丝毫无伤。此等仪式在现今的湘西苗族地区已成为旅游中的绝技绝活表演。

13.登街

"登街"是一种人体生理发生变化的现象,此时,人似乎处于失去自我控制的昏迷状态。这里采用王贵生的说法,麻绍明称为"登车",石启贵先生也记作"登车"。用字虽不同,其意一样,学界有的称为"迷征"。这个环节是在上刀梯和传法完成之后进行的。导致登街的仪式,王贵生与麻绍明两者的做法各有不同。王的做法是在刀梯场上进行。巴代用咒语处理一碗水称"造水碗",或称"化水"。先由引度师喝一口,再由新承弟子喝一口,据说,弟子的身体就去重量。由两个巴代搀扶着弟子于老君殿前和"南天门"间来回奔走,稍倾,弟子便处于昏迷状态,然后即将之背回家中,约数分钟后,弟子醒来,恢复到正常状态。而麻绍明的仪式中,登街是在从刀梯场上回到家中之后才举行。在回来的路上,到每一个代表某方兵马营盘的小旗处,都要绕一圈,绕圈方向要与来时绕圈方向相反。走在后面的师父再行收旗。弟子在路上有两人照护,到家后,有一长凳让他坐,面向门口。传度师在屋外,引度师烧三根香,在弟子头上、身上、脚上各绕三绕,口念"人魂速退,鬼魂速上",并把三根香交予弟子,手在弟子面前拍两拍。弟子拿香,手和脚都抖动起来,也就是所谓登街。然后又由引度师在门外踏罡步做手诀,由传度师相接,再进屋传给弟子,如此反复多次。这是交给弟子前述五路五营兵马的仪式。最后将立于门外的"天下九州兵马大元帅"之旗取出,交予新投弟子。弟子处于迷征状态大约只有十分钟以内。醒来时,再次退魂,师父又念:"人魂速上,鬼魂速退。"待弟子站立起来后,引度师和弟子又有一番问答,其内容是涉及禁吃五爪动物和喝"五龙净水"净身及对弱势群体邀请去不去的问题,这实际是对面前十戒的又一补充。

无论各坛巴代在仪式过程有何差异,其主要关键性内容是共同的。仪式的最后环节是送神,兹不详述。

二、"穿街"的象征意义及功用

信仰是通过仪式来表现,而表现是一种外在形式,其内在特质就是由象征元素来构建的。何谓象征?曾致力于研究中国文化的美国学者 W. 爱伯哈德借用 C. G. 荣格简单定义说:"如果对某个词或某幅画一瞥,就能从中领会更多的东西,那么它就是象征。"他甚至认为,中国汉字"每个字都是'象征'而不是声音标记,象征才是书写的基本功能"[8]。另一位美国学者维克多·特纳在对非洲恩丹布人的仪式象征进行阐释时说:"在恩丹布人的仪式背景下,几乎每一件使用的物品,每一个做出的手势,每一首歌或祷告词,每一个事件和空间单位,在传统上都代表着除本身之外的另一件事物,比它看上去的样子有着更深的含义,而且往往是十分深刻的含义"。[9]湘西苗族的"穿街"仪式同样如此。

"穿街"的根本目的是传法与度职。事实上,苗族巴代弟子在尚未举行"穿街"

之前,就已拜师学法多年,并且是学得差不多后才举行"穿街"的。之所以要在"穿街"仪式中,三度由引度师带领其到老君殿前一再表达投坛拜法的决心和诚意,再来上演传法行为,是象征他们所学之法并非世俗之人所教,而是由上天的太上老君直接传授,因此才让人相信他们具备超自然的功力。本来,传法是可以在而且事实上也是在师徒之间进行的,这种仪式之所以还要众人参与观看的重大场面中举行,其功用就在于要得到公众的见证,从而得到社会的认可和推崇。这是象征意义的功用所在。

如果说,整个"穿街"仪式有着上述的象征和功用,那么,其仪式中的每一个环节、每一个空间摆设、每一件道具、每一个动作、每一句唱词、每一个口诀和手诀等,都具有它的象征意义。而这些象征的元素既为整体象征的前提,也是整体象征的结构单元。比如,在所用的72手诀中,每种都各代表相应的兵器、物品、兵马、神位和方法等。同样每个环节又有其不同的象征,这里略举几个环节稍加阐释。

在湘西苗族巴代扎的重大仪式活动中,都有立营或差兵、点兵的环节。对"穿街"仪式中尤为重要。无论是在立营等环节还是授予立坛者的兵马中,都包括了"东方东九夷""南方南八蛮""西方西六戎""北方北五狄""中央中三秦"五路兵马,也就是说,涵盖了古代中国的全境。在哲学意义上,与五行学说的金、木、水、火、土五个元素相对应,所以称为木、火、金、水、土五城兵马。在仪式神辞中,甚至将中原兵马当成"护我身"的力量,其余四方兵马则成为镇守四方的屏障。在宗教意义上,象征巴代掌握的神兵之多,力量之大,完全有条件和能力镇住或驱除一切邪恶鬼怪,以保人的安康。值得注意的是,这夷、蛮、戎、狄、中说,虽来源于古代华夏人的观念,但在苗族的民间信仰里,都反映了苗族传统中的中国大一统观念。苗族是一个历史最为悠久的民族,也是最早参与缔造中华民族的族群之一,在任何情况下,都没有理由脱离这个民族大家庭。尽管在历史上受到强势者的不断驱赶追剿,由此也举行过无数次大大小小的反抗起义活动,但从未提出单独立国的口号。尽管古代华夏之人有"非我族类,其心必异"之说,但在苗族民间信仰中,却无这种观念,相反,却将夷、蛮、狄、戎视为一体。李亦园先生说:民间文化不善于形式的表达和哲理的思维,大都在日常生活所需的范畴的需要而出发,"因此现实而功利,直接而质朴"[10]。苗族巴代尽管有利用五方神助的功利,却也质朴的表白了人们之中国一统的观念。这是深层次的象征意义。

上刀梯、踩犁口是整个仪式中最具观赏性的环节。湘西苗族的"穿街"之所以长期保持这一仪式,也是由它的象征意义决定的。从人类学的角度看,宗教的发展史大致都经历了从原始宗教到人为宗教的过程,其仪式也是从原始巫术到现代程式化的演进。虽然苗族巴代扎深受道教的影响,其"穿街"也很有授箓方式的道教色彩,但道教的这一活动却无上刀梯、踩犁口等仪式,而湘西苗族特别重视这一环节。它应当是源于苗族古代的巫术。这一环节,危险性极大,观看者也胆战心惊,而苗族巴代却乐此不畏。其重要原因,是它们有着重要的象征意义和功用。人们常称此为"上刀山下火海",即为象征的比喻。它一方面象征仪式主体的诚意与不怕艰难险阻的精神;另一方面也象征他们已获得"上刀山下火海"的功力,由此才可得到玉皇大帝的承认及太上老君的传法。这里应作补充的是,笔者通过对麻绍明保存的《传法书全套》手抄本(号为"全套",其实只是上坛师与引度师的回答文本,并不包括其他内容)进行考察,发现仪式主体就有"火山""云梯""火街""油锅"等关卡要过。在中国传统文化里,特别是在苗族民间故事里,故事主人公为达某一目的,往往需要经过三重考验,张赵二郎的故事就是如此。日本学者伊滕清司先生在他的神话研究中,就是以此类故事结构模式为据,指出司马迁《史记》关于象的故事的遗漏。因此,我也认为,在上刀梯的环节中,原本就应有上刀梯、踩犁口、摸油锅三个程序。事实上,在一些巴代扎的"穿街"中即保留了这三个节目,只是由于后者也许需要更高的技艺,大多人往往省去。在我看来,刀梯不仅象征火山,也象征云梯,只有上过火山、上了云梯,才象征性地到达天庭,到达玉皇门下领到"五方五营兵马"。而踩犁口,实为"过火街"的象征,摸油锅(即从烧滚的油锅中徒手捞物,在"神判"中也常用此法)可能才是过火海的象征。在人们日常说法和媒体宣传中,常将踩犁口称为下火海,这也不错,它同样是一种象征性说法。在佛教里,刀山、油锅等是地狱里用以惩罚的刑具,可在民间信仰中,却成了要取得真法所必经考验科目的象征。这是两者的不同处。苗族民间之所以如此重视这种仪式,从"大传统"看,其实是象征着一种坚忍不拔、不畏艰难险阻、执着追求的民族精神。

最难以用科学解释的是"登街",或叫"登车"。登既有上之意,也有降之意,所以在北方的萨满仪式中,称这种类似现象为"降神",湘西的"仙娘走阴"叫"降仙"。"登街"是在"穿街"经过一系列仪式后所达到的一种迷征状态,象征此时鬼神已被请下来,其魂已附到人体身上,说明传法度职成功。这种现象虽然时间不长,却十分重要,它是"穿街"是否成功的标志。凡是以传法度职为目的的"穿街"必须出现这个环节。如果未达到迷征状态,引度即所谓借八级风,将大旗一扫,新弟子即不由自主地倒地,就算是成功了。事实上,无论是巴代扎或巴代雄的出师必经这一迷征过程。这种现象,表面看来,十分怪异,也许是人们对于自身的身体科学与心理科学研究不够,难以进行合理的解释,而把特殊环境、特殊心理场域所产生的心理效应和机理变化,往往被说成鬼神附身的表现。也正因为如此,它的象征性就变得可视可感了。从而使人们相信,巴代真正可以通神,可以在世俗与神界中自由往来,从而增强人们对巴代的信任度与尊敬度。又由于巴代须接受种种戒条,因此,通过他们的仪式,可以帮助人们进行有效的心理调适。从这个意义上说,其社会功用未必都是负面性的,也不无存在某些正面作用。

三、从"穿街"看湘西苗族在社会历史变迁中的文化重构及其对当代的启示

对于"穿街"仪式,在苗族的学者内部,存在两个截然不同的观点,一种观点认为,"穿街"是巴代扎的仪式,亦即把巴代扎的仪式简单地当成汉族的仪式,属于汉文化的范畴;另一种观点认为,举行仪式的巴代都是苗族身份,尽管在仪式中,也有"急急如律令"之语,有太上老君等神灵,但他们却不知为何物,这与道教无关,也与汉文化无关,纯粹是属于苗文化的范畴。显而易见,这两种观点都失之偏颇。其实,任何一种文化现象,都不可能只是纯而又纯的单一民族属性。威尔·金利卡是加拿大从事少数群体研究的知名学者,他曾引用杰里米·沃尔德伦的看法时说:"现实中的文化之间有大量交流……文化之间的相互影响如此之多,以至于无法明确说出某个文化是在什么地方结束的,另一个文化是从什么地方开始的。的确,世界上没有什么东西像文化这样,包含了无数的文化碎片,来源于无数的文化源头;文化没有把自己联系起来或隶属于自己任何'结构'(structure)。"[11]此话虽不无绝对之处,但总体来说是符合实情的。在笔者看来,湘西苗族的"穿街",作为一种文化现象,自然也兼容了许许多多的文化碎片,它不过是湘西苗族在历史变迁的文化交流中对各种文化碎片重构的结果。

湘西虽然地处偏僻一隅,但作为历史上西南民族地区"内地化""国家化"的重要通道,所经历的文化碰撞、文化交流已变成一种常态。特别是清康熙中叶之后"改土归流"的实施和对"生苗区"的政治拓展,外籍流官、军人、商贾及各种移民的涌入,不仅给湘西苗族社会带来激烈变迁,更带来本土文化与外来文化的冲突、碰

撞与交融。在这种情况下,苗族文化不可能是一个自我封闭静止的系统。而是处在一个原生性、吸他性、创新性相建构的动态之中,换言之,它是一个在不断重构的文化系统。在这方面,作为苗族民间信仰的"穿街"仪式,体现得尤为明显,它既有苗族自身信仰传统的连续性,又有吸收外来文化元素之后的变异性和创新性。其结构重组与转型主要表现在仪式主体、仪式对象、仪式内容三个方面。仪式主体,由原来的巫师转化为巴代雄与巴代扎两种类型,其主持的仪式各有分工,又有重叠。仪式对象的重构与转型,主要是表现在所祀神灵系统的增加与组合,不再是限于原来的祖先神与自然神两类,吸纳了众多的道教之神及其他神祇,而形成上坛与下坛的神灵系统。仪式内容的重构则表现在法事的多样、法器的更新、程序更加科仪化和语言多元的诸多方面。总之,仪式结构元素的类型和结构方式都发生了变化。

这些变化,不但不失去苗族文化的民族属性,反而增加了自己的"宗教资本""社会资本"。又由于利用这些资本的再运作,使得自身实现了新的"增殖"与"增值"。比如,上刀梯、踩犁口、踩九州等,已不再限于传法度职时使用,变成了许多重大节庆活动的展演项目,这就是"增殖"。而所谓"增值",就是在当代的民俗文化旅游中,也变成了吸引外地游客的亮点,有效地参与了市场竞争,实现了自身资本的再增值。值得注意的是,由宗教信仰仪式而剥离出来的"柳巾舞",已变成一种独立的艺术形式,成为政府公布的省级非物质文化遗产名录。同样来源于祭祀活动的苗族鼓舞,则成为国家级首批非物质文化遗产代表性名录。它们都法定地纳入政府进行保护的对象。为何有如此效果呢?就是在社会变迁过程中,它们既保留了自己的原生性,又具有吸纳外来文化的容他性,又有在此基础上的创新性。这也是民间信仰常见的现象,从而保持了自己长久的生命活力。这是对于当代反思民族传统文化提供的重要启示。

此外,"穿街"仪式在从原始宗教向制度性宗教的演化虽表现得比较突出,但它始终不是制度性宗教,仍属民间信仰的范畴。它的活动无须固定场所与设施。这也为国家制定对民间信仰进行管理政策提供借鉴。应当肯定,国家在当下正制定这方面政策,这是实行现代社会管理的题中之意,也是宗教事务管理工作的拓展。然而,在具体实施时,有的却未能突破对制度性宗教或称为人为宗教的管理模式,往往用固定场所及其建筑设施规模(即建筑面积)来确定自己的管理对象。这样,就有可能在对民间信仰工作管理方面失去有效规则而形成许多盲区,值得我们认真研究与改进。对众多的民间信仰事象而言,还面临着一个脱敏化与寻求合法性问题。事实上,"穿街"中一些环节作为民俗类的非物质文化遗产处理,就暗含着在解决脱敏化与寻求合法性的成功尝试。这是因为,许许多多的非物质文化遗产珍品都是以民间信仰仪式作为载体而传承下来的,特别是在少数民族地区尤为如此。倘若舍此,就会失去许多应当保护和传承的文化遗产。但"精华"与"糟粕"的机械区分长期使人纠结,往往令许多人顾虑重重。所以,从具体仪式进行调查与探讨,从而寻求解决当代对传统文化所面临的困境,也是本研究的写作宗旨之一。在具体记述与阐释上,不免存在诸多偏颇或遗珠之憾,诚请方家指正。

参考文献

[1]滕继承.刀尖上的舞蹈——黔东北苗族履刀绝技的人类学调查[M].郑州:中州古籍出版社,2004:32.

[2]石启贵.湘西苗族实地调查报告[M].长沙:湖南人民出版社,1986:473.

[3]石启贵.民国时期湘西苗族调查实录·椎猪卷[M].北京:民族出版社,2009:69.

[4]吴晓东.苗族祭仪"送猪"神辞[M].北京:民族出版社,2007:17.

[5]闻一多.伏羲考[M]//神话与诗文集.北京:北京古籍出版社,1957:52.

[6]湘西土家族苗族自治州地方志编纂委员会.湘西州志[M].长沙:湖南人民出版社,1999:1239.

[7]杨求发.湘西圣俗世界研究[M].北京:中国文史出版社,2013:134-151.

[8]W.爱伯哈德.中国文化象征词典[M].陈进宪,译.长沙:湖南文艺出版社,1990:3.

[9]维克多·特纳.仪式过程——结构与反结构[M].黄剑波,柳博赟,译.北京:中国人民大学出版社,2004:15.

[10]李亦园.人类学的视野[M].上海:上海文艺出版社,1996:145.

[11]威尔·金利卡.多元文化的公民身份——一种自由主义的少数群体权利理论[M].马莉,张昌耀,译.北京:中央民族大学出版社,2009.

苗族古歌功能研究
——以代稿村《婚姻礼词》民族志为例

龙仙艳

摘　要:苗族古歌作为口语诗学,其功能研究不限于学者的文献梳理,更需要聆听文化持有者的声音。本研究以东部方言区《婚姻礼词》的吟诵为例,展开基于民族志反思基础上苗族古歌的多重功能探讨。

关键词:苗族古歌　婚姻礼词　功能

对于苗族古歌❶的功能研究论文较多,其中笔者认为较为深入和全面的有杜卓在其硕士论文所提到的苗族古歌主要的社会功能包括认知功能、教育功能、娱乐功能和维系功能。基于对苗族古歌的搜集和整理文本的功能研究这是较为合理的解释,其不足在于学者的概括里没有文化持有者的声音。笔者认为与书写文本的功能研究形成较为可行的文学评论和历时文献梳理不同,口语诗学的功能研究应该回归唱本,在实地田野中聆听本土民众对其功能的表述,以下是笔者参与观察后的田野民族志。

代稿村婚礼古歌田野民族志

调查时间:2012 年 2 月 28 日至 3 月 5 日。

调查地点:湖南省湘西州凤凰县两林乡代稿村。

作者简介:龙仙艳(1981—),女,苗族,贵州松桃人,文学博士,贵州师范大学副教授。主要研究方向:文学人类学,文艺学。

❶ 苗族古歌的非物质文化遗产申报先后五次通过即在 2006 年 5 月公布的第一批国家级非物质文化遗产名录中有广泛流传于黔东南的《苗族古歌》、贵州施秉县的《刻道》(即《开亲歌》);在 2008 年第二批国家级非物质文化遗产名录中有黔东南苗族侗族自治州申报的《苗族贾理》;在 2010 年第三批中有流传于紫云苗族布依族自治县的《麻山苗族古歌——亚鲁王》,同年花垣县申报的《苗族古歌》作为扩展目录被录入。

调查目的:苗族婚礼中为什么要吟诵苗族《婚姻礼词》。

调查背景:据笔者对湘西州凤凰县民族局朱治广的采访,他认为就凤凰县甚至整个东部方言区而言,目前苗族古歌活态演唱仅存 dut qub dut lanl(婚姻礼词)。田野信息人吴七金❶提供,2012 年 3 月 1 日至 2 日代稿村有苗族传统婚礼并会吟诵苗族《婚姻礼词》,经事前沟通,户主同意全程参与田野调查,笔者以此机会调查凤凰县苗族古歌演唱功能。

笔者此次古歌调查在凤凰县历时 3 天,2012 年 2 月 28 日至 3 月 2 日集中在代稿村的婚礼,关注苗族古歌《婚姻礼词》在婚礼上的吟诵。由于男娶女嫁之故,因而笔者在婚礼前一天即 2012 年 2 月 28 日在代稿村蹲点,全程参与新郎迎娶的整个过程。此次田野报告集中为代稿村婚宴《婚姻礼词》的吟诵,报告分为四部分:一、田野点概况;二、《婚姻礼词》吟诵;三、《婚姻礼词》功能调查;四、结语。

(一)田野点概况

笔者所在的田野点为湘西土家族苗族自治州凤凰县两林乡代稿村。

湘西州成立于 1957 年,位于湖南省西北部,云贵高原东侧的武陵山区,与湖北省、贵州省、重庆市接壤。是湖南的西北门户,素为湘、鄂、渝、黔咽喉之地。境内有汉、土家、苗、回、瑶、侗、白等 30 个民族,人口 283 万人,世居主体民族土家族占41.5%、苗族占 33.1%。辖吉首市和泸溪、凤凰、花垣、保靖、古丈、永顺、龙山 7 个县,总面积 15461 平方千米。❷

凤凰县系湖南省湘西土家族苗族自治州所辖八县市之一。东与泸溪县交界,南与麻阳县相连,西同贵州省铜仁市、松桃苗族自治县相邻,北和吉首市、花垣县毗邻,距州府吉首市 53 千米,土地总面积 1759 平方千米。全县辖 24 个乡镇,355 个村(居)委会。2010 年年底全县总人口 41.69 万人,其中苗族人口 22.72 万人,占全县总人口的 54.50%。境内山江镇、腊尔山镇、禾库镇等为苗族聚居乡镇。此外阿拉镇、廖家桥镇等均有部分苗族聚居村,所有苗族聚居村寨均使用苗语,东部方言西部土语为社会交际语。❸

两林乡不属于腊尔山镇,却归属传统意义上的腊尔山台地。腊尔山台地在历史上是苗族最为集中的地带之一,(清)严如煌在《苗防备览·险要考》中有云:"大

❶ 吴七金:男,苗族,理老,凤凰县腊尔山镇叭苟村村民。
❷ 资料来源:http://baike.baidu.com/view/110750.htm。
❸ 资料来源:笔者对凤凰县民研所唐建福田野访谈的录音整理。

腊尔山,城(凤凰)西70里,高10余里。山势甚大,跨楚黔两省。东之鸦有、夯尚,南之栗林、有泥,西之亢金、嗅脑,北之葫芦,箅子坳,具系此山脉,绵亘余单,其上苗寨甚多。故往史称湖、贵苗生苗者必腊尔山。"

笔者所调查两林乡代稿村包括四个自然村,即 dex gheul、ub ndut raos、lieux bleat、zheit gheul yinx zhal,共有 334 多户,1300 人,除了 5 个汉族媳妇外,其他均为苗族,人均收入 870 元,粮食基本上保持自足,主要经济作物是烤烟,此外 80% 以上的年轻人在外打工,外来务工收入也是其主要的经济来源。

笔者调查的村寨,属代稿村自然寨之一 ub ndut raos(直译板栗园),它主要以龙姓(deb zheul)、唐姓(deb biant)为主。婚姻对象而言,40 岁以上的苗族几乎没有与外族人(尤其是汉族)结婚的习惯,30 岁左右的青年随着在外求学、务工等外出机会逐渐扩大了婚姻圈,村里陆续有异族人结婚。

之所以选择这样的田野点出于以下两点思考:

首先,行政而言,代稿村属于湘西,然而这样的划分仅仅是在中华人民共和国成立后的行政隶属。狭义的湘西一词从行政意义上指湘西土家族苗族自治州(上文所言),而广义的湘西即东部苗族文化带:作为历史概念来说,唐宋以前的"五溪蛮",宋元以后的"千里生界",明清之时的"生苗"及乾嘉苗族起义和湘西革屯运动都可看出东部苗人之间荣辱与共、休戚相关的凝聚感;作为地理概念而言,湘西主要指湘西土家族苗族自治州、怀化市麻阳苗族自治县、黔东北的松桃苗族自治县、湖北省的恩施、宣恩等县市以及重庆市的秀山、酉阳和彭水等县。现今犹存的南起于铜仁交界的亭子关,北到吉首的喜鹊营的"苗疆万里长城"即是较好的地标;作为文化认同而言,他们自称 ghaob xongb(果雄),彼此之间生活习俗相近,并能用母语(东部苗语)相互交流。在《溪蛮丛笑》等文献中记载其:"有踏歌、椎牛之俗;重视过四月八、端午节,划龙舟。"

其次,苗族古歌的演唱时空逐渐缩减。传统意义上,东部苗族日常生活中处处离不开古歌演唱:

东部苗疆在椎牛时讲述世界起源、迁徙苗族史诗,在敬雷神时讲述宇宙自然苗族史诗,在主持婚嫁仪式时讲述婚嫁姻亲苗族史诗,在主持吃血时讲述誓盟苗族史诗,在主持丧葬时讲述火把苗族史诗,在主持理论辩对时讲述理辞苗族史诗,在主

持村规民约时讲述规款苗族史诗等。❶

（二）婚姻礼词吟诵

人类学倡导研究一种文化必须基于田野民族志,笔者这次古歌吟诵功能的探讨仅限于 dut qub dut lanl(婚姻礼词),故而以婚姻礼词的参与者(唱者与听者)为重点,在逐一介绍其身份之后,将简介其吟诵流程。

理老:男方理老龙金华。❷ 其古歌从父辈继承下来,据说算是当地很有影响的理老(jangs dut)。现年 70 岁,家有三儿四女,仅有长子龙树银可以吟诵古歌(龙树银是村支书,但和父辈口传心授不一样,他用文字记诵苗族古歌)。龙金华坦言自己有 10 多位徒弟并有几位已经出师,但由于现在年轻人没有以前自己热心学古歌,故而真正能像自己身兼两职 jangs sead(歌师)与 jangs dut(理老)的并不多;女方理老龙喜真❸多次在婚宴中为他人吟诵《婚姻礼词》,也属于两林一带较为优秀的理老。

受众:受众群体可以分为三种人。第一种即当事人,当事人包括新娘新郎及其围坐在礼桌旁边聆听《婚姻礼词》的至亲。他们按照与新人的辈分和亲疏关系以礼桌为中心辐射设座(女方有女方父母、姨妈和叔伯婶娘、兄弟姐妹及嫂子;男方有爷爷奶奶、父母、叔伯婶娘和兄弟及未出嫁的妹妹,大约 30 人);第二种人即媒公媒婆,虽然这两位新人是自由恋爱,但媒公媒婆作为协调新人双方举办这场婚礼的中介是必不可少的,首先是显得正式,就如在《婚姻礼词》里提到:天上无云不下雨,地上无媒不成亲。其次是能在中间协调,即双方就彩礼等问题上作为中介传话人;第三种人为流动性的听众。出于对《婚姻礼词》内容或是对新人双方送礼物数量的兴趣,约有 30 人。

摄影师:这是笔者未进入田野之前所没有预料的,婚礼当天请来了摄影师。据与他们交谈,当下凤凰一带的婚礼,新人都乐意请摄影师对整个过程录像并制成光碟,每场婚礼给他们约 1200 元的辛苦费。为了取得较为唯美的拍摄效果,摄影师几乎如导演一般权威,在新娘进入村寨时,按照礼节要新郎方的理老开始吟诵都通,但为了效果逼真,时间长短由摄影师来定。在这次《婚姻礼词》吟诵中,为了多争取拍摄互送礼物的镜头,摄影师要求理老《婚姻礼词》不用讲得太多。据笔者观察,理老并没有表现出很明显的反感,甚至对于吟诵的随意打断也表现得较为宽容。

笔者参与的这次婚礼中,dut qub dut lanl(婚姻礼词)在整个婚姻过程中的吟诵

---

❶ 资料来源:笔者对石寿贵的田野采访。
❷ 龙金华:苗族,70 岁,理老、歌师,家住凤凰县两林代稿中村。
❸ 龙喜真:苗族,78 岁,理老,家住凤凰县腊尔山镇。

有三次：

前两次是 3 月 1 日婚礼当天晚上的散打式即 21:42—21:48 男方理老开始吟诵 dut ntongd（都通）和 22:52—01:18 双方理老交叉吟诵 dut ntongd（都通）。据了解，这两次所讲述的 dut ntongd（都通）为 dut qub dut lanl（婚姻礼词）里面的 dut lanl（待客礼词）篇章，属于待客的客套话，在一般请客的场合都可以讲述，通常情况下，讲述时主客双方一较高低的辩论意味比较浓厚，但其吟诵没有较为明确的主题也没有太多的场景布置，从形式而言较为散漫，从内容而言较为宽泛，故而不是本章节的论述重点。

第三次 dut qub dut lanl（婚姻礼词）的吟诵则为婚礼第二天即 3 月 2 日早上 ntad qub（解礼）与 zhot qub（成礼）两个仪式。按照 bad jangs dut（理老）的说法，苗语的 ntad qub（解礼），直译为"解开婚"，意译为"解释婚源"之意，其主要讲述万物起源、民族迁徙、姓氏分布等内容，其吟诵内容为 dut qub（古根礼词）；zhot qub（成礼）直译为"放某物于婚"，意译"谢婚"，其主要内容是结婚的男女双方通过 bad jangs dut（理老）用金钱或物品互相致谢，致谢对象依次为媒人、双方父母、兄弟等，其吟诵内容为 dut lanl（待客礼词）。

dut qub（古根礼词）和 dut lanl（待客礼词）之辩证关系需作进一步阐释：dut qub（古根礼词）和 dut lanl（待客礼词）分开时，dut lanl（待客礼词）属于陪同客人所说的话，即客套话，可以根据仪式内容和谈话内容而随意变动，但句子结构必须为对偶句；dut qub（古根礼词）一般指 ntad qub（解礼）仪式上所讲的对偶文，内容固定，不能随意变动，讲述者必须凭记忆讲述，不能随意更改，其内容为天地万物起源、工具创制、民族姓氏起源、婚姻起源、民族迁徙，以及姓氏分布等。理论上本研究的苗族古歌仅限于 dut qub（古根礼词）部分，然而由于两者相互交融，以本次田野采访为例，即先说 dut lanl（待客礼词）再到 dut qub（古根礼词）又到 dut lanl（待客礼词），加之民间概而称之 dut qub dut lanl（婚姻礼词），故而本论文婚姻礼词涵盖两者。

田野协助者理老吴七金提醒笔者，前两次所吟诵的 dut qub（古根礼词）是热身，真正体现水平和达到演唱功能是婚礼第二天即 3 月 2 日早上 ntad qub（解礼）和 zhol qub（成礼）仪式中 dut qub dut lanl（苗族婚姻礼词）的吟诵。鉴于这次吟诵集中了新娘新郎双方亲人，并双方各指定一位理老为代表吟诵，故而是本次田野观察的重点。以笔者参与观察的这次婚礼为例，就 dut qub dut lanl（婚姻礼词）吟诵场面而言,自早上八点半开始,陆续有人负责布置即在夯果❶(hangd ghot)处摆设八仙桌一张,桌上摆酒碗一对、连升子摆放一升白米、猪头、炒好的鸡肉两碗并筷子两双、另有香纸若干。

此次 dut qub dut lanl(婚姻礼词)讲述过程从 3 月 2 日早上 09:20 开始一直持续到10:30。与晚上较为零散的讲述不同的是,早上的这段婚姻礼词仅仅是双方各派一位理老为代表,他者不得帮腔和打断,此外在大约 40 分钟的 ntad qub(解礼)仪式正式讲述后,双方即进入 zhot qub(成礼)的仪式,相互赠予礼物(在此过程中也有少许 dut lanl(待客礼词),其顺序是男方在理老的主持下不断地向女方至亲一一派送礼钱:先是媒人,后是父母辈并兄妹辈,随后女方同样由理老给男方至亲逐一送棉被、鞋子、衣服等,最后两位理老顺时针方向向听众发烟敬酒,仪式结束。

dut qub dut lanl(婚姻礼词)的吟诵内容中可参见已经出版的《苗族婚姻礼词》[1],大多按照摆放礼桌——开天立地——婚姻起始(媒人来历)——东部分支分系依次推进,鉴于笔者此次田野调查内容大同小异,虽然全程摄像与录音,但略过具体吟诵内容列举。

(三)《婚姻礼词》功能调查

苗族古歌的演唱,其功能和功能何为? 已经有很多学者探讨过,比如上文提到的杜卓的硕士论文的观点就较有代表性。那么在本研究中,在苗族知识分子、苗族理老、苗族民众之间又有着怎样的理解呢?

本土学者张应和提出:(古歌的吟诵)很大程度上是维系亲属内部的团结,它成为维系家族或民族内部团结的一根纽带。通过讲这个古老话使大家不忘民族甚至家族的根,加上这些古老话语言生动,它通过一些明喻、暗喻和对仗及苗族民间的典故来增加趣味,从而具有寓教于乐的效果。❷

唐建副❸提出苗族婚姻礼词(dut qub dut lanl)的功能较为重要的表现如下。

一是团结功能,例证是每叙述完一个姓,均要这样吟诵:

Ad godnend deit nis poub niax nangd qub,这是祖辈姻亲,

Ned matnangd lanl,父辈婚配,

Jox reux wangx jit boub nis jox reux nangd qub,千代姻亲皆由此,

---

❶ 类似于汉族社区的神堂。
❷ 资料来源:笔者对张应和田野访谈的录音整理。
❸ 唐建副:苗族,湖南省凤凰县两林乡人,湖南省凤凰县民族局民研所工作人员。

Gulreux wangx jit boub nis gul reux nangd lanl。万代婚配溯古根。

二是文化历史传承功能,例子是每个姓的习惯与分支(小姓)都有所描述,吟诵的内容契合东部方言区的苗族情况,甚至可以从苗族《婚姻礼词》中按图索骥地找到各个姓氏的分布,在描述每一个姓的起初都是叙述:

Jib ubnjout mloul 沿河寻找渔猎之地

Jibbul njout denb 沿山寻找耕种之所

Puddand boub nangd dab leb deb ×× 说到我们这个姓××

接下来即交代这个姓氏的迁徙过程、定居之地等。

苗族学者麻勇斌❶提出《婚姻礼词》的吟诵更多的是对婚姻方向的确认,对婚姻圈的肯定和重复。比如东部方言区之《婚姻礼词》在创世叙述和婚姻来源之后,接下来即是对东部苗族之五宗六亲坐落之地的交代:

Adhneb fend mianx dax nongs nbat 昔日分鼓雨雪下

Addeat fend nhol dax nongs neb 往日分社冰雪飘

Liesngheub nius manl nangd blab mat 要吟旧日之五宗

Lis nzhut blab bad blab mat nex 要诵昔日之六亲

Bladsenb doul jongt renx blab ntongd 五姓分散坐五溪

Blad baddoul jongt blab npand renx 五宗散居住武陵❷

……

苗族理老龙金华用古老话(古歌)这样解释吟诵《婚姻礼词》的功能:

Hud joud lieas senb lieas njod,饮酒为改姓改宗,

Nongx hliet lieas bax lieas minl。食肉为改父改母。

Jex jangt nis deb npad zheul,不嫁你是龙家女,

Jangt lol janx ad niax ghueas。嫁了你是石家婆。

Joud heub del hud,忌酒能喝,

Nieax heub❸del nongx。忌肉能吃。

他随后这样解释:

---

❶　麻勇斌:苗族,贵州松桃人,贵州省社科院研究员,著有《苗族巫辞》《苗族巫事》等专著。

❷　资料来源:笔者对麻勇斌田野访谈的录音整理。

❸　nieax heub 忌肉。东部方言区苗族椎猪后,要将带尾后腿猪肉留给母舅,此猪腿仅供母舅亲族老小及同姓人共享,外姓人不得食用。

在还没有唱这个古歌之前,即使酒肉端上桌子来,你还没有改姓是不能吃的,否则按老辈人的说法是你吃了会遭到虎狼的袭击甚至吞食。只有通过摆这张礼桌说完 dut qub dut lanl(婚姻礼词),你才可以成为家里的一分子来享受这个忌酒忌肉,所以其最重要的根本就是为新娘改姓——不嫁是龙家女,嫁了是石家婆。

同在两林村的理老吴松青这样补充:

吟诵 dut qub dut lanl(婚姻礼词)最主要的是为新娘改姓。假如你在婚礼不唱它,那么她即使嫁过来一百年,终究还是客人身份:女性在娘家始终是外姓人,一旦嫁为人妇,那么娘家的祖宗就不再庇护她;设如不通过吟诵 dut qub dut lanl(婚姻礼词)为新娘改姓,那么夫家的祖宗不保佑她,因为她没有得到祖宗的保佑和认可,她随时可能生病或出现其他不好的情况。在歌词里面有这样一句:不许你是石家女(泛指),许了你是龙家婆(泛指)。唱了这个亲言亲语,给这个嫁过来的媳妇改姓以后,她首先是和娘家的祖先断了联系,不再受娘家祖先指挥,而由夫家的祖宗来保佑她,这不仅是生前保佑她平平安安,而且百年之后她才能被夫家的列祖列宗认可,坐上祖先的牌位,接受子孙的香火。你要是专门讲这些是为了新娘改姓,那些干部(接受汉文化教育的人)不认同的,认为这是迷信。但我们说 dut qub dut lanl(婚姻礼词),再多都是花架子(华而不实),只有这几句是一定要说的:

Jex jangd nis longx giad nis 不许是龙家女

Jangd jul nis shix giad pox 许了是石家婆

Goud neul geud mongl dangb nex shab kheat 身前要她待人接物

Goud zheit geud bul xangb poub xangb niangx 身后要她继承香火

固然还有其他理老提及唱诵这个《婚姻礼词》的功能是为了让亲戚双方尽快认识,从而达到新人双方亲朋好友相互沟通的功能,但笔者调查参与这次婚礼的9位理老中,大多认同 dut qub dut lanl(婚姻礼词)吟诵的实质性功能是为新娘改姓。通过后期的文献梳理,笔者在文本中找到同样的表述:不嫁是我家的女啊,嫁了便是你家的人[2];不放是某家女,放了是某家婆。❶

笔者采访了几位村民吟诵婚姻礼词(dut qub dut lanl)的功能,对此有多种不同的说法:有苗族民众认为是给母亲 janx ned(奶水)钱即对母亲辛苦养育的象征性补偿;也有人认为是在婚娶双方相互的过程中教育新人,以歌举例如下:

---

❶ 龙健等编著:《松桃龙氏族谱》,内部资料,第226页。

Zhot qub dud bloud meb ghob xot 成礼主家摆竹席

Zit yangd boub lies beat jid tab 钱物必须依次放

Max eib jid chat dand max nend 自古礼节需跟随

Panx deb soud giead jid gub kut 养儿育女真辛苦

Nongx hliet ghob ted lies heut zhab 幼时吃饭需喂养

Liox deb rut yangs tob job gind 成人对镜贴黄花

Liox lol lies bix minl nangd nius 需赔母亲养育苦

Teat deat sead lol gangs nghat mab 今早才给奶水钱

Renx qenx doub nis ad bob nend 人情正是由此出

Janx ned lies ghox bad god gil 奶水钱追溯古根

Jid chat max ead nangd lis senb 追溯古歌皆由此❶

soud deb jex xangd nianl leb rut 妹妹年龄尚幼小

xub hent jit sheab wul jid yangl 懵懂诸事望体谅

nghet ub jid xeab nex sheit tongt 挑水需轻放水桶

bleat ubjid seit nex ghob gangd 倒水要轻靠水缸

Maxnend mex heut sheub wud jid rut 教导有方全靠您

Sheab rut geud janx bad dud nangd 亲如己出如一家

Xib hneb ub band 他日

Deab qub deab lanl wud deab dot 招亲待客万般礼

Mexnbut doul nib mex nangd giad 美名远扬遍苗乡❷

　　此外还有民众提出吟诵婚姻礼词的功能是为了表示对婚礼参与者的尊敬,因为所有参与婚礼的人或多或少都带礼钱来贺喜,大家都费心费力,说 dut qub dut

---

❶ 资料来源:笔者对湖南省凤凰县两林乡理老吴七金的田野访谈整理。

❷ 资料来源:笔者对贵州省松桃县正大乡吴国汉的田野访谈录音整理。

lanl（婚姻礼词）能让所有亲戚听，是出于对他们的尊重。

在学者与村民、主位和客位之间，对《婚姻礼词》的吟诵功能理解分歧较大。

（四）结 语

笔者此次参与的《婚姻礼词》吟诵而言，其吟诵内容分为 dut qub（古根礼词）和 dut lanl（待客礼词）。在 dut qub（古根礼词）部分牵涉到 ghot sob ghot bens（果索果本）等创世古歌和 njout bul njout denb（历次迁徙）等迁徙古歌，其后在 dut lanl（待客礼词）夹杂了大量的礼俗古歌，每一段古歌的吟诵功能都不能涵盖其他。

首先，吟诵 ghot sob ghot bens（果索果本）等创世古歌，讲到开天辟地、婚姻的起始是为了解释婚姻的来历以至于有理老提到的是为了给新娘改姓，从而使受众对于苗族的世界体系和婚姻来历形成一个基本的了解，凸显婚姻的神圣性与庄严性。

其次，吟诵 njout bul njout denb 等迁徙古歌，提到五宗六亲的分布是对东部方言区苗族八大姓氏七个可通婚集团的分布做出一个基本概述，既有对民族迁徙和定居状况的情境性教育，同时也有对通婚区域和通婚方向甚至通婚对象的提醒与肯定。在较为传统的苗族社会里，婚姻对象和婚姻圈较为固定。❶

最后，吟诵的是 dut lanl（待客礼词），则是伦理的现场教育，既有对作为新人的言传身教，也有对观众潜移默化的影响。同时通过这样较为正式的介绍，使得新人双方的亲朋好友得到沟通和了解。可见《婚姻礼词》的吟诵虽然贯穿其中的吟诵都一直具有诗学美感，但其目的不仅仅是文学审美，更多是文化教育。

本研究以东部方言区《婚姻礼词》的田野民族志为个案借以反思学者一厢情愿的推断，目的在于倡导断定一种文化的功能必须基于田野调查的基础上，需要聆

---

❶ 在婚姻礼词（dut qub dut lanl）中东部方言区苗族姓氏的讲述一般为八大姓七大通婚集团与五宗六亲之说：八大姓即 deb hlongb（吴伍洪滕）、deb xot（吴伍滕贺欧）、deb miel（龙隆余薛）、deb biant（龙隆唐梁）、deb khad（麻欧施张刘向胡时王吴田）、deb ghueas（廖石沈）、deb kheat（杨秧罗）、deb lel（田滕彭李），各个大姓下都有不少分支，目前实地调查到 50 多个苗团姓氏。在婚姻礼词讲述时八大姓的讲述顺序必须以 deb hlongb 为先，结婚双方女方为倒数第二，男方为倒数第一。这是因为传说中苗族迁入湘西时是 deb hlongb 打头阵，最辛苦，所以要最先讲；苗族通婚集团为八大姓七大通婚集团，因为 deb hlongb（大吴）与 deb xot（小吴）至今在苗族传统习俗上不能通婚，两者合并仅剩 7 姓；五宗六亲（没有具体到某一具体姓氏，泛指整个东部方言区苗族）契合苗族古歌吟诵的 blad nbat zhot mat（五宗六亲）之说。苗族姓氏之间能否通婚的依据不是汉姓而是苗姓，因东部方言区苗族汉姓多是改土归流后时由多居住管辖的土司和官府给定的汉姓，以利造册编户，如 deb khad 对应的汉姓有十几个，但在凤凰境内均称兄弟（nab goud），不能通婚。只有姻亲（qub lanl）之间如姑舅之间则为最理想的通婚对象，另姨兄弟不婚。经实地调查，苗族各姓氏的实际分布情况与古歌描述内容基本一致。资料来源：笔者对凤凰县民族局民研所唐建副田野访谈的录音整理。

听文化持有者的声音。在此意义上,苗族古歌的功能研究不是归纳与总结,而需要对多个个案的参与观察。

参考文献

[1]张应和,彭荣德.苗族婚姻礼词[M].长沙:岳麓书社,1987.

[2]石宗仁.中国苗族古歌[M].天津:天津古籍出版社,1991:297.

[3]洛德.故事的歌手[M].尹虎彬,译.北京:中华书局,2004.

[4]阿兰·邓蒂斯.西方神话学读本[M].朝戈金,等,译.桂林:广西师范大学出版社,2006.

[5]徐新建.侗歌民俗学研究[M].北京:民族出版社,2011.

[6]中国民间文艺家协会.亚鲁王[M].北京:中华书局,2011.

[7]吴一文,等.苗族古歌与苗族历史文化研究[M].贵阳:贵州民族出版社,2000.

[8]麻勇斌.苗族巫事[M].呼和浩特:远方出版社,2002.

[9]叶舒宪,等.人类学关键词[M].桂林:广西师范大学出版社,2006.

[10]谭必友.清代湘西苗疆多民族社区的近代重构[M].北京:民族出版社,2007.

田头模式:建构现代企业制度下的
苗族乡村社区管理方式

过 竹

摘 要:乡村社区是苗族社会的基础,乡村社会发展关系到苗族地区的发展,如何有效管理苗族乡村社区,并通过有效管理使苗族乡村社区获得发展,无疑是现阶段亟须探索的课题。广西融水苗族自治县四荣乡东田村田头屯建构现代企业制度下的苗族乡村社区管理方式,或许能够成为当代苗族乡村发展的一个借鉴。

关键词:田头屯 乡村社区管理

广西融水苗族自治县四荣乡东田村田头屯 137 户 550 人,全部为苗族。

中华人民共和国成立前管理田头屯的是寨佬。人民公社时期是田头生产队。改革开放后是东田村民委员会。东田村委会对田头屯的管理十分松散,田头屯基本上是依约定俗成的"惯例"自主管理,寨佬的作用比较明显,通常由寨佬解读并执行"惯例"。

田头屯整座寨子依山而建,村中 3 棵千年古榕见证其历史。田头屯的民俗和群众文化生活丰富多彩,民族风情浓郁:"芦笙踩堂""牙变嘻春""火把节"等民俗活动独具特色,田头屯业余文艺队远近闻名,自 20 世纪 60 年代创建以来,代代相传,从不间断,是融水苗族自治县开展乡村文化生活的表率,常常利用节庆日,自娱自乐,走村串寨"打同年",举办文艺联欢晚会,促进苗族文化的传承与发展。2006年在"风情柳州美丽乡村"评比活动中名列柳州十大最美丽乡村之一。

作者简介:过竹,男,苗族,湖南麻阳苗族自治县,高中学历,广西社会科学院副研究员。主要研究方向:民族学、文化学、旅游学研究,旅游规划设计。

一、乡村文化旅游开发推动社区管理方式变革

2005年年底,在探索乡村经济发展方式上,田头村民选择了依托社区优美的自然环境与丰富的民俗文化资源进行旅游开发,以旅游带动田头乡村社会的发展。

1.旅游的影响

新农村建设浪潮涌动田头屯平静的河湾,家住田头屯的东田村委会主任潘志程与屯中威望人士合计,从民俗风情旅游切入,发展田头经济。在县旅游局的帮助下,按照500元人民币一股,募集了15000元田头旅游发展基金。2006年5月1日田头风情苗寨旅游正式挂牌。喝进寨酒、饮吉利茶,千年榕下赏民族风情;打油茶、喝重阳酒、尝农家饭;观斗马、竹筏漂流;火把篝火晚会、烧烤夜宵;夜宿木楼,蛙鸣虫奏。体验苗家生活、过一把苗民瘾成为田头旅游的响亮口号。

田头屯成为旅游村之后,在融水苗族社会无疑是一次具有深远意义的乡村社会变革,给广西苗族社会带来较大的影响。

首先是股份制企业型农村社区的建立。所谓企业型农村社区,就是整个社区都是一个经营性企业,社区在现代企业管理制度下按照相对应的市场需求来进行运行,以实现最大的经济收益。社区产业化是社区发展的最终目标。田头屯的尝试,有可能给其他苗族社区以启示和借鉴。

其次是农民职业角色的转变。苗族农民在田头屯所发生的职业角色的转变,是人生的一次洗礼。通常情况下,职业角色与社会地位(也许称作社会位置更为贴切)相互联系的,职业角色是社会地位结构中起决定作用的功能因素。往往某人的

工作(职业角色)伴随着人们对他在社会舞台上的行为模式的期待,这种期待反过来又影响到他的个人行为——工作态度、生活方式、言行举止等。同时,个人的行为模式又在对群体结构产生影响。个人是社群的一个分子,他的存在不可能脱离群体,因此,一个人的行为模式的改变,必然要连动他人。也就是说,一个人换了一种新的工作岗位,或者说改变了过去的生活方式,至少对他的家人产生连动的影响。田头屯的农民从事民族风情旅游业,改变了他们传统的职业角色,将是一次推动融水苗族社会变迁的内部变革。

最后是集体化与科层制在传统苗族社区诞生。田头旅游村作为融水苗族社会中一种新的经济共同体,促使已经以个体家庭为基本经济单位的田头屯重新走集体化道路。作为一个新型的少数民族社区旅游企业,田头旅游村的运营不是个体家庭就能够完成得了,而是需要集体来进行,因此,田头旅游村的每一户居民都必须首先服从集体的安排,完成集体的任务。在工作上、生活上、学习上及日常的社会交往上,都需要服从于集体,由集体来统一安排。于是,由集体化而逐渐进入科层制。

2.科层制与社区管理者工作职责

所谓的科层制,就是其结构和运行均为成文的规章制度高度控制的组织和制度。科层制是现代社会管理体制的产物,是社会由无序到有序的必然。科层制是田头旅游村作为一个新型的少数民族社区旅游企业发展的需要。田头旅游村已经不再是纯粹意义上的苗族传统社区,它的性质就是旅游企业。作为企业,就不可能像过去那样处于一种"无为而治"的小农经济状态,而是有自己的管理体制,订立一整套的规章制度。科层制对于田头屯乃至融水各个苗族村寨来说是陌生的,但是,田头旅游村的居民就必须适应科层制。

股份制的田头旅游村尽管没有注册成立公司,但是却按照现代企业的模式来建构并运营。实行股东会领导下的运营团队负责制。其机构如下:

总经理:潘志程(主持全面工作)

副总经理:潘文坚(主管接待)

　　　　何文勇(主管生产)

财务总监:石荣成(负责财务结算)

安全部部长:贾庆华(负责景点消防、人身、财务、车辆、食品卫生安全、生产建设)

安全部副部长:张孟培(协助部长工作兼出纳)

后勤部部长:吴寿碌(主管后勤采购就餐安排)

客房主管:潘彩铃(负责客房日常安排)

表演队队长:石夏(负责表演队管理兼主持人)

表演队副队长:石强(负责景区内导兼主持人)

同时,根据工作性质明确各个社区管理者的工作职责,供社区成员(各个股东家庭)监督和管理者自律。如:

《总经理工作职责》:

一、在旅游局的领导下,负责景区的全面工作,领导本景区贯彻党和国家的政策方针、法令,以及上级党委各项决议和指示。

二、充分发挥正副经理集体领导的作用,定期召开各种会议,研究部署检查各项工作。

三、抓好经营管理,严格财务制度,抓好成本核算,降低消耗,节约开支,增加收入。

四、做好年度工作计划和总结,经常组织研究工作,发现问题及时采取措施,经常向上级和行政主管部门请示汇报工作,取得上级的工作指导,保证计划按时完成。

五、组织全景区职工学理论、学文化、学业务技术、学管理,不断提高政治业务素质,改正服务态度,提高服务质量,圆满完成工作及经济指标。

六、抓好职工集体福利,关心职工生活。

融水苗族自治县四荣田头民俗旅游村
二○○六年四月六日

《副总经理工作职责》:

一、协助总经理抓好景区工作职责,对分管的部门工作进行具体指导、负责。

二、组织分管部门进行政治、文化、业务学习,不断提高政治觉悟和业务技术水平。

三、协助总经理搞好业务管理,提高业务质量、提高工作效益。

四、搞好部门工作规划,并经常将分管部门工作、职工思想和完成计划向总经理汇报。

融水苗族自治县四荣田头民俗旅游村
二○○六年四月六日

《出纳员岗位职责》:

一、按照现金管理制度,认真做好现金和各种票据收付、保管工作。

二、遵守出纳结算纪律,每天盘点现金,做到钱、账相符,工作收入款当天存银行。

三、妥善保管现金、银行收付印章和账册，按审批手续和有关单据、凭证收付现金，并当面点清，办妥签收。

四、掌握各种费用开支标准，严格把关，报销时认真审批发票品名、规格、数量、单价、金额、印章，不符合财务制度规定不予办理。

五、严格支票管理手续，收入支票要注意各栏目填写是否规范。

融水苗族自治县四荣田头民俗旅游村

二〇〇六年四月六日

《卫生保洁人员岗位职责》：

一、按时清扫道路、场地、冲洗厕所，保证路面场地无果皮、纸屑、瓶罐。

二、花坛、草坪无果皮、纸屑等杂物，保持清洁无污物，厕所内无异味。

三、上午主要工作是清扫、清理、清洁，下午重点保洁。节假日游客多的时候，则必须加强清洁工作力度。

四、垃圾统一运到景区指定的垃圾场地堆放，不得随地乱倒，工具堆放在规定地方，不得乱堆乱放。

五、负责景区内各农家旅游的卫生监督工作。

融水苗族自治县四荣田头民俗旅游村

二〇〇六年四月六日

二、制度化建设：社区管理方式变革的具体表征

制定针对性很强的规章制度，以制度管理社区、管理人，重构乡村管理方式，是田头屯转变为股份制田头旅游村的举措，是作为乡村少数民族社区管理方式变革的具体表征。

长期以来，田头屯仰仗约定俗成的"惯例"自主管理，这种管理比较松散。"惯例"比较适合以家庭为主要经济单位的小农经济社会的社区管理，但在企业型农村社区管理上就难以适应，因此，必须建立健全相应的规章制度，变革传统的社区管理方式。

田头旅游村的规章制度十分完备，有如下方面。

《四荣田头苗寨民俗风情旅游景区管理制度》：

为了维护景区的正常秩序，保证景区环境及游客人身和财产安全，根据有关政策及公司规章制度，制订以下管理制度，请遵照执行。

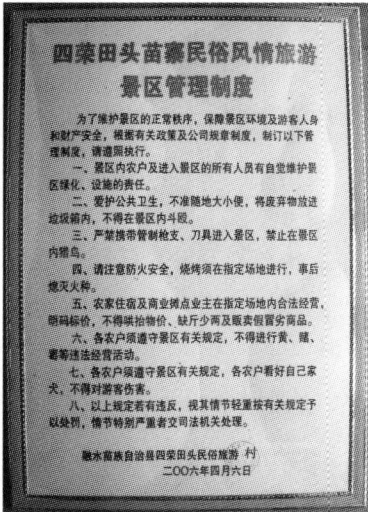

一、景区内农户及进入景区的所有人员有自觉维护景区绿化、设施的责任。

二、爱护公共卫生，不准随地大小便，将废弃物放进垃圾箱内，不得在景区内斗殴。

三、严禁携带管制枪支、刀具进入景区，禁止在景区内猎鸟。

四、请注意防火安全，烧烤须在指定场地进行，事后熄灭火种。

五、农家住宿及商业摊点业主在指定场地内合法经营，明码标价，不得哄抬物价、缺斤少两及贩卖假冒伪劣商品。

六、各农户须遵守景区有关规定，不得进行黄、赌、毒等违法经营活动。

七、各农户须遵守景区有关规定，各农户看好自己家犬，不得对游客伤害。

八、以上规定若有违反，视其情节轻重按有关规定予以处罚，情节特别严重者交司法机关处理。

融水苗族自治县四荣田头民俗旅游村
二〇〇六年四月六日

《四荣田头苗寨民俗风情旅游景区旅游接待制度》：

为规范旅游接待工作，展现本公司整体员工及村民良好的精神风貌和工作态度，给进入我旅游景区的游客有宾至如归的良好印象，按照旅游业有关规定，制订制度。

一、景区正职领导负责景区、景点的旅游接待工作。

二、工作人员必须注意仪容仪表、言行举止。对待客人须做到礼貌、热情、耐心、百问不厌。

三、对客人提出的问题和建议须做好记录，并限三日内答复，不能答复的问题须当日内汇报旅游公司办公室，三日内予以研究回复。

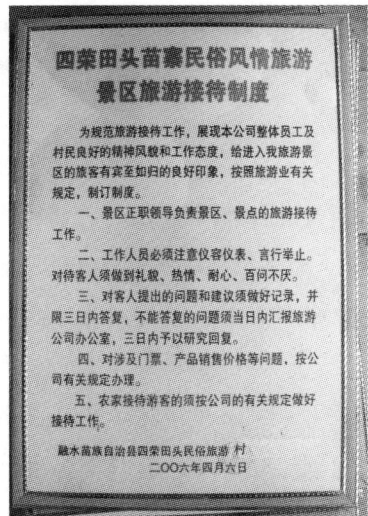

四、对涉及门票、产品销售价格等问题,按公司有关规定办理。

五、农家接待游客的须按公司的有关规定做好接待工作。

融水苗族自治县四荣田头民俗旅游村

二〇〇六年四月六日

《四荣田头苗寨民俗风情旅游景区旅游市场管理制度》:

根据旅游市场有关法规的规定,为维护游客权益,规范管理,保障我旅游景区旅游市场秩序,制订本制度。

一、本旅游景区内所有从事旅游和商业活动场所,都属本旅游景区市场管理范围。

二、农户和各业主必须守法经营、明码标价,不制假售劣,坚持顾客至上、重信守誉、礼貌待客,绝不允许与游客争吵或打骂游客;禁止围追销售。

三、农户和各业主必须遵守景区各项管理制度,服从市场管理人员正常管理,按指定地点设摊经营,不得出售国家或景区规定不准出售的商品。

四、各摊点门面必须保持周围环境卫生。

五、各业主自觉按时交纳各种应上缴的费用。

六、对于违反本规定的业主,景区有权处以 20~200 元罚款,触犯国家有关法律法则的,交国家执法部门处理。

融水苗族自治县四荣田头民俗旅游村

二〇〇六年四月六日

《融水四荣乡田头苗寨民俗风情旅游区安全生产管理制度》:

为贯彻"安全第一,预防为主"的方针,确保观光区各项经营活动得以顺利进行,根据我苗寨旅游观光区实际情况,制定本制度。

一、旅游景区成立安全生产领导小组。公司所属负责人担任安全生产第一责任人,负责本部门安全生产及落实安全的有关方针、政策、法律、法规。

二、把安全生产摆到重要议事日程,使经济生产、安全生产在计划、布置、检查、总结、评比上同步进行,切实解决好生产过程中存在的安全生产问题。形成生产、交通、防火的安全督促网络。

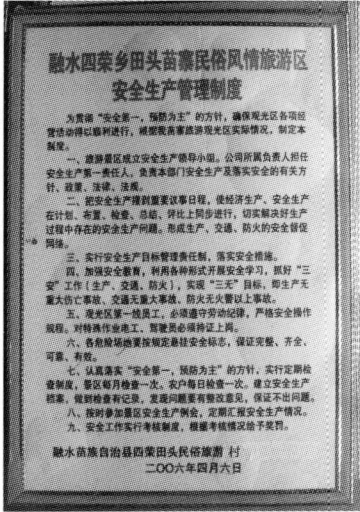

三、实行安全生产目标管理责任制，落实安全措施。

四、加强安全教育，利用各种形式开展安全学习，抓好"三安"工作（生产、交通、防火），实现"三无"目标，即生产无重大伤亡事故、交通无重大事故、防火无火警以上事故。

五、观光区第一线员工，必须遵守劳动纪律，严格安全操作规程。对特殊 作业电工、驾驶员必须持证上岗。

六、各危险场地要按规定悬挂安全标志，保证完整、齐全、可靠、有效。

七、认真落实"安全第一，预防为主"的方针，实行定期检查制度，景区每月检查一次。农户每日检查一次。建立安全生产档案，做到检查有记录，发现问题要有整改意见，保证不出问题。

八、按时参加景区安全生产例会，定期汇报安全生产情况。

九、安全工作实行考核制度，根据考核情况给予奖罚。

融水苗族自治县四荣田头民俗旅游村

二〇〇六年四月六日

《饮食卫生制度》：

为了保证食品安全，保障游客身体健康，根据《食品卫生法》有关规定，特制定如下卫生制度。

一、公司成立食品卫生监督小组，负责对食品卫生进行监督。

二、卫生许可证应挂于显眼处，从业人员必须持有健康证。

三、从业人员每年体检一次，患有传染病者不得参加接触食品的工作。

四、工作人员上班时应穿整洁衣帽，并保持个人卫生。

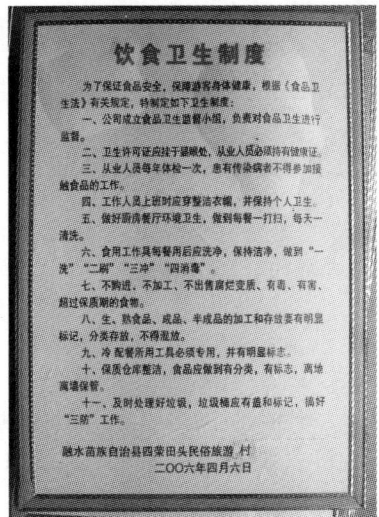

五、做好厨房餐厅环境卫生,做到每餐一打扫,每天一清洗。

六、食用工具每餐用后应洗净,保持洁净,做到"一洗""二刷""三冲""四消毒"。

七、不购进、不加工、不出售腐烂变质、有毒、有害、超过保质期的食物。

八、生、熟食品、成品、半成品的加工和存放要有明显标记,分类存放,不得混放。

九、冷配餐所用工具必须专用,并有明显标志。

十、保持仓库整洁,食品应做到有分类,有标志,离地离墙保管。

十一、及时处理好垃圾,垃圾桶应有盖和标记,搞好"三防"工作。

融水苗族自治县四荣田头民俗旅游村
二〇〇六年四月六日

《四荣田头苗寨民俗风情旅游景区农家住宿管理制度》:

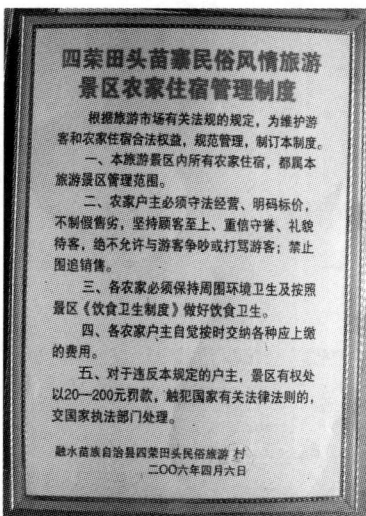

根据旅游市场有关法规的规定,为维护游客和农家住宿合法权益,规范管理,制订本制度。

一、本旅游景区内所有农家住宿,都属本旅游景区管理范围。

二、农家户主必须守法经营、明码标价,不制假售劣,坚持顾客至上、重信守誉、礼貌待客,绝不允许与游客争吵或打骂游客;禁止围追销售。

三、各农家必须保持周围环境卫生及按照景区《食品卫生制度》做好饮食卫生。

四、各农家户主自觉按时交纳各种应上缴的费用。

五、对于违反本规定的户主,景区有权处以 20~200 元罚款,触犯国家有关法律法则的,交国家执法部门处理。

融水苗族自治县四荣田头民俗旅游村
二〇〇六年四月六日

《融水四荣乡田头苗寨民俗风情旅游景区治安人员管理制度》:

一、观光区治安人员均有保护整个旅游区财产及维护旅游区治安秩序的义务和责任,对有损旅游区财产及扰乱治安秩序的行为均有义务制止,对无责任感者则调离治安岗位。

二、治安人员要做到团结一致、互相帮助，做到统一指挥，分片值班，发现问题及时汇报，消除事故隐患，对失职者视情节轻重给予一定的纪律处分，对不适应保安岗位人员则给予调离。

三、严格遵守纪律，不迟到、不早退、不旷工，有事须书面请假，未经许可不准离岗，迟到或早退达半小时以上则按旷工处理，旷工除写出书面检讨外，视情节轻重给予停工或调换工种处理，擅自离岗者，视同早退处理。

四、上岗时必须坚守岗位，不得擅离职守，要求集中精神，不能到各服务台闲聊或治安人员集中闲聊，更不能在值班室睡觉，若发现有上述行为者，第一次警告，第二次则给予停工或调换工种处理。

五、上岗时必须着装整齐，杜绝背心、拖鞋上岗，不准酒后上岗，更不能在岗时酗酒，若有违犯给予停工或调换工种处理。

六、对客人要讲文明懂礼貌，不打人、不骂人，对偷、抢、打人、酒后闹事等不良行为必须敢于做斗争，对造成后果的肇事者，必须将其扣留，报告领导直至送司法机关。

七、坚持交接班制度，实行组长负责制，明确责任，接班人员未上岗，交班人员不能离岗，擅自者按第三条视同早退处理。

八、保安人员要廉洁自律，不能随意吃、拿各住宿点财物，更不能随意习难，若有违犯，则撤离保安岗位。

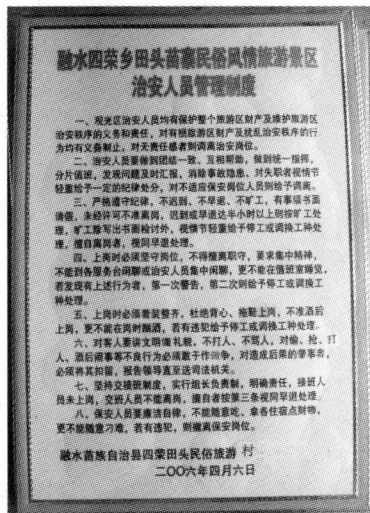

融水苗族自治县四荣田头民俗旅游村

二〇〇六年四月六日

三、结　语

现代企业制度下的乡村社区管理在发达的东部地区（特别是江浙一带）已不是新鲜事。但是，在经济欠发达、传统文化底蕴丰厚的西部少数民族乡村，与发达的东部地区（特别是江浙地区）之间的社会时差显而易见。苗族自然村屯田头屯的自我探索传统社区管理方式的变革则显得难能可贵。

中央提出建设社会主义新农村的战略举措，十分需要深入研究乡村社会管理规律，更新乡村社会管理观念，尽快形成适应我国乡村社会发展要求和乡村社区居民愿望、更加有效的乡村社会管理体制。

田头屯以经济作为杠杆，撬动乡村原有的社区管理秩序，使得乡村走上有别于人民公社时期的新集体化道路，传统的乡规民约演化成具有现代社区管理理念与手段的章程或制度。田头屯探索的乡村社区新集体化与科层制或许能够成为当代苗族乡村发展的一个借鉴。

三都县苗族打手毽活动的开展与开发利用

李永皇　平立豪

摘　要:苗族打手毽是三都县苗族人民的一项传统体育项目,是春节期间青年男女举行的打毽活动,蕴涵了丰富的文化内涵和审美价值。文章在对苗族打手毽活动进行深入调查的基础上,进一步探讨了苗族打手毽活动开发利用价值,认真分析了苗族打手毽活动开展面临的困难,对如何开发和利用苗族打手毽活动提出了几点建议。

关键词:苗族　体育活动　打手毽　开发利用

三都水族自治县位于贵州省西南部,东面和东南面与黔东南自治州榕江、雷山两县为邻,南面与黔南自治州荔波县接壤,西面和西北面与黔南自治州独山县、都匀市毗邻,北面与黔东南自治州丹寨县交界。居住在三都水族自治县东部、北部的苗族人民,每年农历正月,青年男女都举行打手毽活动,该活动有着悠久的历史,蕴涵着丰富的民俗文化,陶冶着人们的情操,汇集了苗族人民的智慧,体现了苗族人民团结友爱、顽强拼搏、幸福安康、和谐共处的群体意识,是苗族青年男女喜爱的文体活动。

一、三都苗族打手毽活动分布概况

苗族打手毽活动主要分布在三都水族自治县境内的三合镇、普安镇、交梨乡、拉揽乡、打鱼乡等乡镇的苗族村寨(详见下表)。

作者简介:李永皇,男,苗族,贵州三都人,贵州省民族研究院助理研究员,中国石油大学(华东)在读硕士研究生。主要研究方向:民族历史与文化、思想政治教育;平立豪,男,苗族,贵州三都人,贵州省三都水族自治县档案史志局。主要研究方向:苗族文化。

三都县苗族打手毽活动分布

乡镇	自然寨
三合镇	交向、湾寨、上排正、下排正、送略、洛椿、巫烂、巫凑、党早、鸭堂、也光、排招、排偷、排贾、巫猛、打梦沟
普安镇	的刁、羊吾、羊野、羊邦、羊偏、乌耶、鸡照、崩寨
交梨乡	排月、吾尖、望结、高硐、冲寨、平寨、乌叹、乌干勒、羊查、羊送、排代、老寨、高屯、大塘、羊咀规、排牙、排样、岩寨、大寨、马坡、银盘寨、王家寨、羊党、阳冬、里浪、巫细沟、高绒、水牛寨、学光、排拱丢
拉揽乡	高寨、排烧寨、箫引
打鱼乡	柳排、盖赖、排怪、丁调、万响、羊有、排尧、南捞、来术、排抱

1.苗族打手毽活动分布范围

三合镇的有:交向、湾寨、上排正、下排正、送略、洛椿、巫烂、巫凑、党早、鸭堂、也光、排招、排偷、排贾、巫猛、打梦沟等自然寨。

普安镇的有:的刁、羊吾、羊野、羊邦、羊偏、乌耶、鸡照、崩寨等自然寨。

交梨乡的有:排月、吾尖、望结、高硐、冲寨、平寨、乌叹、乌干勒、羊查、羊送、排代、老寨、高屯、大塘、羊咀规、排牙、排样、岩寨、大寨、马坡、银盘寨、王家寨、羊党、阳冬、里浪、巫细沟、高绒、水牛寨、学光、排拱丢等自然寨。

拉揽乡的有:高寨、排烧寨、箫引等自然寨。

打鱼乡的有:柳排、盖赖、排怪、丁调、万响、羊有、排尧、南捞、来术、排抱等自然寨。

2.苗族打手毽活动分布的乡镇情况分析

节日活动主要集中在三合镇、普安镇、交梨乡、打鱼乡、拉揽乡5个乡镇,这些乡镇的苗族村寨较多。交梨乡是由原交梨乡和原高洞乡合并而成,三合镇是由原三合镇和原苗龙乡合并而成,普安镇由原普安镇和原阳基乡合并而成,打鱼乡是由原打鱼乡和原盖赖乡合并而成,原交梨乡、原高洞乡、原苗龙乡、原盖赖乡、原阳基乡、拉揽乡这几个地区是连在一起的,苗族居住地比较集中,都有打手毽的习俗。由于长期的民族文化交流,有些不是苗族的村寨,也有打手毽的习俗,如交梨乡高绒村,是一个典型的水族村寨,但周边基本上是苗族村寨,由于长期和苗族通婚,苗族很多文化都潜移默化地融合到水族文化之中,所以,他们现在过的一些节日活动,是和苗族的长期交往逐步形成的。普安镇有打手毽习俗的村寨主要集中在原普安镇和原阳基乡片区,该地区居住的民族主要以苗族为主。拉揽乡和打鱼乡打手毽活动主要集中在靠近原苗龙乡和原交梨乡的苗族村寨。

二、三都苗族打手毽活动开展情况

苗族打手毽是三都县苗族人民的一项传统体育项目,是春节期间青年男女举行的打毽活动。打手毽的场地叫毽月堂,苗语称为"Deix gek"(堆够),它是打毽堂和跳月堂融合为一体的场地,各个苗族自然村寨都有,有些是几个自然寨共用一个毽月堂,一般离村寨一二里路,有的地方稍远一些。毽月堂一般设在平坦、宽阔、醒目、交通便利的地方,至少是能容纳几十人或上百人的活动场地,有些毽月堂可容纳上千人。活动分成两个阶段进行,第一阶段从正月初二到十五,毽月堂设在本寨附近;第二阶段从正月十六到月底,有时候还延长到二月上旬活动才结束,毽月堂设在比较大的地方,可容纳几千人,周边几十个寨子的毽堂全部移至那里,每个自然寨占一个地段,活动期间,整个坡头人山人海,非常热闹。本村寨同姓氏的小伙子,不许进入本村寨的毽月堂,不许和同姓的姑娘打毽,血亲关系是有禁忌的。

在活动期间,小伙子们穿着新衣,持着芦笙,三五成群地组合到异地村寨的毽月堂与该村姑娘打毽。村上的姑娘在活动期间更是穿着新年盛装,午饭后就邀约一起到毽月堂等候异乡的小伙子们前来打毽和跳月。在毽月堂跳芦笙舞、打毽、互对情歌,这是苗家青年男女谈情说爱的活动场所。在此过程中,相互挑逗,试探心意,对唱苗族情歌,情语绵绵,含情脉脉,迷离心醉,毽成了苗家姑娘和后生传情的纽带。小伙子们来到毽月堂,姑娘先主动抛毽给小伙子们,小伙子们则先派一个人去捡毽分给同伙人,然后观察女青年,喜欢和谁打毽,就将毽抛到她身边,然后她就拿起毽来与你一起打,共享打毽的愉悦。当每位小伙子都选上了自己意中的女孩,这时,男女各站一排,双双对阵抛打,相互挑逗,观察言语。姑娘们看小伙子们的言谈举止和衣着是否整洁、外表容貌如何、歌谣多深多长等,由此判断他们才貌是否双全,以确定自己的意中人。小伙子们则在观赏姑娘的衣襟打扮和银饰佩戴,制作的绣花围腰带是否完美,脚穿绣花布鞋是否精致,以此评价姑娘的心灵手巧、聪明伶俐和家庭富有程度,并试探心意和对唱情歌。

小伙子唱：

毽月堂，好明堂，

妹妹心灵美名扬。

犹如桂花香千里，

像块蜂蜜甜心肠。

姑娘又唱道：

我家毽堂窄又窄，

我妈生我黑又黑。

爸爸育我似砣铁，

笨手笨脚没姻缘。

小伙子回唱：

今天妹妹似朵花，

不思饭来不思茶。

恨己不是锄一把，

连根带花挖回家。

姑娘继续唱：

今天等哥不得哥，

不知妹命象如何。

想着哥来妹愿死，

死也死在相思河。

双双对唱，没完没了。

姑娘抛来的毽，若是后生不中意，借口说不会打。或是姑娘看小后生不如意，就不抛毽给小后生打，小伙子们只好遛到另外的村寨去娱乐。无能者或已婚的只能当陪伴，看热闹，一般不敢露面上场。若是已婚冒充未婚进入场所，这种人，姑娘不知则罢，一旦被识破，就被姑娘戏弄，然后说道："我们真佩服你这位'情哥'，人老心不老，闲心养得好，你心爱的妹子你不陪，可爱的孩子你不带，还和小后生比赛，我们感觉你的心里多么的坏。"若有不会歌舞的小伙子，一般不在大庭广众之中混合，而到小角落窃语交情。有些姑娘的母亲偷偷到旁边观望其姑娘的带动及本领，若是与小伙子对歌输了，晚上回家，母亲还得指教。经过若干次毽堂交往，意中了，双方约会，姑娘把自己的鸡毛毽送给对方做约会物，后生也把自己经过劳动所得的戒指或手巾送姑娘做约情物,这样双方逐步加深了解,直至成家为止。

当毽打到一定程度后,小伙子们就开始拿起芦笙,吹起优美动听的曲子,姑娘们开始围起来,跳起欢快的舞姿。吹出来的芦笙曲调,就知道它的歌词所表达的语言意义。比如,开始邀约女孩跳芦笙舞,他们就吹《我们一起跳芦笙舞》,歌词大意是:来我们一起跳,朋友来我们一起跳,来呀我们来呀我们一起跳,来我们一起跳。又如,如果小伙子们喜欢上了该寨的姑娘,就吹起《讨花曲》,歌词大意是:

　　我走田埂来,

　　田埂百花鲜。

　　正逢好时节,

　　我为求婚来。

　　问妹愿不愿,

　　快快开口来。

苗家小伙子就通过芦笙曲来表达自己的内心世界,而姑娘通过芦笙舞了解小伙子们的心思。毽堂里的芦笙、击毽声、情歌声,汇聚一堂,热热闹闹,欢快的玩耍至天幕。天黑了,小伙子若是远方的客人,无亲戚去留宿的,姑娘们则主动邀请他们到家里做客,姑娘的父母盛情款待并留宿,借此姑娘家老人观看小伙子是否与自家姑娘有缘配。饭后,小伙子们在留宿的姑娘家吹起了欢快的芦笙,吸引了全寨的姑娘前来跳舞,直至夜深才休息,有些姑娘看中了哪个小伙子,就约到村外对唱情歌。苗族打毽活动,具有浓厚的民族风采,是苗家儿女谈情说爱、找对象的美好节日,令人神往。

苗族打手毽活动,深受广大青年的喜爱,在每年春节期间,有些村寨将其作为活动的一项内容来开展。有时政府部门也将其纳入政府重大活动之一,如三都水族自治县在 2007 年举行 50 周年县庆活动,苗族打手毽成为一道亮丽的风景线,前来参加活动的来宾赞叹不绝,拍手称快。

三、三都苗族打手毽材料的选取与制作

鸡毛毽又称为鸡羽毽,苗语叫"Gek"。其材料有:雄鸡尾羽和绒羽、母鸡绒羽、锦鸡(俗称"野鸡")尾羽、五彩布、麻线、稻草、竹篾圈一个,银圆或铜币一至两块,绒羽可染成红、黄、绿、蓝、紫等各色。

这些材料代表一定的文化内涵,根据《苗歌·打手毽歌》记载,它们有其独特

的意义和象征。鸡是苗族图腾文化的象征，在苗族整个祭祀文化生活中，鸡有着密不可分的联系和作用；鸡羽毛象征着先祖勤劳饲养牲畜的果实；锦鸡羽毛象征着先祖英勇狩猎的精神；五彩布象征着妇女心灵手巧、技艺超群的结晶；稻草象征着稻作文化，代表劳动丰收的成果；麻线表示用麻衣孝祭祀先祖；竹子象征着民族才艺如竹子一样节节高；银圆或铜币象征着民族物质生活富有；绒羽染成各色象征着民族生活丰富多彩。

鸡毛毽的制作可分两大部分：一是羽毛编扎部分；二是兜的编扎部分。羽毛的编扎：将鸡尾羽长短由里向外环形插入，组合成一束绽开的花朵，用锦鸡尾羽3～9根插入毽中，再将染成各色的绒羽镶嵌在鸡尾羽的尾端，每根鸡尾羽向下垂吊，如垂柳枝一般飘柔优美、秀丽灿烂。兜的编扎：先把篾圈卷成直径约5厘米的圆形，将长约3寸的稻草交叉对称排列摆放篾圈底部，后把五彩布编成菱形共3～5块放于兜底，再将银圆或铜币1～2块放进兜内。银圆或铜币的作用有两点：一是在抛打的过程中，兜接触掌心时，接触面宽，使肌肤不疼痛，有轻快按摩的感觉；二是银圆与掌心发生碰撞，发生悦耳动听的铃声，悠扬婉转，引人入胜。然后，再将一束绽开羽毛花毽插入兜中，并用麻线把它们交接的部分绷紧。这样，一束秀美的鸡毛毽即制作而成，展现在人们面前，婀娜多姿，飘柔艳丽。

四、三都苗族打手毽活动开发利用的时代价值

苗族打手毽是一种具有多元功能的社会文化现象，将其作为一种文化资源加以开发利用，可以使人得到美的体验，同时对政治、经济、文化等方面产生重大的影响，具有深远的意义。

（1）构建和谐社会。打手毽活动不仅仅只是一种娱乐活动、一种交谊舞、一种社会交往手段，更为重要的是通过这种活动来促进个人与个人、个人与集体、集体与集体、群体与地区，乃至整个社会达到和谐的交往，来促进物质文明和精神文明及苗族历史文化的传播。尤其通过健、力、美、管、乐、韵、曲、诗、服饰、银饰等文化内涵融汇一体的展示，从而体现了民族团结、和谐、友谊、拼搏、繁荣的景象。

（2）传承民族文化。苗族打手毽活动的开展，实际上是一项文化传承活动，唱苗族古歌、吹奏芦笙、跳芦笙舞等都是在传承苗族传统文化。随着社会的发展和我们日常生活正在自觉不自觉地发生频繁的变化，许多变化都是由文化的转变而带来的，这种生活方式的嬗变，打手毽活动正濒临消亡，为了保护民族地区的传统文

化,加强该活动项目的建设,不仅是形势必然,也是形势的需要。我国是一个多民族的国家,也是多元文化的国度,保护民族文化遗产,也就是考虑到了民族凝聚力,考虑到了民族精神中的向心力。因此,加强对民族传统体育的扶持就是传承民族文化。

(3)加强民族团结。苗族打毽文化是苗族文化的重要组成部分,千百年来,它在人类社会文化传播交流中,其价值远远超出自身范围,成为民族团结的象征。积极开发苗族打毽活动,是提高民族地位,振奋民族精神,增强民族自豪感,推进民族思想文化交流,建设社会主义精神文明,加强民族团结具有重要的现实意义。

(4)丰富精神文化生活。苗族打手毽反映了苗族人民千百年来生活的方方面面,体现了以人为本,运动休闲,人的全面发展的特点,给人清晰而热烈的感觉,显示出强有力的生命节奏,能使人的心灵获得一种激荡,一种铸造,实现人与自然的完美和谐,是人民群众理想的生活空间,人们不仅可以在富有田园式的自然环境中从事运动,还可以让人们在体验劳动丰收、胜利喜悦中得以健身,不断丰富群众的精神文化生活。

(5)增强人民群众的体质。苗族打手毽活动是一项全身心都要投入的运动,运动量可大可小,加之器材能就地取材,又不受场地的限制,个人、集体都可以参加,活动方式简便易行,所以深受苗族同胞的喜爱,不但青年可以参加,而且老年人也可以参加,老年人一般不去毽月堂,而在寨中开展,该活动是一项可以普及的传统体育活动,具有很强的生命力,在活动中享受文化带来愉悦的同时,增强了人民群众的体质。

五、三都苗族打手毽活动开展面临的困难

(1)参与苗族打手毽人数逐年下降。体育锻炼能够强身健体预防疾病,达到陶冶情操提高人民群众生活质量,从而实现增进交流合作和促进社会和谐发展的目的。随着社会的发展和城市化进程的加快,大量农民工纷纷涌入城市,由乡村向城市的发展固然是社会进步的表现,但原来相对集中居住的格局被打破,逐渐分散于城市的各个角落,整天忙忙碌碌,很少有人关心苗族打手毽活动的开展,参与苗族打手毽活动的青年人越来越少,造成了在每年春节期间举行的苗族打手毽活动越来越困难,有些苗族村寨已不再举行该项活动了。同时人们在向城市转移的过程中,受到休闲娱乐等都市文化的冲击,其文化认同、价值观念等都会发生改变,在

文化的变迁和重构中,很多人也不愿意参加苗族打手毽活动了,苗族打手毽活动逐步走向衰落。

(2)苗族打手毽传承面临危机。近年来,大量农村剩余劳动力进城务工,对促进农村经济社会发展具有十分重要的作用,但对苗族打手毽活动的开展带来了巨大的挑战。由于对苗族打手毽活动认识不到位,有的人仅仅把苗族打手毽活动看成是一种娱乐活动,没有站在举办苗族打手毽活动是民族文化传承的有效载体角度来认识,更没有制定一套行之有效的激励机制和发展的长效机制,严重地影响了苗族打手毽活动的传承。随着工业化、城镇化的进程,人们生产生活方式的改变,民族语言、民族服饰、民俗民风等受到外来文化的冲击,苗族古歌、苗族芦笙舞,年轻人基本不会唱、不会吹、不会跳,苗族服饰年轻人更不愿意穿,然而,苗族古歌、苗族芦笙、苗族服饰是苗族打毽活动一道亮丽的风景线,缺少了这些文化元素,使苗族打手毽传承面临危机。

(3)器材、场地没有统一的标准。目前,苗族打手毽的制法、重量、大小等都没有统一的标准,是根据自己的爱好、兴趣来制定,比赛的人数也没有一个统一的规定,比赛也比较随意性,比赛的场地也没有统一的标准,只要稍微平坦的地方都可以开展。要想将苗族打手毽纳入一项传统体育活动,任重而道远。

(4)缺乏统一的比赛规则。虽然苗族打手毽的打法形式多样,但如果作为一项竞技体育来开发,则还没有规范的比赛规则,没有明确的胜负判断标准,是很难实现的。

(5)宣传力度不够。目前三都的苗族打手毽活动宣传推介方式主要采取在重大节日活动开展有苗族打手毽的表演项目,尚未在全国甚至海内外展开强有力的外宣攻势来系统推介,造成境内独特的文化资源"养在深闺人未识",形不成文化产业发展优势,开发很难上档次、树品牌、获效益。

(6)活动开展的时间局限。目前,苗族打手毽活动的开展仅在春节期间开展,其他时间就没有开展,活动时间太短。

(7)从事研究苗毽等民族文化人才匮乏。少数民族传统体育文化的发展,需要大量的人才作后盾,没有人才,什么事都做不成。在当今各项文化活动不断深入发展的大好形势下,苗族打手毽活动如何适应新形势的发展需要,有必要从历史发展、学术作进一步的研究,使苗毽文化在理论上得到创新,在实践上得到发展。

(8)资金投入严重不足。随着文化事业快速健康发展,用于文化事业的经费需求日益增多,由于三都是经济贫困县,政府用于文化方面的资金有限,投入严重不足,发展公益性文化事业缺乏基本的物质保证。例如,苗族毽月堂的建设,制作苗毽文化宣传手册、宣传光盘,新闻网站、媒体宣传,民族歌舞的培训等,都需要大量资金的投入。资金短缺问题严重制约苗族打手毽活动的可持续发展。

六、开发三都苗族打手毽活动的几点建议

(1)加大对苗毽文化的宣传力度。积极借助中央、省、州和海内外媒体开展外宣传,充分调动和发挥民族干部的积极性,形成合力全面推介苗族打手毽项目。一是制作质量较高的苗族打手毽活动的光盘、精美的苗族打手毽画册和在一些交通要道路口制作显眼的苗族打手毽项目宣传广告招牌;二是积极争取央视频道以及省内外、海外媒体经常性地宣传苗族打手毽项目,主动争取国家、省、地区电视台高频率地播放苗族打手毽项目,在《体育学刊》《人民日报》《中国体育报》《中国民族报》、新浪网、新华网等媒体刊载有关苗族打手毽的一系列报道和最新理论研究成果;三是建设少数民族传统体育文化官方网站,加大网页内容的翻新力度,全面宣传苗族打手毽等少数民族体育文化项目;四是要因地制宜,充分利用民族节假日和农闲季节,并根据当地自然条件和物质条件的可能,开展丰富多彩的不同形式的苗族打手毽活动,丰富群众的文化生活。

(2)加大经费投入力度。本着"谁投资、谁所有、谁受益"的原则,充分利用社会力量,多方面、多层次地加大资金投入力度。一是各级政府要设立少数民族传统体育文化建设专项资金,重点加大对苗毽等少数民族传统体育文化基础设施建设;二是要逐步加大公共财政的投入。各级领导要予以重视,将少数民族传统体育文化经费列入地方财政预算,逐年扩大公共财政对苗毽等少数民族传统体育文化建设资金的比例,在现有的条件下从人员、物质等方面给予保障;三是要充分挖掘潜在的能量,鼓励企业、民间资本投资苗毽等少数民族传统体育文化产业和对文化事业的捐赠;四是把苗族打手毽活动项目一部分用市场机制来加强引导,使之大众化,通过国家、集体、社会合资等多渠道、多方面筹集资金,逐步建立起国家、集体、社会、个人相结合的多渠道投入体系;五是当地政府要加大招商引资力度,吸引外地企业到本地区创办企业,让更多农村剩余劳动力就地就业,一方面增加群众收入;另一方面为传承苗毽等少数民族传统体育文化提供人力资源。

(3)开展民族文化进校园活动。在民族地区、民族高等院校等将规范性的苗

族打手毽运动纳入体育教学和体育内容,以丰富学校体育项目,增加体育活动内容,培养更多的民族体育人才。

(4)将苗族打手毽作为项目加以开发。当地政府应将苗族打手毽项目纳入年初制定的项目进行整体性开发,同时,在旅游景点,将该项目作为旅游者参与活动的项目,邀请游客积极参与,让他们既感受到优美的自然风光的同时,还能体验到苗族打手毽文化的魅力,吸引更多游客的眼光。

(5)加大人才的培养。充分利用高校基地,加大对民族传统体育文化人才的培养。通过举办培训班,加大对苗族古歌、苗族芦笙等苗族传统文化的培训,营造良好的民族传统体育文化人才队伍建设环境,为苗族打手毽活动发展实现历史性跨越提供人才保证和智力支持,有利于民族传统体育文化的保护与开发。

(6)规范比赛规则。组织有关专家、学者对苗族打手毽进行深度的研究,制定一套行之有效的比赛规则,让更多的人参与,同时可以将苗族打手毽项目引入竞技体育进行比赛。

禁忌被打破:缩减爱情仪式

——探视贵州花溪高坡苗族婚恋变迁

王炳忠　　吴晓梅

摘　要:苗族从爱情到婚姻,是一个仪式极其丰富的过程,贵州花溪高坡苗族亦有独特而完美的爱情仪式过程。然而,文化的强烈碰撞,社会的迅即转型,高坡苗族的爱情仪式已经大为缩减,婚姻出现草率缔结现象,由此看到整个社会的文化在浮躁变迁。

关键词:爱情　婚姻　仪式　文化　变迁

一、高坡苗族传统婚恋及其仪式

(一)传统恋爱方式

黑格尔说,两性的相互关系客观上是"生物界的最高点",因为男女在其相互关系中可以找到自己的种属一致性。[1]这样的"一致性",只有在异性的结合中才能契合到完美。为了寻找一个与自己"一致性"的人,这便产生了人间爱情,能在男女之间,形成无形的电弧般强大的、精神的和肉体的吸引力。"爱情的内涵丰富而无限,它是冲动和意识造成的奇妙景象,是性欲和精神渴求的神奇融合。"[2]

花溪高坡苗族用一个美丽、动人、凄婉、震撼心灵的故事来诠释爱情,这个爱情故事又是一首世代传唱的叙事长诗。古时候,两个大胆的男女青年相遇了,女的叫娥帝艾,男的叫查帝代,电弧般强大的吸引力使他们违背当时的所谓"人伦",生发了爱慕之情。日久天长,两人的秘密终究被人发现,人们认为大逆不道,强加阻止。

作者简介:王炳忠,男,苗族,贵州龙里人,贵州民族大学民族学与社会学学院民族学 2013 级硕士研究生,贵州省非物质文化遗产保护中心工作员,研究方向:非物质文化遗产与苗族历史文化;吴晓梅,女,汉族,贵州毕节人,贵州民族大学民族学与社会学学院民族学 2013 级硕士研究生。主要研究方向:民族文化遗产。

按照习规,查帝代请人给娥帝艾家送去一只色泽光艳的母鸡,作为赔礼,也去求亲。但是,世俗框架下的娥帝艾的阿爸怎么也不吃查帝代送去的那只鸡。娥帝艾悲痛不已,终于服毒而死。人们把可爱的娥帝艾埋葬于她经常和查帝代约会的小山坡。痴情的查帝代依旧每天到山坡上去,在那里陪伴已经死去的娥帝艾,最终枯死在那里。那个小山坡被后人叫作爱情坡,苗语叫"洲冬娥冬拉"。苗族男女青年传唱:"很久以前是谁先兴爱情坡?/娥帝艾查帝代先兴爱情坡,/爱情坡兴在金珠马场黄土坡;/远古时候哪个先兴爱情坪?/娥帝艾查帝代先兴爱情坪,/爱情坪兴在金珠马场红土坪……"这首歌几乎人人会唱,这个传说人人皆知。从此,每一个村寨都有一个爱情坡,位于村寨附近,或是低矮的小山坡,或是比较平缓的半山腰。每个村寨的爱情坡归姑娘所有,这个村寨里的男青年禁止踏足,他们只能上其他村寨的爱情坡,去和其他村寨的姑娘恋爱。

高坡苗族的男女青年多半是在爱情坡上相识相知到产生爱慕之情,爱情坡成为他们幽会和谈情说爱的地方。延续着一种程规式的爱情模式,恋爱的人们在爱情坡上以歌唱话说爱情,以木叶倾心相诉,以手哨传颂心中的欢畅与郁闷,用箫声表达缠绵不舍的痴情,以芦笙为乐曲激情欢舞。恋爱的双方从腊月开始,姑娘请小伙子在爱情坡上吃"腊八酒"。之后,正月吃"初二酒"、阳春三月吃"开春酒"、农历四月"背糯米饭"、五月端午"送粽粑"、七月吃"牛场酒"、八月吃"打米酒"等。小伙子在特定的时期,回赠礼物给姑娘,表达特殊的情谊,如吃了"开春酒",小伙子就会送给姑娘一双鞋,表示向望与姑娘同甘共苦漫度人生;背了"糯米饭",则会赠回去一百个小米粑,一个小米粑代表一个年轮,表示期待双双许身白头到老。以一系列节日活动承载爱慕之情,季节仪式划分清晰,象征意义丰富。爱情不是空口无凭,海誓山盟寄予节日活动中,是一种庄严的宣誓,有兄弟姐妹为证,有互赠互换的实物为凭。爱情坡是一个乐园,常常歌声荡漾,芦笙阵阵,木叶悠悠,手哨婉转,箫声缠绵,其乐无穷。整个"爱情的发展就是男女关系逐渐审美化的特殊过程。爱情创造美,增强人对爱情的感知能力,还能促进对世界的艺术感受。"[2]高坡苗族十年前的恋爱是这样的富有诗意,爱情的过程完全是一种诗意的程式。这些爱情过程的"'仪式化'事实上是在自然和社会压力下有目的的选择,形成了一种适应性的形式和情感动机行为化的疏通化网络。"[3]历时久长的一系列爱情仪式象征,所包含的语义结构深刻地去触动男女双方的情感深处,难消难忘,让人深刻记忆,以一种特定的方式维系着群体爱情价值观代代相传。人们在这样传神的过程生活中去实现爱情理想,发掘出崇高的新意,最大限度地去实现爱情的完美,走向崇高的境地。

千百年来,这样的爱情坡恋爱形式,完美体现爱慕与爱情需求,造就了瑰丽奇特的爱情文化,滋养爱情,也滋养人性和人生。这种在山坡上才能恋爱的规约,诠释着高坡苗族独特的爱情内涵,解说了纯洁的爱恋方式,张扬一群人对美好生活的向往与追求及对爱情人生的态度。

(二)传统结婚仪式

男女青年在爱情坡上的相知相爱的整个过程,隐蔽于村寨之外,却昭然在天眼视域之下,他们不敢轻易拉对方的手,没有以吻的方式示爱,情爱被禁锢在婚外性爱生鬼的意念之中,不敢偷食禁果。爱恋完全在传统审美意识笼罩下,恋爱方式纯洁,相爱的渴望只能是对未来充满着美的追求与向往。必须经过"严格"的婚礼仪式后几月或几年,男女双方才能入床圆房。那些由经媒妁牵线搭桥的婚配,更是在这种"严格"的婚礼仪式中去体验爱情生活,在生活中培养感情。

爱情坡的系列恋爱恋情在一种仪式框架下进行,男女青年唱歌跳舞,在婚外性爱禁忌的世俗监督下,羞涩地表达爱的萌动而模糊的情愫。这是一种柏拉图式的爱情,"男女飞翔在云端,享受着'纯粹的'精神愉悦。他们的嘴唇永远不会亲吻,手臂总是挽着虚空,思想很模糊而且神秘。"[2] 爱情的组成部分的性爱,在高坡苗族根深蒂固的传统意念中,只能在婚礼以后,性爱的对象是自己的丈夫,地点在确定为自己的床上才能进行,任何在野外或他房中进行的性爱都会生发一种不洁不净的鬼,对个人,对他人,对家庭都会造成一种危害。这样的性爱观,束缚着青年男女不能轻易牵手,不能亲吻,更不能抚摸以致肉欲。传统的恋爱过程是一个禁欲过程,婚外性爱生鬼的全民意念,和西方东正教神圣教规所宣扬异曲同工,教导人们让心灵保持纯洁清白,抵御魔鬼玷污心灵圣洁的企图,"抵抗住魔鬼的肉体诱惑"[2]。

婚礼的举行,经历说亲、定亲、吃鸡、认亲、结婚、回门等仪式。再相爱的两个人,都需要男方请人(一般是妇女)去女方家告知两个年轻人的相许心愿,这叫"说亲"。"定亲"则是男方两个能说会道的长者。这样的长者有儿女、有妻室,重婚的人都不能从事这项"圣洁"般的职事。两人带着一只母鸡和酒去与女方家长商量有关彩礼事宜,双方无异议后,杀那只母鸡,留一只鸡腿由那两位长者带回男方家。双方长者吃了那只鸡后,亲事就确定了下来。鸡腿带回到男方家,象征着亲事已经认定。

选择好日子,男方再请两个长者带着一只鸡和12斤酒,还有部分彩礼(总数的一半左右),送到女方家里。把彩礼交给女方长者其中一位至亲的叔伯后,同样杀鸡来吃,留一只鸡腿送回男方。一桩婚姻就固定了下来。男方筹备好剩余的彩礼后,又选吉日再请两个长者带着婚姻的主体之一的男青年,还请一个未婚男青年做伴,一共4人,挑着12斤酒、一大块猪肉(12斤)、一斗二升米(36斤),带着彩礼送到女方家。女方家准备十数桌酒菜,把所有的姑、姨以及家族男性都请来。交了彩礼,大家喝酒吃肉,"认(舅)亲"就这么结束。秋收后,开春前,可以择日举行婚礼。

婚礼的举行。第一天,新郎穿起长衫苗装,头裹黑帕,肩扛火药土枪。带一位精心打扮的未婚妹子,她必须穿黑色百褶裙,手戴银手镯,耳缀高坡苗族独特的玲珑银耳环,颈项套银项圈。兄妹两人来到新娘家,催促新娘着新娘装。吃过午饭后,新郎带着新娘及妹子回家,新娘村寨里的女性长辈和嫂子送到村口,未婚兄弟姐妹一直相送,直到遇上男方村寨里来接亲的未婚兄弟姐妹。第二天,办酒席。新娘被请到新郎村寨里的叔伯家里吃饭,逐户进行。傍晚,新娘村寨里的女性长辈、嫂子和兄弟姐妹数十人来到新娘家,唱歌直到天明。吃了早饭后,新娘被带回娘家。新郎和三个同辈男青年则挑着四个大米粑(每个由12升36斤糯米煮熟后打制而成)送新娘回去。大米粑在新娘家被切成方正10厘米的若干块,分送给亲戚亲人。在整个婚礼仪式过程中,新娘由那位精心打扮的妹子陪伴,新娘和新郎没有独处也不能同居。在婚后找恰当的借口,新郎去把新娘请回家来,数次的羞涩相处,在娘家和婆家往复,最后并肩生活。

智慧的高坡苗族给这些仪式赋予了很重要的意义,一系列的通过仪式才通达婚姻殿堂,才去经历微妙的程序入床圆房。这种婚姻的程式化"仪式属于社会化的、群体认可的重复行为和活动。它对社会秩序的稳定和道德形象的塑造起到了其他许多社会活动无法替代的作用。"[3]充分地体现了高坡苗族理智尊重社会,尊重人伦,尊重父母,尊重爱情。从爱情坡的恋爱生活,到婚礼生活再到家庭生活,整个恋爱和通达婚礼的"仪式能够在最深的层次揭示价值之所在……人们在仪式中所表达出来的,是他们最为感动的东西,而正因为表达是囿于传统和形式的,所以仪式所揭示的实际上是一个群体的价值。"[4]

二、简易缔结的现代婚恋探析

(一)缩减爱情仪式后出现普遍早婚

当代社会迅即转型,文化观念、价值观念、爱情观念迅速剧变,年青一代不从父母一代,在老辈与小辈的对视中,树立的矛盾总是在长爱幼的调和中实现创新方式的继承,甚至放弃。二十年时间,高坡苗族在社会、文化、观念的调适中,婚恋形式发生了巨大的变化,一系列传统的恋爱仪式全盘被否定,婚礼通过仪式也几乎全盘改变。

恋爱的男女双方相识相知的场景是某个聚会的场合,或某次偶然的相遇或特意地安排,审美的视角不再是女性的心灵手巧刺绣的衣物、甜美的歌声、木叶婉转、勤劳双手。男女双方恋爱交流的工具是电话手机,互相约会的地点是其中一方的村寨乃至家屋,直截了当地面对父母和家人。不再去经历爱情坡的种种节日仪式过程的滋补润养。爱情坡已经成为人们在为百年老人送终时才唱诵念及的名词。恋爱的主体经历很短的爱情过程就发生了性爱,继而居住到男方家里,等待婚礼。这样的情况下,男方请人到女方家里告知女方的父母。女方父母则约定一个时间,带着村里数十人到男方家里看望,一般情况下就默认了这门婚亲。接下来,男方请人到女方家讲彩礼事宜。随后,就一次性把彩礼送到女方家。紧接着就准备结婚。新娘已经到男方家了,但为了有个接亲仪式,就请一个车队把新娘送到娘家,再把娘家的人也一起接过来。以前,新娘的父辈不能出现在婚礼上,而如今新娘的什么人都可以出现在新郎家举行婚礼的餐桌上了。

从恋爱到结婚的仪式过程简易,这种压缩了过程的爱情婚姻,使高坡苗族普遍地早婚,年龄多在十七八岁。传统的爱情坡的恋爱是爱情的"纯情"期,人们"可能已经意识到了性欲,但还没有到实施性行为,甚至拥抱和接吻的地步。这种情形对于爱情第一个阶段是很典型的,一个纯激情的阶段,从某种程度上说是一个单纯的爱情审美阶段。"[2]虽然传统的婚姻模式也有早婚现象,但是不坐家不性爱,也不生儿育女,直到20岁以后,父母才同意女方到男方家居住。如今,传统的社会禁忌已经被打破,婚外性爱生鬼的意念也在人们的思想中几乎彻底根除。"贞洁是基督教的伦理的基础,具有神秘的宗教裁判作用。"[2]如今高坡苗族从自己的"宗教"禁欲中"摆脱"出来,恋爱就意味着性爱。

(二)婚恋仪式简化导致传统文化放弃

高坡苗族的恋爱自由是由那首娥帝艾和查帝代的叙事长诗歌唱出来,自由的程度由爱情坡以见证。标志自由恋爱的爱情坡,是在难以抑制的感情洪水冲破人性底线的情况下诞生的。这种人性的解放所张扬的爱情,在爱情坡上创造了灿烂的恋情文化。苗族男女青年延续着爱情坡文化"规约"下的程规式的爱情模式,以歌唱话爱情,以木叶倾心相诉,以手哨传颂心中的欢畅与郁闷,用箫声表达缠绵不舍的痴情,以芦笙为乐曲激情欢舞,举行"腊八酒""初二酒""开春酒""背糯米饭"

"送粽粑""牛场酒""打米酒"等。恋爱感情的需要量由此递增,表达这份喜悦的满意之情,爱情坡便常常歌声荡漾,芦笙阵阵,木叶悠悠,手哨婉转,箫声缠绵。放弃了这样的恋爱模式,也就放弃了一种灿美的文化。男女青年不再去向歌师学歌,也不会吹木叶、不会吹芦笙,不会用箫声来表达那种缠绵悱恻的情感,爱情的增进不再以"腊八酒""初二酒""开春酒"……来衡量、证明与向世人宣扬。

现代恋爱的双方情投意合,就可以到男方家掀被入床,然后男方父母才去女方父母那里告知已成事实的婚姻。在讲彩礼的时候双方交涉的礼仪老人确定的数额不再遵行古规成为终极定数,最后还是由双方父母面对面的较劲嘴皮,彩礼成为整个婚姻最焦灼人心的焦点,赤裸裸地以金钱为中心。省去说亲的前奏,省去定亲、吃鸡、认亲的繁复而合三为一。在结婚的礼仪上看重的是花车装扮如何,不再理会有没有人通宵达旦去歌唱天地开辟、人类起源、民族繁衍、情与爱、事与物。以前,在婚礼上唱歌的是来自婚姻主体的两个村寨的未婚男女青年对唱,现在却成了两个村寨的婚后中老年人对唱,唱歌的对象改变了。第二天没有新娘回门,也就没有回送大米粑去链接那些上辈的血亲和姻亲。简易缔结的爱情婚姻,不仅弃置了灿烂的爱情坡文化,也弃置了一个民族文化精髓的传承和礼仪的继承。

三、两种不良婚姻现象访问

(一)彩礼极高,与经济社会发展极不协调

高坡苗族所居地理位置处于麻山边缘,高寒贫瘠,山高谷深,人口多土地少,喀斯特地形地貌突出。区域内部分人十年前还在为温饱奔波,经济文化落后于周边。千百年来,高坡苗族都清楚地认识到所处的艰难困苦地理环境,所以他们自称为"蒙若","蒙"有民族和苗族的意思,"若"则是林石交生的山野、旮旯之地。他们把周边居住在平地上,有大片田野的龙里县湾滩河海葩支系苗族称为"蒙幝","幝"是苗语里的田坝;把居住在高山台地上的龙里县草原的白裙支系称为"蒙白","白"指山上。"蒙若"即是与环境恶劣的喀斯特山石、岩洞、林木相处相伴相生的苗族。

生存环境状况完全与经济发展水平成正比,高坡苗族的经济发展是滞后的。然而,这里却出现了婚姻彩礼畸形提升状况,高于周边民族数倍。据调查,周边汉族和其他支系的苗族的彩礼徘徊在 2 万~5 万元,而高坡苗族的彩礼已经普遍高达 13 万元,更有甚者已达 20 万元,而且还在逐渐攀升。这是一种非常不良的现象。

经济的承受能力是有限的,反弹的出现,可能会导致一种新的矛盾,一种新的畸形会由此诞生。但愿新的畸形能够被调适,而不是安全责任之类的现象发生。

笔者在调查中发现,同属高坡苗族支系的龙里县湾滩河镇打夯村的一个婚礼上,没有一个人是新娘家里的人。据了解,当地这样的婚礼从来没有出现过。婚礼上没有娘家人,这是奇耻大辱,是不完美的婚礼。而女儿的婚礼,娘家人没有参加,也会被社会言论谴责。调查得知,这个婚礼上的男方家于前一年给女方家送去 12 万元的彩礼。知道新娘一方没有来参加婚礼,新郎家只得花钱请了远在 70 千米外的龙山镇的几个民间歌师来充当新娘家的人,代表娘家人在婚礼上唱苗歌。婚礼上没有新娘家人,其中定有原因。

(二)抢婚:人身权利侵犯

据了解,2014 年春节前后的一个多月里,花溪区高坡乡派出所共接到大约 10 起涉及抢婚的报案。其中,2 月 3 日晚上,一名姓吴的初二女学生遭遇抢婚。当民警赶到男方杨某家中时,男女双方都被藏匿了起来。被抢婚那天,杨某约吴某去家里玩。到杨家后,有人来放了鞭炮,两个人就成了名义上的夫妻,吴某一个月之内不能回娘家。被抢婚的第二天晚上,14 岁的吴某就被杨某侵犯了! 根据所谓的"习俗",第四天杨家两个人到女方家提亲,吴某的父亲居然同意。他说:"只能认了,没办法。"2 月 21 日中午,民警带着犯罪嫌疑人杨某进行犯罪现场指认时,村里的村民将民警团团围住,反复强调,这种抢婚的形式是村里的习俗。[5]另外处理的一起抢婚案件中,受害人王某某,17 岁,是高职学校学生,2 月 23 日被一名刚认识两天的男子哄骗到家中。王某某打电话向家人求救后,24 日下午,王某某被警方解救。同是一天晚上,受害人王某,24 岁,被一个远房"叔叔"哄骗带走,并遭到强奸。每年春节前后,高坡派出所都会接到不少涉及抢婚的报警。曾经还有男子在路上强行将女孩拉回家中的现象。但有些时候,当双方父母在事后谈妥了彩礼等问题,矛盾的问题也就舒缓了。然而,没有报案的更是大有存在。高坡派出所所长表示:"这种民风有种根深蒂固的感觉,就觉得抢婚是很正常的事情。"贵州省青年法学会会长孙光全表示,这种认识上的错误,不应该影响到定罪。[6]

四、爱情婚姻认识误区纠正

爱情是一种人类精神的最深沉的激情,费尔巴哈写道:"爱意味着做人。"一个陌生的人,一个漠视你的人,一个对你没有什么好感的人,"要获得他的爱情、征服他的心,这是一场极其卓越的战斗。进攻的火力要非常强烈,这样才能融化冷漠的坚冰,而且要进攻得非常优雅,表现得很激动,这样才不致引起反感。"[2]高坡苗族抢婚的"卓越战斗"已经远远超出了"优雅"的范畴,不仅没有融化坚冰,而且引起了极大反感,甚至械斗以致上法庭。男方以图肉欲占有了女孩纯洁的身体,以强迫和敌视存在的"婚姻"有多大意义呢?"生米煮成熟饭"实在是说不通,"他想"与"她想"难以合拍,甚至永远不会合拍。

巴尔扎克写道:"年轻小伙一旦遇上一个不爱他的女人……(或者他过分钟爱的女人),那么,他一生都会遇到摧残。"[2]抢婚的现象,首先摧残了女孩的身体、思想、感情,再是一时获得占有女孩肉体的男方将遭到一生的摧残。在人们的爱情生活中,"心理的、精神的、社会的需要,高于生理的、物质的、个人的需要。"[7]所以,爱情的质量取决于人自身的质量,即取决于一个人的认知水平、道德水平和实践能力。"如果男女的亲密婚姻不是以爱情为基础,他们繁衍后代也不是因为相爱,而是蓄意要将个人利益或无谓的偏见置于自然法则之上,那么,他们就是人类的罪人,是后代的罪人。"[2]既然是这样,抢婚应该终止了,作为政府应该大力宣传这样的行为的违法与不道德,应该进行强力阻止。公安部门应该进行刑拘与处罚,不能给那些想"爱"谁就"爱"谁的人以机会,更不能让这种违法违德的所谓"爱情"持续上演或者愈演愈烈。好在还没有烈女出现,没有为自由自杀或以其他方式抛弃生命的。

"爱情不是一个人对另一个人的在物理意义上的简单功用问题,而是复杂的甚至神秘的精神或心理意义上的满意度问题,虽然其中也有物理意义上的因素,使这些因素都必须升华成心理的或精神的因素后才能起作用。所以,在爱情中,价值的有用性问题就是爱情双方彼此相互满意的程度问题。"[8]抢婚,使女方成了男方的性欲工具,显然,"这是历史的倒退,与弘扬人的主体意识,要求男女平等的观念格格不入。"[8]家庭没有经历过激动的爱情,生活难以变得更加丰富、美好、快乐,就不会感觉到彻底的幸福。马克思明确指出:"社会的进步可以用女性(丑的也包括在内)的社会地位来精确地衡量。"[9]高坡苗族的抢婚现象是对女性的极不尊重,是极大地伤害与摧残,精确地衡量了高坡苗族全民文化素质需要普及提高,社会文明程度需要进一步提升。

五、结 语

社会转型期,高坡苗族爱情文化发生了巨大变迁,传统的仪式模型失去了约束力,通达婚礼的通过仪式,特别是情爱的通过仪式大大简化。在这个简化了的爱情范式下,如何进行文化结构调整,走出困惑,解除婚姻礼金甚高、抢婚等不良现象?爱情这种永远不断变化、完善和发展,帮助人类获得潜在的永生并进化后代的力量,如今失去了应有的关注,可能会在一定范围或者一定时期变成一种极大的危害。解决社会转型期高坡苗族社会出现的情爱问题,校正人们的恋爱婚姻价值观,很值得对爱情价值进行研究,促使形成一种新的不成文的民间"规范",使得青年男女双方在这个新"规范"下把重心放到爱情价值上来,达成某种双方情感的满意程度的爱情。这种满意程度由"爱情双方的个人内在价值、个人崇尚价值、社会功效价值和社会舆论价值的相互契合程度决定。"[8]让爱情主体能够正确、积极地营造爱情,从而获得幸福美满的爱情生活,建立健康完美的真爱家庭,爱情天长地久,构建起一个和谐的苗族区域。

参考文献

[1][作者不详].黑格尔文集(第3卷)[M].莫斯科:[出版社不详],1956:35.

[2]基里尔·瓦西列夫.情爱论[M].赵丹,译.合肥:安徽文艺出版社,2013.

[3]彭兆荣.人类仪式的理论与实践[M].北京:民族出版社,2007.

[4]维克多·特纳.仪式过程:结构与反结构[M].黄剑波,柳博赟,译.北京:中国人民大学出版社,2007:6.

[5]许梦雪.抢亲恶习也违法 花溪22岁男子"抢亲"14岁少女[N].黔中早报,2014-02-20.

[6]村落存"抢婚"风俗·警方一月接10起报案[EB/OL].(2014-03-04).http://www.guancha.cn/local/2014_03_04_210788.shtml.

[7]方夫.爱情价值的主体条件[J].道德与文明,1987(2).

[8]吕朝彦.爱情价值论[J].甘肃高师学报,2001(4).

[9]韦建桦.马克思恩格斯文集(第10卷)[M].北京:人民出版社,2009:299.

学 术 论 坛

苗族心史记载的涿鹿大战❶

石朝江

摘　要:5000 多年前,黄帝部落打败蚩尤部落,中国史籍大量地记载了著名的涿鹿大战。蚩尤后裔苗族也一直流传着涿鹿大战的故事。苗族心史记载与中国史籍记载基本吻合。他们不借助任何文字,却把祖先的经历传说 50 多个世纪。

关键词:苗族　心史记载　涿鹿大战

高尔基说过:"从远古时代起,民间创作就不断地和独特地伴随着历史……俄罗斯的歌谣就是俄罗斯的历史。"[1]战败的九黎余部迁徙至神州大地的西南部,将蚩尤的英雄故事带到了四面八方。涿鹿大战之史实,苗族也有自己的心史记载。流传在川黔滇方言区的《西部苗族古歌·祭神礼辞》[2],叙说蚩爷的父亲叫杨劳,蚩爷子承父业,厦姑爷把蚩爷一家撵向高山,蚩爷一次钻进悬崖下找水喝,发现溪水是红颜色的,原来是一片铜矿。蚩爷把铜矿放在炉火里烧,让身边的能人制成了一把阳剑阴刀。蚩爷制好剑返回乡,叫来能工巧匠,开山劈石,架起火炉,锻造兵器。接下来就分为"造兵器""硝烟起""战神""厦败""战袍""金银碳粉""中计全军覆没""阴魂不散""雕像""诱导儿孙""西迁"等章节,比较全面地记载了中国古代那场浩动天宇的涿鹿大战。

造兵器

蚩爷制好刀剑返回乡,

才叫来能工巧匠扛铁锤,

作者简介:石朝江,苗族,男(1950—),贵州黄平县人,贵州省社会科学院二级研究员,原副院长、巡视员。出版著作 9 部,主编 8 部,获省部级一、二等奖 4 项。研究方向,苗族历史与文化。

❶ 国家社科基金项目:《中国典籍苗族早期历史资料整理与研究》(11btq017)。

开山劈石,

把铜矿挖出来。

开山劈石,

把铁矿挖出来。

能工巧匠架起火炉朝外面,

把铜矿放进铁焊的炉子。

能工巧匠架起火炉朝外面,

把铁矿放进铜焊的炉子。

炼出铜花飞舞,

炼出铁水奔流,

才造出许多的刀剑,

也制得许多的金衣银衣。

银衣来挡刀,

金衣来挡剑,

长剑刺不通,

剑就在石林里磨剑齿。

长刀砍不进,

刀才在石林里擦刀刃。

剑讲剑齿生来就很快,

刀说刀锋生来就很尖,

剑讲剑白昼无事剑齿都长满锈斑,

刀才快速地爬上蚩爷的坝去磨,

刀说刀白昼无事刀口都长满锈斑,

刀才快速地爬上蚩爷的地去磨刀刃,

蚩爷制好刀剑返回故乡,

士兵们把刀剑都放到杨劳的楼上。

苗族心史记载的蚩爷即是蚩尤,厦姑爷即指黄帝。开山劈石,把铜矿挖出来,把铁矿挖出来,架起火炉朝外面,把铜矿放进铁焊的炉子,架起火炉朝外面,把铁矿放进铜焊的炉子,炼出铜花飞舞,炼出铁水奔流,造出许多的刀剑,也制得许多的金衣银衣。这些心史记载资料与中国史籍记载"造冶者,蚩尤也"。"蚩尤受金作兵"，"蚩尤受庐山之金，而作五兵。""蚩尤受葛庐之金而作剑铠矛戟。""蚩尤兄弟八十一人……造五兵：仗、刀、戟、大弩，威震天下"是相吻合的，这绝不是偶然的巧合，而是苗族先民的经历。

硝烟起

蚩爷制好刀剑返乡来安家，
厦姑爷高兴不起来。
厦姑爷又重新返回过来，
杨劳的儿子到山弯。
蚩爷起来犁地，
蚩爷到平原，
蚩爷起来耙田。
用剑去与厦姑爷相比，
拿刀去与厦姑爷相拼，
打杀到水边，
水涨起来齐岩，
厮杀到山弯，
水涨起来齐坡，
把船放到水里去开路，
水退朝两边，
厦姑爷害怕就逃跑，
把船放到山谷里去开沟，
水上行船很平坦，
厦姑爷害怕就快逃，
蚩爷把厦姑爷他们赶跑，
赶得厦姑爷躲朝山里面。
蚩爷把厦姑爷他们追打，
打得厦姑爷躲朝深谷里，
蚩爷占领厦姑爷的坝子。

"蚩爷制好刀剑返乡来安家，厦姑爷高兴不起来，蚩爷用剑去与厦姑爷相比，拿刀去与厦姑爷相拼，蚩爷把厦姑爷他们赶跑，赶得厦姑爷躲朝山里面，蚩爷把厦姑爷他们追打，打得厦姑爷躲朝深谷里，蚩爷占领厦姑爷的坝子。"反映出蚩爷制造刀剑后，就与厦姑爷相比相拼，甚至还占领了厦姑爷的坝子，这与中国史籍记载的"蚩尤……好兵喜乱，作刀戟大弩，以暴虐天下，并诸侯无度。""蚩尤最为暴，莫能伐"也是相吻合的。

战神

蚩爷将剑挂背上，
再跟厦姑爷交战。
蚩爷把弓举在前面，
再跟厦姑爷去用兵。
把厦姑爷追到很远的山那边，
把厦姑爷撵到很远的坡这面。
蚩爷凯旋回归了多易地（地名），
蚩爷沉浸在胜利中，
厦姑爷回到自己的坡上，
他们死亡一大半。
有一天，蚩爷不在家，
蚩爷出门去遛狗；
有一天，蚩爷不在家，
蚩爷出门去磨剑。
九个媳妇和姑娘在家，
前面在纺棕线，
九个媳妇和姑娘在园子，
背面在纺麻线。
厦姑爷之父游转来到，
一瘸一拐游过来，
厦姑爷之父开口问：
你们九个媳妇和姑娘，
蚩爷在家吗？

蚩爷他在园子吗?

九个媳妇和姑娘答道:

蚩爷他不在家,

他老人出门去遛狗;

蚩爷不在园子,

他老人出门去磨剑。

厦姑爷之父反问道:

杨老爷(蚩爷)他的神剑放哪里了?

杨老爷(蚩爷)他神剑放哪里呢?

把他的神剑拿来给我们看。

把他的神剑拿来让我们瞧。

九个媳妇和姑娘很懂事,

把神剑拿来给厦姑爷他们看;

九个媳妇和姑娘也懂礼貌,

把神剑拿来给厦姑爷他们瞧。

厦姑爷用崴剑换了那把神剑,

把那崴剑拿给九个媳妇和姑娘去保管;

厦姑爷用崴剑换了神剑,

把崴剑拿给九个媳妇和姑娘去收藏。

蚩爷的神剑落到厦姑爷手上,

蚩爷的神剑又给厦姑爷拿到。

"蚩爷将剑挂背上,再跟厦姑爷交战,蚩爷把弓举在前面,再跟厦姑爷去用兵,"好似一副战神的形象。心史记载反复提到九个媳妇和姑娘,或者是暗指中国史籍记载的蚩尤有九九八十一兄弟。"厦姑爷用崴剑换了神剑,蚩爷的神剑落到厦姑爷手上,"这却是未见中国史籍之记载的。

厦败

厦姑爷他们把神剑背下坝子,

要把神剑派上大用场,

厦姑爷他们把神剑背下弯沟,

打算用神剑把蚩爷杀，

水小齐腿肚。

厦姑爷蹚过了河，

要占领蚩爷家的地；

蚩爷蹚过河，

占领了厦姑爷的地。

蚩爷返回家，

以为他的神剑还在，

蚩爷返回园子，

觉得他的神剑还存留。

剑长成后没有地方磨剑齿，

剑要拿厦姑爷磨剑齿，

刀长成后没有地方擦痒，

刀要拿厦姑爷擦痒，

神剑讲它的剑齿生来就很快.

刀说它的刀锋生来就很尖，

剑讲它白昼无事剑齿都长满锈斑，

刀才快速地爬上厦姑爷的坝里面去磨刀锋，

刀说它白昼无事刀口都长满锈斑，

刀才快速地爬上厦姑爷的地去磨刀锋，

蚩爷挥剑夺得厦姑爷地，

蚩爷挥剑夺得厦姑爷坝，

厦姑爷把神剑背在背上，

又返回与杨老爷(蚩爷)他们交战，

厦姑爷把神剑背在背上，

又返回与杨老爷(蚩爷)家交战。

厦姑爷用神剑剑不显神威，

神剑说它很累，

厦姑爷用神剑剑不听使唤，

神剑它停着不动，

厦姑爷毫无办法，

厦姑爷撒腿往回跑；

蚩爷的兵多又多，

把厦姑爷他们撵朝高山，

蚩爷家的人聚来成群。

把厦姑爷他们撵朝高坡，

什么(地方)有个悬崖?

蚩爷在的地方有个悬崖，

大雾弥漫，

藏不住厦姑爷的身，

什么(地方)有个悬崖?

云层缭绕，

藏不住厦姑爷的体。

谁有两位年轻的媳妇?

蚩爷有两位年轻媳妇，

两台织机做一道门立着，

套住厦姑爷逃不脱，

身冒冷汗直发抖，

蚩爷的兵去追赶，

厦姑爷的兵死的死逃的逃。

　　"蚩爷挥剑夺得厦姑爷地，蚩爷挥剑夺得厦姑爷坝"，虽然厦姑爷用崴剑换了蚩爷的神剑，但神剑到厦姑爷手中都没有派上用场，"厦姑爷用神剑剑不显神威，厦姑爷用神剑剑不听使唤。蚩爷的兵多又多，厦姑爷毫无办法，厦姑爷撒腿往回跑，把厦姑爷他们撵朝高山，蚩爷的兵去追赶，厦姑爷的兵死的死逃的逃。"这与中国史籍记载"黄帝与蚩尤九战九不胜，黄帝归于大山，三日三夜，雾冥"。"三年九战，而城不下。""黄帝……不能禁止蚩尤，遂不敌，乃仰天长叹"不谋而合。

战袍

蚩爷收兵回来，

蚩爷收兵回归。

睡到大半夜，

蚩爷从梦中醒，

睡到半夜三更，

蚩爷猛然被惊醒。

蚩爷心想：

铜衣来看家，

铁衣来纺线，

铜衣来煮盐，

铁衣来织带，

我要把铜衣穿在身上不让脱，

把铁衣缠在身上不会掉，

铜衣来穿好，

铁衣来缠牢，

蚩爷登上锡船，

头戴银角腰挎剑，

手上拿着弓和箭，

又与厦姑爷他们再打，

返回与厦姑爷他们再杀，

厦姑爷他们势力弱，

连战九回厦姑爷打不开路，

狂杀八次厦姑爷攻不通沟，

蚩爷举剑搭弓划出去，

缭绕的云雾把路开，

蚩爷家的勇士们神剑搭上臂，

缭绕的云雾让出路。

厦姑爷把神剑搭上臂，

狂风大作不把路开，

蚩爷家的勇士们多又多，

撵得厦姑爷他们连滚带爬往回跑，

蚩爷家的勇士们如蜂拥，

撵得厦姑爷他们连绊带滚往回爬，

蚩爷他们打得狠，

伤透厦姑爷他们的心，

蚩爷家的勇士们打得稳，

伤透厦姑爷他们的肝，

厦姑爷他们长叹道：

蚩爷他们心不好，

把我厦姑爷一味来欺骗，

蚩爷他们心不平，

把我厦姑爷一味来蒙蔽，

有铜衣遮护我伤不了蚩爷他们的命，

靠铁衣来把我厦姑爷放倒，

这回我厦姑爷要去骗大婆巨，

要她老人给点金银碳粉开山崖。

"把铜衣穿在身上，把铁衣缠在身上，铜衣来穿好，铁衣来缠牢，"这与中国史籍记载"蚩尤有兄弟八十一人，并兽身人语，铜头铁额"是相吻合的。"蚩爷家的勇士们神剑搭上臂，缭绕的云雾让出路。厦姑爷把神剑搭上臂，狂风大作不把路开。"这与史籍记载"蚩尤幻变多方，徵风召雨，吹烟喷雾，黄帝师众大迷""蚩尤作大雾，弥三日，军人皆惑"是相吻合的。"蚩爷他们打得狠，伤透厦姑爷他们的心，这回我厦姑爷要去骗大婆巨，要她老人给点金银碳粉开山崖。"这与中国史籍记载"九战九不胜"的黄帝，最后"天谴玄女下授黄帝兵符，伏蚩尤"也基本相符合。

金银碳粉

厦姑爷收兵回来到，

厦姑爷停战已回归。

厦姑爷睡到大半夜，

厦姑爷从梦中惊醒，

睡到夜深人静，

厦姑爷的兵也在睡梦中惊醒。

厦姑爷心想道：

崖大崖做屋，框大屋做屋，

我要去骗婆巨，

要她金银碳粉用。

做屋要画线，

屋宽到要九十九人围，

园大到要八十八位度，

我要砍棵树来做桌，

把那树尖来做脚，

木桌就做成。

桌脚已斗好。

飞快爬上筷子，

背上背一桶油。

手里提一壶酒，

要接大舅爷杀猪吃，

要接大舅爷喝杯酒。

从此后不与蚩爷他们动兵，

从今后不与蚩爷他们厮杀。

苗族心史记载说"厦姑爷要去骗婆巨，要她金银碳粉用。背上背一桶油。手里提一壶酒，要接大舅爷杀猪吃，要接大舅爷喝杯酒。从此后不与蚩爷他们动兵，从今后不与蚩爷他们厮杀。"折射出屡遭失败的黄帝开始用计谋，武力胜不过大舅爷，接大舅爷杀猪吃，接大舅爷喝杯酒，商议不再用兵，麻痹大舅爷，玩的是要智取。大舅爷果然上当。

中计全军覆没

蚩爷他们不知是计，

还围着九十九张大木桌，

吃得正高兴，

肉还未吃上两口，

酒也未喝着两杯，

厦姑爷放金银碳粉来引爆，

碳粉化作熊熊烈火在燃烧，

把蛊爷家的兵烧死。

蛊爷他们反过来与厦姑爷厮杀。

厦姑爷他们有金银碳粉拿着，

云雾见了也开路。

蛊爷家的兵把金衣银衣穿在身上，

云雾见了也不开路，

厦姑爷他们把金银碳粉拿在手里，

风雨见了也避让，

蛊爷他们拿神剑放到手上，

风雨见了也不避让。

厦姑爷的兵多又多，

把蛊爷家的兵撵得连滚带爬往回跑，

厦姑爷的兵多又多。

把蛊爷家的兵撵得连滚带爬往回撤。

蛊爷家的兵打不过。

伤透了蛊爷一家的心。

蛊爷家的兵打不赢，

伤透了蛊爷一家的肝。

蛊爷长叹道：

厦姑爷心不好，

把我蛊爷欺骗，

厦姑爷心不坦诚，

把我蛊爷杀，

铜衣要了我蛊爷八十一位弟兄的命，

铁衣让我蛊爷七十二位统兵倒毙，

天哪！我们彻底完了！

我蛊爷家的兵全军覆没，

让鼠叫让鸟啼计茅堇牛长，

磬钟传递消息的声音已经听不见，

从此凡间的太阳将会火辣辣,

活着的人们只有跟着太阳走,

去到太阳落山的地方(西方),

才养得活那些嗷嗷待哺的小孩,

等凡间都住满了人,

等到蜘蛛网结满天,

雄鹰飞翔满蓝天。

母猪爬满我们的地面。

蒙才有安稳的日子过,

以后我蚩节家不要有糊涂女。

那些儿孙可穿绸缎忌穿铜衣;

为了我蚩爷家不要有糊涂儿,

那些子孙忌穿铁衣穿绸缎。

蚩爷说完重重地倒下,

血肉熔化成焦土,

蚩爷说完猛然倒地,

铜衣铁衣化成一坨,

蚩爷死后他的骨变成黑铁骨,

肉变成黄铜肉。

"蚩爷他们不知是计,还围着九十九张大木桌,吃得正高兴,肉还未吃上两口,酒也未喝着两杯,厦姑爷放金银碳粉来引爆,碳粉化作熊熊烈火在燃烧,把蚩爷家的兵烧死。""铜衣要了我蚩爷八十一位弟兄的命,铁衣让我蚩爷七十二位统兵倒毙,天哪!我们彻底完了!我蚩爷家的兵全军覆没,"这与中国史籍记载"流血百里""遂杀蚩尤""蚩尤血","身首异处"也是相似的。只不过是蚩爷家的兵没有全军覆没,还有一部分南迁至长江流域,后又建立起三苗国。李廷贵教授考证说:"九黎部族的一部分从黄河中下游南下长江中下游,同以生活在那里的南方人,建立起三苗国,范围在洞庭湖、鄱阳湖一带,即今湖北、湖南、江西、安徽、江苏等广大地区。"[3]

阴魂不散

从此，蚩爷的兵不会回来。

从此，蚩爷的兵不能回归。

厦姑爷睡到大半夜，

厦姑爷的兵从梦中惊醒。

听见蚩爷说：

伙伴们起来了，

天要变地要翻，

人是死了魂魄却涌动着，

妖魔作怪虎狼会踏来。

刀剑涌动莽沙乱纷纷，

凡间的各种人都受惊吓，

为什么你们还不醒，

睡得那么香哟，

厦姑爷的兵突然从梦中惊醒，

鬼哭狼嚎地叫道：

"蚩爷他们又活过来了！"

厦姑爷的兵迅速起来与之厮杀，

看上去是人，

刀砍剑刺全无踪影。

看去走路蹒跚，

刀砍剑刺去很快消失，

看准了却抓不着，

抓着了再看却又没了。

原来蚩爷他们心不死，

原来蚩爷他们阴魂不散。

魂回来与厦姑爷厮打，

魄回来与厦姑爷纠缠，

蚩爷家的兵血肉化成黑土，

溶进平原大坝,

山弯的烈火烧不熄,

把那些庄稼野草烧断根,

山坡的烈火烧不尽,

(快)把那些人都烧绝种。

"厦姑爷的兵从梦中惊醒,听见蚩爷说:伙伴们起来了,天要变地要翻。厦姑爷的兵突然从梦中惊醒,鬼哭狼嚎地叫道:蚩爷他们又活过来了！厦姑爷的兵迅速起来与之厮杀,看上去是人,刀砍剑刺全无踪影。看去走路蹒跚,刀砍剑刺去很快消失,看准了却抓不着,抓着了再看却又没了,原来蚩爷他们心不死。"反映出厦姑爷虽然用计谋打败了强大的蚩爷,可厦姑爷及他的兵士却经常做噩梦:"蚩爷他们又活过来了。"

雕像

厦姑爷心想:

树大好遮阴,

树直好弹墨,

根部有九围,

树梢有九庹,

我要砍下树根锯成筒,

把树梢来砍削,

树根雕出蚩爷的形象来放着,

树梢凿出蚩爷家的兵来存着。

从此大地才开始复苏,

从此苍天才开始明朗,

这回厦姑爷的生活才平稳。

"厦姑爷心想:树大好遮阴,我要砍下树根锯成筒,把树梢来砍削,树根雕出蚩爷的形象来放着,树梢凿出蚩爷家的兵来存着。从此大地才开始复苏,从此苍天才开始明朗,这回厦姑爷的生活才平稳。"这与中国史籍记载:"伏蚩尤之后,天下复扰乱,黄帝遂画蚩尤像以威天下,咸谓蚩尤不死,八方皆殄灭"也是不谋而合。

诱导儿孙

厦姑爷心不好，

把杨劳的小弟谷能欺骗，

厦姑爷心不坦诚，

把杨劳的小弟谷能蒙蔽，

猪心要了杨劳的弟（谷能）的命，

龙心让杨劳的弟（谷能）倒下；

伤透了杨劳的肝，

杨劳把草鞋倒着穿，

纵身跳入浑水河，

把蓑衣反着披，

魂魄飘飘荡荡飞上天堂；

伤透了杨劳的心，

杨劳把草鞋倒着穿，

纵身跳入黄水河，

魂魄飘飘悠悠飞往上坡。

杨劳不会转回，

丢下一群老弱病残人在平坝，

杨劳不会回返，

丢下一群老弱病残人在平地。

厦姑爷追来到，

把一群老小往高坡撵，

撵到遥远而只有冬天的地方；

厦姑爷追来到，

把一群老小往高坎处撵，

撵朝遥远而只有冬天的地方。

大家扶老携幼逃向远方，

厦姑爷追不着，

大家扶老携幼逃向天的尽头（日落之地），

厦姑爷撵不到,

是你们繁育后代的道路,

是你们开垦种植的地方。

"杨劳把草鞋倒着穿,纵身跳入浑水河,把蓑衣反着披,魂魄飘飘荡荡飞上天堂;大家扶老携幼逃向远方,厦姑爷追不着,大家扶老携幼逃向天的尽头(日落之地),厦姑爷撵不到,是你们繁育后代的道路,是你们开垦种植的地方。折射出苗族人民一代又一代地传承着涿鹿大战的故事。"

西迁

厦姑爷心不好,

把幺妹来欺骗,

厦姑爷心个不坦诚,

把幺妹来蒙蔽,

骗得幺妹蓝幽幽的碳粉,

烧坏我山上的森林,

烧死我无数的勇士,

铜衣脱不掉要了我蚩爷的命;

骗得幺妹花花绿绿的铁粉,

毁坏我城池无数座,

烧死我斗士几大营,

铁衣脱不下让我蚩爷倒下。

伤透蚩爷的肝,

蚩爷飞快地脱下铜衣,

魂魄飘飘荡荡飞上天堂。

伤透蚩爷的心,

蚩爷飞快地脱下铁衣,

魂魄飘飘悠悠飞往上界,

蚩爷他会去不会回,

丢下一群老弱病残在平坝;

蚩爷他会往不会返,

丢下一群老弱病残在平地。

厦姑爷追来到，

把一群老小往高坡上撵，

撵朝遥远而终年积雪的地方；

厦姑爷追拢来，

把一群老小往高坎处撵，

撵朝遥远而终年积雪的地方，

大家扶老携幼逃向远方，

厦姑爷追来到，

大家扶老携幼逃向天的尽头（日落之地），

厦姑爷撵不到你们，

（那里）是你们生根繁衍后代的大道，

（那里）是你们开垦种植的地方。

"烧死我无数的勇士，铜衣脱不掉要了我蚩爷的命，毁坏我城池无数座，烧死我斗士几大营。大家扶老携幼逃向天的尽头（日落之地），（那里）是你们生根繁衍后代的大道，（那里）是你们开垦种植的地方。"《西迁》反映出涿鹿大战后，苗族从此迈向了千年迁徙路。李廷贵教授考证说：根据苗族史诗和传说，参照汉文文献资料，对于苗族迁徙可以这样推断：九黎部落被战败后，他们南迁于"左洞庭、右彭蠡"之地，形成强大的三苗国。"三苗"被禹打败，作为三苗国部落之一的苗瑶畲先民，就离开洞庭湖和鄱阳湖而西迁了。这段时间可能是夏商周时期，到了春秋战国之际，楚国不断与中原各国发生战争，此时，一大部分苗族融合为汉族，另一部分苗族相率迁徙，其中大部分迁到"五溪"地区定居下来。此后，在秦汉两代的几百年间，他们的大部分留在这个地区，有一部分移到清水江和都柳江流域，一部分进入夜郎地区。贵州从江苗族的巫词中说："我们的祖先由都柳江上游移住加勉已一千多年。"[3]

或许有人提出疑问，《西部苗族古歌》演唱的是不是真实的？是不是文人编造的？我们的回答是：演唱的内容真实，不是文人编造。是由苗族祭司马朝妹演唱，由苗族女学者杨照飞搜集译注，用苗汉两种文字公开出版。苗族祭司唱的是祖辈流传下来的，生长在云南山区的苗族女祭司咋知道中国史籍记载的"涿鹿大战"。我们还特别注意到，涿鹿之战的历史记忆，主要流传在操西部方言的苗族中。笔者在《世界苗族迁徙史》中,也运用了一套西部苗族对涿鹿之战的历史记忆资料。有人说西部方言的苗族是蚩尤的嫡系和尧舜时"窜三苗于三危"的那一支苗族,我们是基本同意这一观点的。在第三编我们将探讨"窜三苗于三危"与西部方言苗族。

在这里,我们还要列举流传于贵州、镇宁一带的《蚩尤神话》,也是记载涿鹿之战的。主要讲述蚩尤与黄龙公、赤龙公多次交战,蚩尤最后战败被杀,苗族渡过黄河(苗族称浑水河)南迁。"在远古时候,阿吾十八寨苗民居住在黄河边上的平原里,蚩尤就诞生在这里的苗民中,苗民们称自己的寨子为阿吾十八寨。称黄河边上的平原为蚩尤坝。"故事叙说阿吾十八寨的苗民几乎被垂耳妖婆吃光了,蚩尤学艺回来,便设法杀死了垂耳妖婆,垂耳妖婆是黄龙公的妹妹,是赤龙公的老婆,战争由此爆发了。

《蚩尤神话》称蚩尤与黄龙公、赤龙公的那一场战争为"打龙之战",直接指明对方为龙,黄、赤(炎)二人也直接称为"龙公"。他们是群龙之首,他们所指挥的皆是龙兵龙将。蚩尤把阿吾十八寨的全体青壮年苗民武装起来,人人配上铜武器,头戴牛角帽,身披牛皮;把牛群也武装起来,将铜武器拴在牛角上。这与《述异记》中"人身牛蹄,四目六手,耳鬓如剑戟,头有角,与轩辕斗,以角抵人"的描述是多么惊人的相似。蚩尤指令九帅七十二将带领雄兵扎营于阿吾十八寨周围,自己居中指挥。

黄、赤两龙公兵将被蚩尤打败了,很不甘心,经过一段时间准备,又兴兵再次进犯阿吾十八寨。瓢泼大雨从天而降,洪水涌向阿吾十八寨,黄龙兵乘洪水前来。蚩尤目睹洪水涌进苗兵阵地,毫不慌忙,沉着应战。

黄龙公的兵将走到哪里,雷雨大作,河水泛滥,田土被淹。汹涌的洪水不断涌来,淹没了阿吾十八寨,苗兵及男女老少都被洪水淹没。九帅七十二将踩水与黄、赤龙公及其兵将搏斗,蚩尤踩水与雷老五厮杀。九帅(指蚩尤手下的九个军事首领)的铜宝剑破落在水中后,仍以头上的牛角帽与龙人和雷老五奋战。最后,蚩尤和九帅都壮烈战死了。

余生苗民按老生翁指点,放弃了蚩尤坝,告别了可爱的阿吾十八寨故土,来到黄河岸边,黄河水面很宽,浑浊得很,不知深浅,走在前面的人被黄河激流冲走了。他们用老生翁送的五叶竹拐杖打水,现出了一大道,于是顺利通过了黄河。

这就是罩雾山,大家走到山脚下,商议行走路线时出现不同意见:有的主张由山右走,有的主张由山左走,有的主张爬山越过去。意见不一,只好分三路走……

往左往右走的两股苗民都不知去处,从此没有他们的下落。《蚩尤神话》当为涿鹿之战历史传说的演变。

《蚩尤神话》中的黄龙公即黄帝,赤龙公即炎帝。阿吾十八寨苗民居住在黄河边上的平原里。称蚩尤与黄龙公、赤龙公的那一场战争为"打龙之战",先是蚩尤打败黄、赤两龙公,后两龙打败蚩尤,蚩尤和他的九大帅都战死了。这与中国先秦文献是吻合的。

这没有下落的往左往右走的两股苗民,可能指的就是与苗族同源的瑶族和畲族。如前所述,苗、瑶、畲同源,这是学界的共识。这个源就是"东方夷人""九黎"与"三苗"。苗、瑶、畲分流,经专家们考证,是长时段形成的,大致始于"荆蛮",止于宋、元、明时期。

吴永章教授在《畲族与瑶苗比较研究》一书中考证说:"畲、瑶、苗三族虽同源却异流。其分流分两步走:第一步是苗与畲、瑶二族分离。其源不晚于汉晋。苗族先民大规模西徙,始于汉光武帝重兵征讨武陵蛮之时,其后不断西行。进入黔北和黔西、川南、滇东、桂西。第二步是瑶与畲的分离。唐、宋时期二族分流的速度加快。分流的起点为湘南,由湘南越南岭,分道进入两粤者为瑶。畲族先人,另辟蹊径,由衡、郴诸州不逾岭却向东挺进,入赣南,再至闽西南、粤东,即在赣、闽、粤三省交界处,逐渐形成畲族族群。"[4]

祥草在《一本书与一种忧虑》一文中考证说:自商、周征"荆蛮",历经春秋战国、秦、汉、两晋南北朝,直至唐、宋、元、明朝,历时三千多年的时间,"荆蛮"完成了中国历史上规模巨大、路程迢迢的分流运动,逐渐形成了如今的畲、瑶、苗的分布形态。这次长距离、长时间的迁徙分流大致按着三条路线展开:"荆蛮"的一部分由湘西西行,进入贵州北部和西部、四川南部、云南东部、广西西部,以川、滇、黔、湘、桂交界的山区为中心,形成如今的苗族;一部分由湘南越岭,进入粤北和桂北地区,活动在湘、粤、桂三省交界的山区,结成了稳定的共同体,此为瑶族;还有一支由湘南东迁,进入闽、浙、赣三省交界处聚居,结为畲人[5]。

综观苗族心史记载中的涿鹿大战,以及大战后的部族迁徙与分离,与先秦文献记载的涿鹿大战,及其后来蚩尤部族发展演变的情况,大致基本吻合。这绝不是偶然的。难怪萨维纳在《苗族史》中这样说道:"苗族那些宗教和非宗教的传说是以歌谣的形式传到我们耳朵里的。我们生平第一次听到这些人用一种世界上还不知道的语言唱出了影响整个人类历史的大事件:创世,人类的堕落,挪亚时代的洪水,巴别塔,语言的混淆和种族的分散。当我们听到这些时,别提我们是如何的惊奇和如何的欣喜了……这些宝贵的信仰在这些非凡的人群中,不借助任何文字,却被这样保持了 50 多个世纪……这个失去了故土永远在其他民族中游荡的民族是原始人类的鲜明证明。苗人——一种永世流浪的新犹太人——在听讲《创世记》前面几章的时候,会站起来说,这是真的! 这是我们的经历。"[6]

苗族人民为什么一代接一代地津津乐道唱述《洪水故事与兄妹结婚》《伏羲女娲造人烟》;唱述《涿鹿大战》《迁徙史歌》? 因为那是他们祖先的经历,是他们真实历史发展的情况。

参考文献

[1]尼·皮克萨诺夫.高尔基与民间文学[M].林陵,译.北京:中国文艺出版社,1980.

[2]杨照飞.西部苗族古歌(川黔滇方言)[M].昆明:云南出版集公司,2010.

[3]李廷贵.田野文钞[M].北京:中国科学技术出版社,2010.

[4]吴永章.畲族与瑶苗比较研究[M].福州:福建人民出版社,2002:21.

[5]祥草.一本书与一种忧虑[J].书屋,2004(4).

[6]萨维纳.苗族史[M].贵阳:贵州大学出版社,2009:124-125.

贵州黔东南地区苗族侗族习惯法特征比较

徐晓光

摘　要:贵州省黔东南地区历史上就是苗族侗族聚居区,长期以来由于该地处于相对封闭状态,民族习惯法保存比较好。同时因长期历史演变中小地域范围内的文化交流,两个民族习惯法的形式和内容上有很多相近和相似之处,但因两个民族的族源不同,民族政治、经济、文化发展水平各异,习惯法的产生、发展、表现形式及其社会调整功能等方面都有所差异。

关键词:黔东南　苗族侗族　习惯法　特征

贵州省黔东南州是我国 30 个自治州中少数民族人口比最多的自治州,其中苗族人口 178.43 万人,占全州总人口的 41.37%。占全国苗族总人口的 19%;侗族 134.2 万人,占全国侗族总人口的 45.8%,由于历史及地域原因,黔东南长期以来处于相对封闭状态,民族习惯法保存比较好。同时因长期地域范围内的文化交流,两个民族习惯法的形式和内容上有很多相近和相似之处。但苗族侗族两个民族的族源不同,民族政治、经济、文化发展水平各异,习惯法的产生、发展、表现形式及其社会调整功能等方面都有所差异。从习惯法的产生时间看苗族习惯法可追溯到上古"三苗国"时期,苗族先民"立鼓社",实行"议榔"制(订规约)的时期就有了习惯法。应早于侗族。

一、"盟约立法"的共同形式

"议榔"苗语称为"构榔","构"有"说""议"等意,更有"咒""发誓"的内涵。"议榔"由一个村或一个鼓社进行的,也有几个鼓社、甚至几十个村进行的。"议

作者简介:徐晓光,男(1958—　),贵州师范大学教授、副校长,法学博士,省核心专家。《原生态民族文化学刊》原主编。

榔"时，往往由几十个"榔头"（有的地方称"勾往"，领袖之意）参加会议，由德高望重者或提议者来组织，无论是大范围或小范围的议榔，均是在"榔头"（苗族"鼓社"组织的自然领袖）的主持下，请长老、歌师朗诵拟订的"议榔词"。完毕之后，杀猪宰牛，以飨与会者；对于未到会的成员，则送去一份肉，使每个人都吃到，亦即让每个人都知晓、领会"议榔"规定的条例法规。这样，"议榔"即算完毕。苗族习惯法的制定通过"议榔"完成，所以有"议榔""议约"或"议定公约"的意思，也有"集体发誓"或"组织决定"之意。

侗族"立约定制"，主要是款组织的"合款"。"款"有"大款"和"小款"之分，"小款"由邻近的若干个自然村寨组成，"大款"由若干个"小款"组成，它们之间虽然不存在行政体制上的隶属关系，但有习惯上的服从关系。立约的程序为：①《款约法》草案的拟订。小款制定《款约法》，先由"款首"，即款属的村寨长老商议，或是由"款首"召集款区的款众集体商议制订。较大的款制订《款约法》，很难做到由款首召集款区的全部款众来共同商议，因此只能由各小款的款首们召开款会，以"款会制"或"鼓楼议会制"进行。②《款约法》草案的通过。侗款《款约法》草案的通过有特殊的程序，即新款约经商定后，都要履行盟誓的手续，对于大款制定的《款约法》草案，由各小款款首依次饮血酒盟誓。然后取出一根烧红的耙齿，钉在鼓楼柱上或场坪周围的树杆上，以表示他代表的那个款誓守此约，绝不反悔，这样即表示通过了《款约法》草案。

苗族侗族的"立约定制"均有一定的组织形式，以召开会议的形式制定。侗族由款首主持，村寨长老或全部款众参加，结束时以"喝血酒"这一特殊形式以示通过；苗族由"榔头"主持，各鼓社、村苗民参加，结束时杀猪宰牛分给众人，以示同意通过，体现了原生法的民主与平等精神。苗族这种形式一直延续到20世纪80年代，侗族的这种形式也延续到了中华人民共和国成立前后。

二、传统"混合法"的特点

苗族侗族习惯法均为"实体法"与"程序法"合二为一，其内容极为丰富，几乎社会生活的一切方面都有所涉及，而且"条文"简单、通俗易懂、易于执行。

如在刑事习惯法内容方面，苗族规定了挖坟盗墓、偷盗、抢劫、杀人、放火、通奸乱伦、夫妻遗弃、破坏他人婚姻、独占水源、打架斗殴等行为的处罚标准；侗族习惯法也规定了故意杀人、斗殴、伤害、偷盗、强奸、逼奸、破坏生产、抢劫、拐卖人妻、放火、窝藏匪盗、窝赃、诬陷、诽谤、侮辱、投敌叛变、不孝顺父母、洗劫村寨、虐待妻子、拒不执行寨老的裁决、赌博等的处罚。从规定的范围来看,侗族习惯法规定的范围要比苗族习惯法面广、具体。

就系统程度而言,侗族的《款书》比较系统,而且对重罪轻罪加以区别,"六面阴"就是六种死罪,"六面阳"就是六种轻罪,"六面上"就是六种有理的事,"六面下"就是六种无理的事。而苗族习惯法对刑事方面的规定较为零散,各地规定并无重罪和轻罪之分,"罚4个120"使用得比较普遍。从罚则上看,侗族习惯法有喊寨、送肉串、罚酒肉、放炮"洗脸"、罚款、进驻坐吃、抄家、驱逐出寨、乱棍、活埋、沉水等;苗族习惯法有活埋、罚款、罚酒肉、赔物、罚物、吊打、剖背、裸体杖、投水、打死、砸死、烧死、开除族籍驱逐出寨、抄家等。

苗族侗族村落社会的法律裁判者,由那些熟知榔规、侗款而又能言善辩的人担任,一般是有威望的老人、族长、寨老、款首等;苗族习惯法中称为"理甲"或"理贾",由"理老"行使职权,一般由谙习古理、榔规、处世公正的寨长和鼓社头人担任。侗族的裁判人员称谓不同,但其产生和行使的职责是相似的,即依选举产生,负责调解和裁决寨内及村寨之间的民事纠纷和处理一定范围的刑事案件。一旦民间发生纠纷,"榔头"召集和主持"议榔会议",把纠纷的起因公布广众,由会员们根据"榔规"的条款权衡,提出处理意见,以多数的意见为准。民主协商,集中裁决,大家接受后一起遵守执行。

三、口承法的共同特点

由于苗族、侗族在历史上都没有自己的文字,习惯法的表现形式为口头传承。随着地域观念和民族意识的形成,苗族习惯法表现为口述传唱,苗族称为"贾""古歌""议榔词"等,"贾"是苗族的"世之常理",是苗族口头创作的哲理作品,蕴涵着苗族独特的法理念。"贾"是在人们日常生活、生产劳动及处理人际关系,判断是非曲直的准则,也是苗族人对法的哲学思考,对培养苗族基本法律基本意识作用非常大。作为习惯法重要传承形式的"理词"内容丰富,其中包括人们的道德规范、行为准则、守法理念等内容,是苗族口承文化中的重要组成部分。侗族进入阶级社会后内部出现了具有原始氏族农村公社和原始部落联盟特征的民间自卫组织"款"。款组织出现之后,款首们经常用原始宗教祭词的形式来发布款约,并叙述款的历史,出现了最初的"款词"。"款词"的内容相当广泛,亦可统称为"侗款",最初的"款词"多为"口诵法",侗语将其称为"LELX"(言语)或"MRY JI-UC"(条理话)。它是一种有音韵、有节奏的民间念词,是经过祭师、歌师等传承人加工过的一种艺术语言形式。早期侗族的"口诵法"是一种不成文的、口耳相传的民间习惯法规范。

苗族侗族传统习惯法体现了较强的口承文化特征,在西南少数民族地区最有代表性。清朝以后黔东南苗族侗族虽然出现了以汉字记录的成文规约,多以石碑为载体,但因广大的群众不识汉字,主要还是以口传的方式,通过讲款、传唱理词形式使习惯法世代沿袭。习惯法的宣传和普及形成了独特、有效的形式和途径,苗族"理老"在解决纠纷过程中的边讲(唱)边判,侗族款首通过讲款、传唱款约词,才使传统习惯法家喻户晓,世代相传,其"普法"的效果非常好,起到了"细雨湿衣看不见,闲花落地听无声"的社会效果,在村寨社会形成了典型的口承文化的法律环境。

四、诉讼习惯法独具特色

每个民族的传统诉讼文化都有自己独特的内在精神和外在样式,呈现出连绵不断、一脉相承、难以割裂等特征。口承法文化形态下的各民族,都有自己独特的诉讼与仲裁形式,在中国西南地区,苗族侗族传统诉讼文化保存得比较完整并具有典型性,苗族侗族习惯法中的纠纷解决方式有调解和"裁决"两种形式。在苗族社会内部,对民事纠纷和轻微刑事案件仍然主要通过调解方式解决,调解解决不了的,即由"理老"进行裁决,裁决主要由"理老"通过列举有关"理"来裁决。案件中的原告、被告,还有"理老"都以歌唱的形式进行,这应该是无文字环境下各民族纠纷解决采取的普遍方式,这在侗族地区现今法庭(县级法院在乡镇的派出机构)中还有体现。过去对于重大疑难的刑事民事案件,往往求助于神的裁决,其方式有"对神设誓"和"神判是非"两种。"对神设誓"通常采用吃血设誓的方式进行;"神判是非"通常以"捞汤""烧汤粑""踩热铁""占卜"("鸡卜"和"米卜")方式进行。现在后者已无,前者还有。在侗族社会内部,民事纠纷大多是通过调解来解决的。对于刑事案件族长、乡老、款首依据"款约法"加以处罚。对于案情特别复杂的刑事案件,一时难以断清是非,就采用神判的方法进行解决。神判的方式有"看鸡眼""煮米""砍鸡头""捞油锅""踩铁板""吃枪尖肉"等,现在"喝鸡血发誓""砍鸡头"还有所保留,其他形式已经消失。神判作为苗族侗族习惯法解决重大疑难案件的常用的方式,其存在反映了神权和法权的紧密结合和诉讼的原生性;也反映了各民族对保护家庭财产的重视,使各种纠纷得以尽快解决。它对维系与约束苗族侗族内部关系、加强村寨的凝聚力方面有一定的作用。苗族侗族村寨社会有原生的较为完整的诉讼与裁判程序,民族特有制度诉讼文化和观念诉讼文化和谐统一、浑然一体,有效地调整着村落社会秩序[1]。

五、文字记载的习惯法侗多于苗

为了使习惯法规范更明确、稳定和有效地传播,发挥更大的效能,在与汉族交往比较多的地方,两个民族均采用汉字记载习惯法。黔东南清水江流域地区随着清水江流域木材的开发和政府管辖的深入,在清朝初期出现了以汉字记载的《款约法》和《款书》。这是将款约法的核心内容译成汉文,然后再用汉字刻在石碑上或记录在纸上,目前在清水江流域地区已经发现的刻字款碑共有百余通,其中年代最早的一块是清代康熙十一年(1672年)农历七月初三在今贵州从江县高增寨所立的“高增款碑”。目前所能见到的最早的《款书》(含《款约法》),是抄于明代万历年间的侗族的民间“法典”,它包括侗族社会的各种民间规约,如《六面阴》《六面阳》《六面厚》《六面薄》《六面上》《六面下》《六面威》等。此外,还包括与这些规约紧密联系的分类合约,如《十三款坪》(区域划分法)、《九十九公款》(婚姻改革法)、《石根款》(婚俗改革法)、《出征款》(军事习惯法)等。《款书》和《款碑》是侗族习惯法的主要表现形式。我们在黔东南的一些县档案馆发现了纸质的“款约”。

侗族比苗族更早地用汉字记载习惯法。根据侗族苗族运用汉字记录各自习惯法的年代,可大体推知侗族苗族与汉民族交往的时期。侗族,特别是北部侗族地区,在历史上较弱小,加之地域上的原因,在明代即与内地汉族频繁接触,又在清水江木材贸易活动中主动接受汉文化;汉文化的“涵化”程度较高;而苗族在黔东南历史上就相对集中,地域较为锁闭,文化相对独立,较晚学习和接受汉文化,直至清朝中期才采用汉字记录习惯法,苗族地区的以汉字为载体的“议榔规约”比较少见。清代民国时期黔东南地区受内地汉族地区的影响,出现了带有地方自治性质的民间规约——“乡规民约”,也成为苗族侗族习惯法的主要表现形式,但乡规民约的具体呈现形式比较多样。

六、习惯法遗留与“活法”现象苗族较多

黔东南雷公山、月亮山地区的苗族有比较系统和一致的传统处罚方式。比较

有代表性的,如订立规矩的"栽岩"。"栽岩"是将一块长形石条埋入泥土中(半截露出地面)的标志物。在黔湘桂边区苗侗民族中凡重大事件都要通过集体讨论,进行相关"立约"活动,有时便以"栽岩"的形式加以固化,以体现其权威性;"栽岩"又是解决纠纷、裁定案件的口承"判例法";在一些地方也作为当地社会组织的一种称谓。"栽岩"表示"规约"稳如磐石,不可颠覆,在村寨社会中具有不可替代的法律功能。"栽岩立约"可能是世界上很多民族在无文字环境下最初始的"立法"形式。这种形式在现今黔东南月亮山、加鸠山苗族风俗改革时还在使用。在雷公山、月亮山地区苗族中一般各村寨对盗窃、行凶、殴打、污辱妇女、放火、破坏森林、诬人"放蛊"等行为,都按以下标准处罚:猪一头(约120斤)、酒120斤、大米120斤、火炮(爆竹)12000响(这一项各地根据情况有所改变)。这一习惯性处罚系统一直保留到现代,这在很多村寨的现在村规民约中都有体现。苗族侗族对盗窃行为的"罚4个120"并附加"喊寨"游街,对不服判决的举行"砍鸡头"的神判仪式等,表现了对违犯"椰规""款约"者的憎恶和严惩态度及一些当事者对裁判结果不服的诉求。这些都体现了村寨法的原生性特征。

七、民族习惯法具有"互融性"特点

清水江流域到清朝中期由于大批林业种植工人的雇用,此地也成为人口流动异常频繁和人口成分最为复杂的地方,有本地的苗族、侗族,也有大批外来的汉族、苗族和侗族等。特别是大批汉族的进入及汉族经济活动的展开,使黔东南东部清水江中下游地区已经不是从前的纯粹的民族地域社会,而是包括汉族和其他文化在内的"复合型"社会,或者说已经开始转变成为汉族文化介入的"乡土社会"。在法的运行上实行的是国家法、民间法的二元法体制。就在这个小地域范围内,民族文化间的融合和碰撞,平添了社会的复杂性。清代中期以后清水江流域是非常特殊的地带,从地域上看,以锦屏为中心的一些杉木产地,整体上是经济文化非常落后的边远少数民族聚居区,其中"新辟苗疆六厅"还属于未开发的"生苗"地区(由于该地区的特殊性,清廷国家刑法典和行政法规中有专门规定,俗称"苗例")。但在黔东南雷公山、月亮山苗族单一聚居地带则固守本民族习惯法传统,"互融性"不明显。但由于水运之便,通过清水江,上可溯至都匀、贵阳等黔中腹地,下可达江淮诸省,而且在明清开发贵州之际,较早受到中原汉族地区政治、经济、文化、法律的影响。清水江中下游一带"在官府眼中,是所谓'熟苗'地区"[2]。乾隆年间《开泰县志·风俗》载:在贸易中心锦屏县(清朝为开泰县)"五方杂处,人性朴茂,尚礼重信,不乐粉华"[3]。该地的苗族也与雷公山、月亮山苗族腹地不同,是汉化程度比较高的,有些也就是祖辈迁移此的汉族商人、佃户和农民渐渐同化于苗族中。

清水江流域民族民间法的情况比较复杂。如现在锦屏的文斗村主要是苗族,但该村所存一份清代立约文书中使用的却是侗族特有的"合款"表述,说明民族间的联合、民族法文化互渗情况一直存在[4]。在清水江流域各村寨为地方安定,进行地域上的联合是常有的事,在一块地域上不分家族、民族都会联合同一个社会组织中,最有代表性的是"四十八寨合款",在这 48 寨中有黔东南的侗族、苗族村寨;也有湖南西部的侗族、苗族村寨。这样邻近侗族地区的苗族的社会组织活动也称为"合款";而邻近苗族地区的侗族则称为"议榔",所以,在现存"款词"中就有"侗族人合款,苗族人高兴"的说法就不难理解了,这在清朝雍正、乾隆时期有关黔东南民族事务的"朱批奏折"中多有体现,苗族地区"合款"的记录远远多于"议榔"[5],这充分说明民族法文化的交流与融合。具体问题的法律融合也比较多,2008 年笔者在三穗县(清代为邛水县)档案馆发现了清光绪十九年(1893 年)该县侗族村寨议定的《邛水上里各洞的合款各条》,这份资料非常珍贵。是至今见到的唯一纸质的款约文件,虽然原件磨损较大,折叠部分字迹模糊,但仍然反映了侗族地方合款的情况,该款约虽只是集中针对盗窃、地痞犯罪的,只有 3 个条款但反映的问题却非常深刻、最为清楚,可谓侗族地区的"约法三章"。

"上里各洞合款各条":

一捕盗之款。来自邛水多盗□□,近年偷牛盗马偷米盗谷以及家财兼及妇女,各寨受害□□□□不甚枚举,揆厥由来皆缘乡多游民,习为内应□□□□□,勾结外痞,相互恣肆,或佩马刀或佩双刀或佩洋炮,横行不服,□□伺使举事可估者估,可抢者抢,不估不抢 偷拿定被□□,不过送究,送究不过责押,所以贼盗如此充斥。像我上里各洞俱近苗疆,而究(竟)不如苗疆之安静者,实由近蛮地而不能学蛮法,故肆无忌惮,使唤奈何,今我等既经合款,凡遇捕盗有敢拒捕者,照例格杀勿论,即或跟踪追获赃真犯实者,明知大款,公同照苗疆水火二法,或沉塘或烹死,不使一盗偷生,则盗风自无不靖,抄窝家亦准此议。倘盗有尸亲,大款逗钱抵控,更好追抵党与斩草除根。

一合御痞之款。痞之所仗者同领人多,又有凶□□,又更有价值之说,所以故肆,今我等既合大款,一家之事各洞均以各洞人抵数十痞,何难之有。现在行有保甲,凡甘服保甲□□□者非痞不服保甲约束者即痞也。各洞各先驱逐,倘不服驱逐者再鸣大款重议。

　　一合逗钱之款。今既公议捕盗禁痞之条,必需经费又不能预定多少,兹不计多少,而□□退各洞□□皆以□□准我亩均摊,任问现各洞总甲里长洞长归数每亩□□多少,临时大款酌量。另有知单其余小条各洞,各议大款,不暇琐及。

光绪十九年四月合款公议

　　这个款约的特点是指出在国家行政与法律的管辖情况下,在盗窃案件频繁发生时习惯法与国家法适用上的冲突和解决的办法。国家法律规定刑事案件要送官按照国家法律来处理,但送官后"不过责押,所以贼盗如此充斥"。上里各洞与苗疆毗邻,但却不如苗疆安宁,原因是什么呢? 实因"近蛮地而不能学蛮法",才致使盗贼肆无忌惮。所以各洞合款议定:凡遇捕盗有敢拒捕者,照例格杀勿论,另外跟踪追获赃证据确凿,要按照本次议定的"大款"处理,共同准据"苗疆水火二法",即沉塘(水法)、烹死(火法),不使一个盗贼生还,如此盗窃之风马上就会绝迹,对窝藏盗贼之家亦应准此办理。特别是讲清了小款对大款的服从,小款执行大款款约的管辖和"法阶"关系。

　　黔东南地区苗族侗族民族习惯法文化延绵已久,有些还延续至今,必有其存在的土壤和本身合理的因素。从历史的角度看,苗族侗族习惯法对本民族社会经济的发展,调节社会的矛盾,巩固民主议事制度起着重要的作用。

参考文献

[1]徐晓光,吴大华,等.苗族习惯法研究[M].香港:香港华夏文化艺术出版社,2000:170.

[2]王宗勋,张应强.锦屏山林契约及其产生的社会背景[M]//锦屏县林业志·附录.贵阳:贵州人民出版社,2002.

[3]黎平县县志编纂委员会办公室.开泰县志·风俗(夏)[Z].张祥光,周声浩,点校.北京:方志出版社,2014:20.

[4]梁聪.清水江下游村寨社会的契约规范与秩序——以文斗苗寨契约文书为中心的研究[M].北京:人民出版社,2008.

[5]中国第一历史档案馆,人民大学清史研究所,贵州省档案馆.清代前期苗族起义档案史料[M].北京:光明日报出版社,1987:1-121.

广西隆林孟论苗族芦笙乐曲语义探究

柯琳　杨胜文

摘　要: 本研究从民族音乐学研究视角出发,重点探讨西部方言区苗族芦笙曲的语义,具体以广西隆林各族自治县苗族丧葬仪式中的芦笙曲为例,分析阐释芦笙曲所蕴涵和表达的语义,揭示出西部苗族音乐文化的深层内涵。文章分为:一、隆林"孟论"芦笙;二、隆林"孟论"丧葬仪式中芦笙曲通话功能纪实分析;三、芦笙曲语义探析;四、结语:苗族古训与芦笙曲语义。隆林"孟论"芦笙曲语义捎带着苗族远古的文化信息,是当地苗族传递信息、交流情感的一种特殊语言,也是苗族文化精神和认同意识的主要依据。

关键词: 孟论苗族　芦笙语义　探究

广西隆林各族自治县是广西仅有的两个各族自治县之一。隆林各族自治县位于广西西北部,地处滇、黔、桂三省交界地带。它东与田林县为邻,南与西林县接壤,北以南盘江为界,与贵州省的兴义、安龙、册亨等县市隔江相望,总面积 3551 平方千米,辖 16 个乡(镇)179 个行政村(社区),境内聚居苗、彝、仡佬、壮、汉 5 个民族。据 2011 年的数据统计,该县总人口 40 万人,其中少数民族人口占该县总人口的 81.2%。隆林各族自治县的苗族共 9 万人口,主要聚居在县境南部,均操苗语西部方言。分为 6 个支系,苗语自称为:Hmoob Sua(谐音:孟沙)、Hmoob Dawb(谐音:孟漏)、Hmoob Leeg(谐音:孟论)、Hmoob Pwg(谐音:孟布)、Hmoob Ntxaug(谐音:孟邹)、Hmoob Npaig(谐音:孟拜)6 个支系。识别的主要依据是语言和服饰。本研究以 Hmoob Leeg(谐音:孟论)支系中的丧葬仪式为研究对象,重点探究丧葬

作者简介:柯琳,女,中央民族大学音乐学院教授,博士生导师。独著、编著、合著作品 17 种,发表论文 90 余篇。研究方向:民族音乐学、中国少数民族音乐研究等。杨胜文,男,苗族,(1966—)贵州省黄平人,研究生学历,就职于中央民族歌舞团,芦笙演奏家,著名苗族音乐人。著名的《苗岭谣》和《干一杯》都是出自杨胜文之手。

仪式中的芦笙曲语义。

一、隆林"孟论"芦笙

芦笙是苗族具有标志性的特色簧管乐器。隆林各族自治县各支系苗族芦笙的形制和演奏方式大同小异。"孟论"芦笙是六管芦笙，形制有弯管型和直管型两类，音位排列：５６１２３５，多为徵调式（见下图）。孟论芦笙曲旋律简洁欢快，讲究声部的谐和和音响的丰满，按当地苗族传统，芦笙主要是在丧葬仪式中吹奏。丧葬仪式分三部分，共有芦笙曲 400 余首。丧葬祭祀芦笙曲是一套完整的，在特定情境、语境及特定人群中吹奏出来的，依附于芦笙词的芦笙曲，它成为当地苗族人进行人神交流的特殊语言，也成为"孟论"苗族在漫长跋涉迁徙、垦边图存的历史演进中的独特文化传统。

孟论芦笙表演　杨乘　摄

随着社会的变化，芦笙逐渐发展成为各种活动中的娱乐性乐器，在各种节日聚会中演奏，并发展成集歌、舞、技一体的芦笙乐舞。现今的芦笙也常用于"活路节""吃新节""斗牛节"等节日中演奏，以烘托节日气氛。同时，也常用于庆贺丰收，以及男女青年们传情说爱。

苗族是一个历史悠久的民族，芦笙是苗族社会历史文化发展中的一种独特文化形式，它以极大的功能性广泛地渗透于苗族人民的日常生活中，成为苗族文化的重要组成部分。在当地，苗族的丧事、祭祀不吹芦笙，被视为忘祖、灭宗，遭到指责。丧葬仪式中的芦笙曲是一种源于芦笙词语的器乐曲，其芦笙曲义与仪式内容相对应,它传递着苗族的文化信息。在丧葬仪式中,由芦笙师主持仪式并吹奏芦笙,笙笙不息,代代相传,芦笙语言在当地苗族群众中具有极强的感召力和凝聚力。

二、隆林"孟论"丧葬仪式中芦笙曲通话功能纪实分析

在隆林"孟论"苗族村寨中,芦笙具有通话的语义功能。"孟论"丧葬仪式分三大部分,由当地德高望重的"芦笙师"主持。仪式内容主要是缅怀死者、追忆事迹、超度亡灵、祭祀出殡等。围绕仪式中的每一个程序,吹奏不同的芦笙曲。虽然芦笙不会说话,但芦笙曲却能传递出当地苗族的基本语汇,让当地民众听曲即能明白其中的语义。深处高山峻岭中的苗族,通过芦笙音声代替语言文字,起到传递语言文字信息、联络感情、凝聚族群的作用。

丧葬仪式中芦笙曲纪实分类

根据当地芦笙师杨明才口述整理,孟论丧葬仪式中的芦笙曲主要分入土前芦笙调、入土后芦笙调和芦笙叙事娱乐调三大部分。

(一)入土前芦笙调:(苗语称"qeej dab"或"qeej tuag"即逝者芦笙调)其中分为①qeej tu sav 断命调;②qeej nci neeg 上马调;③qeej nci txiag(qeej zwm xab)上棺材调;④qeej ruaj chaw (qeej teeb vem)定位调;⑤qeej cob tsiaj 交畜牧调;⑥qeej tshais 早饭调;⑦qeej su 午饭调;⑧qeej mo 晚饭调;⑨qeej hlawv xyab hlawv ntawv 烧香纸调;⑩qeej nqaus paj nqaus ntsuag (qeej tshwm tshav)出场调;⑪qeej cob nyuj 交牛调;⑫qeej laig ntshav nyuj nqaij nyuj siab nyuj 喂牛血、牛肉、牛肝调;⑬qeej xaa qauv 出殡调等。逝者入土前的每一类调,具体又分为不同的曲调。

1.qeej tu sav 断命调

(1)qheb qeej tsuag 开头启动芦笙和木鼓调(一首)

(2)xub qeej 引子调(一首)

(3)qeej tu pa 断气调(三首,每首反复一次)

(4)qeej kho tiab tsho 换服装调(三首,每首反复一次)

(5)qeej qhia cai 顺说调(三首,每首反复一次)

(6)qeej coj kev chaw rev 带领进家调(三首,每首反复一次)

(7)qeej rov 回路调(三首,不反复)

(8)xaus qeej ntsuag 收芦笙和木鼓调(一首)

2.qeej nci neeg 上马调

（1）qheb qeej tsuag 启动芦笙和木鼓调(一首)

（2）xub qeej 引子调（一首）

（3）qeej ua tau neeg tiav 已备好马调(三首,每首反复一次)

（4）qeej ko nci neeg 叫上马调(三首,每首反复一次)

（5）qeej qhia nci neeg 教上马调(三首,每首反复一次)

（6）qeej rov 回路调（三首）

（7）xaus qeej ntsuag 收芦笙和木鼓调（一首）

3.qeej nci txiag(qeej zwm xab)上棺材调

（1）qheb qeej tsuag 启动芦笙木鼓调（一首）

（2）xub qeej 引子调（一首）

（3）qeej ua tau neeg tiav 已备好棺材调(三首,每首反复一次)

（4）qeej ko nci neeg 叫上棺材调(三首,每首反复一次)

（5）qeej qhia nci neeg 教上棺材调(三首,每首反复一次)

（6）qeej rov 回路调（三首,不反复）

（7）xaus qeej ntsuag 收芦笙和木鼓调（一首）

4.qeej ruaj chaw（qeej teeb vem）定位调

（1）qheb qeej tsuag 启动芦笙和木鼓调（一首）

（2）xub qeej 引子调（一首）

（3）qeej ruaj zoo chaw 固定位置调(三首,每首反复一次)

（4）qeej kho zoo lug 安慰调(三首,每首反复一次)

（5）qeej rov 回路调（三首,不反复）

（6）xaus qeej ntsuag 收芦笙和木鼓调（一首）

5.qeej cob tsiaj 交畜牧调

（1）qheb qeej tsuag 启动芦笙和木鼓调（一首）

（2）xub qeej 引子调（一首）

（3）qeej cob tsiaj 交畜牧调(数量)(三首,每首反复一次)

（4）qeej cob xyab ntawv 交香纸调(三首,每首反复一次)

（5）qeej rov 回路调（三首,不反复）

（6）xaus qeej ntsuag 收芦笙和木鼓调(一首)

6.qeej tshais 早饭调

（1）qheb qeej tsuag 启动芦笙和木鼓调（一首）

（2）xub qeej 引子调（一首）

（3）qeej ua tau tshais 早饭煮好调（三首，每首反复一次）

（4）qeej laig tshais 早饭调（三首，每首反复一次）

（5）qeej rov 回路调（三首，不反复）

（6）xaus qeej ntsuag 收芦笙和木鼓调（一首）

7.qeej su 午饭调

（1）qheb qeej tsuag 启动芦笙和木鼓调（一首）

（2）xub qeej 引子调（一首）

（3）qeej ua tau su 午饭煮好调（三首，每首反复一次）

（4）qeej laig su 午饭调（三首，每首反复一次）

（5）qeej rov 回路调（三首，不反复）

（6）xaus qeej ntsuag 收芦笙和木鼓调（一首）

8.qeej mo 晚饭调

（1）qheb qeej tsuag 启动芦笙和木鼓调（一首）

（2）xub qeej 引子调（一首）

（3）qeej ua tau mo 晚饭煮好调（三首，每首反复一次）

（4）qeej laig mo 晚饭调（三首，每首反复一次）

（5）qeej rov 回路调（三首，不反复）

（6）xaus qeej ntsuag 收芦笙和木鼓调（一首）

9.qeej hlawv xyab hlawv ntawv 烧香纸调

（1）qheb qeej tsuag 启动芦笙和木鼓调（一首）

（2）xub qeej 引子调（一首）

（3）qeej qhua hlawv xab 客人烧香纸调（三首，每首反复一次）

（4）qeej hauv rev hlawv xyab hlawv ntawv 家族烧香纸调（三首，每首反复一次）

（5）qeej rov 回路调（三首，不反复）

（6）xaus qeej ntsuag 收芦笙和木鼓调（一首）

10.qeej nqaus paj nqaus ntsuag（qeej tshwm tshav）出场调

（1）qheb qeej tsuag 启动芦笙和木鼓调（一首）

(2)xub qeej 引子调(一首)

(3)qeej ua tau paj ntsuag zoo 做好场地调(三首,每首反复一次)

(4)qeej ndav qauv 邀请调(三首,每首反复一次)

(5)qeej coj qauv 带领出场调(1首3调 吹6次)

(6)qeej ruaj zoo chaw 固定好位置调(三首,每首反复一次)

(7)qeej kho zoo lug 安慰调(三首,每首反复一次)

(8)qeej hlauv xyab ntawv 烧香纸调(三首,每首反复一次)

(9)qeej rov 回路调(三首,不反复)

(10)xaus qeej ntsuag 收芦笙和木鼓调(一首)

11.qeej cob nyuj 交牛调

(1)qheb qeej tsuag 启动芦笙和木鼓调(一首)

(2)xub qeej 引子调(一首)

(3)qeej hauv rev cob nyuj 家里交牛调(三首,每首反复一次)

(4)qeej txiv laug txiv dab cob nyuj 姐夫 舅子交牛调(三首,每首反复一次)

(5)qeej ntxhais vauv cob nyuj 女儿 女婿交牛调(三首,每首反复一次)

(6)qeej rov 回路调(三首,不反复)

(7)xaus qeej ntsuag 收芦笙和木鼓调(一首)

12.qeej laig ntshav nyuj nqaij nyuj siab nyuj 喂牛血、牛肉、牛肝调

(1)qheb qeej tsuag 启动芦笙和木鼓调(一首)

(2)xub qeej 引子调(一首)

(3)qeej ua tau nqaij nyuj siav 煮好牛肉调(三首,每首反复一次)

(4)qeej laig ntshav nyuj nqaij nyuj siab nyuj 喂牛血、牛肉、牛肝调(三首,每首反复一次)

(5)qeej rov 回路调(三首,不反复)

(6)xaus qeej ntsuag 收芦笙和木鼓调(一首)

13.qeej xaa qauv 出殡调(上山调)

(1)qheb qeej tsuag 启动芦笙和木鼓调(一首)

(2)xub qeej 引子调(一首)

(3)qeej nrug siab 怀念调(三首,每首反复一次)

(4)qeej sauv kev 起身调(三首,每首反复一次)

（5）qeej coj kev 带路调（三首，每首反复一次）

（6）qeej txog chaw 到达调（三首，每首反复一次）

（7）qeej rov 回路调（三首，不反复）

（8）xaus qeej ntsuag 收芦笙和木鼓调（一首）

注：（一首）只吹一次，但是每一类启动芦笙和木鼓，前奏和收尾调按照每一类芦笙曲的要求唱词有所变化。（三首，每首反复一次）以5音为主音吹两次，第三次将5音变为2音吹两次，第五次将2音变为3音吹两次，一共六次。

（二）入土后芦笙调：qeej ua plig,daw kauj vab,ro plig 芦笙请魂解簸箕放魂调。
具体程序如下：

1.qeej tog plig 接魂调

（1）qheb qeej tsuag 启动芦笙和木鼓调（一首）

（2）xub qeej 引子调（一首）

（3）qeej twm rooj 出门调（三首，每首反复一次）

（4）qeej qhia plig 告知调（到达目的地后，告知死者家里已经做好糍粑，来接死者的魂回家）（三首，每首反复一次）

（5）qeej txheev plig 邀请调（制作好簸箕，穿好衣服，把做好的糍粑放到簸箕内，（三首，每首反复一次）摆好九碗酒，一大碗肉，邀请死者的魂进簸箕内）（三首，每首反复一次）

（6）qeej coj kev chaw rev 带路进家调（三首，每首反复一次）

（7）qeej ruaj chaw（qeej teeb vem）定位调（三首，每首反复一次）

（8）qeej kho zoo lug 安慰调（三首，每首反复一次）

（9）qeej rov 回路调（三首，不反复）

（10）xaus qeej ntsuag 收芦笙和木鼓调（一首）

2.qeej cob tsiaj 交畜牧调

（1）qheb qeej tsuag 启动芦笙和木鼓调（一首）

（2）xub qeej 引子调（一首）

（3）qeej cob tsiaj 交畜牧调（数量）（三首，每首反复一次）

（4）qeej cob xyab ntawv 交香纸调（三首，每首反复一次）

（5）qeej rov 回路调（三首，不反复）

（6）xaus qeej ntsuag 收芦笙和木鼓调（一首）

3.qeej tshais 早饭调

(1)qheb qeej tsuag 启动芦笙和木鼓调(一首)

(2)xub qeej 引子调(一首)

(3)qeej ua tau tshais 早饭煮好调(三首,每首反复一次)

(4)qeej laig tshais 早饭调(三首,每首反复一次)

(5)qeej rov 回路调(三首,不反复)

(6)xaus qeej ntsuag 收芦笙和木鼓调(一首)

4.qeej su 午饭调

(1)qheb qeej tsuag 启动芦笙和木鼓调(一首)

(2)xub qeej 引子调(一首)

(3)qeej ua tau su 午饭煮好调(三首,每首反复一次)

(4)qeej laig su 午饭调(三首,每首反复一次)

(5)qeej rov 回路调(三首,不反复)

(6)xaus qeej ntsuag 收芦笙和木鼓调(三首,每首反复一次)

5.qeej mo 晚饭调

(1)qheb qeej tsuag 启动芦笙和木鼓调(一首)

(2)xub qeej 引子调(一首)

(3)qeej ua tau mo 晚饭煮好调(三首,每首反复一次)

(4)qeej laig mo 晚饭调(三首,每首反复一次)

(5)qeej rov 回路调(三首,不反复)

(6)xaus qeej ntsuag 收芦笙和木鼓调(一首)

6.qeej hlawv xyab hlawv ntawv 烧香纸调

(1)qheb qeej tsuag 启动芦笙和木鼓调(一首)

(2)xub qeej 引子调(一首)

(3)qeej qhua hlawv xab 客人烧香纸调(三首,每首反复一次)

(4)qeej hauv rev hlawv xyab hlawv ntawv 家族烧香纸调(1首3调吹6回)

(5)qeej rov 回路调(三首,不反复)(三首,每首反复一次)

(6)xaus qeej ntsuag 收芦笙和木鼓调(一首)

7.qeej ro plig 放魂调

(1)qheb qeej tsuag 启动芦笙和木鼓调(一首)

（2）xub qeej 引子调（一首）

（3）qeej ua tau paj ntsuag zoo 做好场地调（三首，每首反复一次）

（4）qeej ndav plig 邀请调（三首，每首反复一次）

（5）qeej coj plig 带魂调（三首，每首反复一次）

（6）qeej ruaj zoo chaw 固定好位置调（三首，每首反复一次）

（7）qeej kho zoo lug 安慰调（三首，每首反复一次）

（8）qeej nrug siab 怀念调（三首，每首反复一次）

（9）qeej hlawv xyab ntawv 烧香纸调（三首，每首反复一次）

（10）qeej daws kauj vab ro plig 解开簸箕放魂调（三首，每首反复一次）

（11）qeej rov 回路调（三首，不反复）

（12）xaus qeej ntsuag 收尾芦笙和木鼓调（一首）请魂解簸箕放魂结束。

（三）芦笙叙事娱乐调（qeej ua si）

这部分包括远古传说芦笙调、近代故事芦笙调、芦笙环境调、杀牛道具调、兄弟朋友调、展示绝技调和背水舞调等。

1.qeej dab neeg yav tom ntej 远古传说芦笙调（简称：前朝芦笙调）

芦笙曲说的是开天辟地，地球、太阳和月亮的形成，动物、植物和人类的发源的传说等。共48首。

2.qeej dab neeg yav taum txov txog taumm nua 近代故事芦笙调（简称：后朝芦笙调）

芦笙曲说的是洪水漫天，射日，战争，办丧事的来源，芦笙和木鼓的来源，花草树木的作用，巫术的故事，祖先人物故事，花杆的来源，房屋的来源，服装、历史故事，迁徙等故事。共82首

3.qeej txuam moos 芦笙环境调

芦笙曲说的是办丧事出场时的娱乐项目，根据现场环境空间变化，触景生情吹奏，如风、雨、动物、雷、植物等。固定的有68首。

4.qeej tuav dawm nyuj 杀牛道具调

芦笙曲说的是杀牛祭给死者制作用的道具，如杀牛的架子、绳子、锤子，还有盖房等。共28首。

5.qeej kwv luag 兄弟朋友调

芦笙曲说的是兄弟情深，结交朋友，表达热情和思想等的感情。共26首。

6.qeej ua txuj ci 展示绝技调

（1）ntxeev tsiam 翻刀尖 4 首

（2）zaj ntxeev teb 滚地龙 4 首

（3）dhia rwg nyuj 跳梅花桩(栅牛的柱子)8 首

（4）nqeg yiag roj 下油锅 4 首

（5）txhus ntxhoo toj 立花杆 3 首

（6）tuam nci ntxhoo 坡脚舞 2 首

（7）qeej kwv dej 背水舞调 6 首

qeej kwv luag 适合在任何场合娱乐吹奏；qeej tuav dawm nyuj 杀牛道具调适合在出场吹奏，即办丧葬时的场地娱乐吹奏，如 ntxeev tsiam 翻刀尖，zaj ntxeev teb 滚地龙，dhia rwg nyuj 跳梅花桩(栅牛的柱子) 等。其中 nqeg yiag roj 下油锅根据现场的道具进行绝技娱乐表演。现在根据制作的道具在舞台上或节日中表演。

三、芦笙乐曲语义探析

1.芦笙曲语义

丧葬仪式中，芦笙师在吹奏芦笙时并不考虑芦笙的旋律、节奏等音乐元素，他们几乎是不懂音乐。在他们脑海里，仅仅是苗族古词和丧葬的程序，整个丧葬过程非常严谨。芦笙起着引导仪式程序的作用，芦笙师是仪式的主持引导者。在丧葬仪式中，哪个步骤缺少或马虎行事，就被视为是不完善的葬礼，认为逝者的灵魂升不了天。因此，芦笙师严格地按照程序演奏，一般前奏与结尾几乎都相同，正词在中间部分有变化，并根据现场所需即兴吹奏。比如，客人牵牛来祭祀时，芦笙师会根据情况吹一些感谢客人，类似客套词的语义曲。

芦笙师吹奏时完全是用苗族古语的音调在进行，当地苗族，或常听的人，能听懂芦笙曲所表达的语义。芦笙的音声曲调让在场的人感动落泪。这种现象至今仍然存在。从贵州的西部到广西隆林、西林，云南文山，到老挝、越南、泰国、美国的苗族，大部分三四十岁的人几乎都能听懂。然而，在芦笙比较发达的黔东南苗族地区却很少有人能听懂。这一现象值得研究者探寻。文字不是人类文明传播的唯一手段，除文字以外，人类还善于广为运用口头语言和其他非文字手段来进行信息交流。芦笙文化是苗族文明的一大特征，它是一种非文字文明的展现。芦笙曲反映的内容可以说是包罗万象，包括历史、传说、故事、生产和生活知识、伦理道德等。现代的人们听芦笙时注意的是音乐，强调的是技法、音量、音色等音乐效果，却忽视芦笙曲所传述的语义内容。

在隆林苗族村寨有专门承担芦笙音声的"长老"或芦笙师,他们负责苗族传统文化的传承,把苗族的习俗用芦笙曲记录下来。因此,他们使用音声——芦笙曲来进行文化传承,具有很强的感染力。芦笙师杨明才能记上千首芦笙曲,是靠苗族古词和程序牢记芦笙曲的,而不是像专业乐音人那样用记谱的方式来保存和记忆的。

只有在特定的语境下,熟悉苗族古语的情况下,才能理解芦笙曲的语义。下面两首谱例用记谱法记录芦笙曲,曲中语义所含的古老的苗语词义,再用汉语翻译大概意思:

断魂调

演奏:杨诚 口述:杨明才
记谱:杨胜文

断魂调曲意

苗语记录：杨胜文、杨诚

Tsuag lua tua lua leej tse

Peb yuav hais ib naag tsooj，naag tsua lei lua he tej tua lua lei lua lua saa nyua tsua leeb tua lua lua tsua lua looj tab xu，tab tib tam lam xu，

Nylua dle lua dle lua dle lua lei tib lua，dle lua dle lua lei ti qee

Peb yuav tshuab tus txi tus txi qeej

Peb yuav hais ib naag tsooj naag tsoo ei lua he tej，dle lua nej tsis yuav ib naa tsooj naag tsooj lei lua he tej

Peb yuav hais tus txiv tus lua he txa ma

Peb yuav hais ib naag tsooj naag tsua lei lua he txa lei lua nej tsis yuav

Ibnaag tsua naag tsua lei lua he txa qa la nyob tawm ib lua tsw lua tsw oo tib looj ti a looj tib lua lua

Tsua lua tsua lua lua lua hloo lua la oo ti tsw oo tag

Tam na tam na nalha na na tam nah la na hla hloo lua tsw lua

Tsua lua tua loo Peb yuav hais ib naag tsuaj naag tsuaj lei lua he tej tua lei lua lua lua xaa nyuag tsua leeb tua lua tsua lua looj tab xu ta tib tam lam xu nuua lua dle lua dle lua dle lua lei tib lua

曲意：（杨诚翻译）

啄咯躲啰愣镇

我们要说松鼠来开地

躲啰愣啰啰善泮

铸愣躲啰啰铸炉垄搭舒

搭地搭啦舒

泮炉噔啰噔啰噔啰愣地啰

噔啰噔啰愣地哽

我们吹什么调的芦笙

我们要说松鼠来开的地

噔啰活人不要

松鼠来开的地

我们要说是什么来开的棺

我们要说松鼠来开的棺

噔啰活人不要

松鼠来开的棺摆在那

垄啰铸啰铸嗡地垄地阿垄地炉炉

铸炉铸躲啰啰垄啰啰躲啰筒炉

啦嗡地路筒泮铸稳哒

哒呐哒呐呐搭啦啦呐呐哒啦啦呐啦垄啰啰铸

啰铸稳地阿垄地阿垄地炉炉

铸炉铸躲啰啰垄

我们要说松鼠来开的地

躲啰愣啰啰善泮

铸愣躲啰啰铸炉垄哒舒哒地哒啦舒

泮炉噔啰噔啰噔啰愣地啰

放魂(苗语：Rau Plig)

演奏：杨诚 口述：杨明才
记谱：杨胜文

放魂曲意

苗语记录:杨胜文、杨诚

Tsuam tuaj luag lua a looj luas luam tsuaj

Tsuaj luab tsuag luam tuaj luag lua tsuam luam tsuag luam tsuag

Tsua tuaj luag lua dooj ti tuaj luas leeg tsuj tuaj luag leeg

Ib sisluj a yuav moog tsaa nkauj qas plig

Ibtxuj duab sawv daws vaab looj tib tuaj luas leeg tsuj tuaj luag leeg

Ib sisluj a yuav moog tsaa nkauj qas plig

Ibtxuj duab sawv daws lev looj tis a lum lum

Tsuam tua lua dooj tis tuaj luas leeg tsuj tuaj luag leeg

Ib sisluj a yuav moog tsaa raug qas plig

Ibtxuj duab sawv daws vaab looj tis tuaj luas leeg tsuj tuaj luas leeg

Ib sisluj a yuav moog tsaa raug qas plig

Ibtxuj duab sawv daws lev loom tib a lum lum lum lum

曲意:(杨诚翻译)

琢躲啰啰阿垄啰啰卓

卓咯琢啰躲啰啰琢啰卓啰卓

琢躲啰啰咚地躲啰愣铸躲啰愣

一只黄鼠狼啊要去扶起女子的魂

一条影子起来解簸箕垄地躲啰愣卓躲啰愣

一只黄鼠狼啊要去扶起女子的魂

一条影子起来解席(竹席)垄地阿炉炉

铸躲啰啰垄地躲啰愣铸躲啰愣

一只黄鼠狼啊要去扶起男子的魂

一条影子起来解簸箕垄地躲啰愣卓躲啰愣

一只黄鼠狼啊要去扶起男子的魂

一条影子起来解席(竹席)垄地阿炉炉炉炉

2.芦笙曲基本语汇

一位民间芦笙师,长年累月的演奏芦笙,并非是懂音乐,更谈不上像音乐专业人所说的优美的旋律、准确的节奏,乐感等。芦笙师仅仅是在芦笙上体现苗族古词的语义,是在古词里翻来覆去地吹,形成一些基本规律。只有深入了解苗族文化才能明白芦笙曲的含义。

一般丧葬芦笙师吹到一定的时候就不愿吹芦笙了,因为他们吹的曲意太悲凉,使他长时间沉浸在芦笙曲所表达的语景中,心情极不愉快。曾经采访过很多吹丧葬的芦笙师,都有这个说法。2013 年,杨胜文先生在老挝遇见一位朋友,叫 Pov Thoj,他的父亲因为吹丧葬芦笙多而产生精神分裂,全家着急不知如何是好,最后不让这位芦笙师继续吹下去,一年后病情见好转。我们的参访对象杨明才本人也是如此,现在也不愿意再吹芦笙了。他说吹丧葬芦笙多了,影响心情,老是沉浸在悲哀的语义里,易产生悲伤、苦闷的心情。有时自己吹,自己会流泪,心情十分沉重。杨胜文先生说在整理芦笙资料时,耳边回荡着那些悲凉的曲意,使他无法入睡。

在苗族社会里,这种特定的文化风俗,延续了几千年,至今仍然在苗族民间传承。这次我们通过田野调查研究,作为贵州人,杨胜文先生作为一位从事芦笙演奏多年的专业人,我们有义务去收集整理苗族祖辈传下来的文化。几年前杨胜文先生开始留意芦笙内涵,这次真正的接触了解芦笙语义,从中发现了一些规律。我们认识到哪些音与节奏的组合,能体现芦笙曲的语义,能让人们一听就懂。芦笙曲基本语汇,是苗族芦笙文化的魅力所在。隆林孟论苗族芦笙曲基本语汇举例如下。

基本语汇(1)

苗语:Peb yuav hais peb yuav hais。意思是:我们要说,我们要说!

基本语汇(2)

苗语:Ib sis luj。意思是:一只黄鼠狼。

基本语汇(3)

苗语:Ib txuj duab。意思是:一条影子。

基本语汇(4)

苗语：Yuav los pom。意思是：要来看到。

3.芦笙曲特征

芦笙曲风格分有流派,本文仅以隆林"孟论"杨明才演奏的风格进行探讨,孟论芦笙的排列为561235,属于五声音阶的徵调,音色低沉、浑厚,音量并不是很大,有弯管或直管两种,与所有的民间六管一样,只有六个音。音域不多,但是演奏极其丰富,出现复调比较频繁。在隆林县还有其他村寨的芦笙风格,有些村寨的芦笙风格强调语义的清晰,不太加和音,听起来旋律较明显,但是听多感单调。而杨明才吹奏的芦笙曲是隆林县最丰富多彩,吹奏技法最复杂的。这种芦笙曲前奏、结尾加很多和音,中间主调也时常变化多端,一般变化规律在三、四、五、八度里进行。吹奏时用打音技法较多,花舌音或气颤音较少,这与贵州黔东南有很大的区别。

在丧葬芦笙里节奏节拍有时并不规范,比较自由,但是加有舞蹈动作,或者说有舞蹈时,节奏变为规范,气息变为流畅自如。如杨明才演奏的一首芦笙曲。

送魂 (Qeej Ua Plig)

演奏：杨诚　口述：杨明才
记谱：杨胜文

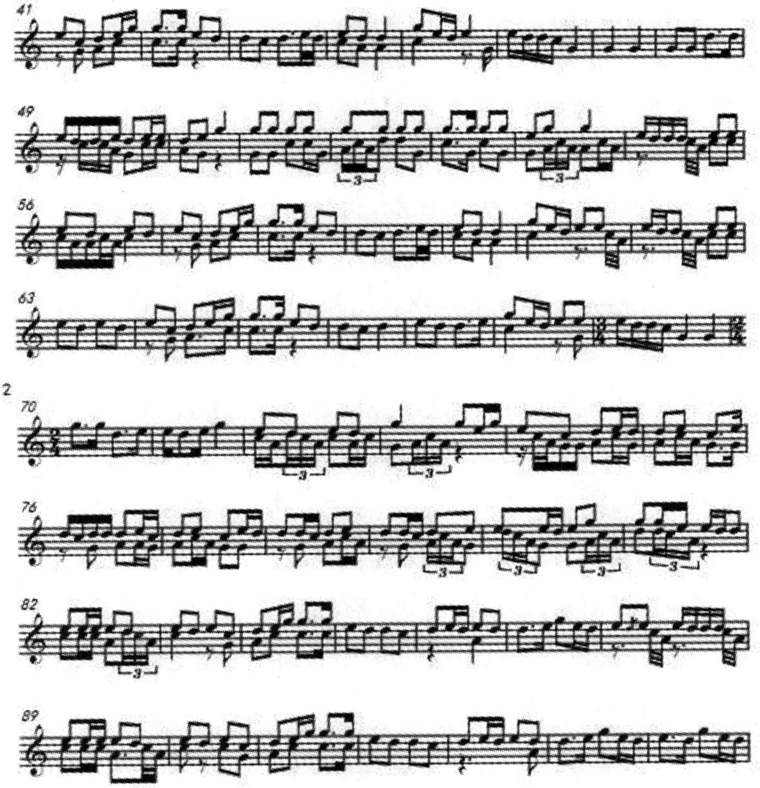
41
49
56
63
2
70
76
82
89
96
104
111
118
123

四、结语：苗族古训与芦笙曲语义

苗族先民在四五千年前，以蚩尤为首领称为"九黎"部落。后来由于部落战争失败，苗族先民被迫进行漫长的迁徙历程。从北向南，从东到西，形成目前的分布格局。由于苗族居住分散，又被大山阻隔，各地区各支系苗族文化形成有一定的差异。但是，一些可以称为苗族标志的文化在苗族的各支系中却类似和统一。各地苗族都信鬼神、崇拜祖先。各地苗族都有巫师，大体情况都一样。从观念到行为，各地苗族的原始宗教信仰都相同。例如，无论是西部、中部或东部的苗族，人去世后都要举行仪式，由芦笙师主持，给逝者的灵魂念《指路经》或《焚巾曲》等，指引死者的灵魂回到祖宗故地。尤其是国外苗族的族别认同上基本上有一个共识：只要能说明有共同根源，就同属于一个民族。各地的苗族都备有芦笙，会吹芦笙，听得懂芦笙，都有芦笙乐舞。各地苗族都拥有芦笙文化，芦笙成为苗族标志性文化符号，尤其以中部和西部苗族最为突出。芦笙在苗族生活中占有极其重要的地位，可以让人凭借芦笙去识别苗族。从中我们可以看出芦笙及芦笙曲蕴藏的深刻而丰富的文化内涵及这个民族的古老习俗。

我们说一个民族的自我教育，需要通过各种仪式活动来完成，通过各种族群活动来加强内聚力。如苗族都有类似的杀牛祭祖活动，东部苗族的"椎牛"，黔西北、滇东北苗族的"打老牛"，滇南苗族的"除灵"等。在古代社会，各支系苗族都举行类似的活动，只是后来迁徙使居住分散，生活环境不同造成仪式形式的差别，但是内容实质相同。丧葬仪式在不同的苗族地区以不同的方式在举行，随着老一代人的去世，会主持丧葬仪式的人越来越少了，但是类似具有族群认同的象征性的活动仍被不同地区的苗族所认同。

东部、西部和中部的苗族文化差异是后期的历史造成的。苗族在蚩尤时代就进入了农业社会，是当时强盛的部落，苗族的文化在那个时候已经成形。由于之后的战争迁徙使苗族文化的发展比较缓慢，甚至停滞不前。因而苗族文化，包括其中的音乐文化有很多是远古文化，这些远古文化成为苗族认同的主要依据，使各支系的苗族都有与现代苗语不一样的古训语义，而这些古训语义也许就是苗族先民们使用的统一的苗语，这或许是苗族芦笙曲语义探讨之所在。

参考文献

[1]吴通才.苗族千百年来发展缓慢的原因[A]苗学研究会成立大会暨第一届学术讨论
会论文集[C].1989.

[2]石茂明.跨国界苗族(Hmong 人)研究[D].北京:中央民族大学,2004.

[3]袁宇.苗族文化与教育的冲突与协同[D].重庆:西南师范大学,2004.

[4]侯健.试论文山苗族芦笙文化的社会功能和研究价值[J].民族艺术研究,1996(2).

仪式·音声·族群认同

——《亚鲁王》音乐文化探究*

梁 勇

摘 要:《亚鲁王》是苗族长篇叙事史诗,流传于(贵州)苗族西部方言麻山次方言苗族聚居区的最为完整,主要演唱于丧葬习俗。本研究主要对史诗《亚鲁王》的唱诵仪式及其音声形态的考察分析,并从"仪式"与"音声"两个维度探讨族群认同的表达及建构。

关键词:麻山次方言 《亚鲁王》 仪式 音声 族群认同

《亚鲁王》是苗族长篇叙事史诗,在黔、滇、桂、川等苗族地区均有传唱,其中以流传于(贵州)苗族西部方言(紫云自治县)麻山次方言苗族聚居区的最为完整。《亚鲁王》是我国在 21 世纪非物质文化遗产发掘与整理的重大文化事象,于 2011年 6 月被列为第三批国家级非物质文化遗产名录。民俗专家刘锡诚对《亚鲁王》的发现和出版给予很高的的评价:①《亚鲁王》是苗族文学史上迄今发现的第一部英雄史诗,苗族文学史、乃至我国多民族文学史面临着改写;②英雄史诗《亚鲁王》在20 世纪历次调查中均被忽视,此次普查中被发现从而填补了民族文化的空白;③《亚鲁王》的问世,为中国文化多元化增添了新的元素,为已有的世界史诗谱系增添了一个新的家族。[1]本研究主要对长篇叙事英雄史诗《亚鲁王》的唱诵仪式及其音声形态的考察分析,并从"仪式"与"音声"两个维度探讨族群认同的表达、建构及意义。

---

* 基金项目:2013 年教育部人文社科青年基金项目"史诗《亚鲁王》音乐研究"(13YJC760055)和 2013年国家社科基金项目"史诗《亚鲁王》的搜集整理研究"(13BZW172)阶段性研究成果。

作者简介:梁勇(1980—),男,苗族,贵州紫云人,硕士研究生,安顺学院艺术学院讲师。主要研究方向:民族民间音乐、苗族文化。

一、《亚鲁王》传唱习俗仪式

流传于苗族西部方言区麻山次方言苗族聚居区的《亚鲁王》,其传唱仪式主要有两个仪式,即"仪式外"和"仪式内"。所谓《亚鲁王》演唱的"仪式外"在此是指其演唱场合为非丧葬仪式活动,《亚鲁王》的传教和学习,时间为每年农历的正月和七月;"仪式内"在此是指《亚鲁王》演唱于丧葬习俗活动的各仪式各程序里。对于史诗《亚鲁王》演唱之"仪式外"与"仪式内",笔者已有过相关论述[1],此处不再赘述。本部分主要关注苗族西部方言麻山次方言(以下简称"麻山次方言")之丧葬习俗各仪式活动进行论述。麻山次方言苗族的丧葬习俗,主要有如下几个重要仪式环节:"入材"仪式、"守灵"仪式、"吊唁"仪式、"节干"仪式和"安葬"仪式等。以下逐一就各个仪式进行描述。

"入材"仪式。"入材"仪式即把棺材停放于堂屋中央前右侧,并将死者置入棺材之环节。"入材"仪式一般于死者去世当天,或者于死者去世第三天晚上进行。在"入材"仪式环节里,吹打乐奏乐、为死者更衣、击木鼓和哭丧等程序必不可少。吹打乐队,主要由死者女儿方邀请;更衣环节,主要是死者家属或(已出嫁的)女儿须各自为死者准备一铺床单、一件长衣、一对草鞋和一张"bof jbud"❶(苗语,汉译为"陪葬旗")。床单主要铺垫于棺材内部,一般先将女儿的床单置于第一层(底层),其后床单铺放的顺序依次为直系家属的床单,再到旁系家属的床单。把床单铺置好后,给死者更换衣服和穿草鞋(只穿一双,其余的放在脚的旁边),之后把死者置入棺材内。为死者穿的衣服为麻山次方言苗族自制的传统长衣,为死者准备的草鞋过去也是麻山次方言苗族自制,由于自制草鞋过程繁杂及花费较多时间,市场里有销售且价格不高,目前多数家属为死者备送的草鞋主要购买于市场。完成了床单铺垫、更衣和穿鞋后,开始为死者铺放"陪葬旗"。"陪葬旗"主要放置于死者面部,铺放"陪葬旗"时,先将少许金银沙粉放入死者口里。在"入材"仪式里,值得注意的是,为死者铺置于棺材内的床单、更换(穿)长衣、草鞋和"陪葬旗"的数量都是单数,不能为双数。

结束给死者铺放床单、更换(穿)长衣、穿草鞋和铺"族旗"后,待到关盖棺木的

---

❶ "bof jbud"为苗语,意为族旗或旗徽,是族群认同的重要标志。

时辰到点时❶，死者儿子及"东郎"❷及（吉）时将棺材盖住让其安静"入睡"。关盖棺木的同时，吹打乐、击木鼓和哭丧同时进行，届时灵堂屋"音声"一片沸腾。

"守灵"仪式。"守灵"也叫守夜，其过程主要是从"入材"仪式至"吊唁"仪式期间，一般为3～9（基数）夜不等。守灵期间，由"东郎"口诵祭词，一日三次为死者供奉饭食，晚上，家属和寨临亲朋好友前来丧家通宵达旦（守夜）食宿，或演奏吹打乐，或击奏木鼓及铜鼓以示与亡灵在一起，并同乐及祝福死者早日与祖先团聚——"守灵"仪式丧家自始而终并非哀伤低鸣，反而喜乐与"祝愿"并存。"守灵"仪式最后一晚，所有家属都要全部集中于丧家，商议次日"吊唁"之大事。

"吊唁"仪式。在麻山次方言苗族聚居区，"吊唁"仪式也叫做"做客"。"吊唁"仪式主要有请祖、迎客、唱《情歌》及砍马等环节。"吊唁"仪式之"请祖"环节，主要是指"吊唁"当天，前来吊唁亡灵的亲戚及亲朋好友未到达丧家之前，由东家（丧家）家属在大门外摆置一张长桌子并举行的相关仪式。长桌上摆放的物品一般有：五或七个碗（一般为土碗）、一束糯谷穗、数条鱼虾、豆腐、苹果、一把叶子烟等，围着长桌就座的主要丧家辈分大的老人、东郎及寨老。"吊唁"仪式当天，当太阳出来约早晨9时，由东郎口念祭词，"请祖"环节即开始。"迎客"环节，即死者之晚辈到房屋外来迎接前来吊唁的客人。根据客人与丧家的关系，这些客人有主客与散客之分：主客即与丧家的关系是直系家属或旁系家属；而散客则是那些与死者生前的朋友或死者儿女的好友。由于主客一般队伍庞大（20世纪90年代之前还自带食物），还有吹打乐乐队的伴随，其吊唁方式传统并且浓重：吹打乐乐队走在前面，边走边奏至大门前面对灵柩继续奏乐，女性主客则于屋外开始哭丧直至走到灵柩旁蹲下继续哭丧。作为主客，要等到第二天安葬结束后才返回家。因此，作为迎客的一方，其迎接方式也以传统的方式迎接：男性跪下头着地等，女性则用毛巾蒙住面部等——主客（受迎方）的主要男性代表（死者晚辈）走近迎方男性跪处，双手轻轻逐一拍击迎方男性的头部让其起立，迎方女性则跟在吹打乐乐队的后面（受迎方女性的前面），与受迎方女性一起哭丧前行。对于散客的迎接，则与平时相互往来的迎接方式相似。前来吊唁的客人已经全部到齐后（一般为下午4点左右），"迎客"环节也结束。

---

❶ 关盖棺木的时间很有讲究，要请阴阳（道士）先生"看书"（算时辰）——主要依据死者的生辰八字及去世当时的时间点而定。

❷ "东郎"，即丧葬仪式的主持者，同时也是史诗《亚鲁王》的演唱者和传承者。

麻山次方言"modfuob khongf",意为演唱回归先祖故地的情歌,即上文所述之"唱《情歌》"(以下统称唱《情歌》),主要由"东郎"演唱。根据上文所知,前来吊唁的主客一般次日安葬结束后才回去。因此,唱《情歌》其场合主要是主客食宿的寨临各家。换言之,主客被安排到各家就座后,东郎就及时到主客就座之位置,面对主客演唱《情歌》。

"砍马"环节,于"吊唁"仪式当天下午"迎客"环节结束时进行。举行此环节仪式的场地通常为房屋外附近一块较为宽敞的露天平地,约60平方米,场地中央立一棵直立的杉树,用以拴马缰。待前来吊唁的客人到齐后(约下午四时),"砍马"环节开始。此环节仪式中,"砍马客"❶之角色十分讲究,即如果亡者是男性,由死者的姐夫或妹夫家请砍马客;如果死者为女性,则由其舅家请砍马客。砍马前,由孝家举行祭马仪式❷,后由"砍马客"中的一位东郎再进行祭奠:手里拿着一碗白酒,一边唱诵"*Langb hmengl*"(《马经》),一边将酒不断地倒在马的肩膀处和头部。"砍马客"对马祭奠完毕后,由丧家年长者带领所有孝子围绕马转三圈,转毕各自返回原来的位置。此时,"砍马客"中的人员在马的后面燃放鞭炮,马逆时针跑圈,当马对鞭炮声不再惧怕时,"砍马客"在主持"砍马"环节的东郎带领下分别各对马和四周(东、南、西、北各方位)旁观的人叩首三次,尔后砍马开始[2]。

"节干"仪式。此仪式为麻山次方言苗族丧礼中演唱史诗《亚鲁王》的主要场合,通常于"吊唁"仪式当天晚上进行。仪式现场一般布置如下:灵柩正前方置一木桌,桌上摆放汉文书写的灵牌、盛装稻谷的升斗(稻谷上插香)和储着菜油的土碗(内置布焾,用作油灯);灵柩上方放有宝剑、弓箭和一个筛子,筛子内摆酒、鱼、豆腐、水果等物;灵柩后面墙壁上挂一只大竹箩,内放草鞋、饭箩和葫芦;木鼓摆放于灵柩的侧面。"安葬"仪式,主要是将灵柩(死者)进行埋葬的一系列行为。

二、《亚鲁王》之仪式音声

一定的概念体现为一定的行为仪式,而行为仪式又包含有相关的音声[3]境域。《亚鲁王》作为族群记忆的"口述史",其展演之相关仪式,呈现出多样的音声境域。本部分以上文关于《亚鲁王》"仪式内"演唱习俗仪式的描述之顺序,试对各仪式里

---

❶ "砍马客"即"砍马"环节中负责砍马的人员,一般3~5人,东郎身份。
❷ "祭马"仪式,主要是孝子给马喂稻谷穗和酒水,孝女手拿缰绳面对马匹哭丧。

的音声现象及形态进行探究。

在"入材"仪式里,是为死者返回先祖亚鲁前期及重要准备,其音声境域东郎念诵声、哭丧声、吹打乐演奏声和击木鼓声等。对于"东郎"的念诵声——东郎具有双重身份——当下时空角色与追忆先祖故地时空之角色——念诵内容与现世主体、死者(亡灵)和先祖亚鲁三个维度相关:与现世主体的念诵内容主要阐明死者结束了"这边"(死者生前之环境)的生活,即将回去与先祖亚鲁团聚的时间,作为死者家属应该祝福他;与死者的念诵内容主要是给死者交代,虽然此时与这边亲人家属离别,但是"那边"(先祖生活之故地)还有更多的亲人等着,愿他一路前行,不要有后顾之忧;与先祖亚鲁的唱诵内容主要是向先祖亚鲁王"回报"有子孙即将与他团聚,请他分配土地给他,让死者与他同劳作、共生活。

哭丧声,主要是死者之女性家属在进行散哭❶,其内容除了表达哀思之外,也有愿望死者到安乐的回去"那边"。"入材"仪式里的吹打乐演奏之曲目,是在麻山次方言苗族聚居区通用的乐曲曲牌,其种类苗语称:"zangd zuod langd"(汉意译为"入材调")。麻山次方言吹打乐"入材调"目前有 10 余首曲目,在"入材"仪式开始时,必须演奏"入材调"曲目,把"入材调"曲目演奏完毕后,才能演奏其他"散曲"。❷ 击木鼓主要由家族年长者负责击奏,也可由东郎击奏,击奏者双手紧握两只鼓槌,对着木鼓中央敲击,其音声形态体现为一连串的音响形态:速度由慢—快—慢,音量由弱—强—弱,力度由轻—重—轻。这一音声形态多次反复,直至东郎念诵完毕才停止击奏。

"守灵"仪式中的吹打乐演奏,由于目前已经没有能(会)演奏与"守灵"仪式相关的曲牌曲目。因此现在"守灵"仪式中演奏的吹打乐曲目以哀调❸为主,也可以演奏散曲。此仪式环节也是麻山次方言苗族人学习演奏吹打乐的重要场合及时间;"守灵"仪式之击奏木鼓,与"入材"仪式有相同之处,也有不同之处。相同之处为"东郎"为死者供奉饭食而口诵祭词时的演奏,一天固定三次,其击鼓人、演奏方法及其音声形体与"入材"仪式相同;不同之处为演奏的时间点比较随意,演奏者以青年人为主,演奏的目的是为了活跃气氛。具体的演奏:三人作为一组,各自站在木鼓的三个角上,形似等腰三角形,每人右手各持一鼓槌。以甲、乙、丙分别表示

---

❶ 散哭,即哭唱的内容以即兴编创为主之哭丧形式。
❷ 散曲,即各种民俗活动及演奏的曲目。散曲在麻山次方言中的数量最多。
❸ 哀调,一般是指在丧葬礼俗中演奏的吹打乐曲牌曲目。

三位击奏者,以"〓"表示鼓槌相击的声响,以"●"表示鼓槌敲击鼓面(中央)的声响,其节奏节拍及声响织体如谱例 A 所示[2]。

谱例A: 2/4 　　　　　　　　　　　　　　　　　　　梁 勇 记谱

甲:　〓 〓 ● 〓 〓 ·//· ‖
乙:　〓 〓 〓 〓 ● ● ·//· ‖
丙:　● ● 〓 〓 〓 〓 ·//· ‖

从谱例 A 看出,此种奏法形式,其音声形态包括鼓槌互击的声响与鼓槌和鼓面接触的声响两个声部织体。演奏时间无长短限制,一般以其中某个人的疲劳不能再继续演奏结束一个段落。演奏过程中,需要演奏者配合默契,方能形成循环往复的效果。按照麻山次方言苗族的说法,演奏木鼓不仅可以消除守灵人的疲劳,也可以使亡灵感到开心,因而"守灵"仪式中对于木鼓的第二类演奏形式,具有杂技性与娱乐性的双重特征。

另外,由于现在麻山次方言聚居区的苗族所存留的铜鼓寥寥无几,很多姓氏及家族都没有铜鼓,因此目前在"守灵"仪式环节里,很少见到有铜鼓的演奏。即使有铜鼓的演奏,不像木鼓演奏那样随意,只能在东郎给死者供奉饭食而口诵祭词时才能演奏。演奏铜鼓时,演奏者若有所思,表情沉重,演奏速度中速,演奏力度较轻,其音响形态低而弱,并且自始至终较为均衡。东郎供饭祭词结束,铜鼓也跟着停止演奏。

"吊唁"仪式中请祖、迎客、唱《情歌》及砍马等环节都有其各自的音声形态。其中"请祖"环节,音声形态主要是东郎的念诵声,其念诵内容是"邀请"丧家祖先及其寨临里生前比较有威望的已逝者"回来"就餐。"迎客"环节音声形态呈现比较多,主要有吹打乐奏乐声、哭丧声、木(铜)鼓声、火炮声等。前来吊唁的主客,即将走到丧家之前,演奏"吊唁调",这也是麻山次方言苗族共同遵循的原则。麻山次方言苗族吹打乐,其乐器编制为:两支主奏乐器唢呐、一个皮鼓、一对镲、一个乳锣和一对铛锣。可见,麻山次方言苗族吹打乐乐队编制中共有五类乐器,除了唢呐为吹管乐器外,其余乐器均为打击乐器。虽然在乐器类别数量上,打击乐多于吹管乐器,但是麻山次方言苗族吹打乐则是以唢呐为主奏乐器之乐种。在演奏"吊唁调"时,所有乐器共同演奏❶,其曲目如下。

吊 唁 调

(主奏乐器唢呐分谱)

地点: 宗地乡戈邦村大寨组
梁勇 记

1=E 中速 1/4 2/4 3/4

```
2232 1161 |2232 1256 |1 61 | 2232 1161 | 2232 1256 |5 5 |2232 1161 |2232 1256 |
1 61 | 2232 1161 |2232 1256 |5 5 | 1161 2356| 5 5 |2361 2156 |5 5 | 1161 2356 |
5 5 |2361 2156| 5 5 | 1165 1165 |2261 3323 |6512 3323| 6513 | 2 21 |6522 1133 |
1261 5 5 | 1165 1165 |2261 3323 |6512 3323| 6513 | 2 21 |6522 1133 | 1261 5 5 |
6512 6 6 | 5612 5 5 | 6512 6 6 |5612 6521 | 5651 2231 |2231 2321 |1256 5 5 |
2232 1161 |2232 1256 |1 61 | 2232 1161 | 2232 1256 |5 5 | 2232 1161 |2232 1256 |
1 61 | 2232 1161 |2232 1256 | 5 5 | 1161 2356| 5 5 |2361 2156 | 5 5 | 1161 2356 |
5 5 |2361 2156| 5 5 | 1165 1165 |2261 3323 |6512 3323| 6513 | 2 21 |6522 1133 |
1261 5 5 | 1165 1165 |2261 3323 |6512 3323| 6513 | 2 21 |6522 1133 | 1261 5 5 |
6512 6 6 | 5612 6521 | 5651 2231 |2231 2321 |5612 6521 |5651 2231|
2231 2321 |1256 5 5 | 5651 2231 |2231 2321 |5612 6521 |5651 2231|
2231 2321 |1256 5 5 |12 5 3 32 |1233 5 5 |12 5 3 32 |5 5 |2351 56 5 | 2361 |
5 5 |2351 5656 2361 6565 | 1151 6651 |2212 3525 |3 32 1233 | 2 - | 2 - - - ||
```

演奏中其他打击乐的节奏形态如下(部分):

```
唢呐: (1 61|)  2232 1161 |2232 1256 |5 5 | 1161 2356| 5 5 |2361 2156 |5 5 |1161 2356 |5 5 |
皮鼓: (X X|)   0  XX 0 |XX 0 XX 0 |X X | 0 XX 0 |X X | 0 XX 0 |X X | 0 XX 0 |X X |
镲:   (X X|)   0  XX 0 |XX 0 XX 0 |X X | 0 XX 0 |X X | 0 XX 0 |X X | 0 XX 0 |X X |
乳锣: (X X|)   0  X 0 |X 0 X 0 |X X | 0 X 0 |X X | 0 X 0 |X X | 0 X 0 |X X |
铛锣: (0 0|)   XX 0X 0 |X 0X 0X 0 |0 XX 0X 0 |0 0 |XX 0X 0 |0 0 XX 0X 0 |0 0 XX 0X 0 |0 |
```

对于"吊唁"仪式中唱《情歌》,其目的在于为亡灵找回其生前的恋爱(或情人)

---

❶ 麻山次方言苗族吹打乐在演奏时,都是所有乐器共同演奏,但也有分开先后演奏的形式。这种分开先后的演奏形式主要在"赌唢呐"场合演奏:主奏乐器唢呐先演奏一句乐句,其他所有打击乐器以唢呐演奏乐句之节奏节拍为基础共同跟着演奏一句。"赌唢呐"不在本研究的讨论范围内,故文中不再有相关论述。

对象之信物:自绣的布袋荷包或者一张毛巾。通过演唱《情歌》寻回的信物有何重要意义?据很多东郎说,信物意义体现在两个方面:一是死者回归先祖的旅途上,由于"行李"(送给死者的各种祭品)多而重,通过东郎唱《情歌》所寻回"信物"并由东郎转交给死者——死者希望生前的情人能灵魂帮他(她)换着背行李,顺利到达先祖之地;二是为了将来在先祖之地相聚时,因为有"信物"作证,可以继续"爱恋"而"成家立业"并"永久相守相伴"。

"吊唁"仪式中"砍马"环节,音声形态有家属女性的哭丧声、吹打乐奏乐声及鞭炮声等。此仪式中"哭马调"属于"正哭"❶,哭唱内容繁杂,现在能记述"哭马调"内容的麻山次方言苗族妇女所剩无几,并且都年事已高,在丧葬礼俗中不能再在现场哭唱。因此,现在在砍马现场里妇女所哭唱的"哭马调",内容多为即兴编唱,只要能表达对死者的哀思和对马的酬谢❷即可。吹打乐所演奏曲目为"砍马调",由"砍马客"演奏。与"吊唁调"一样,"砍马调"也只能在丧葬活动之砍马场合演奏,其曲目与砍马内容相关。目前经常演奏的"砍马调"类曲目有十余首。"砍马"环节结束后,"吊唁"仪式也结束,丧家接着"节干"仪式的准备工作,散客也渐次回家,而正客则须等到次日安葬后才能回去。

"节干"仪式为演唱史诗《亚鲁王》的主要环节。因此,在麻山次方言苗族的丧葬活动中"节干"仪式是绝对不能缺少的。"节甘"仪式里,通常由3~7个东郎共同轮换完成唱诵《亚鲁王》史诗——所有东郎 身着当地苗族传统服饰,由"大东郎"❸主持。仪式开始时,一位东郎急速敲击木鼓——唤醒亡灵;一位东郎头戴斗笠、肩扛马刀面对灵柩唱诵《亚鲁王》;女性家属哭丧;孝子燃放鞭炮——届时丧家音声轰隆——犹如战事场面一般!当然,本仪式中最重要的音声形态当数东郎唱诵史诗《亚鲁王》——"重点叙述神话中的人物'亚鲁',讲述'亚鲁'及其子女如何征战、最后定居此地(贵州山区,笔者注)和经过长期开垦后换来今天这种安居乐业环境的过程"[2]。"节甘"仪式持续7~9小时。史诗《亚鲁王》的唱诵,其唱腔似说似唱,体现在"音乐性"与"语言性"为共同常量的范围之内运动或变化。如"亚鲁"带其部族至"bux daod"的"bangt suot had rongl bux daod"。❹

---

❶　正哭,即哭唱的内容固定并具有一定的程式化特征。

❷　死者回先祖亚鲁王故地时,马的任务主要是托运物品(祭品)。

❸　"大东郎"即有过多次主持丧葬"节干"仪式的经历,并且能唱诵(记忆)《亚鲁王》很多篇章内容。梁勇.麻山苗族史诗《亚鲁王》音乐文化阐释[D].西安:陕西师范大学,2011:20-25.

❹　"Bangt suot"汉译为迁徙,"had rongl"汉译为地方,"bux daod"汉音译为"卜稻",地名,待考。

bangt suot had rongl bux daod

(迁徙至卜稻)

黄老华 演唱
梁 勇 记谱
地点:紫云县大营乡巴茅寨

中速 悲伤地

苗文:Oud, laif Sed lul jat ndong yo s. Oud,
直译:哦, 现在 起来 上 天 了。 哦,

Yangb luf jeub hmenl has doud, Yangb luf zuod kuof has hlongt.
亚 鲁 骑 马 在 屁股, 亚 鲁 穿 铁 是 黑色。

Yangb luf deit bux dongt nyid lid luok nid lid luok, Yangb luf deit bux
亚 鲁 的 群 孩子 哭 哩 啰 呢 哩 啰, 亚 鲁 的 群

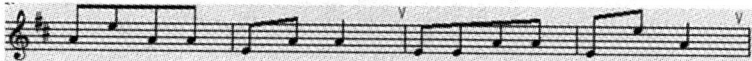

Wax yid lid lux nid lid lux. Yangb luf njengf suot angd fut lex,
婴儿 哭 哩 噜 呢 哩 噜。 亚 鲁 碎 地方 做 干粮 去,

Yangb luf njengf rongl angd songf lex. Yangb luf jongb bux lex hud heis,
亚 鲁 碎 村庄 做 午饭 去。 亚 鲁 领 群 去 路 漫漫,

Yangb luf jongb bux lex heid daid。
亚 鲁 领 群 去 路 长长。

歌词大意:亚鲁王整装待发,准备带着自己的族群向地名为"卜稻"的地方迁徙。

麻山次方言苗族丧葬活动之"安葬"仪式,于"吊唁"仪式第二天清晨,即"节干"结束后进行。"安葬"仪式音声形态主要有吹打乐奏乐声、哭丧声及燃放鞭炮声等。其中,吹打乐所演奏的曲目与其他仪式一样,也是特定曲目。换言之,安葬仪式中吹打乐所演奏的曲目都属于"送丧调"一类,此类曲目也有十余首;哭丧主要是在将灵柩从堂屋抬至门外"整装"这一全过程进行,要求正哭,但目前由于能正哭的女性几乎没有,所以现在"安葬"仪式中哭丧也为散哭;至于鞭炮声,主要于众人将灵柩抬出家门时及扛灵柩至安葬地的一路上都需不停地燃放。扛灵柩至安葬地之过程,步行速度较快,鞭炮声夹杂吹打乐声,犹似凯旋。

族群认同的媒介:仪式与音声

《哈佛美国族群大百科全书》有关族群界定时,罗列了族群可能具有的共同特征:如共同的地理起源及迁徙性质,共同的语言或方言,共同的宗教信仰,共同的传统、价值和象征体系,共同的文化、习俗和音乐,共同的食物偏好及能够被外部族群区分等。从史诗《亚鲁王》的传唱习俗来看,仪式与音声中所呈现或隐含的符号信息,是其传承传唱族群建构历史记忆与族性认同的重要标志。

符号信息一:关于先祖"亚鲁"的故事。麻山次方言苗族共有六个土语区,即中部土语、北部土语、南部土语、西部土语、东南土语和西南土语[3],人口20多万。在这六个土语区中,即使丧葬活动各个仪式环节存在些许差异,但是在丧葬活动中必有"节干"仪式对"亚鲁"故事进行展演和唱诵作为"共有主题"——是历史传统的延续,并非后世人为的结果。"亚鲁"作为族人的先祖在此"共有主题"里得到认同,其故事也得以代代相传,即亚鲁是一位"从小以商人身份被派到其他部落去接受一个苗王所应当具备的各种技艺、文化,逐渐成长为一个精通巫术及其所蕴涵的天文地理、冶炼等知识的奇人。在生活上,他享有普通苗人不可能享有的王族待遇,他有七个妻子和几十个儿子。而其中的十四个儿子都继承了他的骁勇并与他一样毕生征战"[4]。据国家级东郎陈兴华说,在"节干"仪式中唱述"亚鲁王"出生、学艺、成家、从商、征战及迁徙等各个篇幅长大,内容繁杂,过去至少需用三天三夜的时间才能唱完整个内容,现在很多东郎所拥有的"亚鲁"故事虽然支离、片段,但是"亚鲁"作为一位有血有肉、有情有爱的苗族祖先是不容否定的事实——这是如今不同苗族土语区族群相互认同的首要"根基"❶。

过去在麻山次方言苗族聚居区,交通不便,信息闭塞,很多人一辈子都生存劳作于出生地,以至于他们认为"亚鲁"故事只流传于他们各自所生活、生存的相对狭窄和固定的区域。近十年来,随着经济的发展,交通、信息等基础设施得到改善,不同区域的族群交流畅通无阻。如今,即使麻山次方言苗族各自土语区语言有所区别,相互沟通存在一定的难度,但只要知晓对方也在丧葬活动里有唱诵"亚鲁"

---

❶ 格尔兹(Clifford Geertz)、爱德华·希尔斯(Edward Shils)和查尔斯·凯斯(Charles Keyes)等人关于族群认同的理论提出的根基论或原生论。根基论认为,族群成员内心某种根基性的情感联系是族群认同的基础和延续。

的程序仪式,内心就会产生"情感联系"——"来自族群内部成员的亲属传承,包括血缘、语言、宗教信仰、风俗习惯等在内的文化内容则成为这种情感联系传承和滋生的载体"。[5]由此而知,族群的认同"不必占据一方领地,但却要有群体共享的祖先"[5]传说。

符号信息二:仪式及音声的相似性。在麻山次方言六个土语区中,他们存在语言的差异,而且在日常生活及葬礼活动中也有所不同。但他们的整场丧葬礼俗中,"入材""守灵""吊唁""节干"和"安葬"五个仪式是不可缺少的程序环节,并且仪式过程与仪式内容也趋向一致。此外,在这五个不同的仪式环节里,其所呈现的音声形态在不同的土语区也趋向同一。在笔者的田野调查中,笔者注意到,其他土语区的苗族进入另外土语区苗族的丧葬活动中,他们除了关心"节干"仪式中是否唱诵"亚鲁"的故事以外,还细心视听其他四个

陪葬旗

仪式环节的音声形态等。如果这些仪式程序的过程与内容及其仪式里的音声形态与他自己土语区的葬礼活动基本一样,他就认定他所进入的这一土语区也是"亚鲁"的子孙,同为苗族大家庭的一份成员。无疑,这又是苗族不同土语区建构族群认同的另一"根基"。

符号信息三:葬旗与信物。在"入材"仪式里,有一重要的环节,就是将绣有不同图案元素的"陪葬旗"盖在死者的脸部。不同"族旗"其图案元素有所差异,如有的以稻谷穗和动物为主(见上图)、有的以太阳为主和以花瓣为主等。限于篇幅,"陪葬旗"的图案元素所蕴涵的文化内涵在此不作展开讨论,只就"陪葬旗"与族群认同的关系作阐释分析。

我们知道,很多少数民族关于死亡的理解也是返回祖先居住地,祖先们团聚的开始长途跋涉,并且他们的丧葬活动里也有帮助死者回到始祖发祥地仪式。如"云南永宁纳西族的葬俗中有送魂的仪式,人们相信死者的亡灵要离开家园,回到祖先居住过的远方。为此要请'东巴'念诵《开路经》。《开路经》的内容除劝说亡灵前往祖先所由来的北方之外,还详细地描述所谓送魂的路线。"[6]回到本研究的论述对象,即麻山次方言苗族,他们对于死的认识也是与祖先团聚的开始。不同的是,麻山次方言苗族对于死者与祖先的团聚,不仅有东郎详细的给死者唱(讲)述返回

路线,并且还有死者到达祖先居住地时,祖先识别、认可及接纳的标志——陪葬旗所具有的认同功能。

此外,"吊唁"仪式中的唱《情歌》环节为亡灵找回其生前恋爱(或情人)对象之信物,也与"陪葬旗"共同成为同一个族群在阴阳(现世环境与祖先故地)两界相互识别、认可及接纳的符号标志。

从上文的符号信息一、二、三可以看到,仪式内容及其仪式里的音声形态对于族群的认同具有重要的建构意义和强化作用。换言之,"共同的神话祖先与共享的文化相似性成为族群凝聚的重要标识"[5],族群的凝集不仅使族群认同得到强化,同时族群的历史也得以传承,这也是本研究在结束前所要阐明的观点所在。

参考文献

[1]梁勇.史诗《亚鲁王》演唱时空探析[J].三峡论坛,2012(4):16-20.

[2]梁勇.麻山苗族史诗《亚鲁王》音乐文化阐释[D].西安:陕西师范大学,2011.

[3]曹本冶.思想——行为:仪式中音声的研究[M].上海:上海音乐学院出版社,2008:27-28.

[4]余未人.紫云发现非物质文化遗产:苗族英雄史诗——亚鲁王[N].贵州时报,2009-09-02.

[5]曾澜.地方记忆与身份呈现——江西傩艺人身份问题的艺术人类学考察[D].上海:复旦大学,2012.

[6]严汝娴,宋兆麟.永宁纳西族的母系制[M].昆明:云南人民出版社,1983:65.

试论当前村寨发展中苗族文化适应的滞后性

潘文献

摘　要:本研究以湘黔桂地区苗族村寨火灾为剖析切入点,在民族文化与生境相互作用的视阈下,讨论民族文化对民族发展的有效性和局限性,指出文化变迁涉及一系列的社会文化变革,民族在发展过程中文化的调整适应可能具有滞后性。湘黔桂地区苗族传统民族文化在现代化过程中出现的震荡和不适是造成该地区苗族村寨火灾失控的社会文化根源。

关键词:苗族文化　火灾　文化变迁　滞后性　适应

一、湘黔桂地区苗族村寨产生的自然历史条件

湘黔桂交界地区处于云贵高原向湘桂丘陵、盆地过渡地带,山地众多。这一区域的黔东南州、湘西州、怀化、桂林、柳州大多属中亚热带季风湿润气候,夏季受夏季风控制,降水充沛,气候温暖湿润,冬半年受冬季风控制,降水较少,气候较寒冷干燥。光热水基本同季,受到山地海拔落差影响,气候类型多样,立体气候明显。这样的自然条件使得这一区域成为中国重要的林区。贵州省 10 个林业重点县 8个在黔东南州,2013 年全州森林覆盖率为 63.44%,公益林 1300 多万亩。2013 年怀化市森林覆盖率达 68.8%;湘西州森林覆盖率达 66.9%,永州森林覆盖率达61.03%。2013 年广西桂林市森林覆盖率达 70.57%;柳州市森林覆盖率达 64.36%。❶

黔东南州清水江流域是湘桂黔地区最偏僻的区域,从明代开始清水江流域的木材得到大规模的开发,明清两代频繁在清水江流域采办"皇木";随着清水江木

作者简介:潘文献(1979—),男,苗族,贵州凯里人,广西社会科学院助理研究员。主要研究方向:民间信仰、扶贫开发、移民安置、新农村建设、旅游发展、环境保护及发展项目绩效评估等。
❶　各地森林覆盖率是根据 2014 年各州、市公布的《政府工作报告》或统计公报整理。

材市场的形成和繁荣,刺激了黔东南地区大规模人工植树造林活动的发展;木业的利润吸引了"三帮""五勷""十八帮"等抢夺清水江流域木材市场;各种封建势力之间又爆发了旷日持久的"争江""争山"的斗争;也塑造了这一区域独特的木材文化[1]。木材加工技艺在这一区域得到广泛的传播,逐渐形成了以木材为主要建筑材料,具有鲜明地域特色的民族建筑文化。其中,贵州雷山县西江千户苗寨、湘西凤凰古城都是重要的民族文物。

丰富的木材产出,娴熟高超的木建筑工艺,加上木建筑本身具有的许多优点,使得以吊脚楼为代表的木制建筑在湘黔桂交界区域一度盛行。在 20 世纪 90 年代以前,砖房和钢筋混凝土结构的房屋在一般村寨中还不多见,青瓦木楼随处可见。这些民族村寨大多依山而建,伴水而居,层层叠叠,错落有致,与周围环境和谐交融,具有一种贴近自然的美感。受到土地的限制,这一区域的苗族村寨通常规模偏小。即便是有几百年历史,号称"千户苗寨"的西江苗寨也是多个自然村逐步接近才连为一体的。改革开放初期,这一区域实施家庭联产承包责任制,将水田和旱地承包到户,未划分到户的集体林木遭到村民大肆砍伐,形成距今最近的一次木楼建设高潮。

二、近些年来湘黔桂地区火灾发生情况

进入 20 世纪 90 年代以后,湘黔桂地区民族村寨火灾频发,特别是重特大火灾造成了极为惨重的损失。许多苗族村寨几乎是整个村屯地被大火吞噬。根据有关方面统计,2000—2002 年,广西共发生火灾 8646 起,死 240 人,伤 454 人,直接财产损失 9725.9 万元人民币[2]。2003—2005 年,仅广西融水苗族自治县就发生村寨火灾 31 起,烧毁 400 多栋房屋,死亡 4 人。2004—2006 年广西桂西北少数民族聚居村寨仅重特大火灾就发生 20 起,受灾 1672 户[3]。面对民族村寨火灾频发的严峻形势,2008 年广西开展少数民族村寨防火工程改造项目,计划用三年时间改造全区 50 户以上连片木结构的少数民族村寨,遏制民族村寨火灾频发的势头。该工程惠及 13.4 万户 59 万人。改造范围以湘黔桂地区为重点,其中柳州市三江侗族自治县 510 个村寨、66809 户、284777 人,融水苗族自治县 457 个村寨、51024 户、237775 人;桂林市龙胜各族自治县、资源县、临桂县 167 个村寨、14736 户、59406 人。❶

---

❶ 见桂政发〔2008〕96 号文件。

1990—2000 年贵州发生农村火灾 3549 起，烧死 526 人，直接经济损失 10250 万元，其中火灾最为严重的是贵州黔东南苗族侗族自治州，严重的火灾迫使黔东南州于 2002 年制定出台中国第一部农村消防法规《黔东南州农村消防条例》。据统计，1991—2008 年黔东南州共发生农村火灾 1701 起，死亡 294 人，烧伤 189 人，其中中大火灾 115 起，特大火灾 70 起[4]。2007 年贵州省又通过了《黔东南州农村消防建设试点方案》，要求在不破坏当地民众习俗和文化风貌的前提下，进行农村消防建设试点，逐步消除火灾隐患，防止重特大事故的发生，2007—2011 年每年安排 1200 万元专项资金用于 50 户以上自然村寨的消防建设。尽管火灾高发的形势得到一定控制，但火灾隐患依然严重。2006—2011 年黔东南州火灾发生次数共 355 起，其中 2006—2010 年的火灾次数一直处于上升状态，2011 年火灾发生次数比 2010 年低，但也多于 2006 年。2012 年黔东南州发生火灾事故 57 起，死亡 8 人。❶ 有学者认为将城市的消防制度应用于农村并不能解决黔东南州民族村寨的火灾问题，消防工作、消防制度在民族村寨火灾面前表现乏力[5]。

三、苗族传统文化对用火的控制和预防火灾的制度

每一种民族文化都是人们适应自然环境，不断传承而成的体系。在不同的环境和技术条件下，人们的需求和面临的问题显示出极大的差异。通常来说，特定的环境发展出特定的技术和文化适应。湘黔桂交界地区大面积的森林种植也催生了相应的技术和文化适应，苗族发展出使用木材的文化和技艺。吊脚楼是这种文化适应的典型代表。大量使用的木材又使得村寨防火变得非常重要，因而发展出与用火、防火相关的一系列的文化制度。

首先，村寨的选址要尽量地靠近可利用水源。水源的存在不仅对农耕，特别是稻作生产有极为重要的影响，也是日常生活和村寨防火的客观需要。湘黔桂山区河流相对不大，河流边居住空间有限，河道旁肥沃的平缓土地被开垦成水田。大量的坡地被开发出来用于居住，山泉和井眼就成为村寨选址的前提。几乎每一个规模较大的村寨都有多处山泉和井眼。特别是位于村寨上方的山泉和井眼为村寨提供了天然的水塔。利用自然落差，将竹木刨成引水槽，辅以鹅卵石等铺砌的水渠，引导水流在村寨中穿行，从而形成错落有致的防火水网。水流流经的某些地方被

---

❶ 引自《黔东南苗族侗族自治州 2012 年国民经济与社会发展统计公报》。

深挖成水塘或者将水田蓄水较深,既可以用来养鱼,也是相当实用的蓄水池,一旦发生火灾,可以成为便利的取水点。无论是贵州西江千户苗寨,还是湖南湘西德夯苗寨,这种傍水而居,引水入寨是湘黔桂交界地区苗族村寨发展的普遍模式。

其次,通过文化在生活方式上预防和控制火灾。过去湘黔桂交界地区几乎每家每户都有陶制的大水缸或者木制的大水桶。一对木制水桶曾经是这一地区不可或缺的家居用品。常年盛满水的大水缸、大水桶对家庭内部的防火实际上有重要的作用。过去,贵州黔东南地区的苗族新娘要在新婚的第二天天不亮就摸黑起来把家里的大水缸大水桶挑满,这也是防火的需要。作为用火最为频繁的地方,每户家庭的火塘不仅用来烧水做饭,也是重要的交际场所,从婚丧嫁娶这样的人生大事到家长里短的闲聊对歌,都是围坐在火塘旁完成的。火塘的地板用阻燃的石块和泥土围砌而成,上面架上铁架就能生火做饭了。火塘通常位于房间的中间,以尽可能地避免火苗接触木制的墙板。众人围坐火塘的生活习惯,既让火源集中化,又让生成的篝火处于众人的监视之下,从而减少火灾发生的风险。"火塘文化"用相对简易的生活方式,将用火活动放置在可视范围内。除了堆放很少马上要使用的薪柴以外,火塘附近通常没有衣物、粮食等易燃之物。简洁宽敞的空间既为交际围坐提供了空间,也为生活用火提供了安全距离。为了避免火灾,过去用于起火的火镰,用于打猎的黑火药都比较好地被另地保存,避免接触火源,以预防火灾的发生。

再次,利用宗教禁忌控制用火,减少火灾隐患。过去苗族的信仰中万物有灵的观念浓厚,而且在很长时间内鬼神不分。村寨周围高大的枫树、怪样的巨石都被认为附有鬼神之灵。在夜晚舞动照明的火把会惊扰黑暗之处的鬼神,引发灾害和疾病,因而这种行为是被禁止的。小孩子不能玩火,否则夜里会遇到鬼,噩梦连连。也不能从火塘上跨过,否则鬼神会怪罪。如果村寨发生了乱用火的行为,很多时候也被认为原于鬼神作乱,迷惑人心。于是村寨开始举行扫寨的仪式,整顿秩序,实施训导,责令引发火患的人家出资延请道公等半神职人员带领众人驱逐作乱的鬼神。人畜疾病、作物歉收等也会被认为与鬼神有关,然后进行扫寨。即便没有混乱发生,秋收以后一般在农历十一月按惯例会进行年度扫寨仪式。通过买"新火",送"旧火",驱逐"火鬼"等扫寨的仪式增强了人们对环境和合理行为的预期,集结众人,整顿村寨,训导家庭和个人,客观上也降低了火灾的发生风险。

最后,通过乡规民约和教育引导实现对火灾防控的社会动员。拥有几百年历史的贵州朗德上寨乡规民约要求,如果因村民疏忽发生火灾,责任者要罚 120 斤米酒,120 斤糯米,120 斤猪肉、120 斤蔬菜,并要"鸣锣喊寨"一年,所造成的损失上报上级部门处理。罚 120 数量的物资和罚"鸣锣喊寨"就是过去的传统习俗。过去,湘黔桂少数民族村寨超过本村本寨的事务通常通过"议榔"或者"埋岩"等会盟商议❶形式实现。融水苗语将"埋岩"称为"依直",通过召集各村寨头人会盟商议并埋下条状岩石,表示盟约坚如磐石。另一方面是通过口耳相传、以身作则的教育引导让妇女儿童自然习成良好的用火防火习惯。因为防火是事关村寨安危的大事,因而每家的家长在孩子很小的时候就教育孩子不能玩火,并迅速教会孩子安全地用火。苗族村寨也是"熟人社会",基本上都沾亲带故,不管谁家的孩子玩火,看到这种情况的大人都会进行教育,并转告家长,让家长严加管教。一旦发生火灾,乡规民约要求所有的村民都要迅速参加灭火工作而不能坐视不管或者单独去抢救自己的物资。亲密的邻里关系,对村寨的责任感,使得火灾防控具有良好的社会基础。

此外,一些有条件的地方还发展出"水上粮仓",使之成为一种有效对抗火灾进行物资储备的手段。贵州省雷山县大塘乡新桥村的水上粮仓有上百年的历史,可以储藏上百吨粮食。除了防火以外,水上粮仓兼具防鼠、防虫蚁的作用。这种水上粮仓背后则是"道不拾遗""夜不闭户"的社会风气。

四、火灾频发是社会文化不适之痛

对湘黔桂地区来说,传统村寨的防火保护其实是村寨当前发展过程中非常棘手、非常紧迫又关系重大的核心问题。消防工作者将林区村寨火灾比喻成"挥之不去的烟云"[6]。由于火灾频发,2007 年开始广西实施了桂北少数民族村寨防火工程,但由于该项目是以消防基础设施建设为主要内容,在投入大量资金的情况下,重特大火灾频发的势头得到一定程度的遏制,但是,仍然不能彻底阻止重大火灾的发生。

许多人类学/民族学家认为技术对人类文化的发展有非常重要的影响。早在 19 世纪美国学者摩尔根在其著作《古代社会》一书中就将技术视为社会变革的重要力量,摩尔根以人类对不同技术的掌握能力来标识人类文明不同的发展阶段。

---

❶ 融水、城步、靖州、绥宁一带称为埋岩,黔东南称为"议榔",湘西称为合款,见贺明辉《试谈融水苗族"埋岩"》。

斯图尔特强调文化和环境之间适应关系的重要性,开创了文化生态学,他指出文化变迁往往是文化与环境适应的结果。中国云南学者尹绍亭通过大量的实地考察,运用文化适应的观点和人类生态系统的方法进行研究"刀耕火种",尹绍亭先生先后发表了《一个充满争议的文化生态体系》《人与森林——生态人类学视野中的刀耕火种》等作品,阐述了"刀耕火种"的生成机制。杨庭硕先生则进一步提出"民族""文化"与"生境"相互适应的问题。

如果说"刀耕火种"的消亡是"刀耕火种"文化不适应竞争,被迫退出的代表,那么湘黔桂地区民族村寨火灾频发,则是文化变迁过程中的必然。因为过去传统文化依附的生境已经不复存在,文化变迁使得过去经过长时间磨合,在一定程度上处于均衡的状态被新的变量打破,而新的均衡又不能迅速地建立,这就是火灾频发的社会文化根源。

人口增多,气候的变化,水源的枯竭让村寨的环境发生变化。由于人口的大幅增长,过去用于储水的水塘和水田被排干用来修建房屋,这使得村寨规模扩大房屋连片,而过去天然的隔火水塘消失,"火烧连营"的隐患增大。许多井眼的干涸,溪流中断,甚至影响到河流的水量,水源的消失和削弱实际上也是天然防火线的消失和削弱。广西三江侗族自治县同乐苗族乡的同乐河曾经是重要水运贸易通道,无论是地方志记载还是老人回忆,清末时同乐河的水深还可以行使小型商船,但是如今河道淤积,水量少到儿童游泳都有一些困难。贵州省黄平县重安镇曾经是清水江上流的商贸重镇,直到 20 世纪 80 年代,还有船从事运输贸易。今天,河床淤积,水量也明显少了很多。另外,炸山取石、修路等活动在改造地貌的同时也影响到地下水的流向,许多过去奔涌的泉眼似乎在这些人类活动影响下干涸。

大量电器的使用使得"火塘文化"日益式微,如今大抵只有在春节期间才能看到人们围着炉火聊天、喝酒、唱歌,火塘不再成为人们日常活动的中心。不幸的是,虽然享受电力带来的便利,但由于对安全用电的技术和文化准备不足,用电成为引发农村火灾最主要的原因。根据消防部门的统计,有 7 成左右的火灾是电气火灾[7]。人们抛弃了需要一定技巧才能使用的火镰,然而使用方便的打火机却因为无知儿童的玩耍而变成危险的火源。因应用机械而存放的汽油、柴油等易燃物品常常得不到比较安全的保管。老化的线路、简易而不合理的电线布局,使得少数民族村寨一边享受电力带来的生活便利,一边也时刻承受发生电气火灾的危险。

在现代教育的影响下,宗教观念的日益单薄。更重要的是,对传统社会秩序和社会道德的维护失去持续性。对于失范行为的惩戒更多的是通过司法等正式制度来实施。而正式制度在乡村的存在往往缺乏力度,其作用也是有限的。道德责任和内心的遵守对人们的行为具有极大的引导和规范作用,当村寨中有人失去了对公共价值的认同,他对于失范行为的识别和警惕也就放松了。很多可能酿成火灾的行为得不到及时有效的纠正,对村寨的责任感和认同感不同程度的下降。

20世纪90年代以后,湘黔桂地区大量青壮年劳动力外出务工,逐渐形成常态。这使得村寨空巢化,带来留守儿童、留守妇女、养老等社会问题。当火灾出现时,由于没有足够的青壮年劳动力,社会动员已经被极大的弱化,对火灾的扑救也就变得更加困难。更为严重的是,儿童和老人不仅难以有效救火,甚至经常自救都困难,有时不幸成为火灾的遇难者。过去会盟商议的社会组织几乎完全瓦解,各个村委会、村民小组等基层组织的团结力和组织能力又千差万别,对乡规民约的遵守,应对火灾的社会动员也具有显著地差异。尽管许多村寨都建立了义务消防队,其中一些村寨还配备了相当精良的消防器材,但终究难以解决青壮年劳动力缺乏的问题。

换一个角度看待湘黔桂地区民族村寨的火灾问题,不难发现"木材时代"湘黔桂地区发展出来的民族文化对火灾形成了一整套非常系统的用火控制和制度安排。它使得这一区域的民族村寨可以在火灾的不时袭击下仍然可以持续发展数百年,形成具有显著地域特色的民族文化。但是,随着新技术的使用,特别是电力的使用,文化系统内部各要素都在发生不同程度的变迁,原有相互支持的内部平衡被打破,仓促新生的文化系统无法有效地应对火灾,无力维系传统村寨的持续发展。因而湘黔桂地区以木制建筑为特色的传统村寨在一场场的大火中逐渐凋零。湘黔桂地区民族村寨的火灾不仅可以让我们观察到正式制度在这里的失败,更为我们细致剖析民族发展和文化变迁提供了一个很好的切入点,让我们更容易理解文化的整体性和复杂的内部关联性。

五、结论与待讨论的问题

湘黔桂地区的民族文化既与各民族自身的历史渊源有关,又受到自然环境的影响。民族、文化、生境长期的相互作用过程使得每一种民族文化都表现出对其所处自然环境具有一定的适应性。尽管一直受到火灾的侵袭,但是,湘黔桂地区的传统民族文化还是发展出了一整套应对体系,在数百年时间内维系民族在原有模式下的发展。技术变革和经济力量的变化打破了传统文化并不牢固的内部平衡，引发了文化不适。将城市的消防设施建设和消防手段简单地移植到民族村寨并不能真正解决民族村寨的火灾问题。只有引导文化发展，使民族文化为新的技术经济条件，新的发展需求做出结构性的安排，才能建立新的平衡，也才能为民族发展提供更有力的支持。

如果我们将文化视为一个可以自适应的系统，那么文化的变异性则可以被视为对其生境做出的适应性演化。当然，这种适应性可能具有明显的滞后性，因为原有的均衡状态是经历了数百年甚至上千年时间才形成的，新的均衡状态形成也需要一些时间。假使某一文化无法做出适当的调整，实现对变化的生境新的适应，那么这一文化被取代的可能性就会极大地增加。

湘黔桂地区具有丰富的木材出产，具有鲜明特色的苗族村寨会最终消亡吗？这或许是一个有待讨论的问题。其他地方木建筑的生存现状或许可以为中国提供借鉴。

根据有关报道，在北美农村地区超过 90% 的房屋是木屋，在日本也有超过 50% 的房屋是木屋[8]。日本作为火山、地震、台风、暴风雪等自然灾害频发的国家，房屋的牢固性至关重要。日本明治维新促成了日本向现代化国家发展，但直到 1923 年日本关东大地震造成惨重损失后，日本政府才对建筑的抗震性能进行了规范。日本的木结构住宅一般不超过四层，木材自重较为轻便，具有天然的防震效果。此外，通过运用金属加固等现代科技，日本木结构住宅的防震效能完全能够达到日本对地震设防的要求。2011 年 3 月 11 日，日本发生 9.0 级大地震，引发大海啸，许多木结构房屋在地震中没有受到损害，依然可以继续使用。日本木屋的木材经过防火处理，大大提升耐火等级。过去，湘黔桂地区的木楼喜欢刷桐油防蛀，如果换成防火漆，耐火等级也可以得到一定的提升。当然，单一的技术革新是无法有效应对火灾，只有多方面的调整，才能有效地应对火灾的危险。

参考文献

[1] 单洪根.木材时代——清水江林业史话[M].北京:中国林业出版社,2008.

[2] 关于全区消防工作会议的报道[N].当代生活报,2003-06-19.

[3] 广西:少数民族村寨火灾频发成为消费"瓶颈"[EB/OL].新华网,2006-11-04.

[4]让苗乡侗寨远离火患 黔东南州农村消防近观[N].贵州日报,2010-02-01.

[5]吴大华,郭婧.火灾下正式制度的失败——以贵州黔东南地区民族村寨为例[J].西北民族大学学报,2013(3).

[6]刑耀峰.挥之不去的烟云[J].消防月刊,2003(8).

[7]徐高峰.农村电气火灾的成因及对策[J].上海消防,1996(10).

[8]加拿大人在北京搭木屋[N].北京日报,2005-06-11.

贵州蚩尤文化的资源特色分析

龙叶先

摘　要:蚩尤文化是由蚩尤部族及其后裔在历史过程中所创制的文化事象。目前,贵州是蚩尤族后裔苗族的大本营,因此,活态存在成为贵州蚩尤文化资源的显著特色。蚩尤文化起源于丘陵稻作农业,后因种种因素经历了从丘陵过平原而迁徙至贵州山地,这使得贵州蚩尤文化资源兼具了丘陵、平原、山地综合性地缘特色。

关键词:贵州　蚩尤文化　文化资源　资源特色

2012 年,贵州省时任省长赵克志同志在发改委提交的《打造"蚩尤文化"品牌的请示》上做了重要批示,批示指出要尽快研究并推进相关工作。"蚩尤文化"品牌打造由此进入了贵州省政府的工作议题。"蚩尤文化"作为一种资源,其他省市、地区,如山东、河北、湖南等,已经着手挖掘整理与开发利用。贵州要打造蚩尤文化品牌,应该了解贵州蚩尤文化资源的资源特色,这样才能打造出具有贵州地域特色的蚩尤文化品牌。本研究尝试对贵州蚩尤文化资源的资源特色进行分析,以期为贵州蚩尤文化品牌的顺利打造提供理论基础和智力支持。

一、蚩尤文化的源起:丘陵稻作文化

目前,尽管蚩尤是人名,或是氏族名、酋长名,争论仍然激烈[1],但蚩尤文化当属蚩尤部落及其后裔在历史长河中所创制的文化事象应无疑义。在一般意义上,任何人类所创造的文化事象都是人类对其环境适应的成果。因世界上各处的地理环境与条件存在着显著差异,因此,生活于其中的不同族群的适应策略和适应成果也具有了明显的差异性,从而也就使人类的文化事象呈现出了丰富性和多样性。

作者简介:龙叶先(1971—),男,苗族,湖南凤凰县人,博士,贵阳学院马列部副教授。主要研究方向:科技哲学、文化哲学。

考古证据表明,中华文明应起源中国中原丘陵地带。其中,蚩尤文化与文明应起源江南丘陵带。[2]因此,可以认为江南丘陵一带的地理地貌、气候状况、生植物条件孕育了蚩尤文化。中原江南丘陵带地处北纬25~35度,属于典型的亚热带季风气候。亚热带季风气候区域夏季高温多雨,冬季温和少雨,年平均气温介于13~20℃,平均年降水量一般在800~1600毫米,水、热、物产资源都相当丰富,因而十分适宜人类的生存和居住。中国江南平原地带也属于亚热带季风气候,为什么蚩尤文化不起源于此?一方面可能是因为平原地带没有可供古人类栖居之处。在古代,人类属于自然界中的弱小群体,为躲避其他凶猛动物的猎食,必须寻找基本能够躲避甚至对抗凶禽猛兽的栖居之所。在远古时代人类尚未有能力建造房屋时,洞居、穴居、树居就成了躲避对抗凶禽猛兽重要栖所。但在平原中,天然的洞穴几乎没有,同时适宜在其上栖居的树也不多,因此,如果人类在平原中生存,则根本无法应对食肉动物的捕食;另一方面,在自然而然的条件下,平原地区的物产通常相对单一,从而无法给人类提供丰富多样的食物来源,而这些食物则是人类营养所必需的。人类的营养需要,既有动物蛋白,也有植物蛋白、植物纤维等。动物蛋白主要是通过猎取动物而获得,植物蛋白则主要依赖野生植物果实的采集来满足。但在平原中,动物通常都是大型动物或凶猛动物,温顺的小型动物较少,古人类因技术问题要猎获这些大型或凶猛动物的难度相当大,因此,平原地区通常不能满足人类对动物蛋白的需要。在植物方面,平原地区生长的通常是草本植物,树木较少,这使得野生果实也较少,因此,在植物蛋白方面平原地区也不能满足人类的需要。此外,平原地区因地势平坦,又处于河流的下游地区,因而还很容易发生洪涝灾害,在远古低技术阶段,人类显然无法规避和对抗洪涝灾害。

人类不起源于平原,那么山地呢?山地地带同样也不可能成为人类首选的栖居之地。山地地带通常是树茂林密、动植物都很丰富,在居所安全性、营养丰富性方面都可以满足人类的需要。但山地的山高沟深、落差巨大、林木过茂、毒虫横行、瘴气弥漫等恶劣条件,也是不适宜人类生存和栖居的。再者,人类是由猿猴演变而来的。如果人类仍然居住在山地林木茂盛之处,那么,现在人类则可能仍然仅是猴群中的某一种群,而不可能变成人类。恩格斯在《劳动在猿变成人中的作用》中指出,人手的解放是猿猴变成人的前提。而人手的解放首先必须需要双脚能够站立,而双脚站立的前提则要求树林稀疏,因为只有树林稀疏才产生站立的必要。此外,林木茂密,为争取光照以进行光合作用,各种树木都努力向上延展,从而使这些树木的果实距离地面很高,不利于人类采集(但这对猿猴不构成制约性)。

而在丘陵地带,由于丘陵是陆地上起伏和缓、连绵不断的高地,海拔一般在200米以上、500米以下,在地貌演变过程中,又是高原、山地向平原过渡的中间阶段。因此,丘陵气候适当、光照充足、土地肥沃、资源丰富,很适宜人类生存栖居。比如,丘陵地带的林木密度通常较为适宜、高矮也比较适当,植物类型丰富,野生果实众多,山坡平缓,大、小型动物种类繁多,不仅能够为人类提供生存所必需的营养,而且还很适宜人类进行狩猎与采集活动。可见,人类起源于丘陵地带是有道理的。

文化是人类对环境适应的结果。湖南丘陵地带物产相当丰富,蚩尤部落在与湖南丘陵带环境互动中又形成了什么样的文化呢?

湖南素有"鱼米之乡"之美誉。一方面说明水稻在湖南的普遍性;另一方面也表明湖南水稻的高产性。湖南丘陵带的气候、土壤、降水、光照都有利于水稻的生长,因此,湖南最有可能是远古时候野生稻产最为丰富的地区之一。人类取食植物很可能是向动物学习的。而水稻的果实——稻谷是鸟群、食草动物喜爱的食物。因此,起源于水稻丰富区的蚩尤部落,也最有可能最先以水稻为其主要食物的人群。尽管水稻目前已遍及地球所有适宜栽种的地区,但考古发现湖南应是目前发现水稻遗迹年份最古的地方。虽然浙江余姚河姆渡文化遗址出土了7000余年的稻种标本,但相对于1986年湖南北部澧县大坪乡平彭头山出土的9000多年的稻种,还落后了2000多年。此外,在湖南考古还发现更古的人工稻。1995年,中美合作"中国水稻起源考古学研究"课题组,在湖南永州道县玉蟾岩遗址里发现了四粒金黄色稻谷,经专家鉴定为栽培种,但尚保留有野生稻、籼稻及粳稻的综合特征。据探测,该四粒稻谷的年代为距今12000~14000年,比平彭头稻种又提前了几千年。据了解,这可能是世界上最早的人工稻谷。而这些地方正是蚩尤部落起源之处,从而表明蚩尤部落可能是世界上最早发现稻作农业的部落。

一种文明首先根植于实物之上。江南丘陵地带水稻的普遍丰富性和易得易采性,成为蚩尤部落进行生产实践活动的初始条件。当水稻成为蚩尤部落的主要食物之后,随着人口的增加,驯化、人工栽培水稻等围绕水稻的生产实践活动就成了他们的主要实践活动。随着这种实践活动的主导性进一步加强,其他实践活动都以水稻栽种为中心而展开,因而,稻作文化逐渐成形并不断地得到丰富发展。因此,在一定程度上可以说,蚩尤文化起源于丘陵稻作文化。

二、蚩尤文化的历时发展：由丘陵经平原返山地高原的迁徙

蚩尤稻作文化不像其他文化那样，起源于一地之后，然后就一直在该地继续发展，而是经历了从丘陵向平原迁徙，然后又向山地、高原迁徙。稻作文明是极其活跃的文明。英国考古学家斯卡在其著作《人类往昔》中，特地叙述了水稻在中国湖南诞生后如何逐步向四面八方传播的情节，并排出了行程时间表。[2]暂且不论斯卡的叙述是否正确，但他无疑传递了一个信息：活跃的水稻文明必然传播四方。

在古代，蚩尤稻作文化传播的稻作之路与其他文明的传播可能不太一致。其他文明的传播通常是通过接触借用，但蚩尤稻作文化却是由蚩尤们顺着江河而下，开辟新地而传播的，这一方面可能是水稻本身离不开水；另一方面水稻本身的娇柔性及水稻栽种技术的复杂烦琐性，也使水稻文明的传播需要掌握这种技术的人的流动来实现。因此，蚩尤稻作文化的传播，伴随的是蚩尤部落民族的迁徙。这与其他文明依赖接触借用而传播的路径具有鲜明的区别。

为什么蚩尤稻作文化要顺江河而往低处平原迁徙？钱定平先生认为，一方面是由于稻作文化产生之后，其自身的自组织机制的驱动的结果；另一方面是受蚩尤族喜欢冒险、酷爱迁徙的本性使然。[2]钱先生认为，古人喜欢迁徙，蚩尤部落也像古人那样热衷迁徙。虽然钱先生的观点颇有启发意义，但这种观点有将蚩尤稻作文化的迁徙做神秘性解释之嫌。很多研究表明，人类的迁徙很大程度上主要是基于生存的压力。处于狩猎和采集时期的古人，其食物来源基本都是野生动物和野生果实，在同一个地区进行野生动物的猎取和野生果实的采集，野生动物和野生果实将随着时间的推移而越来越少，因而，不断迁徙成为依赖狩猎采集为生的古人的生存之道，而不是天生爱冒险使然。蚩尤族形成了稻作文化，表明水稻已被人类驯养，人工栽种已经成为他们主要的食物来源。此时，蚩尤们应该定居而不是迁徙将更有利于生存，因为迁徙到陌生之地遭遇到的困难总比熟悉之地要多得多和复杂得多。可见，钱先生的观点是一种缺乏依据的推断。

如果蚩尤稻作文化的迁徙不是由于什么神秘的自组织机制和族群本性使然，那么又是什么原因导致的呢？笔者认为，蚩尤稻作文化之所以顺流而下向平原地区迁徙，人口增长应该是其中的最为主要的原因。因为随着水稻被蚩尤族所驯服，水稻的人工栽种为他们提供丰富的食物，而食物的丰富必然会导致人口的增加，随着人口的进一步增加，食物的需求量也在不断增加，而古代的稻作技术又无法跟上

增长人口的食物需要,因此,在人口增长的压力下,蚩尤族不得不向外迁徙。而之所以向平原迁徙而不向山地迁徙,可能是由于平原地区本身就利于野生稻的生长;其次,河流流向平原,顺水而下要比逆流而上容易得多;蚩尤族已经发明了定居技能,能够在平原地区建造防止凶禽猛兽的居所;山地条件更不利于人的生存。

在蚩尤族向平原迁徙之时,平原地带应该尚未有人居住。因为,如果没有发明防止凶禽猛兽的定居技术,那就不可能在平原生存。而要发明这样的定居技术,进入人工农业应该是其之必要的前提和条件。因为只有进入了人工农业,人类才有充足的时间和精力并不断积累、改进和完善定居技术。由于蚩尤族是最早发明金属器的部落,加上平原地区尚未有人居住,不存在部落冲突的问题,因此,蚩尤族开发平原带应该相对较为顺利。较为顺利的平原开发,加上平原气候的适宜性、土壤更加肥沃、面积更加广大,水稻产量也就更高,水稻产量高也就可能导致更快的人口增加,人口更快增加的结果就是人口的压力也就越大。随着人口压力的增大,蚩尤族不断地向平原推进,最后迁徙推进到了山东丘陵一带。

丘陵地带是孕育文明之所。当江南丘陵孕育蚩尤部落时,山东丘陵则孕育了东夷集团。由于山东丘陵地带盛产粟类作物,因而,东夷集团创建的文化可以称为粟作文化。可能由于稻类比粟类的适应性更强,因此,粟作文化南移、西移的情况不多见,而稻作文化则一直迁徙到了中原地区和山东丘陵一带。蚩尤族迁徙到中原和山东丘陵后,与太昊、少昊的东夷集团联合而组成了东夷部族联盟。可能由于蚩尤部族生产水平相对较高,实力较强,从而被选为东夷部族联盟的首领。

与此同时,陕南及豫西南丘陵地带也孕育了炎黄部落。起源于陕南和豫西南的炎黄部落,虽然也栽种少量粟类作物,但其生产活动主要以游牧为主。因此,炎黄部落所创建的文明可以称为游牧文化。炎黄部落一方面可能由于与蚩尤族部落面临着同样的原因,即人口压力;另一方面也可能由于平原的水草利于放牧,炎黄部落也不断地沿着河流而向东部平原迁徙。当炎黄部落迁徙到中原平原一带时,就与以蚩尤部族为首领的东夷部族发生了碰撞。为了争夺生存空间,炎黄部落与东夷部族之间发生了激烈冲突。冲突的结果是东夷部族联盟败落,联盟及酋长首领被杀。部族联盟中的蚩尤族向南回迁,太昊、少昊族则大部融入炎黄部落(蚩尤族可能也有部分融入了炎黄族)。随着炎黄族的进一步发展壮大,人口压力也进一步增大,炎黄族又不断地向南迁徙,从而逐渐把蚩尤族挤出了平原带。蚩尤族被挤出平原带之后则不断地向西部迁徙,最后落脚贵州、云南、湘西山地和高原一带。

蚩尤族在被挤出平原带时,之所以不继续向南部迁徙,一方面可能是由于南部也属于山地、丘陵地带,不便于迁徙;更有可能的则是,蚩尤族本身就是由西部丘陵向东部平原再向北部平原迁徙的。当被挤出平原时,原路返回应该是最为便利的方式。而当炎黄部落进一步向已退居丘陵带的蚩尤部落施压驱逐时,蚩尤部落又逐渐向西部山区高原迁徙,从而形成了目前蚩尤部落后裔(苗族为主体)的分布与居住格局。

三、贵州蚩尤文化资源的特色:活态存在的综合性地缘特色

蚩尤部落向西部山地高原区迁徙后的主要落脚点,就是现今的武陵山脉南部和苗岭山脉一带,其中尤以贵州苗岭山脉最为中心。可以说,贵州就是蚩尤族后裔(现以苗族为主体)的大本营。因此,在某种程度上,贵州苗族群体的传统文化就是贵州蚩尤文化的主体。相对于异地他区的蚩尤文化而言,贵州的蚩尤文化具有两个显著的特点:其一为活态存在并不断发展创新;其二为综合了丘陵、平原、山地、高原等地缘特色。

蚩尤文化虽然分布很广,但除苗族群体仍然以之作为生活指导而进行不断传承之外,其他地区的蚩尤文化仅仅只是蚩尤族的历史生活遗迹。这些通过考古而得来的文化遗迹,可以说是一种已经死亡了的文化。比如蚩尤屋场、蚩尤坪、蚩尤冢等,如果不是为了旅游经济,这些地方已经没有多少人还能够记起了。良渚文化、河姆渡文化也只是存在于考古学界和文化学界,不管是当地民间还是外地民众,也几乎没有多少人还给予关注。近年来中原、山东地区的蚩尤陵、蚩尤冢、蚩尤泉、蚩尤城等与蚩尤有关的文化事象,主要也是因经济发展需要而兴起的。民众中到底对这些文化遗迹有什么样的认识与情感不得而知。

而在贵州,作为蚩尤族主体后裔的苗族群体一直在不断地传承、发展和创新蚩尤文化。蚩尤部族在与炎黄部族冲突中战败,首领蚩尤做了断头鬼。在成王败寇思维的作祟下,汉文献、正史都多褒扬炎帝、黄帝而贬抑蚩尤。但在苗族民间资料中,蚩尤则是苗族群体极力加以褒扬、崇拜、尊敬的先祖英雄君子,而炎黄帝则成为不讲诚信、精于谋算的龌龊小人。苗族一直将这种不畏权势、承受追杀剿灭而逆势被贬抑的蚩尤断头鬼,当作先祖英雄来褒扬和崇拜,说明苗族与蚩尤族具有很深的渊源关系。因为在"非我族类,其心必异"的传统思维形式下,剿灭"非我族"是理所当然的,但一再战败的苗族却情愿放弃家乡故地,冒着被炎黄族追剿、灭杀的危险,不断地退却、流落到贵州等不宜人居的高巅与深谷之中,但却仍然抱着蚩尤为

先祖的信念,再一次说明苗族非蚩尤族后裔莫属。如仅从生存策略来说,苗族只要放弃蚩尤祖先崇拜,认同炎黄先祖,他们就成了炎黄的同族,而只要成为炎黄族的同"族类",那么也就可能不会成为追剿和戮杀的对象。然而,辩证地看,苗族这种一根筋的固执,虽然使他们长期处于被追剿和欺压的处境中,但无意中却使蚩尤文化传统得到了很好的保存和发展。[3]当蚩尤族后裔——苗族逃到贵州等山地、高原地区时,由于这些地区的平坝处所已多为其他族群所占据,由于苗族本身可能就不是一个很具有攻击性的族群,所以苗族通常不得不落草到生存处境十分艰难的山巅和深谷。"山高马踏云,地瘠人耕石"是苗族学者石启贵先生对苗族落败后的自然生存环境的生动形象描述。然而,也正是这种"踏云"和"耕石"的环境条件与生活,使苗族文化较少受到其他文化的影响,从而也就较好地保持了它的蚩尤文化的本源性和本真性。此外,历史不是文物,而是人的不断的实践活动,而人的实践活动既受原有活动的影响,也受活动时的环境条件的影响,因此,苗族在不断迁徙的过程中,在保存了蚩尤文化传统的本源性和本真性的同时,也不断地丰富和发展了蚩尤文化。在此意义上,作为苗族大本营的贵州,其之蚩尤文化就是一种活性的文化传统,即以活态方式存在,其活态性主要附着在苗族族体成员身上。

贵州蚩尤文化的另一个特点就是综合了丘陵、平原与山地高原的地域性特色。这些特色既是蚩尤文化远古传统的延续,也是蚩尤文化在历史长河中不断流变创新而积累的新发展。这些特色在衣、食、住、行,以及信仰精神上都有所体现。

从衣着上看,综合性地缘特色很明显。苗族在贵州东、中、西部都有分布,虽然分居各地区的苗族的衣着有所不同,但其装饰图形都有关于蚩尤族历史迁徙的记忆,比如牵牛过江的图案、河流的图案等,因此被称为"穿在身上的史诗"。苗族衣着的类型、装饰也反映了综合性地缘地域的特色。如无论是分居在东部,还是在中部、西部,苗族群体中都有短裙衣着的记忆。单纯从功能角度看,短裙很显然无法也不能适应苗族现在所居的环境条件。苗族现在所居的高巅环境,气温低、荆棘密布,短裙衣着一点实用功能都没有,因而短裙衣着只能是一种温暖的平原定居的经历的记忆而已。再如苗族的绑腿衣着。在苗族社会中,无论男女都有绑腿衣着。苗族的绑腿衣着的特点就是,绑腿直接绑在腿上,而不是将裤子与脚包在一起。而且,绑腿只是冬天寒冷时才绑,御寒功能十分明显。显然,苗族的绑腿衣着应该是苗族迁徙到山地、高原后为适应环境的结果。苗族的绑腿衣着与苗族宽松异常的裤子或裙子相适宜,而宽松异常的裤子(裙子)某种意义上则是丘陵和平原的产物。

从食物上看,综合性地缘特征也有所表现。在饮食上,苗族喜酸、爱鱼、好糯。所谓的喜酸,就是指苗族喜欢酸味饮食。苗族的酸味饮食种类很多,包括酸菜、酸鱼、酸肉等。在某种程度上可以说,凡是可以作为菜类的食物,苗族通常都能做出酸味来。苗族制作酸味饮食通常还将多种食物混合在一起做,比如将糯米粉末灌入辣椒中做辣椒糯米酸,将辣椒和玉米粉混合做辣椒玉米酸,将鱼、肉和豆、米等合成做多种酸味食物。苗族之所以喜酸,可能是因为苗族迁徙到山地高原之后缺盐之故。据传,蚩尤族原来的居处是有盐的。钱定平先生甚至猜想,蚩尤族的兴盛与其占有产盐地有关。蚩尤文化在平原、丘陵区时应该还没有发明酸味饮食,因此,酸味饮食当属于苗族迁徙至山地高原之后的产物。某种程度上这可算是蚩尤文化的流变与创新。

苗族爱鱼也为世人所知。苗族爱鱼不仅仅表现为爱吃鱼,爱吃酸汤鱼,更表现在将鱼作为祭祀中的必需品,尽管现在已有所变化。很多民族在春节年夜饭都要有鱼,但与其他族群不同的是,苗族年夜饭中的鱼,并不是为了"年年有余(鱼)"的象征富裕性的期盼,而是告慰逝去的先祖:你的子孙仍然同鱼一样自由自在地繁衍生存。鱼通常也是苗族将人的灵魂寄附的主要动物之一。在苗族社会中,身体较弱的小孩,父母通常会将他的灵魂寄托给某个神灵,寄托给井神、河神(深渊处)则较为通常,寄托的方法就是到井里或河流的深渊处放几条鱼。因此,在苗族习惯中,井里和深渊处的鱼是不能抓、不能打的。苗族的爱鱼习俗某种意义上也可算是丘陵、平原文化经历的延续。

苗族好糯也是为人众所周知的。在苗族社会中,几乎所有的祭祀活动都不能缺少糯米糍粑。同样,在苗族社会中,招待最高级别的客人不仅仅要有酒有肉,更为重要的是为客人而打糯米糍粑。糯稻这种植物适应范围较广,不管是丘陵、平原还是山地,甚至高原也能够生长。但苗族好糯这种习俗应该是丘陵、平原文明的继承。在苗族语言中,稻、鱼、糯发音相差不大,甚至只存在声调的区别而已。稻、鱼、糯这三种东西关联性很强,稻的生存需要水,鱼就生活在水中,稻生长的地方通常也生长着鱼,而糯则是稻类中的一种。从人对事物认识的发生学来看,蚩尤族(苗族)开始应该是先认识稻,然后认识在稻下生活的鱼,最后才区别了糯稻。在认识过程中,蚩尤族对稻这种植物赋名之后,在认识鱼时可能认为鱼是稻的附带物,因而将稻和鱼赋予同一名称,但为区别而将音调有所变化,当又认识到稻有不同类型时,又用这一称呼的变化来指称糯稻,以区别于其他稻型。尽管还无法找到确凿的证据,但做这样的推理应该是符合逻辑的。由于苗族认识利用稻是在丘陵时代之时,因此,现在苗族好糯习俗也应像爱鱼习俗一样属于丘陵、平原文化的承继。但糯米糍粑应该是苗族在迁徙过程中或迁徙至西部山地高原之后才开始形成的,因为在平原温暖地区,糍粑是不易保存的,无须多长时间就坏掉的。而气候寒冷的山地高原地区,糯米糍粑不仅便于携带,而且可以随时食用,同时还能保存较长时间,较好地适应了山地高原区食物储存与食用的便利性和长途跋涉。因此,现在苗族的糯饮食文化已经是一种综合了多种地缘特色的饮食文化。

从居住方面看,综合性地缘特色也很突出。吊脚楼应该起源于蚩尤族。苗族作为蚩尤族的后裔继承了蚩尤饮食文化中喜食稻米的习惯,而稻需要平地蓄水才能生长,因而形成了爱田惜水的习俗。苗族迁徙到山地、高原之后,为了获得农田,往往非常珍惜平地,通常将平地留做农田,而将住所建在山上。由于山上平地不足,为了拓展居住空间,从而发明了以吊脚方式扩建居所的方法。吊脚楼建造与稻谷储存技术也有密切的联系,稻谷储存不能直接放在地面,而要与地面保持一定距离,否则将很容易坏掉。苗族将他们在丘陵和平原地区探索出的储存稻谷的技术运用在山地建造住所上来,在逻辑上也是说得通的。目前,仍然在苗族某些地区盛行的"水上粮仓"实际就是吊脚技术的一种类型,这种只有苗族所独有的粮仓建造技术,从某个侧面上也反映了吊脚技术起源于苗族的推断。由此可见,吊脚楼实际上也是多种地缘适应性的结果。此外,苗族住所的建造还常用石块、石板,这些是山地高原中常有材料,而丘陵、平原较少,这也体现了苗族居住方面的综合地缘性。

在信仰、精神方面,贵州蚩尤文化的综合性地缘特色则更为丰富,这有待于进行深入挖掘和整理。

参考文献

[1]王万荣.蚩尤名称考辨[C]//贵州省苗学会.苗族文化产业发展.北京:中国戏剧出版社,2013:274-276.

[2]钱定平.蚩尤猜想[M].上海:上海古籍出版社,2011:163,289,291.

[3]龙叶先.蚩尤文化与贵州文化身份构建[J].贵阳学院学报(社会科学版),2013(1):22-26.

湖南西部苗族民俗节庆旅游开发研究

黄　炜　黄利文

摘　要: 随着旅游业的发展、体验时代的到来、各种形式的旅游项目的开拓,民俗节庆旅游逐渐成为当今一种高层次的旅游,受到旅游业界人士的关注,市场前景广阔,因此节庆旅游的开发对当地的旅游业发展具有重要的作用。由于湖南西部苗族民俗节庆旅游资源的开发还不够完善,对资源的开发利用存在诸多问题。本研究从分析湖南西部苗族民俗节庆旅游的开发现状着手,深入探索湖南西部苗族民俗节庆旅游在开发中存在的问题及其存在的原因,从加强旅游目的地基础设施的建设、完善市场开发、开发创意旅游产品、塑造品牌形象等几方面对其开发提出相应的建议策略。

关键词: 湖南西部　苗族　民俗节庆旅游

节庆旅游是指以某种具有鲜明主题的公众性庆典活动作为旅游吸引物而开发出来的一种现代新型旅游产品,是一种可以提高区域的知名度、传播区域文化、塑造区域旅游品牌、促进对外经济合作、带动区域经济发展的特殊旅游形式。节庆旅游在我国始于 20 世纪 80 年代,随着经济全球化和一体化进程的加快,旅游业在全球范围内得到了快速的发展,在众多的旅游形式中,节庆旅游适应了市场的发展需要,以其独特的活动形式成为旅游的一种重要形式,被认为是一个地区发展的标志性事件,节庆活动的日益丰富,逐渐发展为一种以经济支出为手段,以审美和精神愉悦为目的的文化消费活动。

湖南西部是一个多民族聚居地,其中,苗族具有独特的民俗文化和特色节庆资源,以"苗寨""苗村"等为载体的旅游景点,已拥有一定的旅游消费者。发展苗族

作者简介:黄炜(1978—),男,苗族,湖南湘西人,吉首大学副教授,博士,主要研究方向:文化旅游产业。黄利文(1981—),男,湖南耒阳人,吉首大学讲师,博士生,主要研究方向:文化旅游产业。

民俗节庆旅游,一方面能推进湖南西部多元化的城市化进程,为其经济发展提供助力;另一方面,节庆活动既能带动区域旅游、商贸等现代服务业的发展,又能促进相关产业链的投资与消费、扩大就业、促进经济发展;另外,节庆旅游还能完善地区基础设施建设、优化区域环境、塑造地域品牌形象、提高知名度、推动旅游产业链的发展。

一、湖南西部苗族民俗节庆旅游开发现状

湖南西部苗族文化历史悠久,底蕴丰厚,民俗节庆丰富多彩、千古流传,极具民族特色和地域特色,其中包括"三月三""四月八""六月六""赶秋节"等。每个节日都有内涵丰富的节日寓意,并在历史长河中发展出与之配套的节日民俗流程,极具观赏性。根据开发的现状,对湖南西部苗族节庆分为三个等级:尚未开发、初步开发和得到一定程度开发(详见表1)。

表1 湖南西部苗族民俗节庆旅游开发现状

节庆名	节庆内涵与主要流程	节庆时间	开发情况
苗年	年前,各家各户都清扫房屋、购买新的生活用品、预备丰盛的年食、杀猪、宰羊(牛)、备糯米酒、打"年粑"、穿特色苗族新服饰守岁,放鞭炮、挑新水、吃年饭。年时,参与百狮会、斗牛、芦笙表演等活动	各地不尽相同,部分地区苗年在收谷子进仓以后的农历九、十或十一月的辰/卯/巳日	初步开发。2008年德夯景区举办的苗年取得了一定的效果,但范围较小、活动内容有限
三月三	苗家男女聚集在约定的山坡对歌、跳舞	农历三月三	尚未开发
赶清明	湘西苗族大型歌节	每年四月五日,冬至后的第108天	尚未开发
四月八	苗族的祭祖节、英雄节、联欢节。人们自动聚集到预定的地点跳鼓舞、对山歌、舞花带、上刀梯、钻火圈等	农历四月八	得到一定程度开发,但经济效益低
六月六	"六月六"是苗族祭祀祖先的节日。泛腊尔山苗区(铜仁、松桃、凤凰、花垣、秀山等地)有苗族青年天灵射杀皇帝的传说,这个传说与《苗族文学史》中的《田螺相公》内容完全相符	农历六月六	湖南城步的苗族同胞们在每年的这天举办盛大的山歌会,当天苗、汉、侗、瑶等各民族都相聚在此唱山歌

续表

节庆名	节庆内涵与主要流程	节庆时间	开发情况
龙舟节	五月初五赛龙舟、擂鼓呐喊,竞赛结束,男女青年随芦笙、芒筒、月琴、木叶等曲声翩翩起舞	农历五月五日,或二十四日至二十七日这四天	初步开发
赶秋节	苗族民间在立秋前举行的以娱乐、互市、男女青年交往与庆祝丰收等为内容的大型民间节日活动。主要活动有唱苗歌、吹唢呐、舞狮子、打花鼓、打猴儿鼓、上刀梯、荡八人秋千等	立秋日	得到一定程度开发
重阳节	有大重阳小重阳之分,主要活动是敬老、以糯米蒸酒,制醪糟等	农历九月九	尚未开发

(一)苗族民俗节庆资源多,部分节庆得到开发

通过表1可以看出湖南西部苗族节庆资源非常丰富多彩。除了与全国性节庆活动重合的春节、中秋节、端午节外,还有其独特的节庆,如"三月三""四月八""赶秋节"等。部分具有湘西民俗特色的节庆得到了一定程度发展,如"赶秋节"的活动荡秋千融入了民族体育当中,并且在吉首德夯、花垣等地区都逐渐成为民俗风情表演项目。

(二)苗族节庆涉及地域广,迎合旅游需要

湖南西部苗族分布的地域广,并与贵州、广西、云南、重庆的苗族分支有着共同的历史发展渊源和紧密的文化联系,这些苗族地区间的苗族节庆在具体流程上可能存在一定差异,但是都具有浓郁的苗族特色,拥有良好的群众基础,节庆活动参与者涉及湖南西部的各个市县,并且节庆活动开发形态逐渐迎合旅游的需要,由纯粹的观赏性转化为体验性,深受游客的喜爱。

(三)苗族节庆历史久远,具有较强的区域影响力

苗族历史久远,自蚩尤战败西南大撤退后的几千年迁徙中,孕育和发展出丰富独特的众多节庆,在西南地区具有较强的区域影响力。表1所列举的仅仅为湖南西部地区流行的苗族民俗节庆,而在贵州、广西等苗族地区还有"踩鼓节""花山节""芦笙节""吃新节"等苗族传统民俗节庆,各种苗族节庆已流传久远,而且在传统民俗文化保护层面传承较好,部分节庆活动近年来年年举办,逐步取得越来越大的区域影响力,如2011年5月10日在凤凰县山江镇马鞍山跳花坪举行的"四月八",湘黔两省毗邻地区的苗族人民,都从四面八方赶到传统的"跳花坪"上来,围着鲜花盛开的花台打花鼓、唱苗歌、玩狮子、吹芦笙、唢呐和木叶,载歌载舞,尽情狂欢。

二、湖南西部苗族民俗节庆旅游开发存在的问题

由表1可知,从这些节日的内容来看都较为丰富,但有些节日由于自身的传承和保护的原因出现了流失的现象,开发力度并不够;从这些节日的开发状况来看,大部分都是处于尚未开发或初步开发的状态。从整体来看,其旅游开发仍然存在着一些问题。

(一)苗族地区发展节庆旅游的基础设施尚不完善

1.湖南西部地区交通条件相对滞后

交通条件和地理位置是举办节庆旅游的"瓶颈",交通的基础设施状况直接影响旅游目的地游客的到来,地理位置也影响着旅游产品的市场范围。而湖南西部多山路陡、地处偏僻,交通相对滞后,道路层次较低,目前已经开通的铁路和公路都难以承受大量游客的流通;作为湖南西部苗族聚居中心的湘西州没有机场,距周边机场较远,如距张家界荷花机场148千米,距贵州铜仁大兴机场80千米。

2.住宿服务设施不健全

"住"是留住游客在旅游地区停留的基础条件。而湖南西部一些苗族景区的接待能力有限,食宿条件和卫生状况参差不齐,针对不同层次的游客的接待仍是一个重要的问题。饭店规模小、四星级宾馆数量仅占全省3.6%,难以满足高消费者的需求;独具湘西苗族特色的建筑如吊脚楼、石头寨等建筑物逐渐消失。大部分游客在旅游活动期间只得来去匆匆。同时,对在节庆开发过程中造成的垃圾污染、噪声污染及植物遭到破坏和公共设施不健全等现象不够重视。

(二)苗族节庆旅游市场管理规划欠缺

1.市场化运作程度低

节庆活动的举办、开展、管理和协调都离不开政府的参与,但是政府过分干涉和注重政治效益忽视经济效益影响活动的成功举办和经济效益。目前湖南西部地区的苗族民俗节庆管理者多为村领导,管理理念与经营意识落后,不能很好地融入现代节庆旅游的开发意识及理念,缺乏创新。节庆活动的开发包含活动前收益预

测、活动开发、策划和宣传营销及活动的筹办和人力资源的协调管理、节庆旅游纪念品的设计等一系列过程，而湖南西部地区囿于经济落后、地处偏远的局限，其节庆活动的策划、运行、管理缺乏具有高水平策划能力和运作能力的专业人才与企业。

2.对外宣传力度较弱

宣传能够使得节庆活动为外界的旅游者知晓，而湖南西部地区的报纸、网络、电视电影等媒介及公共场所等对节庆旅游的宣传力度不够，使得游客对当地苗族节庆知晓程度低，节庆活动并没有形成一定的规模和众所周知效应。另外，苗族节庆旅游活动的举办缺乏系统的营销计划和策略，影响活动知名度的扩大及节庆旅游的快速有效的发展。目前，湖南西部地区的大部分苗族节庆旅游活动的开发仍处于初步阶段，尚未得到业界的熟知，它们的知名度都相对较低，而且还存在着一定的竞争对手，相对于其他地区、其他民族的民俗节庆活动已在全国范围内造成了重要的影响，如凉山火把节、西双版纳泼水节、广西玉林荔枝狗肉节等都是利用当地的特色旅游资源进行举办的节庆活动，并形成极高的品牌知名度和美誉度，湖南西部苗族节庆的策划及对外宣传力度尚待加强。

（三）苗族节庆活动文化内涵不足

1.文化内涵挖掘不够

文化搭台，经济唱戏，几乎已经成为现在所有节庆活动的开展模式。湖南西部苗族民俗节庆展现在游客面前的节日表现并不少，很多都是为了表演而表演，过分地注重经济效益，往往容易忽视节庆活动的文化内涵。游客对于节庆活动的文化内涵、历史渊源都认识不够，难以领悟民俗文化的内涵，很难形成品牌效应，从而降低活动的吸引力。

2.主题表现形式雷同

对于节庆活动的参与者来说，活动突出的主题是吸引其参与的关键所在。现在各个地方都在开发节庆旅游资源，民俗节庆旅游活动缺乏个性是一个通病。目前苗族民俗节庆旅游活动主题都是涉及祭祀、祈求丰收和爱情等，其表现形式相同，缺乏特色等会使游客失去新鲜感。

（四）缺乏具有特色的知名的苗族节庆产品

1.苗族节庆旅游特色产品开发不够

节庆旅游产品是旅游目的地的举办方为了满足游客在节庆中的各种需要，向游客推出的各种物质和精神产品。湖南西部地区节庆旅游纪念品形式雷同、产品单一,不具体现当地文化的特色的产品。以湘西州为例,在凤凰、德夯、茶洞等苗族景区,出现的旅游纪念品主要是以银饰、服饰和包为主,流程多为"拦门酒"等,节庆产品的个性不突出并显得雷同、包装缺乏创意、质量出现问题等,很难吸引游客的购买欲望。

2.苗族节庆旅游品牌知名度不高

节庆旅游形象是节庆识别系统,是节庆旅游在游客心中树立起的独特的形象,能够增强游客对城市的视觉效果。节庆形象的塑造能够推动节庆产品的开发和销售,如青岛啤酒节的标志具有加强的视觉冲突效果,含义丰富、图案简洁、产品明确等给人一目了然的感觉。而湖南西部苗族节庆旅游形象设计缺乏,尚未有象征其形象的设计。旅游品牌知名度是该旅游目的地的游客对该目的地的认知程度,品牌能够指引游客的消费倾向。湖南西部苗族节庆旅游的品牌形象尚未较好的形成,游客对各个苗寨、苗族景区的知晓度低,影响了苗族节庆旅游产品的开发和销售。

三、湖南西部苗族民俗节庆旅游开发中存在的问题的原因分析

(一)地理位置制约,规划意识不足

1.交通规划及资金不到位

湖南西部地区多山,地貌多为喀斯特地形,很多地方修建现代化的交通设施条件艰难;政府对交通道路的规划管理不到位、经济发展相对落后、现代运输成本高等原因制约交通的发展。

2.基础设施规划及保护意识不强

随着现代化进程的加快,湖南西部地区人民的生活水平有了一定的提高,居民对具有民族特色的建筑物保护意识仍然欠缺,青睐于修建具有现代色彩的房屋;部分远离本土外出工作的青年和中年居民,或缺少时间和精力进行房屋建设,或在外不愿归乡等原因致使民居的住房设施不健全。另外,人们生活水平的提高产生的大量生活垃圾没有进行很好的处理,加上环保意识不强,致使环境保护问题日益突出。

(二)市场化意识不足,宣传形式单一

1.政府对节庆市场干预不科学、策划不到位

政府通过行政方式而不是市场规律对苗族节庆旅游活动的运作方式干预不科

学、策划不到位,整体上呈现出苗族节庆旅游活动的策划设计、宣传营销、加工包装及对游客的接待服务方式都缺乏专业化水准;另外,政府的财政负担和节庆旅游活动的市场化运作需要较多的费用等原因进一步导致了市场化运作程度不够。

2.苗族节庆的宣传渠道及资金欠缺

由于湖南西部地区经济发展水平低,财政拨款十分有限,同时缺乏必要的融资手段和措施,用于节庆旅游开发的资金缺乏。同时,苗族节庆活动缺乏政策引导和科学规划,政府对节庆旅游的活动举办缺乏一定的专业知识及对市场信息敏感度不够,网络、报纸、电视等媒介对苗族节庆活动的宣传力度仍不够到位,已有的宣传形式比较单一,政府一般只是通过举办单一的节庆来进行宣传,与周边民族的节庆交流甚少。这些都导致节庆活动的宣传力度不够,影响游客对苗族节庆的知晓度和参与热情。

(三)苗族节庆活动内容趋于传统,缺乏创新

1.节庆活动文化内涵被忽视

一方面,节庆活动中加入了一些与节庆主题相关性不大的活动,缺乏文化内涵;另一方面,举办方依着经济效益的目的,更多的是侧重节庆活动的经济性而忽略其文化性等原因,使得节庆活动本身所具备的文化内涵被忽视。

2.节庆活动内容沿袭原有、创新不足

各旅游目的地的节庆活动主题存在竞争性,政府对于节庆旅游活动的策划不够,表现在游客面前的形式不多。节庆活动的内容大多沿袭原始留下的,不敢进行大胆改良创新,很少加入现代的时尚元素。

(四)产品创新意识不足,品牌形象缺失

1.开发资金不足,融资管道不灵活

政府财政部门用于节庆旅游活动开发资金拨款不足,而融资管道主要是依靠政府的拨款,对于招商引资和申请基金等措施实施不足。此外,由于节庆活动本身的开发局限,很难形成特色产品,都导致产品的开发不到位、缺乏特色。

2.品牌战略型人才缺失

缺乏对旅游形象设计的专业人员的培训,同时由于湖南西部地区地理环境及资金制约,引进优秀人才的难度增大,本地优秀人才难以挽留,人才缺失明显。致使苗族节庆形象标志等系列视觉传达符号缺失,难以形成节庆品牌。

四、湖南西部苗族民俗节庆旅游的开发对策

(一)加强基础设施建设提高旅游服务质量

1.完善交通设施,促进旅游发展

便捷的交通是促进旅游发展的重要条件,交通滞后会限制地区的旅游客源。完善湘西地区的交通设施,需要加强公路、铁路、机场等的建设,建立各旅游地区间的交通枢纽节点。让每一个游客乘兴而来,满意而归,从而增加客源量,为湖南西部地区的苗族节庆旅游增加经济效益。

2.提高接待服务设施条件,突出苗族特色

作为旅游六要素之一的"住",在旅游发展中有基础性的作用。为了适应旅游业的发展,吸引更多的游客的到来,湖南西部地区地方政府和企业应该加大招商引资的力度,加快建设具有高档次水平的接待服务设施。一方面充分利用旅游目的地当地居民中住房和卫生条件较好的改造成为家庭宾馆对外开放,可以加强常规星级宾馆的建设;另一方面还可以建设突出苗族特色的住所,如干栏式吊脚楼、石头屋、卧虎式瓦屋等各种形式的建筑,以满足不同游客的需要。考虑在开发的过程中可能出现的各种消极影响,并提前做好相应的应对防范措施,提高交通秩序、公共安全、环境卫生、信息咨询、会务接待、商务洽谈等各个环节的管理和服务。同时,加强节庆旅游活动场地的供水、供电、通信等基础设施的完善,提高城市改造和管理水平,为苗族节庆旅游的蓬勃发展打下坚实的基础。

(二)健全苗族节庆旅游开发市场完善管理规划

1.加大活动市场化运作,加强苗族节庆专业人才培养

政府在节庆活动开展过程中起到主导性的作用,但是不能完全左右活动的进程。一方面,政府可加大旅游市场的综合执法力度,通过成立旅游综合治理办公室,从物价、交通、公安、卫生等方面制定相应的政策法规来规范节庆活动的进行,如加强节庆活动期间对旅游商品的价格管理,实行对节庆活动的全程监督,以防消费者受到商品质量、消费服务等问题的不良影响,影响湖南西部苗族节庆旅游的美誉度;另一方面,政府可以成立行业协会,提供一定的财政和税收政策支持,并建立健全文化、旅游、经贸等相关政府部门和企业的联动机制。同时,围绕节庆活动主题,举办相关的展览会和交易会,扩大旅游节庆的影响力和提升节庆产生的经济效益资金回流能力。

民俗节庆旅游是一种高层次的旅游,为提高节庆旅游开发的质量与品位、保持旅游节庆活动的持续发展,政府应当通过多种途径加强对节庆旅游专业人才的培养。第一,对现有的节庆旅游从业人员进行系统的培训、选举较优秀的人员进入其他的旅游公司进行学习等方式提高从业人员的综合素质;第二,联合湖南西部地区的各个高校加强旅游规划设计、民俗学等相关专业的教学,加强湖南西部地区高校与其他地区高校和科研单位的学术交流和写作,培养在旅游节庆策划、宣传营销和管理等专业的复合型的高级管理人才;第三,政府鼓励建设专业的节庆策划公司,设立相应的政府管理部门,对节庆旅游活动及经济效益进行策划和评估,聘请专业的活动策划人士进行活动策划,旅游公司制订相应的留人计划,加强公司的综合水平的提高。

2.加大苗族节庆宣传力度,以旅游兴旺节庆

首先政府应该加大对节庆活动的宣传意识,与游客建立良好的沟通平台,如利用旅游商品的特色性、苗族节庆旅游的地域性、民俗文化的独特性、节庆活动的参与性等特点,然后寻找宣传途径,借助电视、网络、新媒体、报纸、杂志等多种方式进行宣传,如举办方提前向新闻媒体发布信息、将苗族节庆活动的主要节目和时间等进行宣传,并在交通枢纽要道如火车站与飞机场等设置节庆活动的导游图,一方面,能加强游客对旅游节庆的内容和特色的进一步了解,吸引国内外更多旅游者的兴趣,增加客源量;另一方面,其消费能够带动旅游及相关行业的发展,为其注入大量资金,创造经济效益。另外,政府可以加强对湖南西部地区现存旅行社的支持,让旅行社将节庆活动对游客进行大力宣传。

(三)提升苗族节庆的文化内涵,打造多元化苗族节庆活动

1.充分挖掘苗族节庆文化内涵

旅游是文化的载体,文化是节庆活动的灵魂,民俗节庆活动是一种具有深刻的文化内涵的人文旅游资源,将会对旅游地的价值体系、个人行为、家庭关系、道德规范、文化艺术、社区组织等方面产生深远的影响,不能因为节庆而搞节庆。节庆文化产生的经济效益不仅能提高湖南西部地区居民生活水平,而且能够影响并提高当地居民的文化素质。同时也让游客更加深入地了解当地的文化背景,增强其文化内涵的宣传力度。

2.加强苗族节庆旅游活动主题多样化

各种节庆活动的举办必须有明确的主题,这样节庆活动的开发才会更具体细

致,从不同的方面突出和加深各节庆活动的主题,给旅游者留下深刻的印象,活动的主题应该多样化,既包括其民俗特色主题的传统活动,也要有紧跟时代潮流主题的活动、增加一些符合当代人意识观念转变的时尚活动。

(四)开发创新苗族节庆旅游精品,打造苗族节庆品牌

1.创新苗族节庆旅游精品,推动节庆和旅游的互动与融合

旅游纪念品不仅是游客到旅游目的地消费的产品,同时旅游纪念品也是苗族节庆旅游的活动产物,对当地特色和文化内涵具有宣传作用,可以提高苗族节庆旅游举办地的知名度。因此举办方可根据苗族节庆主题,在设计旅游纪念品时,本着文化性、特色性、艺术性、实用性、纪念性等特点,开发富有苗族特色的节庆旅游精品,推出能给游客留下深刻印象的苗族旅游纪念品,如节庆的标志物、吉祥物、会标、活动的微缩模型等,加强对游客的导购宣传,从而扩大节庆产业链的效果。举办方可以根据节庆的主题,在当地建立相应的博物馆或者开通专门的微博,介绍节庆活动的发展渊源、节庆活动的文化内涵和文化风情等。

2.塑造苗族节庆旅游形象,打造苗族特色节庆品牌

民族节庆活动的地区性、民俗性等带给游客不同的旅游体验,游客对其产生强烈的心灵感应,使旅游目的地的形象深入心中。当人们提到"泼水节"时就想到了云南的西双版纳,提到"火把节"时就想到了四川凉山,提到"葡萄节"就想到了新疆等,这些极具民族特色的节庆活动,已经形成了品牌,成为当地的城市符号,大大提高了当地民族的知名度和美誉度,让游客慕名而去。苗族节庆活动的开发将有利于湖南西部地区苗族文化底蕴充分展现在游客面前,提升城市旅游形象的品位。同时通过苗族节庆活动,提升地域旅游品牌的名气,起到吸引游客参与、招商引资、推动湖南西部地区旅游业发展的作用。

参考文献

[1]胡意利.苏州民俗节庆旅游的现状分析和对策研究[J].科技经济市场,2012(10).

[2]黄桂花.传统节庆旅游开发策略研究[J].中国商贸,2010(2).

[3]江日青.桂西北民族节庆活动及其旅游开发探讨[J].生态经济,2010(10).

[4]鲍彩莲.大连节庆旅游的发展对策探讨[J].中国商贸,2011(28).

[5]肖红艳.我国节庆旅游发展现状及对策探讨[J].未来与发展,2011(9).

[6]黄翔,连建功.中国节庆旅游研究进展[J].旅游科学,2006(1).

[7]陈素平,成慕敦.浅析少数民族节庆旅游开发[J].开发研究,2004(2).

[8]白锦秀.地方性节庆旅游的现状与发展对策研究——以青海省黄南州为例[J].人民论坛,2012(35).

[9]张群.基于民俗节庆的旅游产品开发[J].江苏商论,2007(7).

[10]刘扬,石培基,夏冰.民俗节庆旅游的资源分析——以青岛民俗节庆旅游为例[J].生态经济,2010(8).

[11]陈素平,黄波.论我国传统节庆旅游品牌的培育[J].社会科学家,2007(2).

[12]曾杰丽,罗敏.从文化产业开发的角度探析民族节庆旅游运作——以广西蚂拐节为例[J].社会科学家,2008(6).

新型城镇化背景下湘西苗族
百狮会传承与发展研究

李兴平

摘　要：从新型城镇化的视角,对湘西苗族百狮会的历史文化渊源、百狮会的开展现状、影响新型城镇化背景下湘西苗族百狮会的发展因素进行了探讨,并提出:政府部门规划引导,构建原生态性、观赏性和现代性区域文化差异模式,转变"靠、等、听"的意识,建立利益共享体制,民族地区体育文化建设应尽快融入现代组织管理制度等发展对策。在新型城镇化背景下少数民族地区构建新型传统文化传承模式和湘西少数民族传统体育文化的可持续发展具有积极意义。

关键词：新型城镇化　百狮会　传承　发展

　　各少数民族在长期的生产实践和社会实践中,创造了丰富多彩的体育竞技娱乐项目,世代相传下来,构成极其深厚的传统体育文化。但是少数民族传统体育文化面临现代文化冲击和传统文化断层的严重传承危机。党的十八届三中全会通过的《中共中央关于全面深化改革若干重大问题的决定》中提出"坚持走中国特色新型城镇化道路,推进以人为核心的城镇化"。"新型城镇化发展就应注意将不同地域的资源禀赋、民族特色、人文传统、民俗风貌、建筑风格等融入城镇化建设……推动'数量规模'型城镇化向'质量和富有民族文化内涵'型转变,彰显城市人文历史积淀、个性特征和文化内涵,形成具有相对比较优势的经济发展格局。"少数民族传统节日文化作为我国传统文化的重要组成部分,其传承发展不仅可以促进区域体育事业的有效发展,也是推进新型城镇化区域文化差异性发展的重要方面。百狮

作者简介:李兴平(1975—),男,土家族,湖南吉首,硕士,吉首大学体育学院,副教授。主要研究方向:民族传统体育与民俗文化。

会俗称"玩年"，是指湘西苗族在农历正月初四到十五期间开展以舞狮竞赛为主的宗教祭祀和文体娱乐活动的总称。在 1986 年之前百狮会俗称"玩年"，从 1986 年起，地方政府加强对民族文化的管理，为进一步规范化，把玩年改称为百狮会。2002—2004 年为凸显舞狮和篮球活动，特改称为"双百会"即百狮百篮会。因"双百会"名称很难被湘西苗族人们认同和接受，从 2005 年起又恢复百狮会名称。在调适文化冲突、保护和弘扬优秀传统节日文化的基础上构建新型城镇化背景下少数民族传统节日文化传承体系与发展策略，为少数民族传统节日文化的传承与发展提供新的思路。

一、湘西苗族百狮会的历史渊源

我国舞狮起源于南北朝时期，舞狮造型均成形于唐代。在历史文献中没有相关湘西苗族舞狮的历史资料记载，但湘西苗族民间流传着一个关于苗族舞狮起源的传说：相传很久以前，妖魔降临到深山密林的苗乡，从此苗家过着灾难深重的日子。后来从密林深处奔出一群降妖驱邪的狮子与妖魔进行战斗，战斗中妖魔千方百计地把狮子诱引到遥远的海边。一个勇敢的苗家少年，手持金铃把狮子从海边引回苗乡，打败了妖魔，使苗乡重新过上幸福安宁的生活。从此，每年的农历正月初四到十五期间，苗乡各村各寨都要挑选出几十个身强力壮、机智灵活的后生，身披"狮皮"，手持流星、铛耙、戈、棍、手尺和单、双刀等器械举行"舞狮"活动，串寨走村，喜迎新春。虽然这个传说如今也无从考证，但是它说明了苗家人视狮子为降妖驱邪的祥瑞灵物，从农历正月初四开封舞狮，祈求来年风调雨顺、五谷丰登，到正月十五又将其封存供奉。舞狮是一种运动，更是一种文化。无论是舞狮的器材制作、表现形式，还是运作编排、表演手法都无不带有我国民族的传统文化气息，许多神州流传的典故、神话、传说都是它的素材，可谓理深意丰，它反映了人们对除暴安良、驱邪赈灾、吉祥瑞意的敬意和渴望。

二、湘西苗族百狮会的开展现状

（1）湘西苗族百狮会的项目情况。百狮会是传统与现代体育文化项目相结合的综合性文化活动。传统体育的项目是苗族群众在长期的生活实践和社会实践中所创造的，通过不断修改、加工并世代传承。其项目的娱乐性和健身性反映人们日常生活及各种娱乐活动的真实情况，是人们生活状况的真实写照。湘西苗族百狮会的苗族民间传统体育项目有:舞狮、舞龙、武术、秋千、跳鼓、苗歌、吹芦笙、上刀梯、棋类、吹唢呐、长号、吹木叶、举石锁等。湘西苗族百狮会的现代体育项目有:篮球、现代舞蹈等。随着社会的变迁和时代的发展,湘西苗族百狮会的民族传统体育项目已经不能满足苗族人们整体性的文化需求,在原有的民族传统体育项目基础上增加了部分现代体育文化项目。现代体育文化项目充实了湘西苗族百狮会传统活动内容,吸引更多的年轻人前来参加。百狮会的项目是随着苗族群众在不同时期对文化需求的不同而改变,反映了不同时期社会的宗教信仰、祭祀活动、经济水平、人文风情。从总体上看,百狮会的项目呈现出民间传统体育项目活动向民间传统体育项目与现代体育文化项目相结合的综合性文化活动演变的规律。

（2）百狮会举办时间情况。湘西苗族百狮会是在农历的初四至十五举办。苗族群众利用冬闲时排练,大年初一就开始在全乡巡回演出。初四大家在规定地点进行比赛表演,传统体育项目只表演一天,现代体育项目比赛要进行几天才结束。但舞龙、舞狮子则继续到处表演直到十五才结束。

（3）百狮会举办地点情况。百狮会举办地点是湘西苗族地区经济交通枢纽和文化活动中心的标志,其变化反映了苗族地区经济文化在不同时期的动向和发展。百狮会举办地点有湘西吉首市矮寨镇大兴寨、矮寨镇和德夯三地。矮寨镇、大兴寨深藏在武陵山脉之中,地处吉首市西部,是吉首峒河的源头,属吉首市矮寨镇管辖,处在吉首市、凤凰县、花垣县、保靖县三县一市的交界处,为周边苗族聚居所包围的最具典型性和代表性的纯苗区,是湘西苗族的一个缩影和体现。现有户数195户,总人口815人,全村纯苗族,讲苗语。大兴寨中心有一个农贸市场,成为周边苗族聚居区域重要的物资集散地和文化活动的交流中心,成为湘西苗族百狮会举办中心。随着湘西苗族地区经济逐步增长,商品日趋丰富,物流业迅速发展,便利的交通越来越重要。209、319湘川国道和高速公路从矮寨镇穿过,便利的交通优势逐步凸显出来。矮寨镇距离吉首15千米,成为城乡接合部位。矮寨镇矮寨村农贸市场依据其便利的交通优势迅速发展起来,成为周边苗族聚居区域重要的物资集散地和文化活动的交流中心。经官方文化部门积极参与策划、宣传和大力支持,矮寨镇矮寨村成为湘西苗族百狮会恢复后举办的又一个中心。德夯是湘西苗寨旅游区,每年都举办观赏性较强的百狮会晚会,推动当地旅游经济发展。

（4）湘西苗族百狮会组织方式情况。湘西苗族百狮会由当地政府文化部门、乡镇文化站、旅游部门、商业开发部门联合主办。这在很大程度上完善了湘西苗族百狮会组织机构和运作模式,扩大了其社会的影响力。百狮会由企业或村寨承办形式。随着社会的发展,许多企业看到了百狮会在湘西的社会影响价值,便主动邀请或承办百狮会,期待带来好的社会效应和经济利益。如湘西移动公司在2002年承办了"双百会",吉首民营小区在2003年、2004年、2005年就连续承办了三届百狮会。这主要是利用了百狮会在湘西苗族地区的社会品牌价值,为承办部门谋利益,同时也促进了百狮会的发展。

三、影响新型城镇化背景下湘西苗族百狮会的发展因素

(1)湘西苗族地区社会经济发展落后。历史上,湘西一直被视为"蛮荒之地",社会经济很不发达。首先大力发展教育,逐渐消除人们的知识贫困,培养人才,开发人力资源。增强城市对农村的辐射作用,加强城乡的联系与交流,促进城乡经济往来,带动农村经济的发展。合理开发自然资源,实行经济效益、社会效益和环境效益相统一的战略方针,确立经济建设、城乡建设和环境建设。如今,民间传统体育已是民族地区旅游中不可或缺的组成部分。百狮会不仅是湘西苗族人自我的需要,也是旅游者的需求,其文化的利益性是民族地区群众选择、保护、传承和发展百狮会项目及其文化的主要动力。因此,随着民族地区经济的发展,由于百狮会的利益主体包括表演者、中介组织或个人及当地人对其文化的利益性选择,会因创造或扭曲造成百狮会某些功能的减弱或丧失而趋于先进文化,这就是其现代化过程中无耐和必然的选择。

(2)现代体育在湘西苗族地区的普及与推广。现代体育传入民族地区对传统节会文化发展起到了积极的作用,百狮会是湘西苗族地区的传统春节节日文化活动,现代体育的先进意识、现代理念和审美情趣的传播是推动百狮会发展的主要文化因素。现代体育的传入培育了民族地区先进的意识,培育了民族地区平等、民主、法治等理念,提升民族地区文化审美情趣。高雅的审美情趣对湘西苗族百狮会的发展影响较大,因为人的审美要求越高,对美的追求目标就越高,百狮会就会随着民族地区的现代化发生适应性演变,不断满足人们的物质和精神生活需求。

(3)湘西苗族群众对先进文化的需求。作为少数民族地区,湘西苗族矮寨镇地处偏僻,交通不便,信息相对闭塞,生产力水平很低,人们活动的范围狭小、封闭,人们以血缘或地缘等自然性纽带结成民族、部落、公社等人群共同体。随着民族地区群众文化活动的日趋活跃,苗族人们更看重文化活动的娱乐功能,看重它消除疲

劳、恢复体力、愉悦身心的效果。湘西苗族百狮会经过长期的历史传承与现代建构,已逐渐脱离原有情境或象征性,随着人们对文化的需求将其文化不断地复制或再现。在这一过程中,其现在与过去不尽相同,但却得到了传承和更新,进一步强化了百狮会的文化凝聚力。因此,百狮会现代化的根本原因取决于其民族地区群众对先进文化需求的强度,对先进文化需求的强度越大,百狮会现代化的步伐越快。

四、新型城镇化背景下湘西苗族百狮会的发展对策

(1)政府部门规划引导,构建原生态性、观赏性和现代性区域文化差异模式。我国党和国家历来重视民族文化的保护、继承和弘扬,改革开放以来尤其如此,面对我国少数民族传统文化遗产日渐湮灭、损毁和流失的危险,国家采取了有效保护、合理利用和加强管理的有效措施,动员各种力量努力予以抢救性的保护、发掘,并适时加以整理和研究。并对我国少数民族文化制定和实施特殊的政策与措施。经过长期发展后,百狮会形成了统一的文化模式,逐步丧失了其特有的民族文化特征,形成了文化的同质性。随着人们"回归自然"热情的高涨,渴望"原始"风味的旅游者,希望不断地"发现"更偏僻的村庄和原汁的民族文化,民族地区旅游越来越受到旅游者及开发者的青睐,并被认为是实现旅游业可持续发展首要的、必然的选择,因而在世界范围内得到普遍重视和迅速发展,并将成为 21 世纪国际旅游的主流。因此,在新型城镇化背景下构建以古村落展示原生态百狮会、城镇举办现代性百狮会和特色村寨开展观赏旅游性百狮会区域文化差异模式,打造区域文化特色,既满足了群众的精神文化需求,又促进了当地社会经济发展。

(2)转变"靠、等、听"的意识,建立利益共享体制。由于湘西苗族地区群众的体育意识普遍不强,社会经济发展不平衡,体育设施缺乏、组织管理差等原因,我国民族地区的群众体育发展依然不尽如人意。由于受到经济条件制约,因此必须重视民族地区传统节会文化资源的开发。民族地区传统节会文化资源有自身的文化历史,具有独特的活动形式、内容及技术特点。政府部门根据具体情况,长期投入资金开展起适合本民族、本地区的传统体育活动。由于长期的政策扶持,在开展群众文化活动的时候当地群众形成了靠政府提供活动资金,有好的项目时等党的好政策,搞文化展示时听到有钱拿就来了。群众只看见眼前利益,没有长远目光,政府部门要做好思想引导工作,在古村落和特色村寨建立利益共同分享体制,充分调

动群众积极性,营造浓厚的民族文化氛围,吸引更多的游客和商业投资,带动地区的文化经济发展。

参考文献

[1]白晋湘.少数民族聚居区传统体育非物质文化遗产保护的社会建构研究——以湘西大兴寨苗族抢狮习俗为例[J].体育科学,2012(8):16-24.

[2]曾建明,邓欣,庞辉.我国民族传统体育文化的立法保护研究[J].北京体育大学学报,2013(5):28-33,38.

[3]时传霞.城镇化加速期民族传统体育传承发展的探索[J].山东体育学院学报,2012(3):38-41.

[4]倪依克,邵晓军,张自治.民族传统体育学学科建设的理论基础[J].体育科学,2005(1):56-60.

[5]白晋湘.全球化视野下民族传统体育文化传承与发展[J].南京体育学院学报(社会科学版),2011(3):34-37.

[6]李众民,刘昕.城镇化转型期民族传统体育文化发展现状及对策研究[J].当代体育科技,2013(14):117-117,119.

[7]孙超.非物质文化遗产保护视野下川西地区民族传统体育资源开发与利用[J].成都体育学院学报,2013(8):31-35.

[8]梅汉超.现代民族传统体育理论体系与实践内容的研究[J].武汉体育学院学报,2008(7):39-43.

武陵山区苗族上刀梯文化遗产的
保护与开发利用[*]

龙佩林

摘 要:采用文献资料、实地调查相结合的方法,对武陵山区苗族上刀梯文化遗产的保护与开发利用等问题进行分析,旨在提高武陵山区苗族上刀梯文化遗产项目的保护成效。结果认为,武陵山区苗族上刀梯起源于佛教、道教与苗巫交融形成的苗族"巴代扎"掌坛法师身份确认的度职仪式,以"赤脚踏刃,手脚并用,蹬高作舞"为运动方式,具有身份转换的文化意义,当代通过苗族传统节日和民间体育竞赛开展传承活动,武陵山区苗族上刀梯文化遗产得到较为理想的保护。提出了提炼苗族上刀梯"惊险刺激,超越自我"的创意概念、描绘优秀程度和定位于旅游演艺和开业庆典、中学生的成人礼和体育专业大学生的毕业典礼的开发利用对策,拓展上刀梯文化遗产的运用空间。

关键词:武陵山区　苗族上刀梯　保护　开发利用

上刀梯,又称上刀山、爬刀杆或上天梯等,是苗巫新任掌坛法师的度职仪式,或苗族酬神还愿的过关愿程式中的程序,属于祭祀性体育的范畴,近年大都在民族节日或大型庆典活动中进行,是苗族民间传统体育的重要内容。主要流行于武陵山区苗族之中,在侗族、傈僳族、瑶族等少数民族之中亦有流行。在 2011 年国务院扶贫办颁发的《武陵山片区区域发展与扶贫攻坚规划(2011—2020 年)》中,苗族上刀梯与其他 20 余个项目一道,被列为特色民族文化品牌保护重点工程,同时在体育事业发展方面,则要求"重点发展民族特色体育"。在 2012 年中国酉阳武陵山区

* 基金项目:国家社科基金西部项目"我国传统体育文化遗产保护的博弈研究"(11XTY001)阶段成果。
作者简介:龙佩林(1965—)男,苗族,湖南花垣人,学士,吉首大学体育科学学院,教授,硕导。主要研究方向:民族传统体育。

民间绝技表演大赛上,花垣上刀梯、酉阳上刀梯、秀山上刀梯、湖南下火海等项目获一等奖,显示了上刀梯在武陵山区民间宗教、文化、体育等方面都具有举足轻重的地位。那么,如何做好苗族上刀梯文化遗产的保护工作,特别是如何开发与利用上刀梯文化遗产,更好地推进苗族上刀梯文化遗产的发展与传播,这些都是武陵山片区区域民族文化、民族体育事业发展和苗学研究必须解决的基本理论和实践问题。

1.武陵山区苗族上刀梯文化遗产的起源与流传范围

(1)武陵山区苗族上刀梯文化遗产的起源。为了弄清楚武陵山区苗族上刀梯的起源,我们先要了解一下武陵山区苗族的宗教祭祀习俗。武陵山区湖南西部、贵州东部一带苗族(苗族东部方言区)称祭祀仪式、习俗仪式及各种社会活动仪式的主持者为"巴代",意即为"主持祭祀活动的人"。[1]苗族"巴代"有"巴代雄"和"巴代扎"两大分支,"巴代雄"为苗族原生祭祀支系,"巴代扎"则是清中叶改土归流以后,随着佛、道教在武陵山区的广泛传播,由佛、道与苗巫交融而成。其中,"巴代扎"掌坛法师身份的获得,需要经过度职仪式来确认。年轻"巴代扎"弟子在经过对法事活动三年五载的学徒、出师、帮坛等阶段的学习和实践后,须举行迁阶的度职仪式确定职名、传法器和授职,[2]确认掌坛法师的身份后,方能独立"坛门",替人进行差遣鬼神和祈福除难的祭祀活动。而上刀梯与摸油锅、端铧口、咬铧口、踩铧口、滚刺床等[3]则是度职仪式中最为震撼人心的程序,是弥足珍贵的苗族祭祀性体育项目,被称为苗族绝技。

由此可见,作为"巴代扎"新坛法师度职仪式重要程序的上刀梯,其起源应在儒、道教在武陵山区苗族的广泛传播,儒、道、巫交融形成"巴代扎"的苗巫分支以后。成书于清光绪年间的《湖南通志·杂志》记载乾嘉苗民起义以后,凤凰、吉首、花垣、松桃交界的腊尔山地区苗族上刀梯的习俗:"上刀梯,苗俗,业巫者称为阴纱帽,将老则传之徒。是日,号召乡里,燃烛烧香,鸣钟击鼓,师冠妙善冠,衣赭衣,迎神跳舞。地设一梯,梯列刀数十,刃皆向上,不惧亦不伤。师乃以法授之……"[4]可见,上刀梯是苗族老巫师"将老"时把法术"传之徒"的重要典礼。这是目前我们掌握的有关苗族上刀梯最早的文字记载。我国苗族史学权威专家伍新福先生在《中国苗族通史》中引用张修府的记载,并评价"所描述的12项习俗,有一些在清前期的文献方志中已有记载,而'秋千戏'、上刀梯等则是首次见于记载,可能是清中叶逐渐形成和出现的。"[5]

从道教在湘西境内传播的时间亦可得到相应印证，《湘西苗族百年实录》载："明洪武元年（1368 年），境内各府、州、县设有道纪司、道正司和道会司……后废。清雍正年间复设。咸丰年间，凤凰道纪司派道士杨道泉赴江西龙虎山张大师处请得印信一枚，文曰'凤凰道纪司钤记'，后知县任杨道泉为道台，执掌印监大权，管理全境各道教坛门。"[6] 反映了咸丰年间道教在湘西苗族地区有了较为广泛的传播，为儒、道、巫交融而形成苗巫"巴代扎"分支提供良好的基础，与伍新福先生的见解基本一致。

更具史料价值的《五溪蛮图志》也反映苗族上刀梯在清中叶以后才成广泛习俗。《五溪蛮图志》由沈瓒于明成化（1465—1487 年）初年编撰，李涌于清乾隆十六年（1751 年）重加整理，陈心传于民国二十年（1931 年）补编，前后经历了近 500 年的时间，记载了五溪苗族的社会生活和风土习俗的变迁状况。沈瓒和李涌均未记载有苗族上刀梯的习俗，而陈心传在补编中详细记载了民国早期五溪苗族"信巫教"，巫师上刀梯为新坛法师度职过法的习俗，并载道"闻其此业者，今在此武、酉二溪之民、苗间，当以数千计。"[7] 苗族学者石启贵先生在其《湘西苗族实地调查报告》中，对苗族上刀梯的记载则更为详尽，"上刀梯，为苗乡中惯行之一种最大盛会。举行此会，多在正月元宵节前"，"巫师此举，是为传法。亦有家里有人凶死，为死者解罪而上刀梯者；有因还愿兼上刀梯者。无论专上或兼上，作法大体相同。""咒毕，口咬鸡冠出血，染于刀上，巫师脱鞋袜赤足上之，方保安全无虞矣……一面上去，一面下来，手不伤肤，足无伤痕。"[8] 可见，至民国时期有"以数千计"的巫师活跃在武、酉二溪的苗族聚居地，反映了五溪苗族"信巫教"的社会习俗，也反映了为新任掌坛法师确认身份的度职上刀梯仪式及巫师为人们消灾祛病而举行上刀梯的法事活动开展之频繁。

（2）武陵山区苗族上刀梯文化遗产的流传范围。据文献资料和实地调查材料显示，在横跨湖北、湖南、重庆、贵州四省市的武陵山区中，有土家族、苗族、侗族、白族、回族和仡佬族等 9 个世居少数民族，其中，苗族主要集中分布在区域内 71 个县（市、区）中的 32 个县（市、区），在这 32 个县（市、区）中苗族人口又主要集中分布在湖南的花垣、吉首、凤凰、古丈、保靖、麻阳、靖州、绥宁、城步，贵州的松桃、印江、道真、务川，重庆的秀山、酉阳等县之中。目前上刀梯主要是在这些县的苗族村落或旅游景区景点中流传，一般一个县有 5~8 个傩坛班社，上刀梯是傩坛班社必备的保留节目，一个傩坛班社一般有 3~5 个上刀梯能手。近年来，全国各地有许多地方的景区景点都开展上刀梯项目的表演,而表演者主要就来自武陵山区的这些苗族聚居县市的苗族村落。

2.武陵山区苗族上刀梯文化遗产的存在形式与特征

(1)武陵山区苗族上刀梯文化遗产的存在形式。上刀梯的流传形式多样,既有作为体育竞技的形式流传,更有作为民俗和戏剧的形式流传。武陵山区苗族上刀梯通常在祭祀活动、节日庆典、民俗表演或民间绝技挑战赛上举行,其运动方式为赤脚光手,脚踩手攀在刀刃向上的锋利刀梯上,逐级向上攀登。上刀梯所用的刀梯一般由 10~15 米高的木杆及插在木杆上的锋利大刀构成,四角用拉绳固定在宽敞的坪场上。近年来,由于区域和运用场景的不同,出现了多种不同形式的刀梯。从刀梯杆子的数量看,有单杆刀梯和双杆刀梯两种形式;从刀子的固定方式看,单杆刀梯有短刀左右错级而升和两头尖的长刀穿木左右平级递升两种方式,双杆刀梯则有每级一把刀平置和每级由两把刀剪交两种方式;从刀梯固定方法看,有四角拉绳固定法和架子固定法;从杆子的材质看,有木杆和金属杆两种;从刀梯杆的高度看,有 15 米以内的普通刀梯和 15~30 米的极限刀梯两种;从刀的数量看,有 12 把、24 把、36 把多种,近年来出现了挑战极限的 72 把、108 把,乃至 168 把的极限数量。在攀登刀梯过程中,做倒挂金钩、杆上横摆、倒爬行等各种惊险的造型动作,上到梯顶后,仰天吹响牛角,并做雄鹰展翅、顶腹旋转等高难惊险动作。一般为多人表演,主祭司先上,其余的人依次而上,一面上去,一面下来,也有在攀爬过程中越过侧面的刀尖或穿过刀刃转到另一面去,在下梯过程中,亦做各种惊险的造型动作。在传统祭祀中的上刀梯,祭司登顶成功以后,地面"三连铳"、爆竹、唢呐、锣鼓震天动地响起来,观者人声鼎沸,场面极其热烈,恢宏壮观,令人惊心动魄,是一项极具民族特色的祭祀性体育项目。

(2)武陵山区苗族上刀梯文化遗产的特征。从文化学的角度审视,武陵山区苗族上刀梯具有古朴厚重的神秘性、质朴刚健的实用性和富于技巧的观赏性等特征。其神秘性主要体现在上刀梯原本是苗族巫傩祭祀活动的特殊功法,属于祭祀性体育的范畴。武陵山区苗族巫傩文化源远流长,神秘莫测,作为巫傩祭仪的重要程式,上刀梯既是巫师特殊角色与身份的标志,直接影响到人们的精神世界,又是普通人群在现实生活中津津乐道的神奇技艺,彰显出古朴厚重的神秘性。其实用性主要体现在上刀梯无论是作为新任掌坛法师度职仪式的程序,还是作为替人消灾解难的祭祀祈祷,都彰显着是对人的生存有利的实用性。武陵山区苗族生存环境艰难、经济发展相对滞后,造就了苗族人民强烈的求生意识和吃苦耐劳、刚健勇猛、务实进取的精神,这种精神在上刀梯中体现得淋漓尽致。武陵山区苗族上刀梯以其突破常人能力和想象的手攀脚踩刀锋利刃的技巧,给人以震撼、惊叹的观赏效果,展现了苗族人民追求完美、超越自我的精神境界。

苗族"巴代扎"采取上刀梯、踩铧口这种惊险至极,令人心惊胆战的方式,作为新任掌坛法师度职仪式或酬神还愿的重要程序,从文化人类学的角度看,其用意在于向世人强化这样一种观念,即巫师是一个不平凡的人。他用赤脚上刀梯而不受到任何伤害的程式来表达自己具有超人的神秘力量,有着一种区别于常人的特殊地位,拥有沟通人神的特权。同时,刀梯的设置则表明要"登天"才能实现与天神沟通,而"登天"并不是一件容易的事,只有作为"巫"的特殊群体才能登极天庭。巫师在登上刀梯之后,要朝天吹响牛角号,则表达代表人与天神沟通,把将要举办祭祀的信息告知天神及家先,也预示着这一场祭祀活动不单是世间人的独角戏,而是人、巫、神共同进行的一个互相承诺的过程。[9]

因此,从传统的意义说,上刀梯被寓意为人神沟通的桥梁。在度职仪式中,它是对新任掌坛法师业务能力的考评,既是巫师获取掌坛法师身份的就职典礼,又是新任掌坛法师向世人宣告自己具有独特法力的公关活动。在酬神还愿仪式中,它是苗巫师独特法力的展示,是巫师与天神沟通的桥梁和方式。在当代节日庆典、体育竞技、民俗文化旅游表演中,上刀梯的意蕴已转化为展示苗族人民不畏危难、超越艰辛、祈求安康的良好愿望,以及展现苗族人民敢于拼搏、迎难而上的勇敢精神,成为体现苗族文化特色的传统体育赛事项目。

3.武陵山区苗族上刀梯文化遗产的保护与开发利用状况

(1)进入非物质文化遗产代表性项目名录状况。我国非常重视传统文化的保护工作,2005年国务院办公厅印发了《关于加强我国非物质文化遗产保护工作的意见》,2006年确定了首批国家级非物质文化遗产名录,接着各级地方政府公布了本级非物质文化遗产代表性项目名录。武陵山区苗族上刀梯已进入为省、市、县三级非物质文化遗产代表性项目名录(见表1)。按照项目逐级立项和推荐原则,松桃的"傩技——上刀山"应是贵州省、铜仁市和松桃县三级非物质文化遗产代表性名录项目,湖南花垣和凤凰的苗族上刀梯应是州、县两级非物质文化遗产代表性名录项目。

表1　上刀梯作为传统体育与民俗被列为非物质文化遗产名录状况

项目类别	项目名称	级别	保护单位	立项时间
传统体育、游艺与杂技	傩技——上刀山	省级	贵州松桃	2009 年
	上刀梯、下火海	州级	湖南凤凰	2007 年
	上刀梯	州级	湖南花垣	2009 年
民俗	苗族四月八	国家级	湖南吉首	2011 年
	苗族赶秋	国家级	湖南花垣	2014 年
	苗族椎牛	省级	湖南湘西	2006 年
	苗族赶秋节	省级	湖南吉首	2009 年
	苗族跳香	省级	湖南泸溪	2009 年

（数据来源：中国非物质文化遗产网、湖南非物质文化遗产网、贵州非物质文化遗产网）

　　此外,上刀梯作为民俗的重要内容,也因民俗被列为各级非物质文化遗产代表性项目名录而受到保护,如"苗族四月八""苗族赶秋"已进入国家级非物质文化遗产代表性项目名录,湘西"苗族跳香""苗族椎牛"等都已进入省级非物质文化遗产代表性项目名录。因此,可以说目前武陵山区苗族上刀梯已形成了四级非物质文化遗产代表性项目名录保护体系。按照当前的非物质文化遗产立项与保护制度,进入四级非物质文化遗产代表性项目名录的项目,都制定有针对性和可操作性的保护工作实施方案。此外,与被列为各级非物质文化遗产代表性项目名录的传承点相比,各地仍有许多传承上刀梯的傩坛班社没有进入非物质文化遗产代表性项目名录保护体系,如湘西州花垣县排碧乡、排料乡、董马库,保靖县夯沙乡、水田镇等地目前仍然广泛传承上刀梯活动,他们依靠自己的力量开展传承活动,当地政府文化主管部门在各种庆典活动中也会邀请他们去表演,并为他们提供必要的支持。可见,从项目传承的角度看,武陵山区苗族上刀梯得到较为理想的保护。

　　（2）传承群体入选非物质文化遗产代表性传承人状况。在具体的传承实践中,传承人是传承活动的主体,也是项目保护的中坚力量,由于项目功用的特殊性和危险性,目前上刀梯的传承主要仍沿袭传统的"父子相传、师徒相授"的传承方式,既有作为巫师职业法事基本技能性质的传承群体,也有相对独立地作为绝技表演项目的传承群体。在国家建立起四级非物质文化遗产代表性传承人以后,目前上刀梯已有松桃县的田如平被列为贵州省级非物质文化遗产代表性传承人,花垣县的吴建章、麻兴思分别被列为湖南湘西州级、湖南花垣县级非物质文化遗产代表性传承人。苗族四月八、苗族椎牛、苗族赶秋节、苗族跳香等民俗项目的各级非物质文化遗产代表性传承人也可归为上刀梯项目的代表性传承人。与武陵山区苗族社会现实中数量巨大的上刀梯传承群体相比,被列为各级非物质文化遗产代表性传承人的数量是微不足道的,随着非物质文化遗产保护工作的深入开展,将会有更多的传承人得到政府的支持或走向绝技表演市场,形成非物质文化遗产代表性传承人梯队,在继承和弘扬上刀梯文化遗产,推进上刀梯在武陵山区民族文化事业、体育演艺产业和民俗旅游业发展方面做出积极的贡献。如湘西花垣县排碧乡金龙村的苗族青年龙光青,系统继承了祖辈的巫傩技艺,其"悬崖刀梯"声名远扬,并于2014年五一劳动节成功挑战350米高的湘西矮寨大桥,对苗族上刀梯技艺的传扬产生了积极的影响。但是,由于现代文化娱乐丰富多样的冲击,年轻人离乡外出务工,以及技术的高难度和高危险性特点,"上刀梯"面临仍后继乏人的困境。

(3)武陵山区苗族上刀梯文化遗产的开发利用状况。上刀梯文化遗产的开发利用是指个人、社会团体和企业组织等利用上刀梯的教育、体育、文化和经济等价值来为社会服务,并产生教育、文化、经济效应的过程。由于项目技艺的高难性和危险性,目前尚未有社会组织上刀梯引入教育和体育健身领域,开发其独特的教育价值和锻炼效果;在对上刀梯的文化和旅游演艺价值开发方面,主要是上刀梯传承人在各地旅游景区景点进行技艺表演,提升旅游景区景点的特色和核心竞争力。也有部分传承人以传统傩坛班社为基础,组建民间绝技艺术演出团队,如贵阳红枫湖,贵州松桃苗王城,云南景洪民族风情园,北京中华民族园,广西桂林、深圳民俗村,湖南凤凰山江苗族博物馆[10],吉首德夯苗寨旅游风景区,张家界土家民俗风情园,张家界《魅力湘西》等都有精彩的上刀梯表演,并有表演团体到国外进行文化交流和商业演出,部分演出团队获得可观的经济收入和较高的社会评价。但由于团体内部结构松散,不同团队之间的竞争激烈,没有形成以代表性传承人为核心的具有独立法人资格的企业组织。同时,由于上刀梯遗产保有者人数多、分布广,技艺水平参差不齐,传承群体内部结构松散,表演市场竞争激烈,一些入不敷出的传承人和传承团队则逐步退出演艺市场。与同是惊险性表演项目的"达瓦孜"的开发利用相比,上刀梯在利用"惊险性"特征博眼球进行营销策划方面及经济开发效益,已经明显处于落后地位,而2014年龙光青成功挑战矮寨大桥则开始打开了上刀梯博眼球营销策划的窗口。

4.武陵山区苗族上刀梯的开发与利用对策

（1）武陵山区苗族上刀梯产品的开发样式与利用场景。武陵山区苗族上刀梯是人们为满足精神生活需要和适应环境而创造出来的产物,作为非物质文化遗产的重要内容,本质上具有随周围环境变化而逐渐发展变化的活态文化特性,而不是被固定下来的文物或所谓的"活化石",对它的保护应该也只有采取活态保护的方式才有价值。在对上刀梯进行符合现代人生活特征和体育文化需求的开发中,可以形成单杆梯、双杆梯、高台梯、垂直梯、倾斜梯、水平梯、螺旋梯、折回梯、独立梯、架子梯、悬垂梯等不同形制的刀梯。在攀爬动作方面,以手脚并用为基础,创新手攀法、倒攀法、脚蹬法等不同方法,并在梯上完成转身、翻身、造型等各式规定或自选动作。在下梯技术方面,既可沿袭传统的下法,更应采用缆绳垂直速降、缆绳倾斜滑降、台阶(高台梯上受礼后)阔步下梯、高台跳水下落等方法。在运用场景方面,可广泛运用于户外拓展、高空职业技能培训与考核、成人礼、体育竞技、民俗旅游演艺、节日庆典、商业营销活动、对外体育文化交流、学习结业典礼等活动空间,提高其参与性和观赏性,使参与者强烈地感受到脱胎换骨、超越自我的主观感受,培养不畏艰难、敢于拼搏的勇敢精神,在当代人的体育生活中实现上刀梯的整体性活态传承,提升上刀梯的宣传效果和传播力度。

（2）武陵山区苗族上刀梯产品的开发与利用对策。武陵山区苗族上刀梯产品开发是指在武陵山区苗族上刀梯文化遗产保护和利用的过程中,以创意为核心,对上刀梯的整体或元素进行提炼与抽象,糅合与重组,面向大众提供具有惊人效果的体育竞技、体育健身、体育演艺、体育娱乐等富有时代特色的新型体育精神和物质产品,从而取得良好的经济效益和社会效益的创造性过程。其创意过程有如下步骤和操作流程,一是提炼武陵山区苗族上刀梯创意概念。创意概念是指对某事物长期的创意方向,或某个阶段的创意表达的一个清晰界定,它可引爆创意灵感,提供具体而明确的创意方向。因此,要根据武陵山区苗族上刀梯"惊险刺激,出人意料"的本质特征,抓住其独有的、出色的,或是对于人的身心健康、快乐生活具有独特价值的成分,从中抽象出反映武陵山区苗族上刀梯"赤脚踏刃,手脚并用,蹬高作舞"等的典型动作元素,形成"惊险刺激,超越自我"的创意概念。二是描绘武陵山区苗族上刀梯与其他同类或相似项目相比,其本质的典型元素的优秀程度。通过反复的提炼和加工,准确地浓缩为一句话或一个词,以一种能让人惊叹的方式,描述它在对我们精神文化生活的实际诉求方面出色到什么程度。三是武陵山区苗族上刀梯文化创意的定位。创意概念归纳和提炼出来以后，就应根据现实生活中特定人群对体育生活的实际需求，对创意项目进行准确定位。如可定位于为人们提供惊险刺激的体育体验和观赏产品，应用于旅游演艺、民俗村落、节日庆典、开业庆典等活动，其习练人群则宜为身体灵活、善于高空作业或需要培养高空作业技能的中青年群体；也可用于中学生的成人礼和体育专业大学生的毕业典礼等场景，让学生在庄严肃穆、惊险刺激的上刀梯体验中，刻骨铭心地体悟踏平艰难和超越自我的心理考验，深刻理解付出与成功的快乐和身份转换后自己应尽的社会责任。

参考文献

[1] 陆群,焦丽铎,李美莲,等.苗族"巴岱"信仰中的道教因子及原因探析[J].三峡论坛,2011(3):81-85.

[2] 雷翔."佛教道士"的度职仪式——恩施民间宗教信仰活动调查[J].民间文化论坛,2005(2):51-56.

[3] 石寿贵.巴代文化及其功用[J].湖南省社会主义学院学报,2011(1):34-37.

[4] 李瀚章,裕禄.湖南通志·杂志(八)[M].长沙:岳麓书社,2009:5719.

[5] 伍新福.中国苗族通史[M].贵阳:贵州民族出版社,1999:443-465.

[6] 石建华,伍贤佑.湘西苗族百年实录[M].北京:方志出版社,2009:235.

[7] 沈瓒,李涌.陈心传·五溪蛮图志[M].长沙:岳麓书社,2012:77-78.

[8] 石启贵.湘西苗族实地调查报告[M].长沙:湖南人民出版社,1985:158-160.

[9] 李梦璋.苗族"椎牛"祭文化人类学阐释[J].民族论坛,2008(9):38-39.

[10] 滕继承.论苗族绝技文化资源的保护与开发——以黔东北苗族"上刀山,下火海"为例[J].铜仁地委党校学报,2006(2):63-67.

苗族巴岱信仰资源的传承与利用

陆　群

摘　要:苗族巴岱信仰是苗族文化遗产的组成部分,是重要的社会文化资源,对其信仰资源的分布、存续现状和保护利用的主要问题做出调查,并提出保护与利用的原则与方法。

关键词:苗族　巴岱信仰　文化资源

本研究所谈苗族巴岱信仰资源的保护与开发,主要侧重于强调它的社会文化传承价值,而对于其经济价值,笔者赞成的是"有限度"的利用与开发,即尊重传统、合理利用、适度开发。因为这块涉及的因素很多,尤其是经济学的领域,本研究避繁就简,并未展开。

一、苗族巴岱信仰是苗族文化遗产的组成部分,是重要的社会文化资源

巴岱信仰主要以湘西苗疆为分布区域,而尤以腊尔山台地为核心。湘西苗疆是一个具有特定文化内涵与历史传统的区域文化概念,也是一个随历史沿革和行政区划的变更而不断变化着的地缘政治概念[1]。其范围的形成始于明代,现代学者通常认为其大致区域在湘鄂川黔边区的武陵山中段[2]。对其概念的使用始于明末,盛行于清代,衰落于民国,而今主要在历史学、民族学、民俗学、宗教学及社会学等学科研究领域中广泛运用。自古以来,这里由于地形复杂、交通不便,民族成分复杂(苗、土家、汉杂居),被中央王朝视为"蛮夷""化外"之地,盛行"崇巫信鬼"的传统民间信仰。直至明,苗疆边墙的修筑,改变了湘西苗疆的历史,清代改土归流

作者简介:陆群(1969—),女,湖南古丈人,吉首大学哲学研究所教授,硕士生导师,中国宗教学会理事,吉首大学民族宗教文化研究中心主任。主要研究方向:宗教与文化。

和乾嘉苗民起义后一系列国家政策的调整则进一步加快了该区域少数民族社会组织和社会结构的重组与变迁。该信仰是自发产生于原始社会并遗存于现代社会的各种原始宗教形式(如图腾崇拜、灵魂崇拜、自然崇拜、祖先崇拜)的总称[3]。近代湘西历史变动,也加快了苗族巴岱信仰内部的调整和变迁。苗族巴岱信仰内部出现"巴岱雄"(bax deib xongb)与"巴岱扎"(bax deib zhal)两大支系之分。❶ 至今,腊尔山苗族社会中仍活跃着大量的"巴岱",其信仰内部的"分脉"泾渭分明却又共存于腊尔山苗族社会,对腊尔山苗族人们的精神、情感、价值观念等方面生活产生深刻影响。

尽管将文化遗产保护这一公益事业与谋取利益为导向的产业开发联系起来,不少学者并不赞成[4]。但是,一个不可回避的事实是:文化遗产的价值和功能已然拓展到社会、经济、政治各领域,文化遗产价值与功能的拓展观念已日益成为社会各界的共识。对文化遗产价值的认识正经历一个从单纯关注文化价值到兼顾文化价值和经济价值;而对遗产的享用,即遗产服务功能,已成为新的社会性消费需求,并产生出新兴的经济门类——遗产产业。文化遗产事业已由一个纯粹的文化事务,变为一个同时广泛地与经济、社会、政治相关联的事务。尤其是"遗产产业和遗产经营问题的出现,使遗产管理制度的重要性空前突出。它不仅促使遗产经济学诞生,而且,对传统遗产管理制度和现代遗产制度的创建,也势在必行。"[5]宗教信仰是社会文化资源,这是一个在新形势下凸显的新命题。

随着文化旅游的发展,尤其是非物质文化遗产保护运动的展开,宗教信仰作为文化资源的事实已日渐清晰地呈现在民众的眼前,引导着人们的观念,启迪着人们的认识。据初步统计,已经进入国家级非遗保护名录的前两批和第三批的推荐项目中,佛教类有40余项,涉及50多个地区。现在中国进入联合国教科文组织人类口头和非物质文化遗产代表作的项目已经有26项,可谓起步晚,成效大,但是在宗教类非物质文化遗产的保护上较为薄弱。苗族巴岱信仰也不例外,其作为苗族文化资源的事实已不容置疑。

苗族巴岱信仰虽然形式上以各类祭祀活动、信仰习俗的面目出现,但其内容包

---

❶ "xongb"是湘西东部方言苗族对自己的自称,"巴岱雄"又称"苗老司","zhal"苗语意为"汉人""客人","巴岱扎"又称"客老司"。相应的,"巴岱雄"信仰一支又称"苗教","巴岱扎"信仰一支又称"客教"。二者在祭祀对象、祭祀仪轨、使用语言、道具、服帽装饰等方面均有明显差别。前者是以蚩尤祖先崇拜为核心的传统宗教信仰体系,后者是融入外来宗教文化而形成的儒、道、释、巫交互混融的"多元一体"宗教信仰体系。

罗万象,涵盖苗族历史文化的诸多领域,如哲学玄易、政治军事、天文地理、历史人文、农牧工商、医药卫生、建筑修造、婚丧嫁娶、红白喜庆、法律规款、饮食服饰、音乐舞蹈、文体工艺、礼仪交际、生育繁衍、人格道德、教育智慧等。而其信仰活动已不同程度演变成集宗教、娱乐、商贸于一体的综合性群众文化娱乐活动,以至于研究苗族的社会历史、文化艺术,如果摒弃了"巴岱"的表现形式,很多东西就失去了依附。因为,巴岱信仰不但提供了苗族文化不可分割的重要思想内核,而且其本身在很大程度上构成了苗族传统文化的重要表现形式。同时,巴岱信仰作为凝聚着信仰者共同的情感、精神、道德观念及价值观念,具有较强的规范性,是社会重要的非正式控制手段之一。在其作用下,可形成一种互惠机制,推动社会成员之间的协调行动,进而培养和促进民众个体与群体、个体与个体、群体与群体之间形成一致的发展目标及团结协作、互助信任的公共精神。从这个意义上理解,巴岱信仰是重要的社会资源。该属性,可为社会结构中的行动者提供便利:从个人角度讲,在一个拥有丰富的社会资源储量的社群内生活和工作更加容易;从社会角度讲,一个拥有丰富社会资源储量的社会意味着和谐稳定的秩序和良好的社会治理与文化的保护与利用。一些专家学者就宗教类非物质文化遗产保护所存在的问题及将来如何申报展开研讨,希望通过申报非物质文化遗产使传统文化能够得到传承和弘扬,使其在提高国家的软实力方面发挥积极作用。❶一个新的关键词在学术界悄悄出现,那就是"宗教类非物质文化遗产"。不仅要认识到宗教的信仰功能,还要认识到宗教在承载文化、持续传统方面及民间社会动员方面所具有的重要作用。一个基本的观点是:致力于加强地方"宗教资本"运作的机制[6]。在这种情势下,一些苗族宗教研究学者也逐渐意识到苗族巴岱信仰作为"民族文化遗产"的重要性。

二、巴岱信仰资源的分布、存续现状和保护利用过程中的主要问题

1.巴岱信仰资源的地理分布

苗族巴岱信仰资源主要分布于湘西州腊尔山台地为主的苗族民俗文化核心区。该核心区域内民族聚居相对集中,非物质文化遗产资源及其文化空间集中体现典型性,存续状况良好,巴岱信仰民俗活动具有代表性。而腊尔山台地为苗族文化核心区具体分布在如下乡镇:花垣县的排碧乡、董马库乡、排料乡、麻栗场镇、吉

---

❶ 中国宗教学术网,2011-02-16.

卫镇、补抽乡、雅西镇、两河乡、民乐镇;凤凰县的沱江镇、山江镇、腊尔山镇、吉信镇、阿拉镇、洛朝井乡、都里乡;吉首市的矮寨镇、寨阳乡、己略乡、社塘坡乡;古丈县默戎镇、坪坝乡等。

2.存续现状

由于腊尔山台地相对封闭的生态环境和历史原因,巴岱信仰资源总体存续状况良好。与其有或多或少联系的各级非物质文化遗产项目与人民群众的日常生活较为紧密地粘连在一起,保留了相当程度的原生性、系统性和完整性。其传承方式多为在生产生活中自然习得。这些非物质文化遗产与物质文化遗产相互依存,高度融合。形成整个湘西州土家族苗族民俗文化聚落的不同层次,呈现出网状流布的存续状态。

(1)非物质文化遗产项目。据统计,以腊尔山台地为主的苗族民俗文化核心区内其他类国家级非物质文化遗产项目有21项,其他类省级非物质文化遗产项目有41项。其中与巴岱信仰有关的国家级非物质文化遗产重点名录项目有苗族服饰、苗族四月八、湘西苗族鼓舞、辰河高腔、苗族银饰锻制技艺、湘西苗族民歌、凤凰纸扎、踏虎凿花、蓝印花布印染技艺、盘瓠传说、苗画、苗族古歌等;与巴岱信仰有关的省级非物质文化遗产项目有苗族椎牛祭、苗族赶秋、苗族四月八、苗族跳香、苗族歌谣、湘西苗族接龙舞、苗戏、苗族武术、苗族绺巾舞等。

(2)非物质文化遗产代表性传承人。目前腊尔山台地苗族文化核心区国家级类国家级非物质文化遗产代表性传承人9人,省级22人,这些非物质文化遗产代表性传承人均与巴岱信仰有着直接或间接的关系(见表1、表2)。

表1 与巴岱信仰有关的国家级非物质文化遗产代表性传承人名单

序号	姓名	性别	民族	项目名称
1	洪富强	男	苗	湘西苗族鼓舞
2	石顺民	女	苗	
3	向 荣	男	苗	高腔(辰河高腔)
4	陈千均	男	苗	湘西苗族民歌
5	邓兴隆	男	汉	剪纸(踏虎凿花)
6	聂方俊	男	汉	彩扎(凤凰纸扎)

续表

序号	姓名	性别	民族	项目名称
7	刘大炮	男	汉	蓝印花布印染技艺
8	龙米谷	男	苗	苗族银饰锻制技艺
9	麻茂庭	男	苗	—

注:本表系根据湘西州非物质文化遗产保护中心资料制作,时间截至 2013 年年底。

表 2 与巴岱信仰有关的省级非物质文化遗产项目代表性传承人名单

序号	姓名	性别	出生年月	所在地区或单位	项目名称
1	滕召云	男	1942 年 4 月	吉首市乾州街道办事处	乾州春会
2	张启荣	男	1930 年 2 月	泸溪县梁家潭乡芭蕉坪村	苗族跳香
3	张 艳	女	1968 年 7 月	花垣县麻栗场镇登高村 4 组	民族歌谣
4	吴腊保	女	1962 年 12 月	吉首市寨阳乡排乃村	湘西苗族民歌
5	陈千均	男	1943 年 1 月	吉首市丹青镇吉鱼村	
6	杨秀早	男	1950 年 4 月	吉首市双塘镇周家寨社区	湘西阳戏
7	石成业	男	1918 年 3 月	花垣县麻栗场镇花寨村	苗戏
8	石仕贞	男	1928 年	花垣县麻栗场镇金牛村	苗族武术
9	聂方俊	男	1933 年	凤凰县沱江镇团鱼脑 69 号	凤凰纸扎
10	龙米谷	男	1948 年 10 月	凤凰县山江镇黄毛坪 2 组	苗族银饰锻造技艺
11	麻茂庭	男	1953 年	凤凰县山江镇黄毛坪 3 组	
12	刘大炮	男	1939 年	凤凰县文星街 20 号	蓝印花布印染技艺
13	郭长明	男	1940 年 4 月	凤凰县水打田乡水打田村	文武茶灯
14	吴国勤	男	1953 年 1 月	吉首市社塘坡乡三岔坪村	湘西苗族接龙舞
15	石三冬	男	1947 年 12 月	花垣县排碧乡板栗村	苗族绺巾舞
16	梁永福	男	1941 年 8 月	保靖县水田河镇白合村	苗画
17	陶代荣	男	1937 年 12 月	永顺县石堤镇羊峰村	湘西木雕
18	吴四英	女	1944 年 4 月	凤凰县山江苗族博物馆	湘西苗绣
19	梁 铁	男	1945 年 11 月	泸溪县浦市镇印家桥社区	泸溪傩面具

序号	姓名	性别	出生年月	所在地区或单位	项目名称
20	石菊香	女	1947年3月	花垣县麻栗场镇沙科村	苗族花带技艺
21	龙玉年	男	1935年1月	凤凰县柳薄乡米坨村1组	苗医药（癫痫症疗法）
22	田兴秀	男	1933年12月	花垣县粮食局	苗医药

注：本表系根据湘西州非物质文化遗产保护中心资料制作，时间截至2013年年底。

由表1、表2可以看出，巴岱信仰在非物质文化遗产中具有重要的地位和作用，在很多民俗活动中，巴岱信仰起到重大的支持作用甚至在其中处于支配地位，在非物质文化遗产传承格外保护工作中具有十分重要的影响力。

3.保护利用过程中的主要问题

（1）一些文化遗产项目及传承人面临断代。伴随着全球化和经济一体化的进程，与城市化、工业化、商业化一同兴盛的各类流行文化，风靡土家族聚居区，使实验区社会组织和社会结构及思想观念发生着巨大变化，很多传统民俗文化受到了冲击，一些传统民俗文化遗产正濒临消亡。如大量农村青壮年劳动力向城市转移，留在农村的大多为老年人和儿童少年群体，民俗传承人年龄老化，愿意学习传统民俗的人特别是年轻人很少，传统民俗活动的传承和发展出现人群断层的问题，民俗类各级非物质文化遗产项目保护工作受到明显影响。以苗族过"苗年"为例，由于农村大批青壮年外出打工，分散各地，有的多年未回家，留在家里过年的，多为老人家，使苗家年很难热闹起来，即便过了，也慢慢丧失了传统苗家年的诸多内涵。

（2）民俗文化空间遭到一定程度的破坏。民俗文化空间是民俗活动赖以存在的重要场域，如椎牛坪之于苗族椎牛祭、赶秋场之于苗族赶秋等。但是由于中华人民共和国成立以来历次政治运动及改革开放以来商品经济的冲击，一些重要的民俗文化空间或作为"封建迷信"的载体被拆除毁灭或出于商业经济的考虑而被占用，民俗文化空间遭到破坏。幸存下来的很多民俗，由于失去了赖以存在的文化空间，在许多情况下仅是在对外交流中作为体现地域和民族特色的一种人为展演，活动的自发性、民众性和与日常生活的紧密粘连性受到明显影响。

（3）民俗活动的组织管理与活动经费受到一定程度的限制。传统的民俗活动大多根置于传统的农耕或狩猎社会生活，其组织管理具有明显的村社管理或家族管理性，即由"族长"或"头人"对各种民俗活动进行规范、组织与管理，活动经费多为乡绅捐赠、族人集资或依托于村社的"福田"收益。由于中华人民共和国成立以来的社会转型，"族长"的权威旁落，而新建立的国家基层管理人员其工作职责中未能把民俗活动的组织与管理作为其职责范围，致使民俗活动长期处于一种自生自灭的景况。直到非物质文化遗产保护运动的展开，这一切才开始有了转变。

三、巴岱信仰资源保护与利用的原则与方法

1. 以人为本，淡化宗教观念、凸显文化内涵

讨论巴岱信仰资源保护与利用这一问题应把握的一个原则是，以人为本而非以神为本，淡化巴岱信仰文化中的宗教观念，凸显其文化内涵。在对巴岱信仰资源开发与利用时，不是重在宣传宗教的教义、教仪，而是重在巴岱信仰形式所承载的民族文化，即取其宗教展演之形式而怯其宗教神秘之内质。强调这一原则的根源是，巴岱信仰是特殊的民族文化，巴岱信仰资源是特殊的民族文化资源。

巴岱信仰文化的特殊性在于其作为意识形式的特征是"一切宗教都不过是支配着人们日常生活的外部力量在人们头脑中的幻想的反映"[7]。世界上没有本质上不是"幻想的反映"的宗教观念。佛教的佛，道教的神仙，基督教的上帝，伊斯兰教的真主，以及原始宗教的神灵鬼怪、超自然的巫术力……统统都是"幻想的反映"，这种文化形式有别于其他形式的文化，体现了宗教文化的特殊性。在宗教与人关系的问题上，不管是马林诺夫斯基"宗教最后却是深深地生根于人类的基本需要"的功能理论，还是杜尔凯姆的"宗教产生于社会的道德秩序本身"的深刻论断，都不能抹杀宗教文化作为"幻想的反映"的特殊性。马克思在《黑格尔法哲学批判导言》中指出："宗教是那些还没有获得自己或是再度丧失了自己的人的自我意识和自我感觉。"[7]所谓"还没有获得自己或是再度丧失了自己的人"，似可解释为尚没有意识到自己的主体性或丧失了自己的主体性的人。这里的"主体性"，意指自己的命运。这样，马克思的这句话可以理解为：宗教是那些尚没有掌握自己命运的人的自我意识，是他们的自我意识和自我感觉的异化。含义是深刻的。宗教是一种丧失自身的人的自我意识和自我感觉，它是颠倒的世界的总理论，它所辩护的是一个颠倒的世界，而在这个谬误所辩护的颠倒世界里，人根本不具有真正的现实性，而是具有谬误所辩护的颠倒世界的幻想的现实性。人的真正地现实性在宗教的"虚构的花朵"的笼罩下被扼杀了，回归人的真正现实性，实现人们现世幸福，就

必须撕碎那些锁链人们的"虚构的花朵",就必须对宗教进行彻底的批判,最后真正地实现人的解放。

在巴岱信仰资源开发与利用的问题上,应深刻领会马克思的这一论断。既要看到巴岱信仰以信仰的形式保存了诸多民族文化,这些民族文化中有很多是弥足珍贵的文化遗产;另外又要看到巴岱信仰中存在着某些愚昧落后的糟粕。在巴岱信仰资源开发与利用过程中强调以人为本而非以神为本的原则,是要强调人不仅是民族文化的创造者、传承者,而且是民族文化的拥有者、享用者。要以人为本而非以神为本,重点在于保护"人",特别是保护好那些创造、拥有和传承民族文化的活生生的人,这是我们做好民族文化保护工作的根本。"人的根本就是人本身"[8],人作为主体在操作民俗,是人的生命活动提供了过程展开的动力[9]。但这人,一定是理性的人而不是充满神秘色彩的神性的人。

2.提炼经典信仰民俗活动,贯注活态保护原则

巴岱信仰是宗教民俗的重要组成部分。民俗是在民众中传承的社会文化传统,是被民众所创造、享用和传承的生活文化,具有"活态流变性"的特征。因而,民俗化的保护,会充分实现其与常态生活的紧密关联,使其成为日常的活态的生活的一部分,使之生活化、生产化、娱乐休闲化。在这方面,可以提炼一些巴岱信仰的经典活动,这些经典活动,本身就凝聚着诸多有价值的传统文化项目,通过对这些经典活动的推行,而带动各传统文化项目的传承,最终实现民族文化的生活化保护、生产性保护、娱乐休闲性保护。

如巴岱信仰的神灵系统中有着深刻的对盘瓠和蚩尤的敬仰与崇拜。盘瓠和蚩尤成为凝聚苗族民族凝聚力的重要感召符号。如此,可以在传统祭祀活动的基础上,设计和策划盘瓠和蚩尤文化艺术节,通过艺术节的设置,带动各项苗族传统文化的弘扬(见表3和表4)。

表3 盘瓠文化节含主要非物质文化遗产名录项目

序号	项目名称	项目类别	名录体系
1	湘西苗族民歌	传统音乐	国家级
2	踏虎凿花	传统美术	国家级
3	盘瓠传说	民间文学	国家级

序号	项目名称	项目类别	名录体系
4	挑花(苗族挑花)	传统美术	国家级
5	苗族歌谣	民间文学	国家级
6	傩面具	民间美术	省级
7	苗族跳香	民俗	省级

注：本表系根据湘西州非物质文化遗产保护中心资料制作，时间截至2013年年底。

表4　蚩尤文化艺术节含主要非物质文化遗产名录项目

序号	项目名称	项目类别	名录体系
1	湘西苗族鼓舞	民间舞蹈	国家级
2	湘西苗族民歌	传统音乐	国家级
3	苗族服饰	民俗	国家级
4	苗画	传统美术	国家级
5	苗族古歌	民间文学	国家级
6	挑花(苗族挑花)	传统美术	国家级
7	苗族歌谣	民间文学	省级
8	苗戏	传统戏剧	省级
9	苗族武术	杂技与竞技	省级
10	湘西苗族接龙舞	民间舞蹈	省级
11	苗族绺巾舞	民间舞蹈	省级
12	湘西苗绣	民间美术	省级
13	苗族花带技艺	传统手工技艺	省级

注：本表系根据湘西州非物质文化遗产保护中心资料制作，时间截至2013年年底。

从表3、表4可以看出，盘瓠文化节至少含5项国家级非物质文化遗产项目和2项省级非物质文化遗产项目；蚩尤文化艺术节至少含6项国家级非物质文化遗产项目和7项省级非物质文化遗产项目。

传统节庆活动也是很好的保留和传承各项传统文化的重要方式。如苗族四月八是湘西苗族的重要节庆，其中很多内容与巴岱信仰有着剪不断的关系(见表5)。

表 5　苗族四月八民俗包含其他非物质文化遗产项目

序号	类别	非物质文化遗产名录	名录体系
1	民间文学	苗族古歌	第三批国家级名录
2	传统医药	苗医药	第三批国家级名录
3	传统音乐	湘西苗族民歌	第二批国家级名录
4	民俗	苗族服饰	第二批国家级名录
5	传统舞蹈	湘西苗族鼓舞	第一批国家级名录
6	传统体育	苗族武术	第一批省级名录
7	传统戏剧	苗戏	第一批省级名录
8	传统美术	苗绣	第二批省级名录
9	传统美术	苗画	第三批国家级名录
10	民间文学	苗族歌谣	第一批省级名录
11	传统技艺	苗族花带技艺	第二批省级名录

注:本表系根据湘西州非物质文化遗产保护中心资料制作,时间截至 2013 年年底。

　　从表 5 可以发现,截至目前,苗族四月八民俗节庆中包含了 6 项国家级非物质文化遗产项目,5 项省级非物质文化遗产项目。无疑,对苗族四月八民俗节庆活动的保护,会起到很好的促进这些各级各项苗族非物质文化遗产保护的作用。

　　贯彻文化遗产的活态保护原则,一个重要的方式就是对传承人的保护。传承人是非物质文化遗产活态传承的重要载体,在文化传承链条中起着关键作用。对传承人的保护,湘西州已出台相应的措施对传承人进行保护。例如,①设立传承人抢救性保护对象:国家级传承人和省级传承人年龄在 70 岁以上的为抢救性传承人主要对象;国家级传承人和省级传承人身体状况出现变化,使传承活动受到威胁的;因其他因素,传承人提出特殊申请。②对传承人抢救性保护的主要内容有:针对传承人的传承谱系,严格检查接代谱系的连续性;对传承人的传承内容收集、整理,通过文字、图像及多媒体进行保存;其他对传承具有重要价值的内容和相关事项。③对传承人进行激励机制,设立传承优秀奖、传承贡献奖、传承功勋奖等。对传承人的保护热情和工作激情要给予鼓励和支持,对传承人的保护要提升传承人的地位和影响,为其创造良好的传承环境,使其有效地履行传承人职责,以确保苗族民族文化的传承与发展。总之,应通过各种方式提升民众的文化自觉性,大力引导民众进行积极的保护、传承活动。活态传承是进行科学的保护至关重要的内容，必须把人（传承人）的传承放在各个保护环节的重要位置。只有传承人进行传承，开展传习活动，进入社会生活，才是真正的"活态"维系，才能让整个文化生态系统呈现活力和实现文化生态系统的有效循环。

3.搭建民俗文化空间，推行整体性保护

民俗是人类社会的伴生物，来源于社会生活。影响民俗形成、发展、变化的因素多种多样，因而，这些因素都有可能决定和影响民俗的传承与发展。整体性保护方式正是针对民俗的这一特点而提出来的重要保护方式之一，即在注重民俗文化本体保护的同时，强调本体内部各要素之间的联系，强调民俗文化的自然和人文两种背景环境的重要地位，即关注民俗文化空间的保护。

文化空间（或文化场所），作为非物质文化遗产的两种表现形式之一，按照联合国教科文组织的《人类口头及非物质文化遗产代表作宣言》，是指"具有特殊价值的非物质文化遗产的集中表现。它是一个集中举行流行和传统文化活动的场所。也可定义为一段通常定期举行特定活动的时间。这一时间和自然空间是因空间中传统文化表现形式的存在而存在。"在冯骥才所编的《中国民间文化遗产抢救工程普查手册》中对文化空间的定义是："可确定为民间和传统文化活动的集中地域，但也可确定为具有周期性或事件性的特定时间。这种具有时间和实体的空间之所以能存在，是因为它是文化现象的传统表现场所。"[10]文化空间，可视为文化生态整体性保护的具体落实，它既包括民间和传统文化活动的集中地区和相关保护点，也包括具有周期性、连续性和特定性的特定时间和日期。

如苗族一些特定的民俗节庆场所"立秋场""挑葱会场""三月歌会场"就是这样的文化空间。对这些活动场地进行保护，在很大程度上可以使这些民俗节庆活动有了活动空间，在客观上有利于民俗节庆活动的展开。民俗文化空间需要国家政府、民间自发组织等多种相关社会力量进行共同设立和搭建。在设立与搭建的过程中，要依托当地的自然环境和文化遗产，确立若干非物质文遗产表现形式关系相对紧密、相对系统、相对完整的文化空间形式，推行文化生态的整体性保护。这种整体性保护，要注意非物质文化遗产的不同项目之间，非物质文化遗产与物质文化遗产之间，文化遗产与自然环境、人文环境之间的关联性，采取各种措施，将单一项目、单一形态的保护模式，转变为多种文化表现形态的综合性保护。

非物质文化遗产和民族文化生态是以农业农耕文明为依托的，社会经济的发展不断消解其依附的基础。建立整体性机制是进行保护的重要方式之一,通过文化空间使非物质文化遗产存续的基质的本真性不发生变异,适用于对很多非物质文化遗产的保护。

总之,应当看到,民族文化遗产保护与社会发展、经济发展并不是矛盾关系,而是一种共存、并置的关系。这是因为,其一,民族文化的根一定要基于现实的社会生活本身,为保护而保护,只是一种理想化的教条,这是民族文化的存在样态所要求的。其二,在遗产保护中,需要适度考虑投入和产出的关系,从利用的角度来筹集保护资金是比较现实的渠道,而利用应该是多元化的和市场化的。利用文化遗产的经济价值和市场解决机制,不失是一种为文化遗产保护事业争取更大发展空间的方式。其三,文化遗产保护是公共事业,任何一个部门和个人都无法包办,应该解放思想,拓宽渠道,发挥各个不同主体的积极性。

参考文献

[1]胡兴东.清代民间法中的"苗例"之考释[J].思想战线,2004(6).

[2]谭必友.清代湘西苗疆多民间社区的近代重构[M].北京:民族出版社,2007.

[3]陆群.腊尔山苗族"巴岱"原始宗教"中心表现形态"的分径与混融[J].宗教学研究,2011(1).

[4]吴婷婷.文化遗产保护:一组待解的难题[N].科学时报,2006-12-20.

[5]苏荣誉.第三国策:论中国文化与自然遗产保护[M]//徐嵩龄.第三国策:论中国文化与自然遗产保护.北京:科学出版社,2005.

[6]金泽.宗教人类学:第一辑[M].北京:民族出版社,2009:398.

[7]马克思,恩格斯.马克思恩格斯选集:第3卷[M].北京:人民出版社,1995.

[8]马克思,恩格斯.德意志意识形态[M].北京:人民出版社,1995.

[9]高丙中.民俗文化与民俗生活[M].北京:中国社会科学出版社,1984.

[10]冯骥才.中国民间文化遗产抢救工程普查手册[M].北京:高等教育出版社,2003:219.

提高苗族在社会交往中的沟通能力

黄建喜

摘 要:中华人民共和国成立前,苗族较少参与社会活动,在政治舞台上活动的苗族同胞更是凤毛麟角,部分苗族同胞处于与世隔绝的状态。中华人民共和国成立后,实行各民族一律平等的政策,苗族参与社会活动日渐增多。进入 21 世纪,实现苗族和苗族地区与全国同步全面建成小康社会的目标,实现中华民族伟大复兴的中国梦。旧的沟通能力已经不能满足新时代苗族日益增长的社会活动的需求,作者以一个普通苗族人的身份,从提高沟通能力的必要性、提高沟通能力的途径和方法两个方面结合自己所见所闻进行思考,希望对苗族在各种社会活动中能有一丝参考作用。

关键词:合作 竞争 语言 学习 实践

一、提高沟通能力的必要性

苗族是一个杂居民族,全国第六次人口普查有人口 9426007 人,在少数民族人口中排名第五位,分布在全国 31 个省区市。苗族人口最多的省是贵州省,苗族人口 3968400 人,占全国苗族人口的 42.1005%。❶苗族没有自治区,有 6 个自治州,即湖北恩施土家族苗族自治州、湖南湘西土家族苗族自治州、贵州黔东南苗族侗族自治州、贵州黔南布依族苗族自治州、贵州黔西南布依族苗族自治州、云南文山壮族苗族自治州,都是与其他兄弟民族共治而不是苗族自治。有 22 个自治县,有 17 个县是与其他兄弟民族共治,有 5 个苗族自治县,即湖南城步苗族自治县、麻阳苗

作者简介:黄建喜(1971—),男,苗族,云南省威信县人,云南省威信县农业局职工,助理畜牧师。
❶ 中华人民共和国国家统计局网站>统计数据 > 统计公报 > 人口普查公报>第六次全国人口普查汇总数据。
❷ 中华人民共和国国家民族事务委员会网站首页>民族知识>民族自治地方。

族自治县、广西融水苗族自治县、贵州松桃苗族自治县、云南屏边苗族自治县。❷2011 年笔者在网络上对苗族自治州、自治县以外苗族乡镇进行统计,有苗族乡镇231 个,其中苗族镇 1 个,苗族乡 58 个,另外的 172 个乡镇是苗族与其他兄弟民族乡镇。说明苗族是一个社会适应性比较强的民族,可以较好地与各个民族和睦相处。

苗族有的喜欢集中居住在一个寨子里,有的喜欢独自居住,把住房建在离寨子很远的地方,少则几百米,多则几千米。喜欢独自居住的人,沟通能力相对来说要差一些,不擅长处理邻里之间的关系,于是选择远离寨子的地方居住。喜欢集中居住在一个寨子的人,沟通能力相对来说要好一些,可以较好地处理邻里之间的关系。苗族有多少是集中居住在寨子里的,有多少是独自离寨居住的,笔者没有查阅相关统计资料。

中华人民共和国成立前,苗族大部分生活在农村,平时主要从事男耕女织的农耕生活,不管是集中居住还是独自离寨居住,社会交往相对来说都比较单纯,大部分时间是家庭内部成员之间的交流,用口语就能完成沟通,因此就没有文字,一些有文字的民族其实也只是存在于贵族之中,大部分平民百姓也没有使用。

中华人民共和国成立后,实行各民族一律平等的政策,苗族在社会上活动的时间和机会增加了,进入机关事业单位参与社会管理和服务,走上经商的道路更快地积累财富,参军保家卫国,进城打工贴补家用等,接触到更多行业、更多地方的人,要与他们沟通,就需要学习更多的沟通技巧和能力,原来的沟通能力已经不能满足社会活动的需要。

学而知之,一方面需要多学习实践,在实践中总结经验;另一方面,也需要把自己的经验传授给自己的子女,让自己的后代少一些摸索的过程,因为摸索总结经验是一个漫长的过程,很多时候,当我们总结出来时,已经行将就木,没有时间和精力从事更多的社会活动了。

比如说苗族是要固守传统还是要接受新生事物,就形成了截然不同的两种观点,有的甚至把不同观点的同胞视同敌人,任意羞辱谩骂。显然,是沟通上出了问题,本来大家的出发点是一样的,都是为了维护苗族,由于受成王败寇思想和顺我者昌逆我者亡思想的制约,思维单一,非此即彼,没有商量的余地,结果互相伤害,弄得不欢而散。其实,固守传统与接受新事物,二者之间并不矛盾,从事传统工艺的人与从事新生事物的人也不是敌我关系,二者之间是相辅相成的,应该相互支持才是。

在现实生活中,沟通的方式如果处理不好,也是容易产生矛盾的。比如常见的婆媳矛盾,本来二者的目的是相同的,都是希望一个家庭更好,由于沟通上出了问题,二者就容易成为死敌,鏖战一生,不仅没有让这个家庭向好的方向发展,反而因此让这个家庭付出了惨重的代价。

苗族大部分比较贫困,一些人对社会上的仇官、仇富思想比较容易接受,从而不愿从政也不愿致富,消极对待政府的扶贫政策,一些好的项目不主动争取,错失良机。他们总是认为当地政府扶贫是为了捞政绩,在与领导干部沟通时抵触情绪比较重,而地方上有些领导干部责任心不强,也不主动耐心沟通,久而久之,长期积累起来,双方就会产生隔阂。这对苗族的发展是极为不利的,要扭转这种局面,一方面,需要多送孩子读书,知识可以让人多明白一些事理;另一方面,也需要社会各界特别是苗族知识分子多到这些地方走动,深入剖析问题的本质,找到解决问题之根本的途径和方法。

沟通能力高并不一定能达到预期的目的,只有在提高各方面条件的前提下,较高的沟通能力才能如虎添翼,事半功倍。我们不能落入沟通万能的陷阱,纯粹的搞公关,这样难免会落入走后门、拉关系的俗套。

实现苗族与全国同步全面建成小康社会的目标,实现中华民族伟大复兴的中国梦,推进中国特色新型工业化、信息化、城镇化和农业现代化,推进我国民族问题治理体系和治理能力现代化。沟通是重要的一环,一旦沟通上出了问题,就会举步维艰,好心办坏事,事与愿违。苗族要在各种社会活动中提高自己的沟通能力,让外界认识真实的自己,同时也要了解真实的世界,消除历史因素形成的隔阂,与社会同步,共享文明成果,共建美好家园。

二、提高沟通能力的途径和方法

1.提高自身素质,积极参与各种社会实践活动

面对社会,个人的力量显得是那么的渺小,一个人,一旦被社会所抛弃,没有人愿意与之来往,就会感觉到孤独和寂寞,产生恐惧心理,往往会有一种强大的压力,迫使自己去与别人联合,于是都有自己的关系网,比如说家庭、同姓、同一个区域、同一个职业、同一个民族、同一个国家等。而仅仅有这些关系网是不够的,所以人就会不断地去拉关系,巩固和加深关系。有一个强大的后台为自己撑腰,做什么事

情都底气十足,这是很多人梦寐以求的。然而,现实生活中,大部分人是没有这个条件的,于是求菩萨保佑,求祖先保佑,虽说是迷信,但是也可以为自己壮胆,增加点底气,做事说话同样可以把腰板挺直了。

人与人之间相处,竞争是难免的,斗智斗勇。之所以把智排在前面,是因为与其他动物相比人的强项主要是智而不是勇。从生理的角度来说,大部分人的智商不相上下,决定高下的主要是后天的学习和磨炼。百无一用是书生,读书人只有拥有自己的职业,在社会中成为一个有较高地位的角色,才会有依托,成为有用的人。比如说孔乙己,虽说也是一个读书人,但是没有一个足以解决温饱的职业,他的才能也只能用来哄小孩玩了。同样是读书人,孔明就能找到刘备,辅佐他建立蜀国,孔明的才能就有了用武之地了。公孙策与包公和展昭联合起来,分工协作,成就了一番事业。可见,一个人首先要在某一方面有特长,而且要与有其他特长的人合作,形成互补关系,这就是整体效应,其成就远远大于个人成就之和。财大气粗,艺高胆大,丰富的知识可以让很多难题迎刃而解。金钱不是万能的,没有金钱也是万万不能的。钱固然重要,知识同样重要,就像打仗,兵强马壮是基础,排兵布阵是关键,钱相当于兵强马壮,知识相当于排兵布阵,二者缺一不可。知识的获取,不仅仅是通过读书,还有很多途径,比如说技能、经验等,需要在实践中获取。知识是一个慢慢积累的过程,无法速成,更无法一夜暴富。要从小就树立一个终身学习的信念,厚积薄发,就像吃饭一样,只有天天坚持吃,人才会慢慢地长大,有了一个强壮的身体,要做什么事情都方便得多。长身体,也要长脑子,长身体靠吃饭,长脑子靠学习。人的自强其实很简单,就是吃饭和学习。吃饭的事情不用强调,肚子饿了自己会主动找吃的,剩下的事情就是培养学习能力,能够主动学习,其他的事情就不用操心了,一切水到渠成。

苗族从苦难中走来,历经几千年,到处伤痕累累。这些伤不是吃药打针能治好的,也是别人无法医治的。心病还要心药医,心理上的创伤,需要通过不断学习来充实自己,在实践磨炼中让自己变得强大,这些创伤才会不药而愈,才过得了心中的一道道坎。否则,不仅无法医好旧伤,还会不断增添新伤,别人一句话,一个眼神,都可以伤害到我们,让我们心如刀绞、肝胆俱裂。《倚天屠龙记》中的张无忌,学了很多上乘武功,虽然伤得很重,坐着调息一会儿,就可以恢复大半功力。这当中当然有夸大的成分在里面,但是医治心理创伤的确可以有这个作用,如果你学会了很多知识,不管别人伤你多重,都可以在较短的时间内调整好心态,心平气和。

调整的时间长短,取决于受伤的程度和自己的学识。调整的时间长短,与受伤的程度成正比,与自己的学识成反比。

有钱有权,说话当然有底气,沟通起来如鱼得水。但是,对于无钱无权的人来说,是不是就无法与别人沟通了呢? 三百六十行,一个人,不可能行行都是状元,所谓的强大,也不一定要有钱有权才行,只要有一技之长就行,在自己有特长的领域,就多说点,在自己不擅长的领域,多学多听,同样可以很好地与人沟通的。那么,在自己擅长的领域,高手如云,是不是自己就没有地位了呢? 不是这样的,只要肯努力,自己就会有进步,别人同样会尊重你的,在高手面前,也要敢于亮剑,只要你遵守规则,虽败犹荣。当自己生活在社会底层时,要务实,少说空话大话,实事求是,这样就可以为自己的生存谋得一席之地,只有立足现实,才会拥有更多的发展空间。

苗族大部分生活在农村,家庭贫困,没有宗教信仰。在旧社会到处受到排挤和压迫,只好躲到自然环境条件恶劣的地方去谋生,从而达到避世的目的。中华人民共和国成立后,实行各民族一律平等的政策,苗族受排挤和压迫的状况得到缓解,社会竞争不大,一些苗族同胞还走上了从政的道路,参与社会管理。改革开放后,引入了市场经济,各种竞争随之而来,一些同胞又开始怀念起改革开放前计划经济条件下贫富差距不大的社会,厌恶各种竞争,对社会上种种现象看不惯,消极情绪增多,与社会各界的沟通也就有了更多的阻力。解决的办法是多参加社会活动,到各行各业去,只有自己成为某个行业的一员,并在这个行业有所建树,在同行中有一定的地位,在这个集体中找到归属感,让这个集体成为自己的后台,说话办事才会有更多的底气,与人沟通也就变得畅通起来了。有理走遍天下,各种关系只有在政策法规、社会公德的框架下,才会更好地发挥作用。只讲关系,对人不对事,虽然也能在一定的范围内行得通,但是,不是长久之计。

2.以人为本,胸怀天下

隔行如隔山,受以自我为中心的思想影响,一些人对其他行业、地区、集体、组织总是持批评的态度,这也不对,那也不对,专找别人的茬儿。这在社会交往中是极为不利的,会严重影响沟通的效果。三百六十行,每一行都有其存在的合理性,盗亦有道,何况是正当的职业,对社会上的不良现象,只对一人一事,不要无限扩大到其所在的行业、地区、集体、组织去指指点点。当与人沟通时,不要凭以往的经验就对其所在的行业、地区、集体、组织进行批评,把对方说得一无是处,而是要了解对方,多听听对方的介绍,然后有针对性地进行点评,发表自己的观点,纵然双方观点有不同的地方,也要尊重对方,而不要当成敌人对待,进行攻击谩骂。

心胸要宽广,胸怀天下,不要总是斤斤计较于点滴得失,吃不得半点亏,睚眦必报是不利于与人交往和沟通的。只要不是重大原则问题,适当的让步会更利于问题的解决,从而达成合作双赢的局面。心胸宽广,可以考虑更大范围内的利益,可以得到更多的支持者,有时虽然局部或个人利益受损,但是,从长远和总体上来看,得到的远比失去的要多得多。一个处处考虑个人利益、把个人利益摆在首位的人,表面上看从来不会吃亏,但是,因为在很多时候无法与人合作而失去更多的机会,是得不偿失的。

3.在语言语文上多下功夫

读书不一定能当官,也不一定能发财,但是,能提高自己的沟通能力,这就为自己从事更多的社会活动创造了条件。汉语普通话是当今中国通用的语言,汉字是通用文字,如果不懂汉语,外出肯定很不方便,而一般人又不可能经常带个翻译在身边。汉语不仅是苗族与其他民族进行沟通交流的工具,也是苗族内部各个方言之间进行交流的工具。读书识字,就可以读各种书,而这些书是作者在某一方面的经验或心得总结,可以是几百年前甚至几千年前的人写的,也可以是几百里甚至是上万里之外的人写的,通过书本就可以学到这些人的经验。如果不识字,仅靠言传身教,是无法达到的,特别是几百年前的人,他的经验写成书有上万字甚至更多,比如说四书五经,不用书本,仅靠言传身教,是不可能完整传下来的,就算能传下来,能够接受的人也是凤毛麟角,试想,要把四书五经背诵下来,代代相传,谈何容易?再说,古今中外有那么多书,每个人的兴趣爱好不同,选择就是一大困难。识字的人,可以自己选择书,根据自己的喜好和兴趣,选择自己喜欢的书,去学习和实践,与他人探讨,向他人学习。

当然,读书不是能马上提高自己的沟通能力,书本知识有很多种,读书只是为提高沟通能力提供了条件,如果不加以利用,不去有意识的锻炼,作用也是不大的。

说话人人都会,但是要把话说好,准确地表达出自己的意思,就需要学习。在现实生活中有两种人说话,比较极端,一种是什么都不说,把别人当成神仙,以为事实就摆在那里,不说别人都知道,连自己心中的想法和诉求,也认为别人肯定会知道;一种是什么都说,反复说,事无巨细、天南海北都说,认为别人什么都不知道。苗族之中一些人不善言辞,自己的困难不主动向有关单位反映,认为事情就摆在那儿，政府如果不解决就认为政府假装看不见，是故意整自己；一些人则光耍嘴皮子，什么事情都找政府，整天到处在各个机关单位来回转悠，到处诉苦，鸡毛蒜皮的事情翻来覆去的说，虽然这两种人都是极少数，但是在沟通上都走了极端，没有把话说好。说话要看对象，首先要了解对方对哪些事情清楚，哪些事情不清楚，对方清楚的事情简短点说，适当的省略一些，对方不清楚的事情要详细说，适当作一些解释。对于初次见面的人，在说话中要适当地给对方说话的机会，自己要表达的意思可以先听听对方的介绍，有不同的地方才适当的补充，既不能惜字如金，也不能滔滔不绝，只有双向交流才能达到最佳的效果。

4.遵循平等、守法、有德、尊重、理解、包容的原则

公民要在平等、守法、有德、尊重、理解、包容的基本原则下才能更好地和平共处。家和万事兴，不仅家庭如此，一个集体，一个群体也是如此。

过去，人们习惯把遵纪守法，遵守社会公德摆在首位。但我认为，如果是维护少数人利益的不公平的法律、纪律、规章制度、社会公德，注定是要遭到大多数人反对的，这也是中国历史上改朝换代周而复始循环的根源所在。因此，制定和形成相对公平的体现平等的为大多数人着想的法律、纪律、规章制度、社会公德，是公民和睦相处的首要条件。苗族过去之所以远离社会，就是因为很多人本身就是生活在社会底层，感受不到平等，是远离社会的原因之一。

遵纪守法，遵守社会公德，是和的前提条件，一旦离开了这个条件来谈和，必然是隐患重重的。只有遵纪守法获利，并让这种观念深入人心，大家才会自觉遵纪守法，主动维护这些规则。用赏罚来维护这些规则，是下策，是不得已而为之。苗族是一个热爱自由的民族，喜欢过无拘无束的生活，不喜欢受规矩的约束，同时也不喜欢约束别人。但是，人与人之间相处，自由与自由之间难免会发生冲突，这就需要制定规则。自由不拒绝规则，规则不限制自由。社会活动，法律、道德、各种规章制度苗族不仅要积极参与制定，还要主动遵守和维护，同时也要善于使用法律、道德、规章制度来维护自己的利益。

社会上的矛盾五花八门、层出不穷，每个人的生长环境不一样，必然有很多不相同的地方，相处的时候只有本着相互尊重、相互理解、相互包容的态度，求同存异，才能化解更多的矛盾。每个人都希望得到别人的尊重，只有人人懂得尊重别人，才会形成一个处处受人尊重的环境。如果每个人只是希望别人尊重自己，却不尊重别人，最终的结果是处处得不到尊重。设身处地为别人着想，从别人的角度来

看事情,就会对别人的行为多一些理解。学会理解别人,自己也会得到一些回报的。天地本不全,人无完人,每个人的身上或多或少都会有一些缺点和不足,如果处处用挑剔的眼光看待周围的人和事物,就会发现整个社会一无是处,到处充满邪恶,自己也会蓄积更多的恨,一个对外界充满仇恨的人,是无法得到快乐的,也会因此而做一些伤害别人的事情,说一些伤害别人的话,害人害己。宰相肚里能撑船,不是一般人能修炼到的境界,不过,多一些包容,忘掉更多的不愉快,自己会快乐得多,也会少做一些伤害别人的事情,少说一些伤害别人的话,利人利己。管理者与被管理者之间、上下级之间、长辈与晚辈之间、师徒之间,只是社会分工不同,没有高低贵贱之分,要相互尊重、理解、包容,要本着平等互惠双赢的理念相处,一味强调某一方而践踏另一方,只能适得其反,对双方都是有害的。

5.正确处理感情恩惠与其他方面的关系

苗族是一个重情重义的民族,同时也是一个乐于助人、知恩图报的民族。然而,在商场上、官场上感情和恩惠却很难把握尺度,从而把自己弄得焦头烂额。对于恩惠,有三个尺度,施恩不图报、礼尚往来、受人滴水之恩当以涌泉相报,这在感情上也是通用的。由于是三个尺度,如果把握不当,就会处处吃亏,被人利用。

首先,感情和恩惠的施报要在平等、遵纪守法、不违背社会公德的前提下来进行。从一些影视剧中看到,一些人为了报恩,不惜干一些违法乱纪的事情,甚至行凶杀人。要吸取这方面的教训,特别是在家庭和邻里之间,既不能斤斤计较,把亲情、感情、友谊当成简单的交换,冲淡了亲情、感情、友谊,又不能无原则的付出或索取,助长好逸恶劳之风。

其次,感情和恩惠的施报不能用于商场和官场。商场上讲究的是公平交易,把感情和恩惠混进去,就是一笔糊涂账,很难兼顾各方利益,容易因此而产生很多矛盾,更无法算清楚。官员手中的权力是人民赋予的,只能用来为人民服务,权力不是私人财产,不能用于交换,不能感情用事,不能用于施恩或报恩。

很多同胞认为,苗族经商成功的人,苗族当官的人,就要为苗族办事,要照顾苗族。由于苗族经商成功的人,苗族当官的人,在苗族中所占的比例很小,很难照顾到所有的苗族同胞,就觉得他们绝情。其实,经商的人,本身就要遵循公平交易的原则,才能持久的发展和壮大,自己有钱后,可以适当为苗族办一些公益事,但是,要在不影响自己发展的前提下量力而为。对于900多万苗族同胞来说,一个商人能帮助的人所占比例只有几十万分之一,大部分人是不可能得到帮助的,要多体谅,不要总是埋怨他们不帮助苗族。机关事业单位中的苗族人,大部分并无多大的权力,只是一个普通的职业而也,不要指望他们能帮到多少苗族同胞。就算是有一官半职的人,也只能在职权范围内行使权力,如果条件达到,能在职责范围内办到的事情,肯定会办,如果条件不允许,也不能违背原则去办。不管是商场还是官场上的人,主要是起榜样的作用,他们能分享的主要是经验教训和信息及出谋划策。

最后,施恩不图报、礼尚往来、受人滴水之恩当以涌泉相报,主要是用于平衡心理。比如说对别人有恩,就要有施恩不图报的心理准备,即使别人不报恩,也不能因此而骂别人没有良心,更不能强迫别人报恩,如果是签订合同或协议的事情,就照合同或协议办,至少要有口头协议,不能想当然地认为自己帮了别人,就算滴水之恩,别人都必须以涌泉相报。礼尚往来是指在感情和恩惠的施报上要适度,别人帮了自己,要知道回报别人,但是回报要适度。受人滴水之恩当以涌泉相报是指受到别人的恩惠后,如果有机会就要回报别人,这种回报如果在自己力所能及的范围内,可以多多益善,不要觉得帮别人太多了不划算,这和做公益事是一样的道理,这种报答不是必需的,滴水之恩报以滴水就可以了,多出的部分要量力而行,而且要看具体的情况,如果对方境况比自己更好一些,就没有必要多做,如果对方处于困难时期,而自己又有条件能帮,就可以多帮一些。

总之,恩惠的施报,不能超出自己的能力范围,也不要成为自己的心理负担,要以平常心对待。不能走向极端,要么把恩惠看得一文不值,要么把恩惠神化,都是不利于生活的。

6.正确看待苗族与汉族和政府的关系

由于历史的原因,苗族和汉族之间有一些矛盾,这些矛盾本来只是邻里之间的矛盾,由于双方缺乏交流和沟通,这些矛盾往往被夸大。汉族在中国是人口最多的民族,一些人认为政府就是汉族的政府,过去形成的统治阶级与被统治阶级的矛盾,也会注入苗族与汉族的矛盾之中。

在中国,有人说苗族是一个苦难深重的民族,汉族是一个强大的民族。但是,在中国,很多改朝换代的战争,汉族死伤的人数远远超过苗族死伤的人数,汉族平民遭受战乱影响的人口也远远超过苗族人口。遭受土匪抢劫、杀害的汉族人口比苗族人口也多得多。大部分汉族平民与苗族并没有接触过,对苗族并不了解,一些汉族平民对苗族的误解,只是源于对苗族陌生,道听途说别人对苗族的贬低和丑化之词。

在社会活动中,苗族没有必要仇恨汉族,汉族也没有必要仇恨苗族,这种所谓的汉族与苗族的历史仇恨,是一场误会。虽然在局部,也存在一些冲突,但是,这不是民族之间的仇恨,只是邻里之间的利益之争,只是个体之间的矛盾,这种矛盾不应该上升到民族仇恨上去。虽然,两个民族中的一些人还有心结,相信这种心结会随着交往交流的增多而逐渐化解一些的。现在,汉族与苗族之间交朋友甚至通婚的现象比比皆是。

管理是随着社会发展而产生的一个职业,国家的形成,也是为了更好地进行管理,政府就是对社会进行管理的机构。人类从动物中分离出来,成为高等动物,成为地球霸主,然后从原始社会一步一步走来,管理是一个新的课题,只有摸着石头过河,在这个探索的过程中,积累了很多好的经验,也走过不少弯路,犯过不少错误。管理是社会不可缺少的职业,不管是政府的社会管理,还是寨子里、家庭中的各种管理,都有必要认真学习,既要学会接受别人的管理,也要学会管理别人,无论是作为管理者还是被管理者,都要遵循管理的原则,遵守法律和规章制度,以及社会公德。

7.善用 AA 制

过去,苗族比较贫穷,如果家中有老人去世,安埋需要大家帮忙。来的人多了,吃饭就成了一个难题,为了不增加这家人的负担,大家一般都会自己带点粮食去,这也是 AA 制的一种表现。现在,生活水平提高了,有的开始大操大办,借机敛财,有的互相攀比,节衣缩食也要争一口气,造成大量人力物力的浪费,原来那种互相帮助、礼尚往来开始变味了,要冷静对待,量力而行。

在其他方面,AA 制用得较少一些,比如结伴外出或者路上相遇,大家吃饭就很少用 AA 制,觉得这样很没有面子。其实,在收入不高的情况下,AA 制可以让大家联合起来办事情,比单干要好得多。如果不赞同 AA 制,就会失去一些沟通交流的机会。

8.冲刺不要用在闯红灯上

苗族居住的环境社会资源较少,在教育、经济上处于劣势。一些人喜欢怨天尤人,把贫穷落后完全归罪于外部环境不好。其实,在现有条件下,个人能够努力的空间还是很大的,虽然说起点低了一点,但是,只要肯努力,是可以笨鸟先飞的。就像在街上行走,别人走你可以跑,遇到红灯就停下来,当作是休息。如果你起步迟了,比别人走得慢,想通过闯红灯来赶上或者超越别人,是得不偿失的,30 秒完全可以通过在正常路段跑步来完成,行人很少跑步的,大家都没有把速度提到最高,起步迟了,就要跑步前进,遇到红灯就停下来当成是休息,完全可以比很多行人先到达目的地的。在沟通中,要尽量不要触碰对方的底线,去闯对方的红灯区,要在其他方面去多争取。

中国古代"苗""蛮"现代民族成分新考

白林文

摘　要：本研究运用音韵学、民族地理学、历史文献学以及现代的民族识别知识等,重新梳理古代文献记载的"三苗""苗"和"蛮"等关系,并对其在各个朝代的泛称进行粗略的民族指称识别,指出"三苗"的民族成分不像有些学者讲的与现代苗族无关,也欲澄清古代的"蛮"族并不仅仅指现代苗族,还包括了今天南方壮侗语族的布依、水、侗、仡佬、壮、毛南等民族,藏缅语族的彝族、纳西、傈僳族、白族等。虽然"蛮"族指称群体繁多丰富,但古代"蛮"民族是以苗族为主体的民族。

关键词：中国文献　苗蛮　现代民族　考证

一、"三苗"与苗族关系

"三苗"的族属是否与今天的苗族有密切关系,引起诸多古代及现代学者的注意,大体有两种观点,一是三苗非今天之苗,二是三苗与今天的苗有传承关系,本文试在前人的基础上重新论证,并以历史文献说明之。《越绝书》马融曰："蚩尤,少昊之末,九黎之君。"[1]《国语·楚语》载："九黎,黎氏九人,蚩尤之徒也。"《尚书·吕刑》郑玄注："苗民即九黎之后,颛顼诛九黎,至其子称三苗。"《史记·本纪·五帝》载："三苗在江淮、荆州数为乱。于是舜归而言于帝,请流共工于幽陵,以变北狄;放欢兜于崇山,以变南蛮;迁三苗于三危,以变西戎;殛鲧于羽山,以变东夷。"可以看出,南蛮、北狄、东夷、西戎是以华夏为中心区向四方辐射的异俗族群称呼。其中的三苗活动区域散布于长江至淮河流域一带。《史记集解》马融释"三苗"曰"国名也",而张守节《史记正义》则讲："《左传》云古诸侯不用王命,虞有三苗,夏有观

作者简介：白林文,(1976—),贵州三都县人,苗族,华中师范大学历史文化学院历史文献研究所博士。主要研究方向：历史文献、少数民族史、民族文化等。

扈。吴起云：'三苗之国，左洞庭而右彭蠡。'按：洞庭，湖名，在岳州巴陵西南一里，南与青草湖连。彭蠡，亦湖名，在江州浔阳县东南五十二里……今江州、鄂州、岳州，三苗之地也。"又《禹贡》载"荆及衡阳惟荆州。"徐旭生认为此"衡"字当作"横"讲，与战国合纵连横的"横"有关。古代山南曰阳，荆州在衡山南面，所以《尚书》讲的衡山可能是现在桐柏山及大别山脉[2]。钱穆也在其《古三苗疆域考》中认为："盖'衡'者，横列之名，凡长山连绵，皆得称之。"[3] 然他认为三苗疆域"不出今河南北部、山西南部广运数百里间也"，不然《尚书》言"舜窜三苗于三危"就太荒诞无稽[3]。他又讲春秋时期所载河东茅戎（《左传》成公元年）和陆浑蛮氏（《左传》成公四年），其"'蛮''茅'乃一声之转，蛮即茅，亦即苗也。北之茅戎，南之蛮氏，其地望与吴起所讲三苗相吻合，自属古三苗遗裔[3]"。

周代以后，不载苗而言蛮，到魏晋南北朝时诸正史还记载"蛮之种类……北接汝、颖，往往有焉。……自刘、石乱后，诸蛮无所忌惮，故其族渐得北迁，陆浑（今河南嵩县）以南，布满山谷"。其实北方以前本有蛮族居住。三苗国的地域至少最南面也相当于今天江西九江、湖北武昌与湖南岳阳一带，界于鄱阳湖与洞庭湖之间。所以徐旭生先生把传说时期的族群名称分别命名为华夏集团、东夷集团、苗蛮集团等，华夏集团居中，东夷居东，苗蛮偏中南方，他的论断得到学者一致赞同。但是民国期间一批著名学者如章太炎、凌纯声、芮逸夫等却认为"古代的三苗非今日之苗"[4]。特别是章氏强烈认为三苗非今日之苗，他讲："至于现在的苗人，并不是古来的三苗，现在的黎人，并不是古来的九黎。三苗、九黎，也不是一类；三苗在南，所以说左洞庭，右彭蠡。九黎在北，所以《尚书》《诗经》都说有个黎侯在山西。按汉朝马融的说法，蚩尤是九黎的君，所以黄帝从西边来，蚩尤从东边来，赶到了涿鹿，就是现在直隶宣化府地界，才决一大战。如果九黎、三苗就是现在的黎人、苗人，应该在南方决战，为什么到北方极边去，难道苗子躲子杂处？三苗是缙云氏的子孙（汉朝郑康成说）也与苗子全不相干。近来苗人、黎人，汉朝长为西南夷，苗字本来写髳字，黎字本来写俚字，所以从汉朝到唐初，只有髳俚的名，无从苗黎的名。后人强去附会尚书，就成苗黎，别国人本来不晓得中国的历史，所以听中国人随便讲就当认真。"[5] 他又根据《淮南子·修务训》讲："三苗盖帝鸿氏之裔子浑敦，少昊氏之裔子穷奇、缙云氏之裔子饕餮，三族之苗裔故称谓之三苗。此则先汉诸师说三苗者皆谓之神灵。苗裔与今时苗种不涉。"此是三苗非今日之苗的典型代表。三苗非今日之苗一派的观点还根据从春秋楚国以后到隋代，近一千年无文献称南方民族为

"苗"称,却在文献上以"蛮"名之,所以今日之苗亦非古代"三苗"之后裔。但我们要看到章太炎当时为了排满而以中原乃汉族自古以来的根据地,所以也无形中连带的把苗排除在中原之外,其论证逻辑和方法是先有主观的观点,然后才找零星的历史文献认证,此种论述形式并不能让人心服。

然而以三苗与今日苗有莫大关系的学者交不少,与章太炎同时代的梁启超、王桐龄、钱穆、鸟居龙藏及稍后的学者盛襄子、范文澜、白寿彝等,他们皆认为"古代的三苗是汉以后的南蛮,也是今日的苗民。"[6]钱穆还专门针对章氏的讲法持批判态度,他在《古三苗疆域考》中客观地从民族地理分布来论证道:"近人章炳麟《检论·序·种姓》谓今之苗古之髳也,与三苗异。然余考春秋河东有茅戎。茅髳同字,则茅亦在北方。又有陆浑蛮氏亦称有戎蛮子。杜云:河南新城县有蛮城。蛮茅一音之转,蛮即茅,亦即苗也。楚人筚路蓝缕,以启荆蛮。此所谓汝蛮者,亦在河南汝水上流一带山中。则即以春秋时证之,北之茅戎,南之蛮氏,其地望亦与吴起所言三苗居土相吻。自属古者三苗遗裔。而髳与三苗,亦未见其必为二也。"钱氏的认证较为合理,且从民族地理分布上层层驳斥倒章氏结论,足以证明三苗与今日苗有关,且茅、髳、蛮、苗有密切的关系。钱穆治史主张博通,下语亦十分准确,他不说今日之苗是古代"三苗"的后裔,而谨慎地讲"髳与三苗,亦未见其必为二也",表现出了一个历史学家客观的史学态度。

二、先秦时期"蛮"族属指称

(1)濮族:"苗"称在后代历史文献记载中到了东周后就"无形"消失了,而对南方族群的称呼则以"蛮"称增多。商代末年,姬发率领西南庸、蜀、羌、髳、微、卢、彭、濮西南八个集团攻打商朝,最后攻下朝歌,奠定了周代八百年的基业。关于"濮",《史记》载:"濮在楚西南,有髳州、微、濮州、彭州焉。"[7]可以看出濮为多民族合称,其治下有髳族集团,文献才单列出来作为八族之一。《国语·郑语》载:"濮、蛮邑……叔熊逃难奔濮,而从蛮俗。"其观点直接讲濮、蛮同俗,濮早先指地名,蛮则以语音习俗称呼。现代学人一致认为濮在巴、楚之间,春秋战国时为楚、秦、巴等国所融合,未被融合的部分则进入云贵高原和川边地区,秦汉间云贵高原主要以濮族为主,他们相继建立过句町、夜郎、卧漏、邛国等有组织的部落国家。著名史学家任乃强先生认为"濮""白""僰"在古代是同音,南北朝后他们又形成西爨白蛮和东爨乌蛮[8]。白蛮乃白族前身,乌蛮是现代彝族的古代称呼,所以我们可以看到藏缅语系民族在古代也被称为"蛮"族。《国语·郑语》韦昭还特别注曰:"濮,南蛮之国。"所以安介生认为"巴、蜀、濮为中心构成西南方集团,而楚、邓为核心作用的民族构成正南方集团。西南方集团可称为'百濮族系',正南方集团古称为'百蛮族系'。"[9]此见其为卓识。

"濮"与"蛮"乃一音之转,以他们分布的地域用集团来划分,是为了方便于研究,但从总体上讲,濮亦应当都在广义的"蛮"名统称之下。所以清代学人顾栋高讲:"春秋之世,楚境不能越洞庭而南……故其时蛮夷之在今湖南境者,皆系徼外,世服属于楚,无由自通于中国。中国往往不能举县号,第举蛮曰群蛮,濮曰百濮以概之。"[10]按中国境内现在苗族的分布区在湖北西南,湖南西北、中部,贵州全境,四川南部,重庆与贵州、湖北毗邻处,云南东北部,地理上恰好是安介生讲的百濮和百蛮两个民族集团分布区。再者,楚王室姓氏有古苗语的痕迹,《史记·世家第十》载楚国王族来源曰:"芈姓,楚其后也。"[7]而"芈"音是现代贵州东南部分地区苗族对母亲的称呼,楚以之为姓,当是楚国有苗人之血统,抑或是楚国承继了三苗国的版图又扩大之,示其不忘前代之意。《史记·楚世家》载:"熊绎当周成王之时,举文、武勤劳之后嗣,而封熊绎于楚蛮,封以子男之田,姓芈氏,居丹阳。"[7]《史记》有《西南夷传》,但《传》中没有"苗"字出现,可能是当时苗族集团仍还生活在近楚的西南面,而未进入西南中心边陲。《国语·鲁语》载孔子语讲:"昔武王克商,通道于九夷、百蛮,使各以其方贿来贡,使无忘职业。"[11]孔子对南方以"百蛮"呼之,可见其族群代表的多数和广泛。

(2)髦族:到了汉代,出现了许多有"蛮"字连接地名指代南方民族分布的记载,如南郡蛮、武陵蛮、武陵娄中蛮、零陵澧中蛮、益州蛮夷等。范晔《后汉书·南蛮传》载:"光武中兴,武陵蛮夷特盛。"魏晋南北朝时北方胡族入主中原,造成各民族的杂处混乱,无暇顾及南方,所以蛮族得以北迁,魏收《魏书·蛮传》载:"自刘石乱华,诸蛮无所忌惮。故其族类渐得北迁……武陵蛮渐得北进,陆浑(今河南嵩县北)以南满于山谷。"这样"蛮"和"苗"有了切实的联系。清末夏曾佑讲:"按盘古之名,古籍不见,疑非汉族旧有之说,或盘古、盘瓠音近,盘瓠为南蛮之祖。"[12]"蛮"字与"蒙""闽""麻""孟""毛"等同音,而"髦""髳""矛"也是不同的音译。"髳",《史记正义》解释:"髳音毛","毛"与"苗"同韵。《正义》引《括地志》也讲:"姚府以南,古髳国之址。"又《山海经·海外南经》载:"三苗国,一曰三毛国。"民国《贵州通志》考证:"《书》孔传:髳在巴蜀。《诗》毛传:髳、夷髳。《郑笺》西夷别名。自毛、郑诸儒，已不能实指髳人为何等种族……以今考之，盖即西南苗族。按髳从矛，得声。唐韵苗浮切，集韵迷浮切，并音谋音切。正韵苗，眉镖切，音苗又韵，补眉彪切，音缪。韩愈《楚国夫人墓铭》：'高陵相汉，义的家酬，迁于南阳，始自郎苗。'苗与酬韵，苗髳双声音近。今天湖湘人犹谓矛为锚子，与苗同呼，知髳即苗也。"作者从丰富的音韵学来客观论证了苗与髳的关系。又讲"殷周以前，三苗屡经讨伐，春秋战国以后，乃不得有苗之史实，盖自舜分北以后，其窜于三危者，已变名为羌，余种伏湘、黔、滇、川间者，殆又称髳人。"[13] 现代"苗"字的发音是"Miao"，所以古史学者徐旭生先生认为古代少齐齿之音，"苗"的吐音当为"Mao"[2]。通过现代社会民族调查得知苗族一部分自称为"蒙"，发音亦非齐齿音，而到了南北朝以后，瑶族开始从苗分化出来，其自称"民""纹"，则开始夹杂有齿音了，但是仍然与古代"蛮"字发音相近，因为现在越南的瑶族还自称"蛮"[14]。如此，则古代的髳族应当是在"蛮"名之下的一个具体民族指称，而且多数是苗族。

（3）吴、越、闽。古代对南方族群以"蛮"称呼，总称"南蛮"。然而"南蛮"包括哪些具体的族，且分布在哪些地方的呢，民国时期王桐林在其《中国民族史》中认为"南蛮"有：①吴越（江苏、安徽）；②荆舒（湖北、淮北，为苗族之旧领土）；③群蛮（湖南、广西、贵州、云南）；④闽（福建，形从虫从门，苗蛮之音转，与苗族相近）；⑤欧越；⑥南越（为苗族血统）。又讲"群蛮"是苗族的直系血统，闽与瓯越、南越等则为苗族旁系血统[15]。按王氏观点，他所讲的"蛮"和"苗"皆是广义指称。"蛮"是古代中原华夏族按方位对南方诸民族和部落的总称，同时也是按地理的生产生活习性而给予的称呼，所以《大戴礼记·明堂篇》载："南蛮、东夷、北狄、西戎。"荆蛮兴起在商代前期，《后汉书·南蛮传》载："其在唐、虞要服。夏商之世，渐为边患。逮于周世，党众弥盛……平王东迁，遂侵暴上国。"然而荆蛮的兴起，可能也与太伯、仲雍奔吴有关。《史记·吴太伯世家》载："太伯之奔荆蛮，自号勾吴。荆蛮义之，从而归之千余家，立为吴太伯。"荆蛮和楚蛮不尽相同，《楚世家》称楚蛮，而《太伯世家》称荆蛮。太伯建吴以前，华夏以荆蛮称南方，太伯建吴以后，司马迁在《史记》里却仍然以夷蛮目之，当是古人认识族群的传统观念的流传，则吴国民族在古代也多是"蛮族"。

"蛮"还与"越"有关系。《周礼·职方氏》载："掌七闽八蛮。"郑玄注："闽，蛮之别也。"司马贞《索隐》也讲："蛮者，闽也，南夷之名。蛮亦称越。"[16] 南蛮代指南方的民族，其居住地区相当于今天的湖南、湖北、江西、安徽、江苏、重庆、四川等，包括濮人、越人、楚人、巴人,泛称"南蛮"。《礼记·王制》讲:"中国夷狄五方之民,皆有性也,不可推移……南方曰蛮,雕题交趾,有不火食者矣。"所讲的"雕题交趾"文化特征就是现代南方民族文身的标志,可见在古代人的观念里,越族也是"蛮"人。又《后汉书·南蛮传》载:"吴起相悼王,南并蛮越,遂有洞庭、苍梧。"苍梧,即今天湖南守远、江华、临武、绥宁,广西的全州、桂林及相邻湖南地界的广东连州、韶州等,这些地方现在仍然广泛分布有壮、瑶、毛南、苗等少数民族。所以翦伯赞先生认为:"秦代吞巴并蜀灭楚,于是,川、湘、鄂诸蛮,遂相率避入深山穷谷之中……继续其族类的繁衍。""当西汉之初,今日之川、黔、湘、鄂一带的山溪谷间,已经布满了南蛮之族。"[17]《后汉书·南蛮传》又载:"秦昭王使白起伐楚,略侵南蛮,始置黔中郡。汉兴改为武陵郡。"[9]汉人遂以地域加族名称其为"武陵蛮""五溪蛮",汉代武陵地区就是秦代的黔中郡,从谭祺襄先生的《中国古代历史地图集》可以看出黔中郡地望相当于今天湖南中、西部和贵州黔东南地区,现分布有苗、瑶、侗等民族,所以史书称此地民族曰"武陵蛮",可以讲是名副其实。

(4)"北蛮"。但是我们也要客观地认识到,"蛮"族在古代有时也不一定是指南方民族,清代考据学家崔述在《丰镐考信录》卷三讲:"盖蛮夷乃四方之总称,而戎狄则蛮夷种类部落之号,非以四者分四方也。"[18]《书·属贡》载:"五百里荒服,三百里蛮,二百里流。"《周礼》载:"王畿之外有九服,侯、甸、男、邦、采、卫、蛮、夷、镇、蕃。大行人:卫服之外谓之要服,九州岛之外谓之蕃服。"郑玄注:"要服即蛮服。……蛮服第六服,在九州岛之内。"而夏代之九州岛可能相当于洛阳周围几百里内。所以顾颉刚先生讲:"夷蛮者,虽非前代王族,而久居中原,其文化程度已高,特与新王室的关系较疏,故不使跻于华夏之列;然犹服我约束,故谓之'要服'。"[19]《书·尧典》传说舜摄天子之位时,"蛮"人不服,发生了"蛮夷猾夏,寇贼奸宄"之事,如果"蛮"人与中原相距过于遥远的话,"猾夏"就不可能。可以看出,"蛮"也是古代居住在中原的族群,或者是靠近中原的族群。再《史记·匈奴列传》讲:"唐虞以上有山戎、猃狁、荤粥,居于北蛮。"[20]可以看出,匈奴族有时也被汉人称为"蛮"。东、西、南、北、中皆有"蛮",所以"蛮"并不只限于南方。到了元代,北方人仍然还习惯称宋朝治下的民族为"南人",又称"南家"或"蛮子",所以清代史学家钱大昕讲元代"汉人、南人之分以宋、金疆域为断","南人"又称"宋人"或"新附人"[21]。这里的"蛮",就不只是对南方少数民族的泛称,而也包括汉族在内了。甚至到清初,满族仍有时以"蛮"称汉人。

三、汉朝到元代"蛮"的泛指

古代对中国东、西、南、北等方向民族的称呼,按张舜徽先生的讲法,主要是以其生产生活方式来命名的,开始并没有恶意的称呼,他在《广文字蒙求》中讲:"西方少数民族,利用广漠的大草原,还在过着游牧生活,仍有大规模的畜群出现,所以羌字从人从羊……南方从虫、蛇,所以蛮、闽从虫,是一样的用意,都是按当时当地的习俗和特点来命名的。"他并且对许慎《说文解字》某些讲法提出批评:"许慎作《说文》时,却把狄说成是犬种,蛮、闽说成是蛇种,这分明是封建社会恶毒诬蔑古代少数民族的语言,必须给予批判和纠正。"[22]此与《后汉书》中讲"蛮"族祖先来自动物图腾将军犬戎的偏见族群建构记载同理。"南"与"蛮"同韵"an",也可证明"南人"与"蛮人"可以替换称呼。

三国魏晋南北朝时,史家把分布在荆州(治江陵)、湘州、雍州(治襄樊)、郢州(治武汉)、司州、豫州(治安徽和县)境内的民族统称为"蛮",而在"蛮"字前加上地区以限指。《南齐书·蛮传》载:"蛮,种类繁多,语言不一,成依山谷,布荆、湘、雍、郢、司五界。"[23]《南史·夷貊传》:"豫州蛮,廪君后也。……酉阳有巴水、蕲水、希水、赤亭水、西归水,谓之五水蛮……北接淮、汝,南及江、汉,地方数千里。"又载:"荆、雍州蛮,盘瓠之后也,种落布在诸郡县。宋时因晋于荆州置南蛮、雍州置宁蛮校尉以领之。……居武陵者有雄溪、構溪、辰溪、酉溪、武溪,谓之五溪蛮。而宜都、天门、巴东、建平、江北诸郡蛮所居皆深山重阻,人迹罕至焉。"著名人类学者芮逸夫先生认为"五溪蛮"就是古代的"楚蛮""蛮荆""群蛮""百濮"的后裔及传说中的廪君蛮、盘瓠蛮、板盾蛮,他们皆与五溪蛮有很大的关系。[24]现代学者也认为此处所载的"蛮",在此之后有些融入了汉族,而未汉化的部分则与今天的土家族、苗族与瑶族有关系[25]。同时《北史·蛮传》也载:"蛮之种类,盖盘瓠之后。在江、淮之间,部落滋蔓,布于数州,东连寿春,西通巴、蜀,北接汝、颍,往往有焉。……自刘、石乱后,诸蛮无所忌惮,故其族渐得北迁,陆浑(今河南嵩县)以南,布满山谷,宛、洛萧条,略为丘墟矣。"则巴、蜀民族亦可泛称"蛮"[26]。此时在武陵蛮、长沙蛮、零陵蛮的基础上出现了"莫徭"族属,他们主要分布地在武陵(湖南常德)、巴陵(岳阳)、零陵(湖南零陵)、桂阳(湖南郴县)、澧县(湖南澧县)、衡山(湖南株洲),"莫徭"族属称谓始见于《梁书·张缵传》,其书记载曰"湘州界零陵、衡阳等郡有莫徭蛮者,依山险而居,历代不宾服。"这支民族可能是集中分布于湘西地区的苗族,南北朝时期流行反切音译,所以"莫徭"反切音则是"苗"字。另有一种记载是因为"莫徭"未服徭役而得名,《隋书·地理志下》载长沙郡"莫徭"自云"其先祖有功,常免徭役,故以为名。"[27]与《后汉书·南蛮传》记载相符。从以上所记载"蛮族"分布地区看,则多是现代的土家族、苗族与瑶族等的分布之地。《南史·夷貃下》卷七十九载:"荆、雍州蛮,盘瓠之后也,种落布在诸郡县。宋时因晋于荆州置南蛮、雍州置甯蛮校尉以领之。孝武初,罢南蛮并大府,而宁蛮如故。蛮之顺附者,一户输谷数斛,其馀无杂调。而宋人赋役严苦,贫者不复堪命,多逃亡入蛮。蛮无徭役,强者又不供官税。结党连郡,动有数百千人,州郡力弱,则起为盗贼,种类稍多,户口不可知也。所在多深险。居武陵者有雄溪、樠溪、辰溪、酉溪、武溪,谓之五溪蛮。而宜都、天门、巴东、建平、江北诸郡蛮所居皆深山重阻,人迹罕至焉。"又载:"豫州蛮,禀君后也。盘瓠、禀君事,并具前史。酉阳有巴水、蕲水、希水、赤亭水、西归水,谓之五水蛮。所在并深岨,种落炽盛,历世为盗贼。北接淮、汝,南极江、汉,地方数千里。"则湖北西部、湖南西部及重庆一带的族群皆以"蛮"目之,现在广泛分布有土家族和苗族。《隋书·南蛮》卷八十二载:"南蛮杂类,与华人错居,曰蜒,曰狼,曰俚,曰獠,曰㐌,俱无君长,随山洞而居,古先所谓百越是也。"则在汉唐时人们的观念中,"南蛮"族群包括有百越族一系下的俚僚群体。

古代南方"獠"族,南北朝时诸史皆载有《獠传》,其实他们在古代也列在"蛮"之下来记述。吴方震在其《岭南杂记》讲:"獠,即蛮之别种,出自梁益之间。"[28]獠名最早出现于《千里异物志》。唐代时獠在西南的势力很大,宋代以后才少言獠。所以芮逸夫先生认为,"獠"源于川、陕边境一带,在公元前四至五世纪时就南迁,汉代时已到贵州和广西,唐代在云南有许多关于他们活动的记载,宋代西南各省,从湖南一直到海边都有他们的足迹[29]。

唐代对南方族群多以"蛮"称,《旧唐书》和《新唐书》皆载有《南蛮传》,《新唐书》载曰:"西爨之南,有东谢蛮,居黔州(驻今四川彭水县)西三百里,南距守宫獠,西连夷子,地方千里。"[30]又把南诏国境内的民族统称"南诏蛮"。而唐代樊绰的《蛮书》卷四《名类篇》则记载"蛮"有独锦蛮、寻栋蛮、河蛮、施蛮、裸形蛮、黑齿蛮、乡面蛮,等等[31]。《新唐书·南蛮传下》载:"西原蛮,居广(驻今天广州市)、容(州驻今北流县)之南,邕(今广西南市西南)、桂(州驻今桂林市)之西。有宁氏者,相承为豪,又有黄氏,居黄橙洞,其隶也。其地西接南诏。"[27]唐代于东谢蛮分布地置羁縻州应州,相当于今天贵州南部和东南部的三都、榕江、雷山、剑河、台江一带,当时皆以"蛮"作为总称。宋范成大《桂海虞衡志》载："黎,海南四郡坞土蛮也。"[32]则蛮名还包括至海南的黎族。抚水蛮,《文献通考·四裔八》载:"抚水蛮,在宜州南,有县四,曰抚水,曰京水,曰多建,曰古劳。唐隶黔州,其酋皆蒙姓同出。"[33]抚水蛮大致分布在今天贵州南部与广西交界处,抚水蛮的"水"是汉族音译今天水族族群自称"Sui"的发语。唐宋后,分布在湘、黔、桂交界的溪洞蛮很多,后演化为明代的"峒人",部分就是现代侗族的前身。古代不设州郡之地多以民族名称呼民族分布区,安化即唐代抚水州,宜州为今天广西宜山县,荔波为贵州荔波县,毗邻广西南丹县,现在其地皆多分布有毛南族、水族等,所以水族、毛南族的族源在宋代时已开始从"蛮"中分出来,作为族名了。《桂海虞衡志》作者周去非还明确指出:"蛮之区落,不可殚记。姑记其声问相接,帅司常有事于其地者数种,曰羁縻州洞、曰猺、曰獠、曰蛮、曰黎",但在汉人看来皆"通谓之蛮。"[29]以上"蛮族"分布区则相当于现代的壮族、瑶族、黎族、水族、侗族分布地区。一般情况下,中央王朝对其直接能统辖之地的族群,以"民"待之,对于只能通过土著上层人物间接统治的羁縻州内的民族多以"蛮"族目之。"蛮"的名称在古代多从文化的角度着眼,但也是与王朝的政治势力胀缩有直接的关系。

宋代对西南方民族的统治沿用唐朝的羁縻政策,《宋史·蛮夷列传》载:"太祖既下荆、湖,思得通蛮情、习险厄、勇智可任者以镇抚之。有辰州(今湖南沅陵县)猺人秦再雄者,长七尺,武健多谋,擢辰州刺史,官其子为殿直,蛮党伏之。"[34]元初成书的《文献通考·四裔五》载:"溪、锦、叙、巫四州蛮相率诣辰州,愿比内附,民输租税,诏不许,自后首领入贡不绝,……彭氏世有溪州,州有三,曰上中下。又有龙赐、天赐、忠顺、保靖、感化、永顺州六,懿、安、远、新、给、富、来、宁、南、顺、高州十一,总二十州,皆置刺史。"[33]这些地域范围在今天湘西土家族苗族自治州与湖北来凤县等地,此处"蛮"族当是土家族、苗族、瑶族。

四、明以后"苗"取代"蛮"指称西南族群

与"苗"的族属范围比较,"蛮"指称族属更广泛,它泛指居住在中国南方的民族,在古代还偶尔指代北方民族,有时还指向中国进贡的属国及外国,如《宋史》载远在东南亚苏门答腊岛的三佛齐乃"蛮之别种"。从汉语语音的变化来看,"蛮""苗"都有 m 音,已故张舜徽先生推崇用声辨字法,认为:"盖推原语言文字之衍变,由于双声者多,但明声转之理,即可持约系博,以一统万。"[26]按此,"苗"可以转为

"蛮","蛮"也可以转为"苗"。当"三苗"强大时,北方以"有苗""三苗""苗民"称之。荆蛮居荆州,《尚书正义》载:"荆州,北据荆山,南及衡山之阳。"孔颖达疏:"此州北界到荆山之北……南及衡山之阳,其境过衡山也。"荆州的地理范围主要在洞庭湖南北,即今天的湖北、湖南两省及临近地区。禹灭三苗后,中原与南方的交往更加频繁,原来以生产生活指称的"苗",渐渐被以语音和其他的外在习俗所指代,"蛮"音与北方的汉语不能相通,所以特别以"蛮"来指代南方民族,且"三苗"的一部分融入了华夏,而向南方迁徙的"三苗"余部,华夏族不再以"苗"称之,而转以地域加上文化习俗称为"荆蛮""南蛮"等,也是一种泛称。所以"南蛮"的族属不仅是苗族,还有越族、闽族、吴国的民族等。

有关"苗"的记载,从《史记》司马迁记载以来,直至唐代樊绰的《蛮书》才出现,书中卷十出现:"黔、涪、巴、夔四邑苗众,……祖乃盘瓠之后。"[35]宋人叶钱在《蛮溪丛笑》序言中也讲:"南方之民有五,曰猫、曰狑、曰猺、曰獠,曰犵狫。"[36]其记载地区相当于现在湖南、贵州、广西一带,所讲的南方当是靠近西南,并不是现在中国的正南方,而把"猫"(苗)排在诸族群的首位,可见南方"苗"族的数量最多。南宋时期,理学大师朱熹在《记三苗》一文讲:"顷在湖南,见说溪洞蛮瑶,略有四种,曰獠、曰犵、曰狑、而其最轻捷者曰猫……岂三苗氏之遗民乎?古字少而多通用,然则所谓三苗者,亦当正作猫字耳,国三徙其都,皆在深山之中,人不可入……"[37]他直接指出了"猫"就是"苗",则在宋代时,内地人对苗已有较清楚的认识。《凤凰厅志》对"苗"和"蛮"有分辨曰:"蛮亦苗也。言蛮可以概苗,言苗不可以概蛮。"[38]足证"蛮"的指称概念大于"苗"。元代以武力统治中国,对南方民族一改过去唐宋的羁縻政策,对各地方头人委任官职如宣慰使、宣抚使等代以管理,宣慰使要得到中央朝廷的批准才能生效,平时贡纳一些土特产,则可以世长其土,世有其民,且随时还得供应朝廷的军事征调。元代土司制度开始形成,其"改流"已见端倪,宋代时期零星的地方政权被纳入了中央的直接管辖之下,原来是蛮人也更加汉化,所以"蛮"在元代虽然用来指称整个南方民族,但也包括汉族在内,"蛮"的民族指称看似宽泛,而实际上已开始逐渐收缩。元代时期,在湖南、贵州、云南等地,少数民族多以"蛮""苗"并称,如有"贵州蛮苗""贵州蛮"等。如果可以把民族的自称与他称的表达界缘重合作为一个民族形成的标志,则这样的重合表明了民族自我意识与外族对此民族整体意识的一致性得到了公认,则该民族的称呼已不是自我标新立异,而已经形成了公认的民族大家庭的一员。汉民族经历了华夏族、古汉族与现代汉族三个民族称呼的发展阶段,如唐代及以前,特别先秦时期的春秋战国阶段,汉族自称为华夏,从汉代到唐代自称华人,而从宋代及以后,因为各民族政权的并存和对立,那时北方的契丹和金国及西夏称汉族为汉人,就是古汉族的称呼时期,一直到辛亥革命后全国人民才有"五族共和"的现代民族意识,则才真正意义上称为汉族。辽、金、元以至清初北方仍喜欢习惯称南方民族为"蛮",南方的汉族也被称为"蛮"。明代时汉族势力重新统一了中国的大部分,对自己族群被称"蛮"名感觉有辱,所以对贵州及云南的少数民族改用"夷"称,而抛弃"蛮"名,如田汝成《黔志》、郭子章《黔记》等历史文献记载到少数民族时多以"夷"为总称,"蛮"少用,"苗"则开始流行通用。

再者,唐宋之后,长江以北"蛮人"渐少,从元朝起,"蛮"则更多指称西南少数民族,而自称中真正仍称"蛮"音的只有苗族和瑶族。苗族自称"仡蒙"和"蒙",瑶族自称"曼""门""吉门",而"吉门"转音近"荆蛮","门"乃"蛮"之变音。元代实行民族等级政策,但以血缘关系为主的人们共同体被划分到不同的行政区域,客观上加速了人群从血缘关系向地缘关系的确立,对贵州各民族的形成有着较重要的影响。明承元制,继续使用土司政策,以少数民族首领任土司,从而间接对云南、贵州、广西、四川等少数民族进行统治,土司制度也强化了民族的自我意识。虽至清代后,中央王朝在鄂尔泰的建议下对西南进行改土归流,并以所谓的"改土改流"名义向本无土司的一直与外界很少交往的"苗疆"地区进攻。但是元代的中国,在西南方以"蛮"为总名,下分苗、猺(瑶)、黎、僮(壮)、土家、仲家(布依族)、峒(侗)、水、仡佬、仏佬等群体的称呼已与现代中国民族划分大体吻合。明代已能开始分清苗族与非苗,万历时期贵州巡抚郭子章在《黔记·诸夷》中讲:"苗人,古三苗之裔也。自长沙、沅辰以南,尽夜郎之境,往往有之,与民夷杂处,通曰南蛮。"[39] 清《续文献通考》讲:"苗自长沙、辰、沅以南,尽夜郎之境,多有与民夷杂居者,通曰南蛮,蛮苗也。"以上两条记载道出了明清时代"南蛮"概念的缩小,一般言"蛮"者,必多以"苗"为起称,且与"苗"名逐渐重合。从明代起,官方和私家的文献皆大多以"苗"称代替"蛮"名,明《一统志》载贵州"苗人"13种,清初田雯《黔书》列29种,乾隆《贵州通志》"苗蛮"列42种,嘉庆陈浩《百苗图》列82种,到清末桂馥《黔南苗蛮图说》则增加至86种,到民国初年则有些学者还列为100多种,基本上以"苗"来称呼较多,"蛮"称渐少。

清代对贵州族群了解更为细致清楚,知道了苗族居地一般无土司,或者土司较少,在贵州有土司者多是彝族、侗族、布依族等,所以《清史稿·土司传一》讲:"君长不相统属谓之苗,各长其部割据一方之谓蛮"。因为不相统属,所以苗族各支系纷呈迭出,形成了清代记载苗名的繁多复杂,且掩盖了其他民族,总以"苗"名指称贵州各个少数民族。清代中后期,外人以"苗"概括贵州的民族,而"蛮"字则作为第二级别的称呼,逐渐退出历史舞台。虽然出现"蛮"字,但已明确"蛮"从语言学来称呼,如对贵州黔东南苗族聚居区的徐家干在其著作《苗疆闻见录》中讲:"苗人皆鸠舌,不通汉语。……饮酒曰'呵交',亦曰'好究'。皆属蛮音,多不可识。"[40]他明确的以"苗"概括黔南和黔东南地区的民族族属,于"蛮"字则从语言声音方面分析。清代基本形成了以"苗"指代贵州少数民族的意识,如田雯《黔书》、严如煜《苗防备览》、贝青乔《苗俗记》、龚柴《苗民考》、陈浩《百苗图》、桂馥《黔南苗蛮图说》等,多以"苗"指称并不属于苗族的"宋家""仲家""仡佬""峒人""水家""龙家""伶家""羊黄"等群体,连长期代理中央统治贵州西部各族人民的"罗罗"(彝族)都列在"苗"之内进行归类,这是清代对贵州民族指称的惯例,一直沿用至民国年间。虽然在清代有部分的官员与学者也开始认识到"苗"不能包括贵州的其他族如"仲家""水家""侗人"等,但旧时代没有学术条件成熟到用语言学来科学划分民族的地步,所以直至清末 20 世纪初期日本学者鸟居龙藏到贵州调查并撰成《苗族调查报告》后,人们才开始分清了贵州苗族操苗瑶语,而其他的布依族、侗族、水族、壮族等则操壮侗语。到了民国时期任可澄编撰《贵州通志》后在《土民志》中分贵州族群为苗族、卢鹿族(彝族)、百粤族(水、侗、僮、仲)、氐羌族、百濮族等,虽然分法有许多错误,但大体为后来中华人民共和国对西南的民族识别提供了文献的依据。为此徐旭生先生认为苗蛮集团的情况是:"古人有时叫它作蛮,有时叫它作苗,我们感觉不到这两个词中间有什么区别,所以就综括两名词叫它苗蛮。"[2]

五、结语

民国时期大多著名学者皆认为"蛮"与"苗"有密切关系,这明显是受当时"五族共和"思想的影响,如王桐林就讲:"照历史上观察,中国民族除去汉、满、蒙、回、藏五族之外,还有一位兄长,即是苗族。"[12]梁启超、吕思勉等老一辈学者也都认为"蛮"一定程度上等于"苗"。吕氏《中国民族史》讲:"苗者,盖蛮字之转音。我国古代,称四方之异族曰夷、蛮、戎、狄,原以其方位言,非以其种族言。……今所谓苗族者,其本名曰黎。我国以其居南方也,乃称之曰'蛮',亦书作髳作髦,晚近乃讹为

'苗'。"[41]其中讲"苗"源于"黎",是根据《尚书·吕刑》郑玄注:"苗民即九黎之后"而来,他的观点大体符合古代文献记载。从周代到唐代,正史与私家历史文献没有出现"苗"字,而多出现"蛮"名。"三苗"后为荆蛮、南蛮、武陵蛮、五溪蛮、掌梅蛮等。所以徐旭生先生认为所载的"蛮"即"苗"。[2]现代著名社会学家潘光旦先生认为"苗"之名,从宋末(时称猫,明显有歧视之意),至元朝则较为反映民族分布情况,但至明清,广泛以"苗"称呼西南民族已走向泛滥之势,事实上其称呼的出发点等于"非汉"[42]。

以上列举文献并作简要分析,我们可以得知"蛮"与"苗"并不完全一致,但是却有很大的传承关系。春秋战国时"蛮""荆蛮"可以讲是指称楚、吴、越以及更南方的民族;汉代时"蛮""南蛮""武陵蛮""五溪蛮"等则代表中南、西南各少数民族;南北朝至唐末五代,"蛮"则开始作为中国西南及远至海南的各族之总称,且"瑶""苗"开始各自单独发展,宋代国力南移,士大夫与官员对南方少数民族认识较前代更加细致和具体,且两宋对南方民族实行较开明的羁縻政策,所以对"苗"的情况了解渐深,渐渐分别"蛮"为猫(苗)、瑶、獠、仡佬等族,如朱熹《说三苗》、陆游《老学庵笔记》、范成大《桂海虞衡志》、周去非《岭外代答》等;元代统一中国后,"苗"已能分辨出来,元代在贵州则"苗""蛮"并称,有时称"贵州苗",有时则称"贵州苗蛮";明代沿用元代称呼,但感觉到前代以"蛮"指称汉人有辱,便恢复古代对西南族群的称呼,以"夷"来概括其治下的苗、蛮、仡佬、仲家、佯僙、峒人等,如郭子章《黔志·诸夷》,其下则分为苗、卢倮、仡佬、仲家、侗人等;至清代后则以"苗"名凌驾于"蛮"称之上,其范围缩小到代表贵州各个兄弟民族,到乾隆时期官修《贵州通志》以"苗蛮"并称,而私家的笔记等则多以"苗"称,贵州古代汉族移民集团也包括在内,如"宋家苗""蔡家苗""龙家苗"等。

"苗"与"蛮"在南方可以讲是古代民族在不同时代的不同称呼。苗、髳、帽、蒙、瞒等古音相同,苗指的是经济生活类型的族群,而蛮则从语言上界定为非华和非汉群体,从书写的繁体字"蠻"字可以看出,其指代群体在华夏族看来像鸟鸣一样,不为华夏民族所了解。《左传》称"蛮夷反舌,殊俗,习异之国"。《吕氏春秋》亦讲蛮族"衣服不与华同,货币不通,语言不达"。所以其划分多是从外在服饰、语言,以及经济社会生活上来加以区分。春秋战国以后,长江、黄河下游开始种植水稻,从经济类型上看,南北差异已渐趋同,以"苗"指称民族特征已不能适应时代的客观发展,经济生活的趋同又加快了族群的频繁交往,而以语言作为区分族群则变得越来越成为时尚,华夏族于是把与自己文化特征相异的南方民族统一以"蛮"称呼,从此"蛮"称就取代了"苗"。虽然古代的"蛮"主要是泛指南方各种少数民族,但可以肯定的是,蛮的主体民族仍然是苗族。而古代"三苗"的苗则多指从事农业生产的定居人们共同体,而今日的"苗"族则指的是有共同文化的稳定人们共同体,既有国家的政治建构,也真实反映了苗族是历史上形成的。

参考文献

[1]袁康.吴平辑录·越绝书[M].上海:上海古籍出版社,1985:58.

[2]徐旭生.中国古史的传说时代[M].北京:文物出版社,1985:58.

[3]钱穆.古史地理论丛[M].北京:生活·读书·新知三联书社,2004:89.

[4]凌纯声.苗族名称之递变[M]//钱穆,等.南方民族史论文选集.中南民族学院民族研究所,1984.

[5]章太炎.论教育的根本要从自国自心发出来[M]//章太炎.章太炎学术文化随笔.北京:中国青年出版社,1999:189-190.

[6]江应樑.苗人来源及其迁徙区域[M]//钱穆,等.南方民族史论文选集.中南民族学院民族研究所,1984.

[7]贵州民族研究所.二十四史贵州史料辑录[M].贵阳:贵州民族出版社,2001.

[8]常璩.华阳国志图注[M].任乃强,注.上海:上海古籍出版社,1987:232-233.

[9]安介生.历史民族地理[M].济南:山东教育出版社,2007:13.

[10]顾栋高.春秋大事表[M].北京:中华书局,1993:2193.

[11]左丘明.国语:卷五[M].上海:上海古籍出版社,1998:215.

[12]夏曾佑.中国古代史[M].石家庄:河北教育出版社,2003:12.

[13]任可澄.贵州通志[M].贵阳:贵州人民出版社,2005:143.

[14]何光岳.南蛮源流史[M].南昌:江西教育出版社,1988:11.

[15]王桐龄.中国民族史[M].长春:吉林出版集团有限责任公司,2010.

[16]司马贞.史记索隐[M].北京:中华书局,1982:1446.

[17]翦伯赞.中国史纲要(增订版)[M].北京:北京大学出版社,2006:46.

[18]崔述.丰镐考信录:卷三[M]//民国丛书集成本.北京:商务印书馆,1937:356.

[19]顾颉刚.史林杂识初编·王畿[M].北京:中华书局,2005:246.

[20]司马迁.史记·匈奴列传[M].北京:中华书局,1982:2879.

[21]费孝通,等.中华民族的多元一体格局[M].北京:中央民族学院出版社,1989:148.

[22]张舜徽.旧学辑存·广文字蒙求[M].武汉:华中师范大学出版社,2008:86.

[23]萧子显.南齐书·蛮传[M].北京:中华书局,1972:1230.

[24]中华书局编辑部.中研院历史语言研究所集刊论文类编·民族与社会卷[M].北京:中华书局,2009:932.

[25]王文光.中国南方民族史[M].北京:民族出版社,1999:156.

[26]李延寿.北史·蛮传[M].北京:中华书局,1974:3149.

[27]魏徵,等.隋书·地理志下[M].北京:中华书局,1973:3467.

[28]吴方震.岭南杂记(影印本)[M].济南:齐鲁书社,1997:124.

[29]芮逸夫.僮人来源初考[M]//中华书局编辑部.中研院历史语言研究所论文集刊类.北京:中华书局,2009:927.

[30]欧阳修,等.新唐书·南蛮传下[M].北京:中华书局,1975.

[31]樊绰.蛮书校注[M].北京:中华书局,1962:124.

[32]范成大.桂海虞衡志辑佚校注[M].成都:四川民族出版社,1986:73.

[33]马端临.文献通考·四裔八[M].北京:中华书局影印本,1986.

[34]脱脱,等.宋史·蛮夷列传[M].北京:中华书局,1985:14172.

[35]攀绰.蛮书:卷十[M].北京:中华书局,1962:357.

[36]朱辅撰,符太浩著.溪蛮丛笑研究[M].贵阳:贵州人民出版社,2003.

[37]朱熹.晦庵先生朱文公文集:卷七十一[M].上海:上海古籍出版社,2007:3427-3482.

[38]黄应培,孙钧铨,黄元复修.凤凰厅志[M].长沙:岳麓书社,2010:349.

[39]郭子章撰.万历黔记[M].刻本,1588(万历十六年).

[40]徐家干.苗疆闻见录[M].贵阳:贵州人民出版社,1997:174.

[41]吕思勉.中国民族史[M].上海:上海古籍出版社,2008:176.

[42]潘光旦.中国民族史料汇编·明史之部[M].天津:天津古籍出版社,2007:745.

明代湖贵边界苗民的社会关系探微

——兼论"苗患"不绝之缘由

谭卫华

摘　要：为了加强湖贵边界的管理，明政府加封土司，"以土治苗"，并设置流官，监管土司与治理苗民，但这一区域仍然是"苗患"不绝。为了政治与经济上的利益，土司斡旋于"生苗""熟苗"、流官、汉民等复杂的社会关系之中，而苗民成为这些关系的"交集"。"苗患"的出现，并非"生苗"单方面的原因，而是"生苗""熟苗"、汉民、流官及土司之间各种关系综合运作的产物。

关键词：明代　湖贵边界　土司　"苗患"

据笔者统计，在明代二百多年的时间里，仅发生在湖南湘西苗疆的苗民"事乱"就有30余次。"事乱"主要分布在湖南与贵州苗疆交界之地，而又以湖南之镇溪所、筸子坪等附近苗寨为最。为加强这一区域的管理，明政府加封土官土司，采取"以土治苗"的措施，同时，设立流官进行监管。然而，这不仅没有达到预期效果，相反一直"苗患"不绝。原因何在呢？

事实上，导致整个苗疆事乱反反复复，也就是历史记载中所归结为苗民的"叛服无常"。其幕后有更大的谋利者或者说合作者操纵。苗疆之乱非单一因素所致，而是众多因素交织在一起的结果。追其缘由，有如下几个方面：一是"苗有不服造册者"，即苗民不服中央王朝将其纳入管理范围，与内地边民同赋税，服役等；二是苗民称王，与官兵对抗者；三是土司长官纠合苗民共同为乱；四是湘西镇筸苗民纠合贵州苗民（或反之）攻剽土官，或一起劫掠；五是土官淫虐苗民，引起苗民怨恨。为找到苗疆社会苗患不断的原因，理顺明代苗疆这种复杂的网络关系，特依据《小

作者简介：谭卫华（1978—　），女，苗族，湖南城步人，湖南师范大学社会学系，讲师，博士。主要研究方向：西南少数民族历史与文化。

山类稿》中的阐述,绘示意图如下,以供分析。在此示意图的基础上先分析"生苗"与"熟苗"、汉民、土官及流官之间的直接社会关系。

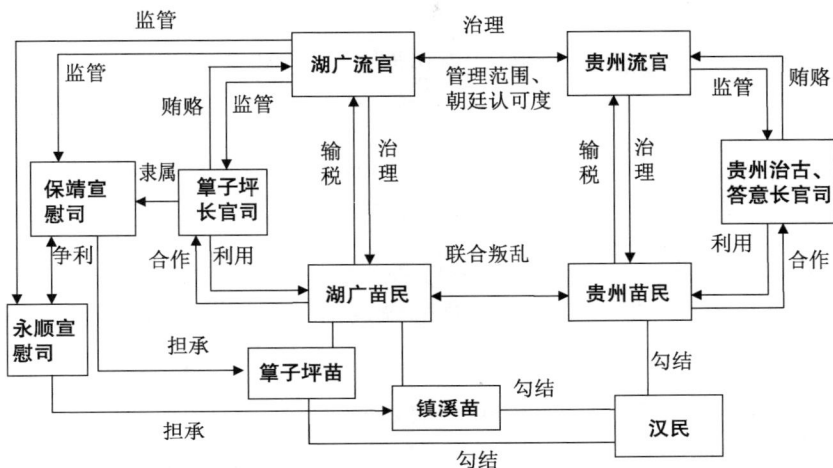

注:明代湘西苗疆与贵州苗疆交界之处苗民与各官、民之间直接与间接关系示意图

一、"熟苗"、汉民对"生苗"的利用

文献显示,为乱者主要是"生苗",而"生苗"背后却有既得利益者——他们是"熟苗"及进入苗疆开垦或为商之汉民。"生苗"与"熟苗""汉民"合作,通过劫掠为患获得利益。"苗患"之所以不断,中央王朝即认定是"生苗"与"熟苗"及"汉民"之间的"勾结"[1]。正如严如熠所称,"诸哨之地苗民杂处,苗之中生熟异类,'生苗'悍而贪,'熟苗'狡而险,生听熟之指使,民为苗之向导。"[2]明代蔡复一(1577—1625 年)对"熟苗"在事乱中扮演的角色也做了如下生动论述。

"生苗"巢穴甚远,有重山以环之,有"熟苗"以间之,彼何知某村寨可虏、某径路可通、某哨隘疏防可掩哉?则"熟苗"为之向导也。先年苗人食粮不过百数十人,其后日新月盛,兵不能战则饵恶苗以羁縻之资,兵不能守则养顺苗求捍蔽之用。……既廪于官,又食于民。倏为顺苗以领粮,又倏为生苗以行劫。是彼两利而我两害也。[3]

从这则史料中可知,蔡氏认为仅"生苗"的力量是难以行劫成功的,而是"熟苗"在其中作梗。"熟苗"作为政府捍卫边陲的"良苗""顺苗",有偿从政府领粮,在明代史料中称为"粮苗"。其职责原是负责把守各营哨信地要路,遇警支援堵截,驰报官兵，侦探恶苗剁牛聚众出劫等。[4]但他们却为获利而扮演着双重身份，时而充当"粮苗"，时而又充当"生苗"以行劫。如此反复，"粮苗"这一角色才有存在的价值。

朝廷大员逐渐意识到上述弊情。万历四十三年，蔡复一以"麻老二之例"疏言"粮苗"的危害。麻老二是政府的"粮苗"，四十二年，他劫掠洞溪，抢走妇女万氏，逼赎银数十两。麻老二之子弟又于四十三年再次抢走该妇女，劫掠王会、都桐等寨三十余口。一个"麻老二"如此，则可知其他千余名"粮苗"的情形。蔡氏痛斥如此养"粮苗"，其结果便是"以剜肉医疮之饷，反成藉兵赍粮之祸"。"粮苗"之弊，归根到底源自兵政不修。"兵政不修故顺苗皆寇，吾兵政果修，兵可制苗，又何恃于苗？"[3]

辰沅兵备道吴国仕亦提出"禁许苗粮以杜边衅"之说。他认为苗粮的推行，使官兵怯于攻战，往往"兵粮私许饵苗买求平安，而狼腹靡餍，歹酿衅端"。他要求守备严格监督营、哨官员，修理兵政，达到"来则扼其出径，去则截其归路，胜算在我"的目的。苗民如果有"效顺守险隘，擒献'叛苗''汉逆'，功有足录者，不妨重赏以酬其劳"。对于没有子孙的"粮苗"死后，不可轻易让其他苗民顶替，许以名粮或牌帖。同时，吴国仕还制定了严格的惩罚举措，今后凡查出汉、土官兵擅自许粮，则"官问罪，住俸终身，兵究革，捆打一百"，绝不轻饶[4]。可见，苗民食粮在苗疆治理中的危害相当之大。以至祸起萧墙，防不胜防，自然是"苗患"不绝。

不仅"熟苗"可以食粮，"逆苗"也可混入"粮苗"队伍。吴氏在《楚边条约》中强调："苗边境奸民借口投耕赵食，潜入苗寨，或临期勾引，或死刑接济，或结伙同出，助苗为虐，劫后分赃。此内寇不绝，外患决不可除。"因为"生苗"山居穴处，不习内地情形虚实，其敢于入犯者不全是"熟苗"为之向导，而多由"汉逆"住巢教唆及内地奸民沟通接济所致[4]。更有记载称"明末，苗种日繁，奸民窜入者，久亦变为苗，往往出劫村乡，辰、沅、芦、麻诸边地，几无宁岁"[5]。其实进入苗疆之人，可能改名换姓，使自己成为苗民，又打着苗民的幌子劫掠民地。历来为患的不仅仅是本地土生土长的苗族，有部分是混入的汉民。禁谕"汉逆"即可塞祸源。他下令于苗路口分拨卫、哨、堡防兵，与屯长、寨长和歇长共同严加把守拦截，遇有汉民便盘诘阻回。断绝"生苗"与"熟苗"及汉民之间的直接往来，就可以避免他们混入并勾结为乱。

二、土官对湖广、贵州苗民的利用

明政府令土官间接管理湘西苗疆,"永顺土司约束镇苗,保靖土司约束筸苗,每岁俱令具状"。[2]长期以来,这些地区的苗民与土官之间发展成微妙的关系,担承毫无实效,相反土官利用苗民为乱,从中获利。

嘉靖初,苗虽时有小寇窃,未叛也。有筸子坪土官田兴爵者,往以罪系辰州狱,诸苗以其地主也,敛贿赂吏以计脱,深匿苗寨,主奉之。兴爵返虐苗,多所求索,淫苗妻女,诸苗怒,逐之,毁其公署,遂叛。日相蔓引,镇溪苗亦叛。其贵州铜、平苗,则土官弱不能制,而有司又不能抚恤其属。盖铜仁旧土府,近改流官,所属皆长官司。铜、平有叛苗不纳税粮者,官以逋欠责见户,见户益多逃亡,官府严督土官,平头长官遂挈印逃。诸苗悉骚然叛矣[6]。

从上述材料可知:①筸子坪苗民曾服从土官田兴爵,并以其为"主";②土官田兴爵虐待苗民,多所求索,淫苗妻女;③苗疆"苗患"具有"联动反应",一处"苗患",定会蔓延周边;④贵州铜、平土官势弱不能制苗,而流官也不能抚恤;⑤土司担承区的苗民亦有向官府纳税粮的。交界之地的苗民与土官之间的关系更为复杂,仅以如下两例说明。

例1:"以龙老课而征龙老课"之奇事。朝廷连年征调土兵来剿叛乱苗民,而土官却私募叛乱苗民来充军,将朝廷所支行粮,分给各叛乱苗民。嘉靖二十八年四月,贵州布政司兼管抚苗右参议杨儒呈报:平茶长官司土官杨和,原招鬼提寨苗贼龙老课、龙董等五十名为兵。遣返后纠同腊尔山逃跑苗民龙角马等伙,约五百人,打劫万山、架枧、猪楼山、迷路、瓮帕等处,抢去男子、妇女、牛、马等[7]。龙老课原本有名在案的苗民,土官竟然"以龙老课而征龙老课"!廷臣官兵一来则将之遣回,征调时土官又招之抵数,这样反复,"贼岂有可尽之期?"[7]

例2:土官低价收买劫掠人口,报首级以获利。"叛苗"连年为害,劫持各寨人口好几百,土官低价收买,留在各寨,等到调征之时,则割他们头报作功赏。朝廷征调一贯只计"首功"。将被抢人口送官仅量行给赏,不如"首功"优厚。各土官目的是要功觅赏,因此,张岳上奏,将夺回被掳人口,分别男妇老幼等次,规定比"首功"还稍微优厚的奖赏。土官送出人口全活人数多的,一律上报加赏。这样一来则"于土官无不乐从,于王朝为除患恤民之计"[7]。

上述二例显示,土官并非实心治苗,而是因苗利己。魏源称:"历代以来皆蛮患,而明始有苗患也。……暨后蛮酋各安世袭,狼驯不跳梁,而鹰饱亦不搏击出力,于是蛮患消,苗患炽矣。"[8]魏氏的观点也反映了这时期明王朝在"苗患"治理上的失败。顾炎武对土司利用苗民情形也做了如下剖析：

> 先年土官守法,易以驾驭,苗吏椎鲁,易于牢笼。自正德以来,边方多故,土官征缴多顾请此苗,以为前锋用,能克敌称强。及至近年,土官构衅,各厚饵此苗以助攻战,以是启衅生乱。

顾炎武认为正德以前土官守法,政府容易驾驭,苗官愚钝,也容易控制。可正德以来土官被征调,而以苗民为前锋,能打胜仗。以至明末,土司都争先以高代价吸引苗民助战。将苗民安插在寨落周围,如"永顺之功全、冲正、罗衣溪等苗人寨落,为土官招徕安插,使之捍御以备藩篱者"。因此,苗民生乱完全是由于土司之间的构衅引起的。每当永顺与保靖土司构衅,永顺土司常出重资招募镇溪苗民相协助。正是因为永保土司内部有矛盾,对苗族并非都实行铁血政策,而是极力拉拢,或以"招垦"或"招佃",使苗族成为自己对付敌人的"藩篱"和"屏障"。甚至有时为了吸引中央政府的注意力,土司收买苗民为乱,可见,苗民是受利益驱使,而非有意要与政府对抗。

三、地方流官对湖广、贵州苗民的利用

生苗与流官之间的关系,主要体现在"生苗"通过贿赂,收买进入军事防御系统。而此时的军队本身已处于腐败状态,卫所、营哨因奉行不善,将骄兵懈,营哨越多而势力越分散。"奸苗"诡计多端,不惜财物,一有兵缺,就用二三十两银到各哨卫贿赂。将弁唯利是图,不愿开门揖盗,要么私自让其顶补,要么谎报某苗忠顺,可以顶补粮缺,上报后批准,以致额粮大半都归苗。"萧墙之内,无非敌兵,苗类纵横,出入无忌。"常有劫杀之事而隐瞒不报。因此,有"兵苗并防"之说。

明末,苗疆边乱严重,文武官军都怕苗民如怕老虎,不敢辨其虚实。因此,附近汉民逐渐逃离村舍,"逆苗"乘机刀兵四起。镇篁所驻官兵,强壮的望风而逃,老弱者都被杀绝。这种情形的出现缘于地方文武官军平日欺蒙掩饰,玩忽职守,漠视民命,以致苗民更加肆无忌惮[7]。侯加地《边哨考》也称："近日哨兵又往往猖獗莫制。昔议防苗,今议防兵,兵与苗并议防。五溪之徼,其何以长保无虞乎?"[2]可见,明末苗疆如此情形的出现,在于文武官军的不称职,甚至让苗民混进了对付"苗患"的队伍中,且食粮领赏。炮楼修了,营汛建了,边墙也砌了,但守卫管理的哨官

不作为,直接与苗民勾结的话,军事的防御就只能是空谈。

从上述苗民的直接社会关系可见,并非统治者所以为的那样,为乱的不仅"生苗",还有混入的"熟苗"、汉民,以及管理者土官和地方流官。他们利用与苗民直接交往的机会,利用其为自身获利。同样,在实行苗疆管理时,苗民也成为土官与流官及其他们内部关系的间接"筹码"。

四、流官与土官及土官之间的利益

由于实行"流土共治"的政策,苗疆各土司管理区大多形成流官与土官并存的局面。如永顺设"经历、都事各一员",其管理办法为"土人有罪,小则土知州长官等治之,大则土司自治;若客民有犯,则付经历,以经历为客官也"[4]。流官多不能担任重要职务,只充任经历、都事、吏目等办事人员,虽能起到一定的监督作用,但流官人微权轻,苗民仍然听从土官。

事实上,在苗民的管理上,明中央王朝还对土官存在依赖性。一是军事上依赖土兵。不仅在大规模征苗时需要调遣土兵,甚至在卫所营哨周边都布置有土兵,分防把守,而土兵也与哨兵一样在朝廷食粮[4]。除了将士月给盐银外,每次征调土兵还得额外拨银奖赏,但明政府也无更好选择。二是行政上依赖土司的担承。早在宣德四年,兵部奏:"保靖旧有二宣慰,一为人所杀,一以杀人当死,其同知以下官皆缺,请改流官治之。"因为蛮性难驯,流官不熟悉土俗,皇帝令都督萧授挑选足以服众的人担任土官[4]。可见,苗民不可能仅受土官或流官单方面的管理,不可避免地夹在二者之中,成为二者争利的"棋子"。

在土司之间,苗民更是遭鱼肉的对象。"嗣土司各相吞噬,不能服苗,而兵事大起矣。"[4]可见,明以土司抚苗危机重重,不仅土司之间不能自抚,反而由于挑起"苗患"。苗民成了土司之间争夺利益的棋子与工具。

嘉靖二十四年,万镗讨辰州时,言镇溪土指挥田应朝可任使(为诸苗所信服,足办此事),镗因署为巡捕,而应朝实狡黠多智,尝阴构永顺保靖相仇杀❶,而两利其贿,至是益肆为好利,战则庇贼强梁冒功赏,或抚则反复邀重资,苗实未尝见利。督抚监司不察,切任之,故功又未成[9]。

---

❶ 永顺土司为管辖范围上对保靖土司不满,常唆使保靖土司管辖内的苗民为乱。湖南少数民族古籍办公室.湖南地方志少数民族史料(下)[M].长沙:岳麓书社,1982:129.

五、流官之间事权关系的混乱

边界之地的管理以及行政设置上的局限,导致管理上的混乱和流官之间事权上的问题。明初在西南设立平溪、清浪、偏桥、镇远四卫,以控制蛮夷。而永乐十一年朝廷因宣慰使田琛等交恶,削其官,创贵州布政司,分其地为镇远。思州、思南、石阡、铜仁、乌罗、新化、黎平等八府俱属贵州,而平、清、偏、镇四卫仍属湖广。这就出现军事上卫所跨省管理贵州的布政司地。

因而,在调度上就出现了问题。正统十四年镇远府地方"苗贼"生事,民兵不能独自控制,四卫却因属湖广而不敢擅动阻隔,行政文书往返得历经数月,于是事件蔓延,苗民攻陷城堡,杀戮人民,直到朝廷遣将调兵才得以平定。后来在清浪卫设参将一员,拨湖广武昌等十三卫所官军前来协守,而主将亦以湖广为阻碍,不敢轻动[10]。镇远知府周瑛谓"兵速则可以得志,势分则难以成功"。按现行做法不改,诚恐滋生祸变,不但正统十四年如此。"分府卫以属两省,名犬牙相制。合府卫一归一省,名臂指相使。"府卫分属两省则互相椅角,各归各省则可互相连用,而从古至今都是这样。为什么不从长计议,将镇远府割属湖广呢[11]?然而,照今日事体适宜将四卫割属贵州,父子兄弟相为一家,手足腹心相为一体,缓急调度才不至于牵制。可见,这种行政、军事设置对流官的施政及苗民事件的管理影响较大。

嘉靖二十八年,张岳奏议湖贵苗情时,认为"因招抚之意,以逞其凶";"兵力素弱,钱粮艰缺";"聚则地方广阔,照管不周,分则势分力弱,常被冲坏","湖苗虽以听抚,不无观望之心。贵苗就诛,则湖苗之抚可固"。可见,苗民和土司都在利用流官行政管理上的缺位。

通过上述对苗民的直接与间接社会关系分析,可见明中晚期苗疆频繁之乱是诸多因素综合的结果。苗民不管是处于主动还是被动为乱状态,他们始终是这复杂社会关系中的"交集",离不开事乱之旋涡。汉民在苗乱中起到推波助澜的作用。而土司则是始作俑者,但所设流官与驻疆大臣却具有不可推卸的责任。这种现象说明"苗患不绝"的真正原因在于管理者,苗民通常是被土司利益驱使下的被动为乱者。

参考文献

[1]俞益谟.办苗纪略:卷二[M].北京:北京大学图书馆藏,1704(康熙四十三年).

[2]严如熤.苗防备览:卷二十[M].台北:华文书局,1968.

[3]席绍葆,谢鸣谦,谢命盛.辰州府志:卷四十[M].1765(乾隆三十年).

[4]吴国仕.楚边图说:第三册[M].台北:台湾傅斯年图书馆藏,1617(万历四十五).

[5]蒋琦溥修,张汉槎纂,林书勋增修.乾州厅志(卷八)[M].光绪三年续修同治十一年本.

[6]段汝霖.楚南苗志:卷三[M].北京:北京大学图书馆藏,1758(乾隆二十三年).

[7]张岳着,林海权,徐启庭点校.小山类稿:卷四[M].福州:福建人民出版社,2000.

[8]魏源.魏源集[M].北京:中华书局,1976.

[9]张天如等编,顾奎光纂.永顺府志:卷十二[M].抄刻本,1763(乾隆二十八年).

[10]张廷玉.明史[M].北京:中华书局,1999.

[11]湖南省花垣县民族事务委员会,政协文史资料研究委员会编.乾嘉苗民起义资料专集:第一辑[M].花垣:湖南省花垣县印刷厂(自印),1985.

湘西苗族传统婚恋文化核心价值观解读

吴桂鸿

摘　要:湘西苗族传统婚俗众多,婚恋文化丰富,精华与糟粕并存。未雨绸缪,教育为本的婚教观;勇于抗争,捍卫权利的维权观;尊孝老人,知恩图报的孝道观;和而不同,以和为贵的和谐观;知荣明辱、同舟共济的荣辱观,构成了湘西苗族传统婚俗文化的核心价值观。

关键词:湘西苗族　传统婚俗　核心价值观

苗族是中华民族大家庭的重要成员,历史悠久,勤劳勇敢。湘西苗族大多居住在崇山峻岭之中,自然环境恶劣,在长期的生产生活实践中,形成了众多婚恋习俗,诸如赶"边边场"、奔婚、逃婚、帮工、打节、配亲、开娘钱、转脚、合婚、洗"和气脸"、唱"合事歌"、喝"撑脚酒"、吃"排家饭""婚夜'不婚'"、鸡卜、卵卜、舅霸姑婚等。深入解读这些婚俗,不难发现,湘西苗族婚恋习俗在婚教、维权、孝道、和谐、荣辱等方面,孕育着优秀传统文化的精华,体现传统婚恋文化的核心价值观。这一价值观思想与社会主义荣辱观,以及社会主义核心价值观有着重要的内在契合点,它是湘西苗族社会稳定与发展繁荣的重要保障。

一、湘西苗族传统婚恋习俗概述

千百年来,湘西苗族以他们自己的智慧,创造了丰富多彩的婚恋文化。这些婚恋文化贯穿在苗族青年的择偶、定亲和娶亲的整个婚恋过程当中,内容十分丰富。因篇幅所限,本文就湘西苗族传统婚俗的一些重要内容,做个简要介绍。

作者简介:吴桂鸿,男,苗族,湖南凤凰人。怀化学院思想政治理论课教学研究部专任教师,研究方向为苗族文化、马列理论。

（一）择偶婚俗

扯衣角、讨糖。湘西苗区交通落后，居住分散。苗族青年常利用赶集或"四月八""六月六"等民族节日相识相会。圩场上，苗族男青年如果相中哪位姑娘，就主动搭讪，先问姓氏，如果不同姓，就上前轻扯姑娘的衣角，讨糖果吃。哪位姑娘衣角被扯，表明被人喜欢，糖果的"糖"则表示甜蜜之意。

赶"边边场"。苗族是一个能歌善舞、崇尚自由的伟大民族。苗族青年婚前恋爱比较自由，常常三五个人结伴去赶集或聚会。散场回家路上，则挑中意的对象，选择圩场附近的田坎、山道、石拱桥上、树荫下等场地，以歌表情，以歌结友，谓之赶"边边场"，它是湘西苗族青年男女喜结良缘的重要方式。

婚恋教育。婚恋教育是指父母或兄长等对未婚苗家少男少女所进行的有关婚恋方面的知识或技能的教导。它涉及内容多，主要有学唱情歌、恋爱见习和婆媳相处之道教育等。苗族认为，"后生不学唱，找不到对象。"因此，苗族父母鼓励和教育孩子学唱情歌。同时，苗族少男少女在"边边场"观摩情侣恋爱，成为他们成长中的"必修课"；一些苗族青年与恋人约会，邀请未恋爱的弟妹前往观摩。例外，苗族妇女常以身作则，潜移默化，注重对女儿进行婆媳相处之道教育。

奔婚。湘西苗族青年恋爱很自由，但结婚则少有自主，"奔婚"是苗族姑娘反对婚姻干涉的一种方式。民族学家、苗学研究先驱——石启贵在其著作中，阐述了这一婚俗。"当男女双方恋爱程度，各达沸点，愿意缔结婚姻，如父母不赞同，加以强烈反对，碍难成功，遂不遵父母命。易采取'奔婚主义'也。"[1]如果找到可依托的终身伴侣，但遭到父母的反对，苗族姑娘则会"奔婚"，瞒着家人逃到男方家，组成事实上的婚姻。

（二）定亲婚俗

鸡卜。苗族姑娘恋爱到一定程度，父母须做"鸡卜"来决定是否提亲。做"鸡卜"时，首先杀只公鸡，煮熟后将两只腿骨割下，剔净肉，如果两只腿骨中的间隙长短一致，说明预兆好，可提亲；相反，男女双方仅能做一般朋友。

卵卜。殷实人家做"鸡卜"来决定是否同意提亲，家境不好的人家则做"卵卜"。做"卵卜"时，先在鸡蛋两端画上两点，煮熟后用针戳通这两个点，再把蛋壳剥掉，念一番咒语，接着用一根头发丝将蛋划开，查看两边蛋黄蛋白的分布。若均匀，表示兆头好，就请媒人登门提亲；否则，婉拒提亲。

讨红庚。湘西苗族结婚讲究八字命庚，看重日子。但未必选诸如四月八、六月六等本民族的节日或者五一、国庆等国家节假日，而是要根据男女双方的生辰八字测算。因此，结婚前，男方须备上毛笔、墨及一张折叠成信封模样的小红纸，交给媒人去女方家讨要姑娘的生辰八字。女方父母将女儿的生辰八字写在媒人带来的红纸上，由媒人带回男方家，这即为苗族婚俗——"讨红庚"。

帮工。帮工指每到农忙时节，苗家小伙到女方家帮忙干农活。"帮工"意义可不小，一方面，可抢到农时；另一方面，老人可以了解准女婿是否可当家立业，从而确定女儿婚期。

打节。打节指男方给女方"过礼"后，每到隆重节日，如重阳、过年等，男方要给岳父母送礼物，诸如鸭子、猪腿、糖果、烟酒等。

（三）娶亲婚俗

合婚。新娘到了新郎家，要举行"婚庆仪式"。在引亲娘的护送下来到火塘边，待新娘坐下后，"合师"左手端一杯酒，右手拿一小块熟猪肉，引新郎到新娘身边，口唱"合婚歌"，为新人"合婚"。

洗"和气脸"、唱"合事歌"。合婚结束，当新郎新娘喝过酒，吃过肉之后，新郎的妹妹端来一盆洗脸水，请哥嫂两人洗"和气脸"。洗了"和气脸"后，"合师"为新娘新郎唱"合事歌"，希望夫妻和睦相处，永结同心。

喝"撑脚酒"。湘西苗族嫁女，娘家和舅家等亲戚同来祝贺，他们不仅要在娘家喝喜酒，而且也要被邀请一同去新郎家做客，苗族把这一婚俗叫喝"撑脚酒"。

唱"农事歌"。苗族娶亲一般选在冬天，婚庆晚宴过后，主人在堂屋正中烧起一堆大火，苗族叫"中堂火"，男女老少围坐在一起唱歌，统称"烧火歌"，内容丰富，其中"农事歌"是必唱项目，所唱内容涉及诸多农业知识，主要包括"播种""打谷""纺纱织布"等。

吃"排家饭"。湘西苗族结婚非常热闹，一般婚宴延续两天两夜，客人住两宿，吃四餐饭，但是这几顿饭由新郎家、新郎叔伯等共同承担。娶亲当天晚餐及客人回家当天早餐在新郎家吃，苗族把这个叫"正餐"，其余几顿由新郎家、新郎叔伯等轮流请客人到他们家里吃饭。

婚夜"不婚"。苗族好客，讲礼节、重感情。新婚之夜，新郎新娘不同宿，不"成婚"。新房被跟随新娘来做客的姑娘们占据，新娘陪伴同自己来的姑娘叙旧，新郎则忙招待前来祝贺的宾客。直到婚庆结束，客人回家，夫妻俩才"成婚"，生怕有"怠慢"客人之嫌。

舅霸姑婚、逃婚。苗族曾长期流行氏族血缘婚姻,舅权很大。至今还有"姑姑女、伸手取"的说法。[2]苗族姑娘如果被迫嫁到舅家,她通常会寻找机会逃走,落脚点一般是同伴好友、亲戚、甚至自由相恋但遭父母反对的男友家里。逃婚满三年,舅家可以另娶,但姑家须支付"赔情钱",以支援舅家娶新媳妇。

配亲。婚庆结束当天上午,娘家要配与媒人及婆家(如公婆、新郎、新郎弟妹、新郎叔伯等)见面礼,所配均是布匹、枕巾、被子、鞋子等具体物品,根据辈分大小及亲疏远近确定配给的东西。一般地,媒人配布一匹,公婆配被子一床、枕巾一对,新郎叔伯二人,床罩各一条等。婆家礼官收礼后,代媒人和婆家说唱"谢礼歌"。

开娘钱。亦称"配钱",这是婆家给予娘家一定数量的钱,以此表达对娘家抚养女儿所付出的一种补偿和感谢。娘家接过钱后,还要回敬一部分给婆家,象征日后两亲家礼尚往来,亲如一家。

转脚。即"回门",指新娘首次回娘家,婚后三到四天,夫妻俩要带上酒、肉、糖等礼物看望岳父母,小住一到三宿,帮老人干点农活、拉拉家常。

二、湘西苗族传统婚恋文化的核心价值观

湘西苗族传统婚恋文化丰富,虽然当中不乏有一些腐朽落后的文化,如鸡卜、卵卜、打牙、舅霸姑婚等,人神杂糅、巫风神秘、误导人们、阻碍社会进步。但是,湘西苗族传统婚俗蕴涵更多的则是"引领风尚、教育人民、服务社会、推动发展"的优秀文化,其核心思想与社会主义荣辱观及其核心价值观有诸多共同的文化元素。

(一)婚教观:未雨绸缪,教育为本

马克思指出:"人的本质不是单个人所固有的抽象物,在其现实性上,它是一切社会关系的总和。"[3]社会属性是人的本质属性,它不是与生俱来的,人要更好地立足社会和适应家庭生活,必须不断增强社会属性。夫妻关系和婆媳关系如何,关乎家庭的和谐。历史上,苗族长期遭受历代统治者的驱赶与镇压,数千年来,过着颠簸不定的生活。为此,湘西苗族十分渴望社会的和平、家庭的稳定。同时,苗汉长期对立,社会教育缺乏,导致苗族社会对外很封闭。为了使子女更好地适应将来的社会生活和家庭生活,湘西苗族父母,尤其是母亲,"未雨绸缪",注重对子女进行婚恋教育,认为这是苗族青年增强社会性,提升为人处世能力的重要途径。

赶"边边场"、对唱情歌,这些活动给苗族青年提供了积极融入集体生活,增进了解,培养和提高交流沟通能力的大舞台。而且苗族青年在"边边场"上自由恋

爱,最后定下终身,通过这种方式所建立的感情,纯洁真挚而又高尚。[4]同时,参与"恋爱见习",观摩情侣相处言行,找到打开未来情侣或伴侣心扉的钥匙,为理顺和打牢未来的恋人与夫妻关系奠定坚实基础。婆媳相处之道的教育,倡导交流沟通、相互尊重、孝敬长辈,培养厚德载物的仁爱精神。婚恋教育习俗说明湘西苗族充分认识到了情感交流、人文关怀及感情基础在恋爱和婚姻存续期间的重要作用。湘西苗族的这种未雨绸缪,教育为本,重视婚恋教育的婚恋观,以"对内开放"弥补了"对外封闭"造成的民族人格缺陷,为子女将来建立幸福美满的家庭,为苗乡和谐社会的构建奠定了重要基石。在当今社会出现的重物质、轻感情的婚恋观而导致诸多家庭及社会不稳定的背景下,这一婚俗所展现的文化价值显得尤为可贵。

(二)维权观:勇于抗争,捍卫权利

湘西苗族向来十分看重婚姻的情感基础。他们认为,"婚姻是人格精神的结合,没有感情或感情破裂的婚姻是死亡了的婚姻,因而自古以来就奉行恋爱自由、婚姻自主的原则。"[5]苗族青年认为,"舅霸姑婚""鸡卜""卵卜"这些陋习,干涉婚恋自由,剥夺了年轻人追求幸福婚姻的权利,其本质上是典型的家庭"冷暴力"。在历史上,苗族是一个不惧压迫、勇于反抗、不屈不挠的伟大民族。因此,面对家庭的这种"冷暴力",苗族青年选择"奔婚"和"逃婚",他们就像苗族祖先反抗历代统治阶级的剥削与压迫那样,爆发出异常强烈的反抗精神,坚决捍卫婚姻自主权利。"奔婚"和"逃婚"的婚俗,集中展现了湘西苗族爱憎分明、勇于抗争、捍卫权利,追求自由与幸福的高尚品德,这种崇高的品行及可贵的维权精神是推动湘西苗族社会文明与进步的正能量,也是现代公民所应具备的人文素养。

(三)孝道观:尊孝老人,知恩图报

尊孝老人,知恩图报是中华民族的传统美德。《弟子规》曰:"恩欲报,怨欲忘,抱怨短,报恩长。"从定亲到娶亲,湘西苗族的诸多婚俗蕴涵了苗族青年尊老敬老、心怀感恩的崇高品质。笔者认为,这与苗族的不幸遭遇有很大关系。唯物史观认为,社会存在决定社会意识。湘西苗族险恶的居住环境、抚养孩子的艰辛,这种处境促使苗族从小树立母爱无私与伟大的观念,由此形成尊敬长辈、孝敬老人、知恩图报的优良品质。

湘西苗族婚俗的孝道文化,不仅体现在物质层面,也注重精神层面。"打节""配亲""配钱"和"回门",苗族夫妻给长辈送财物,当然因受条件限制,所给东西数量很有限,但它体现了苗族青年对父母养育之恩的一种回报与感谢。同时,这种婚俗也体现苗族青年对老人的精神赡养。一般地,女儿初嫁,因"失女",在短期内,老人易形成精神真空,精神慰藉很重要,尤其是空巢老人。"帮工""打节""回门",苗家小伙一般都要在岳父母家小住几宿,帮老人做点家务事,拉家常,加强长晚辈之间的沟通与了解,这本身就是给老人很大的精神慰藉。如今,我国已经步入老龄化社会,"精神留守老人"群体日益扩大,问题日益突出。2013 年 7 月 1 日,新修订的《老年人权益保障法》正式实施。新法规定,"与老年人分开居住的家庭成员,应当经常看望或者问候老年人"。也就是说,"不常看望老人将属违法"。将"常回家看看"写入法律,说明了在物质日益丰富的当今社会,相对于物质赡养,老人更需要精神赡养。湘西苗族传统婚俗所蕴含的这种尊孝老人、知恩图报,既注重物质赡养,又关注精神赡养的孝道文化,在新时期焕发出了其应有的价值魅力。

(四)和谐观:和而不同,以和为贵

"合婚"、洗"和气脸"、唱"合事歌",湘西苗族的这些婚俗,带有较浓厚的神秘色彩,然而在其神秘面纱里却蕴涵着中华民族优秀的"和合"文化。"和合"文化是中国优秀传统文化的重要组成部分,内容十分丰富,其中"和而不同""求同存异"的价值观,"和为贵""泛爱众"的处世哲学是两条重要的基本内涵。[6]"合婚"类似西方教堂的婚礼仪式,"合师"相当于"牧师",婚礼上,牧师念主婚词,"合师"唱"合婚歌",歌词诸如"夫妻二人,和睦相处,永不分离"等。洗"和气脸"所用的水由多种草药合煮而成,不同草药经过"合煮",药性互相吸收、融合,从而增强事物的共性。唯物辩证法告诉我们,对立统一是事物存在的基本法则。洗"和气脸"体现了苗族遵循和运用这一基本法则的睿智。因此,"合婚"之"合",即意为结合、融合、合作;"和气脸"中的"和"即为和谐、和平、和睦、祥和的意思。"合婚"、洗"和气脸"、唱"合事歌",这种庄重的"婚庆典礼",倡导"和合"文化,蕴涵湘西苗族和而不同、相互包容、求同存异、以和为贵的和谐理念。

(五)荣辱观:知荣明辱,同舟共济

曾国藩在其家书中说,"巨室之败,非傲即惰,二者必居其一。"在此,曾国藩告诉家人,傲慢、懒惰是毁家和败家的大敌。湘西苗族的唱"农事歌"也蕴涵这一朴素的价值观。结婚是人生的重要转折点,它意味着"成家",唯有"立业"方能家道兴旺。在青年婚庆这一重要时刻,长辈组织唱"农事歌",采取寓教于乐的方式,传授"新人"农业生产知识,教导和鼓励他们日后辛勤劳动、勤俭持家、安居乐业、和睦相处。这种婚俗体现了湘西苗族所具有的"以辛勤劳动为荣、以好逸恶劳为耻,以艰苦奋斗为荣、以骄奢淫逸为耻"的荣辱观思想。

喝"撵脚酒"、婚夜"不婚",这些婚俗以现代婚庆来看,很难理喻。此外,吃"排家饭",新郎叔伯要花不少费用,这不是强制性的摊派,而是一种担当和责任。这些保留湘西苗族原始氏族公社的遗风,蕴涵"以团结互助为荣、以损人利己为耻"的社会主义荣辱观的光辉思想,突出体现了湘西苗族热情好客、关爱亲友、睦邻友好、团结互助、风雨同舟、荣辱与共的可贵品质。这一品质的形成是苗族多难历史积淀的结果。在面对长达数千年险恶的自然环境和社会环境下,或许没有其他民族比苗族认识到勤俭互助,荣辱与共的重要性。

例外,唱"农事歌"、喝"撵脚酒"、吃"排家饭"、婚夜"不婚"等,这些婚俗规模大,人员集中,是湘西苗族聚会的大舞台。这对于加强苗族同胞之间的联系,增进民族成员间的了解,增强民族的凝聚力和向心力具有重要意义。笔者认为,湘西苗族历经磨难但仍保持旺盛生命力,这与婚恋文化的价值功效有着重要关系。

面对丰富的湘西苗族传统婚恋文化,我们须辩证分析,"去粗取精","去伪存真"。在国家大力推进文化强国建设的新形势下,必须积极挖掘湘西苗族传统婚俗文化的核心价值观,大力弘扬、保护和传承湘西苗族优秀的非物质文化遗产,推动湘西苗族文化大繁荣大发展。这样不仅可以增强苗族同胞的民族文化认同感,增强民族的自信心和凝聚力,而且对于促进湘西旅游业健康发展,构建社会主义和谐苗区,全面建成苗乡小康社会具有重要意义。

参考文献

[1]石启贵.湘西苗族实地调查报告[M].长沙:湖南人民出版社,1986:181.

[2]石邦明,龙炳文.湘西苗族婚姻习俗(下)[J].吉首大学学报(社会科学版),1986(1):32.

[3]马克思,恩格斯.马克思恩格斯选集:第1卷[M].北京:人民出版社,1985:56.

[4]潘光华.中国苗族风情[M].贵阳:贵州民族出版社,1990:331.

[5]潘世仁.苗族试婚制度初探[J].中央民族大学学报(社会科学版),1997(2):17.

[6]范婷,丁鼎棣.和合文化的哲学考察与现代价值[J].求索,2009(9):107.

苗族传统意识与中国梦的实现

朱慧珍

摘　要:本研究首先对苗族传统意识作全面的立体透视,以大量的事实说明苗族传统意识具有积极与消极、美与丑的二重性。而且随着历史的发展在不断地发展变化。苗族传统意识对于苗族地区发展,对于中国梦的实现,既有适应或者基本适应的一面,更有不适应甚至阻碍发展的一面。而且民族传统意识是历史的产物,随着社会的向前发展,必然会越来越显示出它的局限性,即便是其精华部分也不例外。为了实现中国梦,必须首先转变观念。

关键词:苗族　传统意识　中国梦

中国梦是全党全国人民的奋斗目标和不懈追求,也是苗族人民的理想与不懈追求。什么是中国梦呢? 习近平同志在第十二届全国人民代表大会第一次会议上的讲话中作了精辟的论述,他说:"实现中华民族伟大复兴的中国梦,就是要实现国家富强、民族振兴、人民幸福。"而要使国家富强、民族振兴、人民幸福就必须大力发展经济和文化。经济的发展是国家强盛、人民幸福的基础和前提。科学发展观的第一要义是发展,胡锦涛同志指出:"必须坚持把发展作为党执政兴国的第一要务。发展,对于全面建设小康社会,加快推进社会主义现代化,具有决定性意义。"发展,对于经济文化发展相对滞后的苗族地区来说就显得更为重要。发展是一个系统工程,它需要从各个方面去努力,比如更好地实施科教兴国战略、人才强国战略、可持续发展战略,创新发展理念、转变发展方式等,它涉及生态环境保护、基础设施建设、产业结构调整、科学技术教育等方面的内容。但不管是哪一项工程都离不开人。邓小平同志说过:"中国的事情能不能办好,社会主义和改革开放能不能坚持,

---

作者简介:朱慧珍(1942—),女,苗族,贵州省榕江县人,广西民族大学教授。主要研究方向:文艺学、民族文化和民间文学等。

经济能不能快一点发展起来,国家能不能长治久安,从一定意义上说,关键在人。"事在人为,业靠人兴,中国梦能否早日实现,关键也在于人。而人的行动是受其思想意识指导的。要使经济得到健康、快速的发展,就必须依靠先进的,具有崇高思想和高度智慧的人。就必须依靠坚持走有中国特色的社会主义道路,具有改革开放意识、创新精神和坚持不懈、吃苦耐劳的品格的人。所有这一切,都与人的思想意识有关。苗族地区经济发展缓慢,除了历史、地域等原因外,思想观念的陈旧也是其中重要原因。苗族传统意识是否适应当前新的形势发展要求,它对于中国梦的实现起到什么作用,这就是本文所要探讨的主要问题。需要说明的是,这里谈的是苗族传统意识,但它对于同处于西南偏远地区的少数民族来说具有一定的代表性和普遍意义。而且,苗族是一个具有上千万人口的民族,在全国少数民族人口中居第五位,苗族思想状况、经济文化发展状况如何,对于实现中国梦具有至关重要的意义。

民族意识是在长期民族历史发展中形成、流传、积淀下来的意识,它包括民族观念和民族心理等。民族风俗、文艺、道德、哲学是民族传统意识的表现形式。研究民族传统意识离不开它的表现形式,尤其是风俗。

民族传统意识是民族的重要精神支柱。民族传统意识在一定的民族生活、社会环境中形成,又反过来影响民族的生活和行动,对民族的生存和发展起着重要的作用。先进的民族意识可以引导一个民族走向进步和繁荣,落后的乃至反动的民族意识也可以促使一个民族趋向倒退以致灭亡。剖析民族传统意识及其外化形式——风俗,将它们作为一个具有多质多层次的开放系统进行多侧面的立体透视,将有助于我们制定符合于民族特点的政策措施,有助于发扬民族的优秀传统,克服民族的落后面,以促进民族经济、文化的发展,使民族能以新的姿态迎接21世纪的挑战,与全国人民一道去实现中国梦。

以往人们对少数民族传统意识的看法存在着以下三种倾向:第一种倾向只看到民族意识的长处,甚至将其中落后的东西当作精华来赞美,似乎只有这样才能弘扬民族精神,不然就有贬抑、污蔑少数民族之嫌;第二种倾向则相反,他们只看到民族传统意识的短处和不足,似乎少数民族处处落后,处处不如人;第三种倾向则是将少数民族传统意识绝对化、固定化,好则全好,坏则全坏,而且永远如此,没有发展观点和辩证统一的观点。以上三种看法既不符合民族的实际,也不利于民族团结和民族的进步与发展。因此,我们对民族传统意识必须进行全面的立体透视。

笔者认为,民族传统意识是既有促进民族发展、维护民族生存的积极因素,也有阻碍民族发展的消极因素。而且,同一种思想观念往往具有积极与消极、美与丑的二重性。比如,苗族艰苦朴素,但又容易满足;苗族团结、内聚力强,但又眼光狭隘,容易排外;苗族谦虚谨慎,但又怕承担风险等。不仅民族意识中的精华部分具有二重性,而且,在今天看来已是落后的观念也往往具有二重性,如鄙商、轻商的观念在今天商业经济发展的大潮中,无疑是一种落后意识,甚至会成为经济发展的障碍,但在形成这种意识的那个时代,它具有一定的进步意义。苗族在旧社会受尽奸商的盘剥。例如,盐是苗族的生活的必需品,奸商将盐运到苗族地区,以高出普通价的十几倍以致几十倍的价格出售给苗民。又如,苗族将自己生产的茶油挑到集市上去换取生活必需品,奸商不但拼命压低价格,而且在秤头上大做手脚,明明是60斤油,到了奸商手里却变成40斤。正是在这种残酷的现实中形成了苗族"轻商、鄙商"的观念。在苗胞看来,商人是最没有良心的。由此可见,"轻商、鄙商"的观念在当时的历史条件下具有反剥削、反压迫的性质,而且也表现了苗族人民不损人利己的美好心灵。由此可见,对苗族传统意识必须进行全面的立体分析。苗族传统意识对于苗族地区发展,对于中国梦的实现,既有适应或者基本适应的一面,更有不适应甚至阻碍发展的一面。而且民族传统意识毕竟是历史的产物,随着社会的向前发展,必然会越来越显示出它的局限性,即便是其精华部分也不例外。

艰苦奋斗、勇于反抗是苗族的优良传统。苗族是一个具有五千多年悠久历史的民族,其祖先可追溯到五千多年前的蚩尤领导的部落联盟,其祖居位于黄河中下游,由于部落纷争,阶级压迫,民族歧视,使他们经历了由北向南、自东向西的长时间、远距离、大幅度的迁徙,最后,大多数被赶到西南山区的崇山峻岭之中。他们在漫长的历史长河中饱经征战,历尽人世艰辛。就在这样的艰苦环境中,造就了他们坚忍顽强、勇于反抗的民族精神。在部落纷争中,他们曾遭受过重大的打击和失败,但他们从不气馁,而是集中余部,重整旗鼓,再树雄风,顽强战斗。进入阶级社会后,历代反动统治阶级对他们进行残酷的压迫、征剿和镇压,他们从不屈服,多次举行起义,进行顽强的抗争,谱写了一曲曲英雄的乐章。苗族的这种顽强斗争精神,有力地维护了民族的生存和发展,在历史上起着非常积极的作用。在苗区大开发的今天,仍然需要这种精神,苗区大开发是一项十分艰巨而复杂的系统工程,同样需要有苗族这种不畏艰险、顽强拼搏的精神。但与此同时我们还应看到,苗族这种艰苦奋斗精神是在激烈的阶级斗争环境中形成的,是为了维护民族生存和发展被迫采取的,带有一定的自发性。随着环境的变化,这种性格也会随之变化。中华人民共和国成立后,苗族人民摆脱了压迫和剥削,成了国家的主人,虽然与先进民族相比,苗族经济文化还相对落后,但与他们自己的过去相比,生活上却有了很大的改善,于是,缺乏发展民族经济的紧迫感。这是其一。其二,还应看到,苗族的艰苦斗争精神,除了表现在阶级斗争中,还表现在开山种地、与恶劣的自然环境做斗争中,具有个体随意性和自由性,一旦到了具有高度组织纪律性的现代化生产中,他们便觉得太苦、太累。如某县为了帮助苗民脱贫,从一个贫困山寨里选送 20 名苗族青壮年到硅厂当工人。第一天,让他们参观老工人在炉前操作,滚滚的热浪将他们吓怕了,连称"干不了! 干不了!"。第二天便有 15 人溜回了山寨。剩下 5 人干不了几个月也打道回乡了。诚然,现在外出打工的苗族人逐渐多起来了,但他们多是迫于生计而采取的应急措施,一旦攒到了几个活命钱便急忙赶回家乡。

纯朴善良、诚实厚道、热情好客是苗族人民的普遍心理和品格。在苗族内部,朋友之间,亲戚之间以心换心,真诚相待。对于外族,只要尊重苗族的风俗习惯,真心以苗族为友,苗族也会以礼相待,甚至奉为上宾,倾其所有热情款待。

苗族这种善良、厚道、友好的品格代代相传、流传至今。在今天,它对于引进外资,沟通东西部的联系,加强民族团结,开发苗区有积极的作用。即使在社会主义的市场竞争中也还应当以诚信为本。但也应当看到苗胞的这种心理和品格是在原始的血缘关系和单纯的村寨环境中形成和发展起来的,在复杂的现代社会中缺乏免疫力。苗族太单纯则缺少心眼,缺乏复杂的理性思维和识别能力,在市场竞争中容易受骗上当。如苗族借债向来无须凭据,无须公正,借债者只要有条件一定主动归还,绝不赖账。但如将此种做法推广到现代市场中去,往往会受骗上当,甚至弄得倾家荡产。再者,太善良则心肠太软,缺乏赢利观念和竞争意识,在商业活动中往往导致失败。由于苗族在历史上常受奸商的残酷剥削,他们对商人十分痛恨、鄙视,在鄙商、轻商的观念指导下,一些苗胞在商业活动中往往只讲人情,不讲利润。只要有人在他们面前说上几句好话,他们便会将商品以极低的价格出售,碰上熟人更是拱手相送而心安理得。这便是一部分苗胞经商不赚钱的重要原因之一。

团结友爱,民族认同感强,内聚力强是苗族传统意识又一特点。在历史上,苗族的被压迫的政治地位,自足自给的自然经济,聚族而居的生活环境形成了苗族强烈的民族认同感和内聚力。在苗族内部,无论亲疏,无论何种支系,只要是苗族,一律视为亲人,互敬互爱,互相帮助,有福同享,有难同当。公益事业大家出钱出力。

村寨遇外敌入侵,全村人团结一心抗敌,严禁勾生吃熟,吃里爬外。这种民族的认同感和内聚力在历史上起到了维护村寨安宁,维护民族生存和发展的重要作用。与此同时,我们还应当看到苗族这种民族认同感和内聚力是建立在原始的血缘关系基础上的,具有原始的小团体的狭隘性与排外性。他们往往只看到一个民族、一个村寨的利益,看不到全局的长远利益。而发展社会主义的经济文化,实现中国梦是国家大计,是各民族的共同事业,共同理想。其中的生态保护、产业结构调整,基础设施建设都是从全局的利益出发的,这些工程既考虑到少数民族地区的目前利益,更考虑到长远利益。这就有可能暂时触及某一地区、某一村寨的目前的局部利益。苗族的这狭隘的小团体的意识就有可能给西部大开发带来消极影响。此外,建立在原始的自然经济基础上的小团体意识还包藏着原始的平均主义。长期以来,苗族中流行着"隔山打鸟,见者有份"的观念和习俗,这种观念和习俗在现实生活中屡见不鲜:上桌吃饭如有鱼肉,必将其剪成若干等份,平均地分配到每位食者的面前。婚丧大事,给每位来客发一串同等分量的串肉,男女老少人人有份。这种原始的平均主义在生产力极度低下的时代曾经有过某种积极的作用。但今天却妨碍了经济的发展,妨碍了个人能力的发挥,妨碍了让一部分人先富起来,以先富带动后富的政策实施。在平均主义思想指导下,相当一部分苗族同胞怕富,另有一部分苗族同胞对于稍微富裕"眼红"。某苗寨有一位苗族青年转业后到城市当保安员,见义勇为与歹徒搏斗献出了年轻的生命,政府给予了一定数额的物质奖励,社会各界也纷纷捐助这位来自穷乡苗寨的英雄的父母家人。消息传到苗寨,苗胞们一方面为之骄傲自豪,与此同时,又上门吃喝、借钱。在他们眼里,某家的钱财也是全村寨的,吃点拿点合情合理。足见这种原始的平均主义既妨碍了一部分人带头致富,又滋长了一部分人安于贫困的惰性。

以上事实说明,苗族传统意识中的精华部分在新的历史条件下虽然还有一定的积极作用但也有其局限性,它对于民族地区发展,对于实现中国梦既有适应的一面,也有不适应的一面。对于苗族传统意识中的精华部分既要发扬光大,又要加以改造,融进符合新时代需要的现代意识,将民族传统意识中的精华部分提高到一个新的高度。唯此,才能对社会发展真正起到积极作用。

至于苗族传统意识中的消极部分对社会发展,对中国梦的实现的不良影响更应当引起我们的关注。这些消极部分主要表现在以下两个方面。

第一,封闭保守、因循守旧、满足现状的传统观念严重束缚了少数民族地区的改革开放和经济文化发展。由于苗族世代居住在高山上，交通闭塞、信息不通，与外界交往少，维持着刀耕火种的自足自给的自然经济，形成了相当一部分苗族的自我封闭、因循守旧、满足现状的传统观念。苗族祖祖辈辈只从事农业（部分地区还有林业），且多采用粗放的耕作方式。要开展多种经营，要改革生产技术，要从事商业活动，他们便顾虑重重，怕冒尖、怕失败、怕亏本，不敢承受更大的风险。例如，政府资助苗族发展养羊、种烟、种果树等多种经营，一旦失败，他们便偃旗息鼓，不敢再来。政府给边远地区发放生产贷款，即便只要三厘的低息，也常常没有多少人敢要。一位苗族乡干部对我说"人家大地方（指开放地区）三百万三千万贷款有人抢着要，我们苗乡要三百元贷款也还有顾虑"。于是只好仍旧守着几块田地、几株杉木过穷日子。当然，如果与中华人民共和国成立前比，苗胞生活有了不同程度的改善。中华人民共和国成立前，许多少数民族衣不蔽体、食不果腹，中华人民共和国成立后，尤其是改革开放以来，实行生产责任制，大部分苗胞有饭吃，有衣穿，有的地区还用上了电，有的农户有了电视机，于是有的人便认为日子过得不错了。他们满足于小变则止，小富则安，缺乏远大的理想，缺乏更高的追求。这对于苗区发展是极为不利的。苗族这种满足现状、不思进取的意识也表现在对文化的追求上。学文化，他们只满足于"认得几个字，会看人民币"就行了，不求有更高的文化科学知识。尤其表现在对女童入学的极度轻视上。这与经济困难有一定关系，但传统观念的束缚也是其中重要原因。没有科学文化知识，苗区要发展也只能是一句空话。不可否认，在改革开放大潮中，也有一些苗族的有识之士敢于冲破传统观念的束缚，大胆改革，取得了可喜的成绩。如在苗族地区发展多种经营，发展旅游业，发展外向型经济，开办女童班，尽力支持子女上学等。他们代表着苗区的未来和方向。但同时也应看到，这些改革只是在局部地区进行，改革的范围和程度十分有限，且步履艰难。要使改革开放意识变成广大苗族同胞的行动，还要做艰苦深入的工作。

第二，影响苗区发展的是苗族畸形的消费观念和迷信鬼神的思想意识。从总体上看，边远苗族地区经济发展滞后，一部分苗民温饱问题尚未解决。嗜酒是苗族的普遍习俗，对于这一习俗，有的人把它看作苗族的一大优点，大加赞赏，这是欠全面的。笔者认为对苗族的嗜酒应作一分为二的分析，苗族多生活在山高水冷的高寒山区，喝酒可以活血热身，喝酒是苗族交际的重要手段，同时也反映了苗族热情好客、大方豪爽的性格。因此，我们一般并不反对喝酒，反对的只是无节制的狂饮暴饮。有的苗族地区粮食不能自给,但秋收之后则耗费大量粮食酿酒。逢年过节,客人来访,婚丧大事,宗教祭祀则狂饮暴饮,直至酩酊大醉,人事不省。东倒一个,西倒一群。甚至一些乡村干部也经常处在醉醺醺的糊糊涂涂的状态之中。现在一些苗寨有了拖拉机、小四轮,把这种酗酒的状态带到驾车上,便构成了"酒驾""醉驾",因"酒驾""醉驾"出车祸的现象在苗区时有发生。自身生命都难保,还谈什么实现中国梦?这种畸形的消费既影响了苗族的生产生活和工作,又影响了后代的健康成长。这种精神状态,如何去实现中国梦呢?除酗酒之外,苗族地区在婚丧嫁娶、请客送礼、祭神送鬼方面也耗费了大量的钱财。在历史上,苗族婚丧大事从简,娶媳妇根据自己的经济情况给女方送些酒肉糯饭。实在出不起,半夜里将媳妇接回家就算了事,周围群众也绝不指责。村寨死了人,上午去世,下午埋葬,下午去世,第二天上午埋葬,不立墓碑不扫墓,一切从简。但现在结婚要彩礼,少则几百,多则几千。有的村寨老人去世,停丧数日,全村人上门吃喝,吃完丧家全年口粮,还负债累累。笔者亲自耳闻目睹一些苗胞因婚丧之事的大量耗费而向在城市工作的亲属频频告急的情境。有的苗胞生病不看医生,遇到灾害不用科学方法治理,而是花大量的钱财求助于鬼神。少则一块肉、一筒米、一只鸡,多则杀猪宰羊,银钱封包。有时弄得倾家荡产,人财两空。诚然,与经济发达地区相比,苗族地区的这种消费水平并不算高,但苗族地区生产力低,经济落后,收入少,这种消费在苗族地区算是超前的了。这种收入增长滞后与消费增长超前的矛盾,严重影响了苗族地区的积累和生产开发能力。从消费结构上看,苗族地区开支的最大项目为食品,其次是婚丧大事和建房支出,生产投资则较少。而要发展生产就必须有新的投入。除国家资助部分外,主要还得靠自身的积累。吃光用光,没有资金或很少资金投入再生产,那么,来年的生产又将是单一的、粗放的、低产的。于是便形成了落后的生产—超前的消费—生产的落后的恶性循环,民族经济的腾飞,苗区的发展,中国梦的实现便只是一句空话。

以上事实说明,苗族传统意识中的精华部分对西部大开发,对实现中国梦有一定的积极作用,但也有局限,而其消极部分则严重制约着苗族地区的经济发展,是苗区发展的障碍。一位在北京生活了八年的西部青年在三次回西部之后深有感触地说"那些优惠政策能够开发西部的资源,却未必开发得了这些西部人的头脑","土地贫瘠不可怕,更可怕的是思想的贫困"。一位记者看到这篇报道后做出了这样的结论:"开发西部,关键是开发头脑。"这话切中要害。发展苗族地区经济文化有千事万事要做,但首要任务或贯穿始终的任务是转变人的旧观念、旧意识,树立科学的发展观,使传统的人转变为具有现代思想意识和科学技术文化知识的现代人。目前,这种转变正在一些苗胞身上悄然进行,但要实现大转变则是一个长期艰巨的过程。既需要各级领导的重视,需要各族人民的帮助,更需要苗族同胞自身的艰苦努力。

笔者认为,要转变旧的不适应形势需要的传统观念,第一要让苗族同胞对自己的传统观念有一个清醒的认识,特别是应当看到其中的消极因素对苗区开发的不良影响,自觉地去改变落后面貌。这也正是笔者写作的目的。本研究的内容曾在融水县的苗学讨论会上宣读,引起了苗胞们的强烈的良好反响。会后,融水县县委书记对我说:"你的报告很符合苗族的实际,我要把你的文章印发给所有的县委常委,让他们好好学习。"第二是加强对苗胞的科学文化知识的教育。观念的落后往往与文化科学知识的贫乏有关。只有加强智力投资,提高苗胞的文化水平,向苗胞灌输先进思想和科学知识,才能启发苗胞去自觉改变旧的意识。第三是采取走出去请进来的办法,让苗胞不断接触新思想、新事物,让新思想与传统观念在现实中发生碰撞,从而接受新思想,摒弃旧观念。走出去,就是让苗胞(尤其是村寨的领头人)到先进的发达地区参观学习,学习别人的新思想、新经验、新技能。近十几年来,不少苗胞外出打工,这也是学习先进经验的好机会,只要不把打工看成是仅仅为了养家糊口的手段,而是在解决经济问题的同时自觉地、有意识地向先进地区学习,就可以有所长进。目前就有一些打工族中的有识之士在打工中不但赚到了钱,而且学到了经验和本领,并将这些经验和本领带回山寨,发展山寨的经济文化。这些经验是很值得推广的。这特别需要各级领导有意识去培养和发现。至于说请进来,方式也是多种多样的,例如,请先进地区的专家、能手、先进的乡镇干部来传经送宝,干部下乡,大学生下乡当村干部等。我认为大学生当村干部这一举措有着重大的意义。大学生有文化知识,见过世面,有创新精神,他(她)到农村去当村干部,不仅仅是为了解决大学生就业问题,更重要的是他(她)们既担负着向群众学习,向群众传播新知识、新文化的重任,同时也是一支改变农村落后面貌,带领群众奔小康,从而实现中国梦的生力军。

苗族古歌中的"祖居地"与族群迁徙

曹端波

摘　要:苗族口传经典中有关于苗族祖居地的情况、苗族迁徙的缘由及其迁徙的历程。作为无文字的苗族并非是没有历史的民族,作为经典叙事的苗族古歌不但是苗族的信息系统,而且是苗族民族认同和价值观的重要体现,并影响社会的构成。根据不同区域苗族古歌关于祖居地和迁徙历程的叙述,可以得知苗族在远古时期就是中国南方一个分布范围较大的族群,至少东起洞庭湖西部河流的下游,西到古巴蜀的南部山地,也就是长江上游中游的交界地带。历史上的苗族因不同原因,或因战争,或因人口的繁衍,苗族都有一个从河流的下游向上游的云贵高地迁徙的过程;尽管因迁入不同的生态环境,苗族内部差异增大,但其社会的深层结构仍有相似之处,即各族群对于死后灵魂回归祖居地及其祖先的迁徙历程十分重视,这也是各方言区各支系苗族古歌的核心内容。

关键词:苗族古歌　祖居地　民族迁徙

苗族的族源与迁徙一直为学术界争论的焦点,且分歧较大:即有北来说,认为苗族原来居住在黄河流域,后被汉族祖先驱逐至西南;东来说,认为苗族来自江淮太湖一带;西来说,将苗族说成是"窜三苗于三危"后,沿西部高原进入西南山地;南来说,认为苗族来自东南亚一带,等等。苗族的来源之所以分歧较大,在于确指苗族的"苗"这一名称始于宋代,而先秦时期又有"三苗"的记载,但后来对于"苗"的记载至宋代才开始清晰,因此,我们利用文献必然造成对苗族族源和迁徙的误读。

宋代出现"苗"这一称呼,在于宋代对西南高地东缘的经营,如朱熹《记三苗》、

作者简介:曹端波(1974—),男,湖南省常德市人,贵州大学人文学院教授,博士,华中师范大学历史文化学院博士后。主要研究方向:人类学、民族学和民族史等。

朱辅《溪蛮丛笑》、陆游《老学庵笔记》等,大量汉人知识分子接触到西南山地的苗族,并开始进入汉人的视野和文献。至于苗族与"三苗"的关系,多数汉族知识分子将其作为一个共同体,如明代郭子章《黔记》卷 59《苗人》记载:"苗人,古三苗之裔也。"后来学者多遵从这一传统,将苗族作为"三苗"的后裔。然而,近代以来,一批学者开始提出质疑,如吕思勉提出三苗为姜姓之国,非种族之名,而苗族应为长沙武陵蛮之后[1]。江应樑认为:"历史上之南蛮即今之苗人,根本是南方的土著而非北方的移民。"[2]

苗族自身尽管没有文字文献对民族的历史和迁徙进行记载,但其口述传统较为完善。苗族古歌中最为重要的内容就是家族世系和族群迁徙,如黔东方言区苗族的祭祖仪式"吃鼓藏"所演唱的祭祖辞就有祖先迁徙前的祖居地和迁徙路线,湘西方言区苗族的创世古歌和婚姻古歌的核心内容就是各支系、各姓氏集团的迁徙缘由和迁徙定居情况,而川黔滇方言区苗族的迁徙古歌主要在丧葬仪式上演唱,即为了将亡魂顺利指引回祖居地,一般需要祭师演唱苗族的迁徙路线,以便为亡魂指路。因此,我们根据苗族的口述传统,从苗族古歌中探讨苗族祖居地和迁徙路径,对于研究苗族的族源和历史具有重要的参考价值。

一、苗族古歌中的"祖居地"及其景观

苗族的分布范围较广,具有三个较大的方言区,如湘西方言区、黔东方言区和川黔滇方言区,在方言区内部也有较大差异,如川黔滇方言区。苗族方言区和内部支系复杂性的形成其实有两个因素,一方面,苗族在远古时期就是一个较大的民族,分布范围并非一点,如同汉族也不是单一的一个小范围区域的族群发展而成,没有国家和政权的苗族与汉族相比,内部更为复杂和多元;另一方面,就是苗族在迁徙过程中,进入不同的生态区域,并和不同的民族杂居,如川黔滇苗族中,有的进入黔西北高地的彝族土司区,有的进入黔中的仡佬族、布依族居住区,黔东苗族则与侗族共同进入清水江、都柳江流域,湘西方言区苗族则与土家族、汉族、侗族等形成杂居状态。不同的民族和文化相互影响,并且生态区域的差异性,导致生计方式的不同,故而苗族内部的差异性和复杂性程度较高。

苗族作为一个整体民族,尽管内部有较大的差异性,但其深层的文化结构具有稳定性和同一性,这一深层的结构可以从苗族的"东方崇拜"和亡魂回归东方祖居地中显现出来。人类对于死者的埋葬及其灵魂的处理较为重视,对于死后灵魂的

存在在人类早期就已经存在,这在考古上有很多的证据。中国西南非汉族群对于祖居地的崇拜体现在各种丧葬习俗中,如麻山苗族丧葬仪式上亚鲁王史诗的演唱,黔西北苗族的指路经演唱及其"解簸箕"仪式等。苗族认为,人死之后,灵魂需要回到祖先居住地,而祖先居住地就在"东方";当然,不同区域的苗族对于祖居地的记忆有差异,且有不同的迁徙路线。远古时期的苗族作为一个较大的共同体,分布范围较广,但应该具有连片共同的区域,这一连片共同区域应该就是苗族族源的所在地。

清水江流域的苗族属于黔东方言区,其迁徙古歌较为系统、完善,且演唱的场所和形式也丰富多样。如在每隔十二年一次的祭祖仪式"吃鼓藏"时,其祭祖辞就需要演唱各个家族支系的来源和迁徙史;在节日举行的宴会中还有专门以"赛歌"形式出现的问答体叙事古歌,其中"溯河西迁"就是典型的迁徙古歌;另外,迁徙古歌还存在苗族古经的贾理之中,因为苗族在迁徙过程中,形成了各种新的秩序和规范,而这些"古理古法"具有神圣的根基,追溯神圣的根基自然需要追溯到祖先的历史。

清水江流域苗族古歌中"溯河西迁"(Nangx Eb Jit Bil),其原意为"顺沿着河流往高处爬"。马学良、今旦译注的《苗族史诗》将其翻译为"溯河西迁"主要是考虑到清水江是由西流向东边,顺着河流向高处爬其方向就是向西;这一翻译还影响到燕宝整理译注的《苗族古歌》等。根据马学良、今旦的苗族史诗,苗族祖居地属于下游水乡的平坝:"爹娘原来住哪里? 他们住在这样的地方:大地连水两茫茫,波光潋滟接蓝天;处处平得像席子,像盖粮仓的坝子。"[3]祖先居住地不仅为水乡泽国,而且相当平坦,其迁徙原因是人口拥挤,需要更多的土地:"一窝难容许多鸟,一处难住众爹娘。火坑挨火坑烧饭,脚板撂脚板舂粮。房屋盖得像蜂窝,锅子鼎罐都挤破。快来商量往西迁,西方去找好生活。"[3]燕宝整理译注的《苗族古歌》与此相同。

来看五对老爹娘,六对爹妈爬高山,西迁来找好生活。在那悠悠最远古,野菜花花初初开。爹妈住在海边边,九千山坡的东面。雀多窝窝住不下,人多寨子容不了,难容火塘煮饭吃,难容簸箕簸小米,难容脚板舂碓杆,没有地方去开亲,没有地方去花钱。7个公公1把锄,1个挖地10个等,日子实在太难过,6个婆婆1架车,1根蒿针共纺线,1人在纺10人看,真是实在太艰难[4]。

在燕宝版《苗族古歌》中,祖先居住地也是在宽阔的水边平地,燕宝将其翻译为"海边边"应为受苗族江淮一带西迁而来的影响所致。燕宝版的苗文对译为:

Naib	hxet	eb	zenx	dlangl
爹妈	住	水	齐	地方
BobJex	hsangb	gid	nangl	
山	九	千	东方	

根据所描述的场景，也应该就是清水江的下游平原，这里的祖居地有两个特征：一是"水齐地方"；二是"很多山的东面"，根据这些场景，我们认为就是洞庭湖平原一带，这里的西面就是云贵高地的东缘，且进入西部的山地需要沿着河流向上爬。清水江流域苗族迁徙古歌"Nangx Eb Jit Bil"之名称就很形象地将这一方言区苗族的迁徙方向和迁徙路径进行了描绘，即在迁徙时，需要沿着河流往上爬，同时还要爬山。田兵编选的"苗族古歌"由此将其翻译为"跋山涉水歌"，其意在于既要"跋山"，又要"涉水"[5]。

湘西方言区苗族的迁徙古歌不像清水江流域的迁徙古歌系统，但整合程度要高。在湖南省湘西和贵州省松桃一带的苗族"婚姻史话"中，就专门演唱了湘西方言区苗族各姓氏迁徙史，也就是说，湘西方言区苗族出现了整个族群的迁徙古歌，而黔东方言区、川黔滇方言区苗族多是家族的迁徙古歌。湘西方言区苗族在"婚姻史话"中，之所以需要演唱各姓氏的迁徙史，就是要对各开亲集团（以姓氏为界限）的根源进行追述："开创婚姻，结交成亲。支系宗族，寻根溯源。繁衍发展，分散迁徙。古话述说，史话谈论。"[6]在各姓氏的迁徙中，尽管迁居地有具体的差异，但迁徙的方向和路径是相同的："像鱼逆水向上游，从平地向上迁徙。"[6]

石宗仁收集翻译整理的《中国苗族古歌》开辟了关于湘西方言区苗族的迁徙古歌专栏，即"部族变迁"。石宗仁版苗族古歌也是将苗族的祖居地定位在水乡边的平地。

苗人在句吴（意为水路、水乡）水乡四处捕鱼啊，苗众在水乡边的陆地找地方；迁徙的来到海溪的山冈，迁徙的来到海口的坡陵，先祖的一支留在海溪，先祖的一支留在海口；海溪得地方住人，海口得地方养马。在句吴水乡四处捕鱼啊，在水乡边的陆地找地方；来到鸡多的戈安地方，来到鸡多的戈古地域，先祖的一支留住戈安，先祖的一支留住戈古；得戈安地方住下，得戈古地方安居[7]。

石宗仁版苗族古歌在"远古纪源"中，认为苗族居住的区域为"中球"，其东球和西球都是外境。石宗仁在注释中，将苗族居住的"中球"解释为长江中游地区。石宗仁的解释并没有错，只是范围仍然很大，我们希望根据古歌所描述的场景更加细致地分析苗族的祖居地。石宗仁版苗族古歌"在中球水乡"中,苗族与汉族拥有共同的祖先"奶归玛光":"相传苗人汉人共一个始祖,说是奶归玛光生养几个苗人,说是奶归玛光生养几个汉人;说奶归玛光是苗汉的先祖,说奶归玛光是苗汉的祖宗。"[7] 根据古歌所述,苗人、汉人造船,汉人用欺骗手段,获得苗人所造的轻巧的杉木船,而将笨重的青冈船留给苗人,因此汉人优先占据开阔的水乡平地,而苗人只好溯河向山地迁徙,进入武陵山腹地。

黔东方言区苗族与湘西方言区苗族的祖居地及其迁徙方向有相似性,但迁居地不同,黔东方言区苗族属于洞庭湖水系的南部,溯河西迁,自然进入贵州、广西等地的上游,即清水江、都柳江流域;而湘西方言区苗族属于洞庭湖水系的北部,溯河迁徙,就会进入武陵山地区,即今湖南、贵州、重庆的交界地带。另外,湘西方言区的祖居地与黔东方言区的祖居地有一个区别,湘西方言区属于北部,与重庆、贵州东北交界,因此其古歌有反映"盐井"的场景。

仡灌宗支的入啊,有的留住老祖的田园,有的留守先祖出盐津的地方;灌苑灌柔是它的强宗,灌苑灌柔是它的大姓。吃牛祭祖的时候,他们来堂屋院坝庆贺,吃猪祭祖的时候,他们在屋檐沟边贺喜[7]。

仡灌宗支拥有 17 个姓氏,而大姓为"石";石姓也是从"水乡边的平原",但其区域有"盐井",并有的宗支还留在盐井的故乡。根据这一场景,湘西方言区苗族祖居地与黔东方言区类似,但区域在其西北部,并有部分宗支拥有盐井,属于重庆的东南部范围。

川黔滇方言区苗族内部支系较多,其祖居地和迁徙古歌内容较为复杂多样,且不同支系的苗族并非进行一次性迁徙,有的苗族在历史上从祖居地迁出后,进入贵州山地,后来因为国家力量的进入和历史上战争的影响,大批苗族又进行了无数次迁徙,有的甚至迁入东南亚的老挝、越南等地。由于该方言区情况复杂,我们特选取几个支系的苗族对祖居地的记忆进行探讨。

贵州麻山地区苗族在丧葬仪式上需要演唱"亚鲁王史诗",即演唱该支系苗人在首领"亚鲁王"的带领下,从祖居地进入麻山地区的情形,演唱此古歌,就是为了弄清该支系苗人迁徙的路线,以便亡魂回归祖居地。亚鲁王史诗反映苗族在祖居地就建立了城镇和市场:"亚鲁跟着母亲博布能荡赛姑,他们在天清气朗的龙集市河锦甾定都,王室建在一马平川的兔集市河锦臧。"[8] 亚鲁王定都后,注重"集市"和城镇的建设,并不断远征,古歌所描述的亚鲁王领地拥有大量平展的水田和

坡地:

亚鲁王造田种谷环绕疆域,亚鲁王圈池养鱼遍布田园。造田有吃糯米,圈池得吃鱼虾。亚鲁王开垦七十坝平展水田,亚鲁王耕种七十坡肥土肥地。七十个王后料理七十坝平展水田,七十个王妃打理七十坡肥土肥地。……亚鲁王对七十个王后说,亚鲁王向七十个王妃讲,女儿哩女儿,我要领兵去做生意,我要率将来做买卖。亚鲁王对七十个王后说,亚鲁王向七十个王妃讲,女儿哩女儿,我要在疆域开场坝,我得到领地建集市。亚鲁王说,女儿哩女儿,你们得带兵种好糯谷,你们要领将养好鱼虾[8]。

亚鲁王早期领地为麻山苗族的祖居地,从古歌所反映的情境,这一支系苗族在迁徙前已经建立了国家,并建有城镇、市场,从事稻田耕作,"糯谷"和"鱼虾"为主要产品。尤其需要注意的是,在亚鲁王史诗中,亚鲁王在一次打猎中发现了"盐井":"生盐井盐颗如黑色牛眼,盐井里盐粒像紫色羊眼。"[8]亚鲁王兄弟"赛阳""赛霸"得知亚鲁王获得盐井,因此发生争夺盐井的战争,最后亚鲁王战败,只好带领族人迁徙,最后进入麻山地区。

川黔滇支系苗族古歌均指出苗人先祖居住地为"大平原",直到发生部落战争,因苗人在战争中失败,因而损失"故土",被迫迁徙,直到高山区。苗族古歌所反映的部落战争缘起分两种情况:一种为苗人居住于"大平原",因平原富饶,遭到外族入侵,苗人战败而逃离家园;另一种为部落之间的矛盾所致。

流传于云南昭通,贵州威宁、赫章等地,杨芝所演唱的"则嘎老"记载苗人"则嘎老"住在浑水河边甸方台荡利莫平原从事农耕,古歌所反映的物种有水牛、骆驼、水稻、小麦、大麦、稗子、牦毛等,从物候地理特征来看,应属于中国西部的"平原"❶。至于战争缘起则在于"沙蹈爵氏敖"起黑心,"欲把则嘎老的劳动果实来吞并";则嘎老只得渡河迁入南方,"则嘎老的子孙渡过去,渡到了笃纳伊河对岸,来到了南方的笃直氏"[9]。

苗族早期居住地"主世老""则嘎老"首领时期,苗人在首领带领下进行耕作,其生态景观有:从"积石山"(较多石头的山区)进入平坝,物种有水稻、高粱、麦、稗子及牦毛等,这些确实为中国西部高原生态,以此杨汉先认为苗人祖居地在青海西

---

❶ "则嘎老"所反映的赶骆驼去把粮种驮,骆驼不耕地,牦毛也驮粮等事项,应该位于中国西部高原,古歌中的"平原"是说土地很平,并非现代地理学意义上的平原。

宁一带[10]。一方面，石头堆成的山在南方山地较多，并非要参考北方的"积石山"；"浑水河"只是浑浊之河的意思，并不能确指黄河。我们在清水江苗族迁徙古歌中就发现，苗族和侗族、水族共同迁徙时，说到过侗族、水族沿"浑水河"迁徙，苗族沿"清水河"迁徙，并言明清水河就是上游没有人居住最好开辟水田的地方。因此，苗族居住的浑水河应该属于河的下游，相对于贵州高地的上游支流来说，居住于祖居地"巴蜀"一带的苗族就是"下游"，河水自然要浑浊，而进入上游，我们认为主要是贵州"乌江"水系，自然就是清水河了。

根据川黔滇方言区苗族古歌所反映的祖居地，我们认为，这部分苗族应该分布在古巴蜀地带，其东南部与湘西方言区苗族相连，其古歌都有关于"盐井"的记忆；其西北部与中国青藏高原相邻或接近，至少有较频繁的贸易，否则就不会有关于骆驼的记忆。

综合三大方言区苗族古歌关于苗族祖居地的记忆及其景观，我们认为，苗族三大方言区在迁徙前就形成了一个较大的古老民族。根据古歌的内容，苗族的分布应该在湖南、贵州、重庆、四川的交界地带，具体来说，黔东方言区苗族分布在洞庭湖水系的南部，湘西方言区分布在洞庭湖水系的北部、东北深入重庆一带，而川黔滇方言区苗族则分布在古巴蜀的南部，并拥有盐井，与西北的青藏高原有频繁的贸易交流。

二、苗族古歌中的迁徙路线与生计方式

苗族古歌所反映的苗族迁徙路线具有多样性，但从总体上来说，都有从"水乡平坝"进入高原山地，沿河流而上，从"浑水河"进入"清水河"的记忆。这一记忆并不是表明每一支系的苗族是作为一个整体进行迁徙的，我们从不同方言区或不同区域的苗族调查中发现，不同支系或家族的苗族均有不同的迁徙路线，且迁徙的缘起也不同。之所以有这些共同记忆，在于云贵高原的台地性地形，苗族从北部进入云贵高原，需要沿河流从下游进入上游，从东部也是溯河而上，从下游的浑水区域进入上游的清水区域。因此，对苗族的迁徙路线，需要根据该区域的苗族的具体记忆和迁徙古歌进行具体分析。

清水江流域苗族古歌对于迁徙的路径有较为明确的记载，即"Zab Gangx Nal"（五对爹娘）、"Diut Niuf Mais"（六双妈妈）从下游水乡进入榕江一带（湖南、广西、贵州交界地带），再进入"党告坳"（剑河县属，这是榕江通往剑河、台江、雷山、凯里

的一个小山口），并在此杀牛祭祖，分支迁入各地："方和福去哪里？希和涅去何处？方和福去交密，希和涅去方祥。德诺留在老地方，他同祖公住。还剩你家爷爷我家公，脚跟脚同上一个山，步随步同下一个坡，一同来到方尼地方。"[3]清水江流域丧葬仪式中的指路或者祭鬼仪式中的送鬼均有沿清水江而下的路线，这表明清水江苗族来自河流的下游区域。据调查，我们发现，清水江一些村寨送鬼时，就是沿清水江而下，有的需要将鬼送到湖南省洞庭湖边的常德一带。

清水江苗族迁徙古歌有的地方称为"Zab Gangx Nal"，如施秉县龙塘一带苗寨，年老的歌手特别喜欢唱迁徙古歌"Zab Gangx Nal"。在清水江流域古歌中，"五对爹娘""六双妈妈"是"歌骨"，不能改变。清水江苗族的迁徙不同于川黔滇苗族有部落首领，是整个支系苗族共同迁徙；清水江苗族的迁徙不断强调"五对爹娘"共同迁徙，我们认为是以"婚姻集团"的形式集体迁徙，各家庭具有独立性，又形成一个平等的整体，这个整体的形成是以姻亲集团的形式出现的："大家商量好，决定往西迁。西迁的祖先，名字叫什么？寅公和卯公，辰公和色公，黎公和诺公，姜公和文公，他们五对祖先，五对先人向西迁。"[3]在迁徙过程中，也是强调各家庭成员不同的分工：父亲收好祖传的钢钎，嫂嫂收好先人的纺针，哥哥带芦笙，妈妈带手杖，还要挑抬鼎锅等。我们在台江、剑河一带调查时，发现迁徙古歌中有关于"喜鹊"因为到外地"赶集"，回来告知五对爹娘西边有好生活的信息，于是苗人决定西迁。根据这一信息，清水江苗族祖居地应有市场与清水江流域相沟通，这些苗族的西迁并不是盲目的，而是有明确的目的地。而且迁徙古歌中就有明确要找的好地方，就是要能够开水田从事稻作的地方："爹妈开荒作田园，挖成旱地一片片，开成水田一湾湾，妈妈过了好生活，妈妈心里乐。"[3]

湘西方言区苗族古歌在迁徙过程中强调两个特征：一是水边的陆地，"从吉吴的水乡迁来啊，沿河边的陆地找地方"，意为苗人的迁徙不仅是溯河而上，而且迁居的目的地也是沿河边的陆地；二是不同的宗支迁入不同的地方，如"从吉吴的水乡迁来啊，沿河边的陆地找地方，一支来到泸溪县，一支来到泸溪峒，到泸溪县就住泸溪县，到泸溪峒就住泸溪峒。从吉吴的水乡迁来啊，沿河边的陆地找地方，迁徙的一支去往麻阳，迁徙的一支去往沅州，去麻阳就住麻阳，去沅州就住沅州。……"[7]湘西方言区苗族共迁徙到十二个溪峒，再向各处山坡和山地深处发展："迁到十二个兑现啊，住十二个兑现；迁到十二个溪峒，住十二个溪峒，十二个兑现有了苗人，十二个溪峒有了苗众；苗人又发满了坝坪盆地，苗众又发满坡满岭。"[7]因此，在

"十二个宗支"的迁徙古歌中,就需要分别对这十二个不同的宗支的迁徙史进行回顾。

湘西方言区苗族具有苗姓与汉姓相对应的文化,如"不"宗支大姓为"廖",仡僚宗支为"龙",仡卡为"麻",仡削为"吴",仡徕为"田"等。清水江流域苗族的汉姓只是清代雍正改土归流后的现象,因此,汉姓对于该区域的苗族血缘和婚姻没有意义。湘西方言区苗族与汉族接触较早,文化交流频繁,且共享相同的市场体系,因此,其古歌中不仅反映苗汉共祖,而且有互相争夺土地居住权的斗争。苗汉共祖,汉人因为杀了父亲"玛光"得到文字:"代扎剖玛光的肚肠,剖得几多的文字;代扎剖玛光的胸膛,剖得几多的书简;汉人得文字汉人出走,汉人得书简汉人离去"[7];后来又进行造船竞赛,最后汉人使用计谋优先占领水乡边的平地。苗汉的这种争夺土地居住权的竞争在西南非汉族群中相当多,如清水江、都柳江一带的苗族、水族、侗族、布依族等都有类似的故事。最先进入者具有优先权,优先者如同与该土地神灵定有契约,土地开垦权需要最早进入者的认可。

川黔滇方言区苗族古歌中,属于东部的苗族(主要集中于黔中)多强调市场和跳场(黔中苗族的一种社交娱乐活动),如贵阳周边的苗族、麻山地区的亚鲁王史诗等很多内容就涉及"市场"。川黔滇方言区苗族古歌中的迁徙不同于湘西方言区和黔东方言区的地方就在于川黔滇方言区苗族的迁徙是在首领带领下的迁徙,即其迁徙古歌本身就是英雄祖先的故事。流传贵州、云南边界地带的"根支耶劳与革缪耶劳的故事""根爷耶劳与根蚩耶劳""泽嘎劳的故事""阿鬃迁到贵阳地方"等都是苗族的英雄祖先带领部族的一种迁徙。另外,还有苗人在彝族首领的带领下进入彝族土司领地的故事,如流传威宁一带的"十二支苗家迁到逋诺",叙述了苗族的一支在彝族公主"水西布诺公主"的带领下进入逋诺土司领地的情况[11]。

川黔滇方言区苗族在迁徙居住地上不同于湘西方言区和黔东方言区苗族的地方就是前者按支系分散居住,不同的支系在不同的首领带领下进入高山地带,而后两者则是按姓氏、婚姻集团进入较为聚集的区域,黔东方言区苗族主要集中于清水江、都柳江流域,湘西方言区苗族位于武陵山的溪峒地区。川黔滇方言区苗族居住在高山地带,其生计多是刀耕火种,与湘西、黔东方言区苗族形成较大的差异。如麻山苗族地区生态环境不同于水乡的平原地带,不仅属于山地,而且属于喀斯特地貌,严重缺水、缺土,水稻只能在很小的范围内进行,因而其稻作系统具有多样性,以多样的谷物和其他食物作物的栽培弥补其天然的不足。如亚鲁王史诗中,糯米、大米、小米、红稗四种不同的谷物在麻山苗人中具有鲜明的分类：

> 你从吃糯米饭到吃大米饭，
>
> 你由吃小米饭到吃红稗饭[8]。

糯米饭对于麻山苗人来说，最为昂贵和难得，只有很少的水田能够种植，而更多的是小米和红稗。我们到紫云麻山苗族一带调查时发现，苗人只有在重大节日或祭祀场所才能吃到糯米饭，祭祖或祭鬼时，为了讨好神灵，往往用糯米饭，平时不轻易吃。这与黔东南一带苗族糯米饭很多（过去一些村寨的苗人只种植糯米），以至于人们将杂交水稻称为"猪饭"（只用来喂猪）。黔西北方言区苗族居住于高山之上，其传统耕作方式主要是"刀耕火种"。

川黔滇方言区苗族对于迁徙都是因战争，即美好家园受到外族入侵，战败后的苗人只好迁徙到高山地带，在这些地带的生存环境比故土要恶劣，因此苗人尽管迁居不同的地方，但对故土仍然怀念，故而一部川黔滇方言区苗族迁徙史就是一部战争史诗和血泪史诗。居住于平坝的苗人被沙兆玖帝敖部落赶走，而且为了纪念故土生活，将故土景象绣于服饰的生活图景。

> "阿瑿渡过大江河，阿瑿爬上高山顶。……妇女天天想念，妇女泪涟涟；想念水围城，想念产棉坝。想念归想念，想念不可得。她们就用丝线和棉线，把京城水围城绣成花围腰，绣上高楼大瓦房，绣上城墙来环绕。……"[11]

三、苗族迁徙古歌的演唱场域与仪式

苗族古歌是一种民间口头艺术，而任何艺术都来自人类生活的闲暇时间。不同的场合演唱不同的苗族古歌，如婚姻仪式上主要演唱开亲歌等与婚姻相关的古歌，盖新房时就唱立屋歌，在迁徙时还唱迁徙歌等；至于演唱的形式，则不同的场景其演唱是不同的，一些以娱乐为主的场合，即演唱世俗化古歌时，人们一般采取两人对两人，众人参与的形式，一问一答将古歌以比赛的形式进行演绎；而对于更为神圣化的场合，如丧葬仪式、祭祖仪式等则由相关人员进行演唱，神情严肃，内容更为精练。

任何一个族群的历史都是一个共同回忆，苗族古歌的迁徙的叙事，在时间上是远古至现代发展的一个历程，既有远古的历史记忆遗存，也有当下世界的生活场景影响。记忆需要场景和空间，没有具体的场景或者空间，人们的记忆就会逐渐遗失；苗族所进行的祭祖仪式或者丧葬仪式等所演唱的迁徙古歌，其实就是以一种场景为纽带进行记忆的场所。苗族的迁徙古歌具有一个庞大而复杂的体系,其迁徙的内容与家族世系相结合,迁徙古歌的演唱,其实就是对族群根源的一种认同和记忆,而这种记忆为构建群体之间的纽带提供了联结点。

苗族迁徙古歌的演唱场域较多,如苗族贾理、婚姻酒宴、祭祖,以及年节的庆祝场所等。对比苗族迁徙古歌,我们认为,苗族应为南方远古时期一个较大的族群:在湘西方言区苗族和黔东方言区苗族中,都有来自水乡平原边的祖先故土记忆,而川黔滇方言区苗族与湘西方言区苗族还有水边平坝和盐井的祖居地记忆。苗族的族源地根据指路经和迁徙古歌,应该有一个自东向西,自河流下游的"浑水河"进入河流上游的"清水河"的记忆。由此,我们认为,苗族的族源并非处于极小的一个狭小区域,而是在西南高地与长江中游平原之间的交界地带,即现在湖南、贵州、重庆、四川等交界地带的偏东部的长江各支流的下游区域,其核心区应为洞庭湖西部。

苗族迁徙古歌最为核心的内容是以支系族群和血缘家族世系为单位的开拓史,学界过去因过于注重整个苗族的民族宏大叙事而忽视了其家族历史,而苗人对于迁徙古歌的演唱的核心和根基是在家族而非整个民族。如亚鲁王古歌的演唱和传承之所以在家族血缘关系中不断被强调,就在于不同家族需要在丧葬仪式上演唱其家族的世系与迁徙路线,这样,才能使亡魂跟随祖先迁徙的路线返回祖居地。作为口头经典文献的家族迁徙史对于研究西南民族迁徙史和历史上国家进入西南后的西南史具有重大意义,原有的汉文历史文献只是从国家视角记载了国家进入西南的过程,但自唐宋以来,国家进入西南,西南非汉族群如何应对生态环境和社会环境的巨大变迁,其历史文献存在严重不足,而苗族迁徙古歌对先祖迁徙的当时景观和族群状况有较详细的描写,这为构建新的西南史和民族史提供了新的视角。

清水江流域苗族迁徙古歌主要有两种情况:一是在祭祖仪式的"吃鼓藏"时,其祭祀的对象就是从"蝴蝶妈妈""姜央"等人类起源、人类始祖到该家族的各位祖先(黔东苗族采用父子连名制,用联名的办法将家族世系进行串联),祭祖辞中的迁徙古歌为祭祖时不可缺少的部分。另外就是在节日场合的赛歌,清水江苗族利用节日清闲时节,以对歌的形式演唱该支系祖先的迁徙和开拓历程。清水江流域各区域都有较具特色的迁徙内容,如剑河苗族古歌对于迁徙的历史记忆较为清晰,如"分寨歌"明确指出,剑河苗人最早居住于河流下游的"大平原",迁徙只是从河流的下游迁居上游,而选定迁入地的标准是"量水":"从前党栋公,坐在大平原,讲大平地好,再好也不全,党栋公要走,不从哪路来,手拿根棒棒,量河水上来。一寨一寨看,一河一河量,看了九十寨,量了九条河,量到三江河,三江水一样,只有清水江,剑河的河水,水热超过点,我们党栋公,才上清水江。从前党栋公,他上清水河,来到哪一处,到哪处落脚?从前党栋公,他上清水河,到革东落脚,两河水相汇,他看太拥河,太拥河热点,他上太拥河。"[12]其他还有因动物发现水源而迁入的故事。

湘西方言区苗族迁徙古歌主要演唱于婚姻仪式上,而黔东方言区苗族,如清水江流域苗族的婚姻仪式主要演唱"开亲古歌",即讲述姑舅表婚制度。湘西方言区苗族注重"姓氏",其古歌有"一栋房屋要两姓人住,一个火塘要两氏人坐"之说[6]。湘西方言区苗族以"姓氏"为婚姻界线,只有不同的姓氏才能互相通婚,因此在演唱到婚姻的对象时就涉及对方的姓氏。如"苗族婚姻礼词"中唱到与龙家开亲时:

> 我们驾船沿河下啊,我们驱马顺溪奔。
>
> 照鸡僚的指点,我们到了龙家寨啊;
>
> 靠鸡吉的引导,进了龙家门。
>
> 龙家的祖父果劳半,像盘根的大树枝丫茂盛。
>
> 发下了一十二系,繁衍了无数的子孙。
>
> 一十二支中有代龙、代弄、代其、代喜,
>
> 一十二系中有大半、壤龙、代边、代本。
>
> 如此庞大的家族,有谁不愿跟他们攀亲!

湘西方言区苗族的迁徙古歌不仅需要演唱自己家族姓氏的迁徙史,还需演唱其他家族的迁徙史,也由此出现了整合化程度较高的迁徙古歌文本。这与清水江流域以"鼓社"为单位的"吃鼓藏"祭祖群体不同,同一鼓社内部不能开亲,祭祖主要是祭祀该鼓社的共祖,因此,不同的鼓社因为血缘祖先和迁徙的差异,其迁徙古歌就有差异;而且一个鼓社不需要知道另一个鼓社的家族谱系,因此对于黔东方言区苗族来说,"各家有各家的鬼",也就是每一家族需要有该家族的祭师,否则就难以完成祭祖,难以将父子联名制的谱系陈述清楚。

川黔滇方言区苗族内部情况复杂,不同支系所演唱的场域和仪式就有区别。如黔中一带,是以家族为单位进行祭祖,并演唱迁徙古歌。麻山苗族则主要在丧葬仪式上演唱迁徙古歌,其缘由在于需要将亡魂指引回祖居地,由于不同家族具有不同的迁徙路线,因此每一家族都需要有该家族的"东郎",以便在丧葬仪式上将亡魂指引回祖居地。川黔滇交界地带的苗族还有在以家族为单位祭神时演唱家族迁

徙的古歌,如杨照飞收集整理的"祭祀"杨氏始祖的仪式"祭天神",指带兵作战死后升天为神的杨姓始祖。时间:凌晨1点。地点:离村庄较远的野外。人物:祭师和村里的男人。事件:把准备好的母猪背到野外,设好祭坛,铺上一床草席,将猪的部位分好撕成13份(苗族祭祀最尊贵的亡灵是设9份,摆放13份是连同阵亡将士一起祭),用芭蕉叶13片当碗摆在草席上,竹筒13个当酒杯在草席上摆好,祭祀开始。"祭天神"分为"歌头""忠告""测天量地""杨姓""诞生""祭司""天神""收获""阴谋""祭祀""借口""杀人""证据""爷孜(谷能)之死""升天""战争""胜利""再胜""被骗""兵败""自杀""子承父业""造兵器""硝烟起""战神""厦败""战袍""金银碳粉""中计全军覆没""阴魂不散""雕像""诱导儿孙""西迁""看神""凑钱粮""做法事""天神下界""带走病灶""赐福""平安""纳祥""兴旺"等。整个古歌主题以苗人被骗所导致的悲剧为线,彰显川黔滇苗人心酸的迁徙史,如每节古歌有"祖纽老下套索祖先受骗上当,竖起耳朵来专心地听啊!"作为结尾语,提醒苗人要记住祖先,记住历史教训[13]。

仪式的场景不同,其记忆就有一定的区别,记忆需要有特定的空间和群体。皮埃尔·让内(Pierre Janet)在《记忆的演变和时代观》中"认为基本的记忆活动是'复述行为',其首要特征便是'社会功能',这是因为该行为是与他人的一种信息交流,是在事件或客体缺位的情况下进行的,而这个事件或客体才是主题"[14]。祭祖仪式中的迁徙古歌往往将家族历史与民族迁徙相结合,从家族来演述民族的迁徙史。在婚姻仪式中的迁徙古歌,一般都不是以家族为中心的,而是以族群为单位进行的一种记忆演述。我们在赫章县调查大花苗的迁徙舞"够戛底戛且"(意为寻找原先居住的地方),其舞蹈与迁徙古歌是融合在一起的,随着苗人从祖居地被外族打败,进入迁徙历程,经过渡河,最后进入定居地的迁徙血泪史。苗族古歌的演唱往往伴有仪式的实践行为,即以行为本身进行记忆,不仅进行语言的记忆,并创造场景进行记忆。

四、结　语

苗族古歌为苗族口传的经典,所包含的内容极其广泛,从开天辟地、人类起源等创世古歌,到各种仪式场合所演唱的经典祭祀古经、纠纷案例、民间叙事古歌等。无文字社会,族群文化的传承主要通过作为表演的"实践记忆"来完成,口传艺术、仪式均依赖于民众的实践行为,具有表演性(两者一般情况是结合在一起的)。苗族古歌不仅仅是一种口头艺术形式,而且是蕴涵苗族文化信息的传播、沟通工具,是无文字苗族社会发展出的一种人际交流方式。

作为沟通、交际手段的苗族古歌,其内容必然反映特定族群的价值观,并为其实际需要而发展。不同地域、不同支系、不同村落对古歌有不同解读,因不同需求而有不同的文本建构。苗族古歌对祖先、历史的记忆用以想象和建构我群与他者的界限,实现群体内部资源配置的稳定与自身社会的高度整合。因此,苗族古歌的展演(创造、表演)随着社会环境的变化而具有不断发展的实用意义,古歌对历史的记忆是族群立足于自身现实的需要而对过去的建构。民国时期的学者相当关注苗族古歌关于祖先、迁徙的内容,因为其记忆是探讨苗族状况的重要资料。

根据苗族古歌,苗人的祖居地属于水边的平坝。不同区域的苗人对祖先的记忆具有较大的差异,我们一直强调苗族在远古时代就是中国南方一个较大的民族,而不可能聚集于一个狭小区域,因此,各地苗人迁徙的出发点、时间和迁徙原因都是不同的。当然,远古时代的苗族先民居住区范围并非十分分散,否则就不可能形成相似性较高的统一集团。综合现今苗族分布区和苗族古歌所描述的祖居地景观以及历史文献的记载,我们认为远古时期的苗族先民分布在长江中游平原与贵州东部、重庆四川南部的高地边缘,即现在以湖南洞庭湖以西,贵州东部高地以东,重庆四川南部的水边坝区。这一区域其实是一个整体,只是在迁徙过程中,都是由河流的下游"浑水"向上游"清水"迁徙,因各自所在的具体地点不同,从而进入不同的长江水系的支流上游。如黔东方言区苗族进入沅水上游的清水江流域,湘西方言区苗族进入武陵山溪峒,即为五溪蛮的主体,而川黔滇方言区苗族一部分沿乌江进入黔中,另一部分进入贵州、云南交界的彝族土司区。

苗族三大方言的迁徙因素不同,对故土的怀念和迁徙古歌的演唱传统也不同:川黔滇方言区苗族多有战争和渡河的痛苦记忆,这应该是该区域苗族遇到外族的巨大压力,只好放弃美好的故土,进入生活艰难的贵州高山区(其平坝区多为其他民族所占领,苗族属于后来者)。湘西方言区苗族一直处于与汉族竞争的状态,其迁徙古歌也是苗汉之争,苗族在竞争水边平坝的过程中失利(不是战争,而是以造船比赛的形式争夺居住权),只好选择上游的溪峒地区。清水江流域的苗族迁徙的缘起在于人口过多,需要溯河西迁,寻找好生活,其迁徙是该支系苗族主动进行的,迁徙古歌尽管有祖先迁徙时的艰辛,但整体内容是愉快的,是对先民的一种歌颂。

苗族的族源和历史自宋代以后才有较明确的汉文献记载,因苗族的"苗"与先秦文献中的"三苗"均有"苗"而使后人将其联结在一起,以寻求苗族的远古至现代的整体史。其实,古代汉文献对于古代民族的记忆并不是以族群,而是以区域,秦汉文献中的苗族史,应该确定在苗族居住区的武陵蛮、长沙蛮之中,当然,这些称之外"蛮"的族群中并非只有苗族,当时的土家族、侗族都划入其中,这正如明清时期的"苗"并非专指苗族,而是包括有布依族、侗族、水族等西南许多非汉族群在内。至于先秦时期的苗族史,我们认为,根据苗族古歌所反映的苗族祖居地,再根据其族源所在区域,利用汉文献对这一区域的记载去寻找这一区域的历史痕迹,才有助于苗族的研究。

苗族古歌是苗族文化的信息系统,其对祖居地的记忆和迁徙历程的描述,不仅仅在于对历史过去的记忆,而在于对现存世界的思考。苗族宗教观在于死后的灵魂回归祖居地,这一信仰有助于苗族的族群认同和苗族价值观的确立。对于传统社会的苗人来说,人生最重要的事情就是死后灵魂的归属,因此,其行为准则也在于如何安顿死后的灵魂问题。苗族迁徙古歌之所以重要,在于灵魂回归祖居地的路径,迁徙的民族只有记住祖先迁徙的路径,才能正确无误地回归东方故土,同时,对迁徙古歌的不断演唱,使苗人能够清晰家族的根基和祖先开拓的历史。无文字的苗族并非是没有历史的民族,其口传经典的苗族古歌即是苗族无文字的经典文献。

参考文献

[1]吕思勉.中国民族史[M].长沙:岳麓书社,2010.

[2]江应樑.苗人来源及其迁徙区域[J].边政公论,1940.

[3]马学良,今旦译注.苗族史诗[M].北京:中国民间文艺出版社,1983.

[4]燕宝整理译注.苗族古歌[M].贵阳:贵州民族出版社,1993.

[5]田兵.苗族古歌[M].贵阳:贵州人民出版社,1979.

[6]石如金,龙正学搜集翻译.苗族创世纪史话[M].北京:民族出版社,2008.

[7]石宗仁收集翻译整理.中国苗族古歌[M].天津:天津古籍出版社,1991.

[8]中国民间文艺家协会.亚鲁王[M].北京:中华书局,2011.

[9]《中国苗族文学丛书》编辑委员会.苗青·西部民间文学作品选(2)[M].贵阳:贵州民族出版社,1998.

[10]杨汉先.贵州省威宁县苗族古史传说[M].贵阳:贵州民族出版社,1988.

[11]陆兴凤,杨光汉,吕稼祥,汤君纯编译.西部苗族古歌[M].昆明:云南民族出版社,1992.

[12]贵州省剑河县文化局.苗族古歌·礼俗歌[M].内部稿,1989.

[13]杨照飞,编译.西部苗族古歌(川黔滇方言)(下)[M].昆明:云南美术出版社,2010.

[14]雅克·勒高夫.历史与记忆[M].方仁杰,倪复生,译.北京:中国人民大学出版社,2010.

苗族理词生态伦理法治思想之管窥

龙文勇

摘　要: 苗族理词包含丰富的生态伦理法治思想如代际公平、相生相克与心存敬畏等。在生态文明建设作为中国特色社会主义现代化建设总布局内容之一的今天,对其生态伦理法治思想的时代价值研究,对于建设美丽苗疆、建设美丽中国具有重要的借鉴作用。

关键词: 苗族理词　生态伦理　生态法治　生态文明

2008年,由贵州省黔东南苗族申报的《苗族贾理》通过第二批国家级非物质文化遗产名录。苗族贾理在苗语生活世界里称为Jax(音译贾、加或枷),是指苗族人民用来阐明宇宙及天地万物的产生和发展、苗族各类案件列举及从事巫事活动所吟诵的民间口传文学。经众多搜集者整理后,迄今苗族理词已出版了不下5个文本,尽管不同异文在细节上略有差异,但其大致内容基本相似。

苗族理词与苗疆民众生活密不可分,在苗族理词的吟诵中,听众不仅得以认识苗族理词所构筑的宇宙观、世界观和生命观,了解到苗族理词所承载的历史如旷日持久的战争、奔波流离的迁徙与苗族姓氏的大致分布,更为重要的是维系了强烈的民族认同感。截至当下,在广大的苗疆,苗族理词依然成为维系苗族族源记忆、族群意识和族属认同的重要依据,并以此深远影响到审判等宗教、婚丧嫁娶等生命活动有序进行,包涵含丰富的生态伦理法治思想。

生态伦理法治思想缘起于西方工业革命负面影响的积极探索。人类自从进入工业文明后期,在创造前所未有的物质文明和精神文明的同时,也把人类推向了危险的境地:水体污染、酸雨、温室效应、植被破坏、生物多样性锐减等环境危机、生态

作者简介:龙文勇(1983—),男,苗族,贵州松桃人,法学硕士,铜仁职业技术学院讲师。主要研究方向:经济法学、民族习惯法。

破坏等问题犹如人间瘟疫,历史与现实中鲜为人知的事例不断告诫我们在发展的同时不得不考虑、解决环境问题。正如恩格斯所告诫我们不要过分沉溺于对自然的征服,我们每一次胜利自然都对我们有过报复。我们已经进入了环境时代,解决环境问题将是一个重要的研究课题。

对中国而言,我国改革开放和社会主义现代化建设取得了举世瞩目的成就,但对于发挥社会主义优越性所需的物质基础还是远远不够的。我国正处于并将长期处于社会主义初级阶段,我们党和国家的中心任务仍然是发展经济,然而21世纪新阶段,我国资源约束趋紧,环境污染严重,生态系统退化制约着经济的发展。党的十七大指出中国特色社会主义现代化建设的总布局是政治、经济、社会、文化和生态文明五位一体的建设。

在此社会语境下,研究苗族理词的生态伦理法治思想,对于建设美丽苗疆甚至美丽中国都具有重要的时代价值。具体而言,苗族理词的生态伦理法治思想包括代际公平、相克相生与心存敬畏三个角度,本研究在具体阐述之处提出基于苗族理词生态伦理思想上神治、礼治、法治三江并流文化建构的合理性。

一、代际公平：苗族理词之灵魂不灭

苗族无文字,苗族理词的传承依靠口耳相传。在苗族理词序贾篇(本篇篇名的汉语直译意为"贾理根源")中写道："弹墨线才造成屋,懂贾理才做成人"；"汉族不离书,苗家不离贾"；"传《贾》勿丢失,承理勿遗忘,牢如身上瘤,固如肉中刺,跌倒也不掉,至死也不落"；"施饵自岸上,获鱼于水中；施《贾》于人心,获益于社会"。从贾理的叙述中,我们不难发现,苗族没有文字版本的法律,却有口耳相传的贾理。苗族贾理像弹墨线一样规范人们的行为,使人懂得做人的道理；维护整个苗疆的社会秩序与和谐,所以贾理又称为道理歌。这些贾理在苗族人民身上如身上肉骨一样深刻,这对于塑造苗族人民的群体心理、行为模式、价值观念产生决定性的作用。

从上述论述中既可以知道苗族理词传承的重要性,同时也可以知道苗族理词传承了苗族先民的远古神话思想,具有数典不忘祖的精神。苗族人民认为先人虽然去世,但是灵魂不灭,强调要继承和发扬祖先的智慧和法则。如序贾篇中说道："今天咋循祖先经典,遵行祖先范例。随母足跟走,循父指尖行。"这表明了先人的垂范作用。在苗族文化中普遍认为人死后,苗族巫师要带其灵魂与先人相聚,这说明代际之间在阳间的分离只是暂时的,必然将在另外一个世界相聚,故而生前所作所为应该无愧于祖先,无愧于后人。今天随着布兰特伦夫人提出的可持续发展观在全世界范围内的认可,我们不得不重新审视代际公平的问题,这为我们处理代际公平提供了强有力的个案。

正是"江山是主千年在,人在世上如过客"的生命伦理,故而苗族认为死亡并不是生命的终结,而是回到世代老祖宗魂牵梦绕的东方故园。正是因为敬祖尊祖的影响,苗族理词在丧葬仪式及鼓藏节中大量运用,如《祭鼓篇》就通过念给牛听的表现形式,叙述人类的起源及苗族本支系家族的历史。

纵观苗族理词对苗区伦理塑造下的苗乡内部"有强弱无贵贱,有众寡无贵贱",虽然不至为世外桃源,但长幼有序、众生和谐,这些对生态环境意识的自觉显然有着有较大的借鉴作用。

二、相克相生:苗族理词之生命共处

我国的法律部门的划分以调整社会关系类型和调整方法为标准,现行法由宪法相关法、民商法、行政法、经济法、社会法、刑法和诉讼法与非诉讼程序法七个法律部门组成,由这些法律部门组成我国的法律体系。2011年3月27日,全国人大常委会委员长吴邦国在十一届全国人大四次会议第二次全体会议中宣布:"中国特色社会主义法律体系已经形成,党的十五大提出的2010年形成中国特色社会主义法律体系的目标如期实现。"

纵观我国现行法我们发现,这里所称的法律指调整社会关系的规范体系,而没有包括调整人与自然的关系规范。苗族理词既调整社会关系,也调整人与自然的关系,这是由当时特定的社会物质生产条件所决定,区别于人类中心主义指导下的工业文明的法律体系,对其进行深入的研究有着十分丰富的时代价值。

在苗族理词的叙述中,体现了事物相克相生的思想,体现了朴素的辩证法思想。如苗族理词《创世篇》中的宝璐妈妈迎风受孕,生下十二蛋,然后询问各种动植物如何生育孩子。"请岩鹰来抱,托山鸹来孵,岩鹰就开口,山鸹就出言……要点牛工钱,要点马工钱。""宝璐妈妈讲,宝月妈妈说……冷季留咱用,暖季你再要。"宝璐妈妈所生的十二个蛋也包括了人、动物、植物、疾病和鬼神。从这些理词中体现了万物相克相生,以此来维护生态平衡,体现出了苗族先民的生态智慧。

苗族理老(lix lux)为人们定纷止争。处理人们纠纷的寨头理老既可以是律师,也可以是法官,而他们处理争议的根据即苗族理词。理老正是这些理词进行口耳相传的继承者和传播者,他们不是通过选举产生,而是由威望较高的人担任。苗族理老处理纠纷的案件理词较多,并且各个地方的也有差别。年代较为久远而有比较典型事物相克相生的案件包括"蛇和蛙""牛和虎""猪和狗""杨梅树和竹"等,他们的汉语意思大致如下。

苗族理词案件篇"蛇和蛙"中说,青蛙以和蛇用鼓的时节不同特向蛇借鼓。用鼓上瘾之后不想归还,决定把鼓砍成三个吞进肚子,于是谎称被盗。当三月春耕生产时节,蛇听到吹敲鼓响彻大地,因此气急败坏,发誓遇见青蛙就要吞食之。青蛙却说我子孙上千,你吃不完。青蛙齐鸣,似万鼓齐敲,响彻天地,故民间把青蛙看作鼓神,在苗疆出土的许多铜鼓有青蛙的造型。

"牛和虎"理词中说,水牛在早晨出生,水牛是大哥。用来为人犁田拉耙,来养父母儿孙。老虎在夜里出生,他是小弟。虎笑牛身魁力猛,踩岭岭抖,行坡坡崩,却要为人犁田拉耙。牛回答说我为人犁田拉耙本为神仙所定,枉你身魁力大,用你来穿鼻子犁田。结果虎犁田失败,鞭子打烂了虎皮,因此形成了斑纹。犁拖差点断,虎最后不得不逃回山岭。牛笑了老虎的囧态,笑掉了牙齿,因此牛的上前牙是没有的。

"猪和狗"理词中说,猪和狗都来到人的家里都想吃饭,不想喝糠。人说谁开垦田勤快谁就能吃饭,猪勤快地去了,回来要求吃饭。一直睡觉的狗趁机在田里踩满了自己的脚印,也要求吃饭。人无奈只好相约第二天早上去确认,最后发现确实是狗的脚印。狗最终得到饭吃,而猪得喝糠。理老出言口封,猪睡圈吃糠而肥,用来发财发福;狗睡门边吃饭不肥,狗还吃猪剩下食物,并用来防盗和驱邪。

"杨梅树和竹"理词中说,树木和荆棘都为人来当柴火煮饭,结果米汤流出烫伤了滑皮椰树(含白浆,有如米汤状,传说因此事而遗留下来),也烫伤了毛竹。杨梅树充当理老来断案,责令树木和荆棘回家,人需要的时候自己来砍。此外为竹子疗骨伤(落下竹节伤痕)后,留其作为自己的助手,共同宣扬贾理,竹也因此被作为贾签理片。

纵观正式出版的苗族理词,我们会发现苗族理词许多案例通过动植物之间的特征和习性来寓理于物。这样的表述既通俗易懂,有利于记忆与传播,同时阐明事物之间相互联系、相互制约的生态法则。

党的十八大提出要建设"美丽中国",这是一个充满诗意的号召和促人反思的主题。而在现阶段中国特色社会主义现代化建设中资源约束趋紧、环境污染严重、生态系统退化形势严峻,对这些问题的法律应对需要环境资源生态法联合诸部门法一起发力,即法律体系的生态化。法律体系的生态化是指用生态文明的理念和生态学方法指导我国法律体系的发展与健全,把生态文明观和生态文明建设贯彻到我国相关法律制定、修改和健全的全过程。

根据苗族理词已公开发表的案例,以及笔者生活在苗疆的体会,苗族理词"案件篇"实为苗族习惯法,是苗族判例式的习惯法。上述提及的"蛇和蛙""牛和虎""猪和狗""杨梅树和竹"等,以动植物之间的特征与习性来阐释人与人纠纷的法律解决规则,这就是运用生态法的典型。

三、心存敬畏:苗族理词之神明裁判

本尼迪克特在《菊与刀》中曾提到与西方罪感文化不同的是日本文化属于耻辱感文化,两者之不同在于耻辱感文化靠外部的约束力来行善,而不像罪感文化那样靠内心的服罪来行善。笔者认为苗族文化与这两者既有区别又有联系,属于畏感文化,它固然包含外部评价之善恶与内心判断之正误,但其实质源于万物有灵的敬畏之感。这一方面是其相对封闭的自治格局;另一方面与其长期以来重鬼尚巫的传统息息相关。

畏感文化与之相应的是神治思想。与礼治和法治不同的是,苗族社会虽然具有理老、议榔和鼓社的礼治传统,但由于没有相应的军队、国家等法治实施手段,上述提到的苗族社会的三大支柱其实没有国家的权力来推行和实行,故而苗族的最高裁决方式是神判即沈从文所言:"地方统治者分数种,最上者为天神,其次为官,又其次才为村长同执行巫术的神的祀奉者";"这原因只是那边为皇帝所管,我们这边却归天王所管……我们这里多少事皆由神来很公正的支配,神的意思从不会和皇帝相同的。"

传统的苗族社区尤其是苗疆腹地,苗族理词的裁决虽然也起着法律判决的作用,但设如对方不服,其最高判决取决于神判。正是因为苗族社会由于畏感文化带来的神判裁决方式,这也是众多巫师或理老吟诵苗族理词的原因。理老在重大疑难案件中,经过裁决双方当事人不服或者案件无法查明事实真相,这时往往经过神明裁判的方式结案。

典型的案例如中部方言区的《烫粑理词》和东部方言区的《喝血酒词》,这两个地方的神明裁判既有区别又有联系。其中,《烫粑理词》叙述原告被盗,被告认为纯属诬陷。由于双方坚持不下,只好用神明裁判来解决:"各方各包粑,粽子四斤

米,同入一锅煮,看谁的粽子熟,看谁的粽子生;谁的熟谁胜,谁的生谁负。"而在东部方言区中的《喝血酒词》,当无法查清事实时也是诉诸神明,但是血酒词咒得太凄惨,双方当事人往往听从理老的劝解而不再喝血酒,理亏方往往也会自行招认。《喝血酒词》中说:"这个要喝血酒的,如果他是个真正的人,假如他是一个憨汉子,他是不沾不应誓,他是不受罚受惩的;假如他是个心肠歪曲的话,他喝了血酒誓,他就会断子绝孙,他喝了血酒誓,他就会死尽死绝,他就会死得精光,死得一个不剩,死得一个不留。"

苗族原始宗教包括了宇宙神灵观、万物有灵观、灵魂不灭观。据口传的《苗族理词》叙述:从天上的日月星辰、风雨雷电,地上的花草树木、龙虎蛇兔等万事万物都会说话,苗族人民认为他们都是神灵的化身。这些宗教文化体现了对自然环境的"惧感"特征,蕴涵了苗族人民对万事万物的敬畏精神。

时至今天,工业文明把生产力大幅度提高,创造了丰富的物质财富。我们发现人类中心主义的人定胜天的思想在解放人性中做出了巨大的贡献,但是人类作为自然界的一部分,我们无法完全认清整个生态系统的规律。在苗区如今也受到工业文明的冲击,这对苗疆经济社会的发展是必要的也是可行的。实践中,宗教文化的影响力在逐步弱化,但是还将在一定范围内发挥作用。这种宗教惧感文化与如今提出的尊重自然、顺应自然和保护自然的人与天调理念不谋而合。因此,这种宗教惧感文化对生态文明建设具有十分积极的作用。

虽然迄今而言,理老用理词处理纠纷的作用逐步弱化,但是还将在一定的范围长期存在。事实上,在中国乡土社会中存在着法律二元结构运行,即国家法和习惯法共同存在于乡土社会当中,两者既对立又统一,共同维护当地的社会秩序。在广大的苗族地区,由于国家致力于破除城乡二元经济结构,把我国由农业人口占很大比重逐步改善,努力实现城镇化,加之苗族中的青年人多数在外务工,他们接受了现代工业文明理念,这也导致以理词为核心的苗族文化在弱化,这些也是国务院提出对苗族理词保护、抢救、利用和传承的题中之意。

人类文明发展史大致经过了十几万年的悠久的原始文明,几千年的漫长农业文明,几百年的工业文明和当今的生态文明。生态文明是人与自然和谐共赢的文明。生态文明建设立意高远,它包括环境保护,又高于环保运动,志在避免重蹈"局部改善,整天恶化"的覆辙。经过转变思想观念、调整政策法规,引导人们改变不合理的生产方式、生活方式,发展绿色科技,在增进社会福利的同时,实现生态健康、环境良好、资源永续，逐步化解文明与自然的冲突，确保经济社会的可持续发展。生态文明在本质上追求人与自然的和谐；在过程上是对工业文明的扬弃；在结果上是指人与自然和谐共赢的生产方式所创造的物质、制度和精神成果的总和。其包括四个方面的特征：第一，生态健康，生态系统活力强。第二，环境质量好。第三，社会事业高度发达。第四，人与自然协调发展。

在广大的苗疆同样存在着生态文明建设的紧迫性，苗族理词包含丰富的生态伦理法治思想，截至当下，这些思想主要是农业文明的反映，因此我们对苗族理词应该采取正确的态度：既要反对苗族理词的历史虚无主义，因为其至今仍然发挥其积极的作用；也要反对复古主义，因为其也带有局限性，不宜夸大农业文明。在这里我们不是讴歌原始文明和农业文明集中体现的苗族理词，而是从中找到符合生态文明的思想资源。

生态文明建设是一项系统工程，它包括非常丰富的内容和任务，涉及诸多的部门学科和工作领域，其中生态伦理和生态法治是生态文明建设的重要领域。苗族理词为苗疆生态文明建设提供了丰富的可资利用的伦理法治资源。换而言之，我们在吸收传统儒家的礼治思想和西方的法制思想的基础上，对于少数民族地区的生态文明建设需要有地方性知识的加入，只有立足于古今中外并纳入本土性文化的兼收并蓄，才能构筑神治、礼治、法治三江并流的多元文化。

四、结　语

生态系统具有区域性，而这些区域性不同于行政区划。在我国西南喀斯特地貌的苗疆中形成的苗族理词，对生态文明建设具有得天独厚的优势。以儒、释、道为代表的中国传统思想对我国西南少数民族地区尤其是苗族地区的影响远远不如苗族理词的影响力。苗族理词深入人心，融入人们的生产和生活中。泛泛地期望从中国传统伦理思想来谈全国范围内的生态文明建设，在生态文明建设作为国家现代化的战略思想、作为系统工程的建设的今天是远远不够的。

在乡土社会中，国家法之外还存在着活生生的社会规范，就如我们苗族理词中的习惯法，这些规范无时无刻影响着人们的行为。研究这种习惯法对于生态法治化具有极其重要的意义，这符合了法律人类学家和法律社会学家的观点。使得我们的研究把目光从静态的法转向了动态的"活法"，从立法层面转向了法律实施的社会效果。

参考文献

[1]陈泉生.环境法学基本理论[M].北京:中国环境科学出版社,2004.

[2]《苗族简史》编写组.苗族简史[M].北京:民族出版社:2008.

[3]王凤刚.苗族理词[M].贵阳:贵州人民出版社,2009.

[4]龙正学.苗族创世纪[M].北京:中国言实出版社,2011.

[5]凌纯声,芮逸夫.湘西苗族调查报告[M].北京:民族出版社,2003.

[6]贵州省黄平县民族事务委员.苗族古歌古词·理词[Z].内部资料.

[7]石如金.湘西苗族理词[M].北京:民族出版社,2010.

[8]蔡守秋.论我国法律体系生态化的正当性[J].法学论坛,2013(3).

[9]本尼迪克特.菊与刀[M].孙志民,等,译.北京:九州出版社,2005.

[10]沈从文.沈从文全集·第七卷·凤子[M].太原:北岳文艺出版社,2009.

苗族史诗文化生态环境的建构与保护

——以《亚鲁王》为例

何圣伦

摘　要:苗族史诗是苗族传统文化的主要内容,作为一种非物质文化,其传承的方式恰当与否决定了这种非物质文化存与亡的命运。而被动地整理保存这些文化现象只是一种文化标本的陈列,要实现对活态的苗族史诗的传承最重要的选择是对其文化生态环境的保护。而对苗族个体民族文化自觉意识的培养、对苗族史诗的本体价值表达和各民族文化互相体认的生态关系的构建是苗族史诗文化生态环境重构的主要内容。

关键词:苗族史诗　文化生态环境　文化保护

生态是人类中心主义的弊端充分暴露后被人们提出并推广的概念,最初的目的在于改善人与自然日益恶化的紧张关系。很快人们便发现,生态意识不仅是人与自然从对立到相互体认、相互依存关系改善的表述,更是一种人的全新认知方式的表达。作为一种更为合理的认知视角,生态主义表达了事物之间相互依存的存在关系、互为对象的结构关系和互相体认的表达关系。作为苗族文化具象形态而存在的苗族民居、苗族服饰、苗族仪式、苗族歌舞、苗族口传故事和史诗等,也在很大程度上"体现了苗族文化的自然属性,体现了文化与生活的生态关系"[1],这种生态关系的构建为苗族文化的传承与发展提供了合理的载体与方式,彰显了苗族文化强劲的生命力。从苗族文化各种具象形态的存在方式看,千百年文化传承的经验逐渐完善成为一种文化传承制度。存在于苗族服饰、银饰中的纹饰符号,存在于苗族歌舞中的身体形态,存在于苗族仪式中的神秘行为,存在于苗族古歌中的巨人形象和破碎的迁徙历史,无一不是苗族先民生命态度、哲学思想、审美意识的表达,无一不是苗族苦难历史的记载。而汉文化的渗透和现代生活观念的变化引发的绝非只在于人们对苗族传统文化价值认识的变化,更为可怕的是这种变化带来的是苗族文化生存的生态环境的变异,最后造成文化传承制度的崩溃。异化的生态环境对苗族文化传承负面影响是可怕的,在强大的主流文化挤压下,作为少数族裔的文化事实要么会随着文化环境的枯竭而枯竭,要么将随着文化环境的异化而异化。

《亚鲁王》是流行于贵州紫云、惠水、长顺、罗甸和望谟等苗族西部方言族群的史诗,紫云苗族布依族自治县于 2009 年将其作为非物质文化调查整理出来,随即列为贵州省第三批省级非物质文化遗产目录,2010 年正式入选第三批国家级非物质文化遗产目录。与其他方言区的苗族史诗一样,《亚鲁王》的传承也存在诸多的问题,由于"受到现代社会经济文化冲击,史诗传承意识不断淡化,传承体系出现断层,史诗内容不断减少"[2]。究其根本而言,这实际上就是《亚鲁王》传承文化生态环境的异化问题,主流文化的冲击,生活态度的改变,现代媒体的多元化发展,苗族史诗与苗族族人的关系发生了始料未及的变化。苗族个体对生命意义的理解的科学化和生活的时尚化,苗族文化传承途径的多元化,苗族史诗价值认同的复杂化,最终导致了苗族个体在传统文化的传承过程中逐渐从我者蜕变为他者,作为我者的传承主体的责任和使命也蜕变为面对文化的他者的新奇和赞叹。当然,苗族族群以外的更多的文化观察者更是站在批评立场上来对苗族传统文化进行人类学意义的、审美意义的甚至市场意义的价值判断,实际上,这些价值的判断在无形中透露出他们的文化立场,这种站在主流文化立场、时代文化立场上的价值批评实际上是一种文化对另外一种文化的阐释。不管是苗族文化传承主体的异化,还是苗族文化价值理想的异化,还是苗族文化阐释立场的异化,这都是苗族文化生存的生态环境的异化。而苗族生命个体文化自觉意识的觉醒,苗族传统文化价值理想的回归和对苗族文化认知立场的调整是重新构建苗族史诗文化生态环境的基本途径,也是苗族传统文化保护的基本途径。

一、从拥有者到承载者:苗族文化传承主体的角色回归

从人类学意义上理解一个民族是比较复杂的。从地理概念看,民族应该是较为集中地生活在一定地域的一个族群;从文化概念看,这个族群的独立性又从其内部的文化属性表达出来,这个族群拥有相对统一的语言系统,这个族群也应该拥有相同的宗教文化,这个族群还应该拥有相同的传统。区别于其他族群的语言系统支撑起族群内部的交流沟通,实现文化传承的独立机制,以保证文化在一定程度上

的纯粹性;而相同的宗教文化则使整个族群的个体拥有相同的生命观念、价值观念和生活态度,而这些基本观念决定了整个族群生活方式的独立性;相同的传统最重要的意义在于让族群拥有一种集体记忆,对生命的历史和归属往往是人对自我的终极关怀,与生命最终归属的迷茫一样,历史的迷失也同样会让人丧失生命的归属。所以,共同的历史、共同的习俗和共同的生活方式成为一个族群鲜明的标签,也是人类学意义上甄别一个民族最为关键的标准。当然,这些具有民族标签意义的属性都会在族群的每一个个体身上体现出来,族群的每一个个体都是民族文化的承载者,这些带有明确的民族文化因子的个体是构成整个族群的基础。实际上,在族群的分化融合、兴起消亡的变迁过程中,一个族群的变异甚至消亡最初源于族群个体的文化意义的变异,所以保护一种民族文化实际上就是在保护这种文化根植的基础,就是要保护这个民族每一个个体的民族自信心,唤起他们的民族自觉意识。

传统与现代,绝不仅仅是一对互为表达的范畴,生活现代化催生的文化全球化趋势带来的是传统本身的紧张感。生活方式的改变和文化上的多元化发展对中国包括汉族传统文化在内的每一个民族的文化传统都构成了极大的威胁。生活在中国的苗族占据世界苗族总人口的大多数,分布在中国西南地区的各个苗族支系都呈现出大杂居小聚居的分布,不同民族文化的交流和影响越来越大,特别是随着社会体制的变化和人们生活方式的变化,人口的流动越来越频繁,各支系苗族真正长期聚居在村落中的人群越来越小,苗族传统文化的传承制度在各种强大外力的冲击下原有的功能在逐渐退化。回溯苗族传统文化千百年的传承历史,其传承方式可以归纳为苗族民间的传承和汉文化的传承,汉文化在苗族族群的渗透有限的时代,有语言无文字的现实使苗族传统文化的传承大多依靠民间传承方式来实现,苗族的宗教仪式、节日庆典、饮食起居、服饰文化和口传叙事等方式构成了苗族文化多维的、有效的民间传承体制,在这种制度中,苗族个体不仅是苗族文化的简单载体,从他们的生命观念、价值追求和生活方式看,他们作为苗族文化因子的存在,是构成苗族文化整体不可缺少的要素,每一个个体的文化免疫力构成了苗族文化的整体生命力。随着社会的发展,具有明显时代性特征的主流文化表现出难以抵御的强大的整合力,具有强大的文化重构功能的时尚的主流文化在逐渐剥蚀着每一个少数民族个体的文化免疫力。在各个支系的苗族村寨里,苗族服饰逐渐成为一种文化符号,大多是需要证明自己的族属关系时才得以上身,而更为时尚的、简便的服饰成为大多数苗族个体衣着的选择；苗族语言也逐渐成为以村寨为限的地域性语言，为了在更广阔的空间去实现自己的价值，熟知普通话和各地汉语方言的苗族个体在更广泛的社会交流中不得不放弃苗族语言这种工具；随着生活方式和习惯的改变，各种苗族仪式也逐渐减少。在一些零散杂居的苗族村寨，这些现象甚至已经到了难以控制的程度，"用苗族语言交流的人越来越少"，"着苗装人员减少或消失，传统工艺后继无人，服饰制作随意"，"传统风俗习惯形成的制度已没有约束力"[3]。对苗族文化的传承而言，这些现象意味着文化传承的主体在逐渐萎缩甚至消失，这种文化生态危机预示着文化本身的危机。

相对于其他传承方式而言，苗族史诗的演唱应该是较为可靠的文化传承渠道。由于地域性差异，苗族史诗的呈现方式有很多细微的差异，但是其精神特征、演唱内容和结构特点都有高度的一致性，这也最终成为苗族整个族群的精神链条，成为链接族群各个支系的纽带。苗族史诗的演唱本身带有一定的宗教色彩，大多是在祭祀活动和丧葬仪式上进行，苗族生命个体在对死亡的感知中有明显的恐惧和忧虑，这促使他们对生命的终极目标产生很多丰富的想象，这种对自我生命的终极关怀滋生了从道德精神到行为规范的自律，精神和行为自律是苗族史诗成为苗族传统文化中最有生命力的载体。和苗族其他支系的史诗一样，《亚鲁王》传承的文化生态环境中最关键的因素是文化传承载体的培养。在文化传承过程中，文化的传播者和接受者的二元结构形成了一种生态关系，作为苗族史诗传播者的歌师和作为接受者的苗族个体相互依存的关系激发了苗族传统文化的活力。苗族歌师对苗族历史信息的传达能力、对苗族逝者灵魂的安抚能力、对苗族生者和逝者灵魂的沟通能力，使其当之无愧成为一个村寨的精神领袖，精神领袖的权威性又为苗族传统文化至高的约定地位提供了保障，而苗族个体对苗族歌师的信任、崇敬甚至畏惧实际上是对苗族传统文化的认可。苗族史诗给予了苗族个体对世界和自我的认知方式，实现了他们的精神构建和道德完善。所以，不管是苗族歌师还是普通的苗族个体，作为苗族传统文化的载体都必须具有这种本族性的文化身份，只有具备了这种具有标记性的文化身份的苗族族人才是构成苗族文化整体的活态的文化因子。苗族史诗《亚鲁王》之所以得以完整地保留，其主要原因还得益于贵州麻山地区苗族文化自觉意识的完整性，"封闭的麻山形成了文化的专一性。……那里没有公共交通，平日里民众少有交流。这种以山寨、家族为中心的生活方式，使得每一个寨子都会产生几名本寨、本家族的东郎为寨人做法事、唱诵《亚鲁王》"[4]。居住地域的封闭避免了外来文化过多的影响,保证了族人文化的专一性,而歌师队伍的壮大也保证了《亚鲁王》的传承需要。

即使如此,苗族史诗作为一种文化现实,也在与主流文化、时尚文化的抗争中逐渐消退。苗族史诗的文化生态危机主要体现在不同民族文化关系的失衡和民族文化传承主体的变异两个方面,如果说苗族文化与汉族为代表的主流文化之间关系的失衡是苗族文化危机外在生存环境恶化的话,那苗族文化传承主体的变异则是苗族文化的内在危机。苗族文化传承主体变异首先体现在苗族个体的去民族化现象,"目前杂散居苗族地区65%的年轻人外出打工。他们在天南地北的大城市里择偶结婚,生育下一代,令人伤感的是这些年轻人从小就没有受到苗族文化的熏陶,他们和他们的下一代即将成为最后的苗族人"[3]。更让人感到失望的是,即使是苗族村寨里的苗族个体也存在着逐渐在文化立场上变异的事实,由于生活内容和场景的变化,很多族人将关注点从本族的历史文化逐步转移到现实的存在,从吃、喝、拉、撒的生活琐事到国家社会的政治大事成为他们津津乐道的对象。在传统的苗族族群中,苗族文化与个体族人构成了一种良好的生态关系,文化的存在实际上就是有民族文化自觉意识的苗族个体的存在,而苗族个体对生命的终极关怀又必须依靠苗族文化来实现,但是,随着人们生活方式和生活态度的改变,苗族个体和苗族文化的生态关系出现了变异,从相互依存的关系逐渐变异为主体和对象的关系。每一个苗族个体虽然仍然以苗族文化为自己在族属关系中的文化标记,但是他们对苗族传统文化的认知态度和立场却发生了极大的变化,他们逐渐从文化因素的载体变异成为文化的表述者、批评者和应用者。苗族史诗《亚鲁王》的苗族研究者杨正兴在他的一篇调查手记中以他父亲和他自己为例,谈到了苗族个体的苗族文化自觉意识退化的过程,他父亲因为掌握了一定的医术而认为传承苗族史诗的歌师是装神弄鬼的人,自己也因为父母的矛盾而主动疏远作为苗族歌师的二伯,"我不再关注二伯的世界,一晃就是几十年了"[5]。虽然他后来参与了《亚鲁王》的一些调查和整理工作,这时他与《亚鲁王》的关系不可争辩地变异成了文化与整理者的关系。

《亚鲁王》英雄史诗作为2009年中国文化的重大发现,作为苗族文化传承的重要典籍,在传承过程中也面临着很大的危机。《亚鲁王》传唱于以贵州紫云为中心的贵州中南部的麻山地区,其涵盖面积约2703平方千米,涵盖人口30万人左右,分布在20多个乡镇之间。从这些数据来看,《亚鲁王》具有较为广博的文化土壤,但是几乎每个区域却都存在着《亚鲁王》文化生态失调的严重问题。苗族史诗的传人和学术研究者都普遍感到，苗族传统文化"拾得起来的已不多了"，"在苗族很严肃的丧事活动中的《亚鲁王》，目前的歌师是严重的老龄化"[5]。面对包括《亚鲁王》在内的所有苗族史诗的传承现实，这种忧虑是普遍的，在这种文化传承危机中，一般的做法是加快对苗族史诗等口传文献、苗族仪式、苗族服饰和苗族歌舞等苗族文化的物化形态作为非物质文化遗产的抢救性整理和保护。当然，这种整理和挖掘在苗族传统文化的保护过程中起到了很好的作用，至少提高了苗族族人的文化保护意识，引发了全社会对苗族传统文化的关注。以汉文字记录整理苗族口传文献的方式、以现代音像技术来收集苗族仪式的方式、以旅游经济来开发苗族服饰的方式、以舞台表演来展示苗族歌舞的方式，对于一种具有悠久历史的民族文化的传承而言，那都是活态的文化标本的培养。这种环境中的文化生存无异于圈养的珍稀动物和盆养珍稀植物，看起来它的存在有一定的环境基础，但是，这种环境基础是缺乏生态活力的，要从文化标本的保护到文化的自然发展，关键在于苗族文化的文化生态环境的恢复。

二、从观审对象到文化存在：苗族史诗价值表达的回归

"苗族活态口传史诗《亚鲁王》是仅在苗族葬礼中对亡灵唱诵的古老叙事，意在告知亡灵民族的、家族的历史，要求亡灵牢记并循着祖先的来路归往祖宗之地。"[6]在对《亚鲁王》的认识过程中每个人都会有一种姿态，都会选择一种视角。史诗的《亚鲁王》是学术人从其演唱的具体内容来确认其史诗性质的。而对苗族个体而言，在葬礼上演唱《亚鲁王》来展示本民族的历史是为了告诉逝者回到祖先居住地的路线而已。演唱《亚鲁王》的东郎陈兴华说："我们麻山苗族人相信，要在葬礼上把祖先的历史和回归祖先的路线传授给逝者，逝者的亡灵才能穿越时空，回到祖先之地。"[7]而且《亚鲁王》的演唱一般是在葬礼上进行，"普通的祭祀活动中唱诵《亚鲁王》的歌师，又不能等同于那些在丧葬仪式中唱诵《亚鲁王》的歌师。……而且他们所掌握和唱诵的《亚鲁王》内容也截然不同"[8]。所以，真正完整的《亚鲁王》是不会离开丧葬仪式唱诵的。相对于苗族其他支系的史诗唱诵，《亚鲁王》"东郎们的唱诵庄重严肃，追求原汁原味，没有歌骨歌花之说，没有那样灵活多变的唱诵原则。这就决定了《亚鲁王》的传承和唱诵是一丝不苟的、不带有娱乐性的，因而也是小众的"[4]。所以，作为苗族史诗的《亚鲁王》的构成至少要包

括以下几方面,首先,脱离于作为叙述者的东郎、作为接受者的苗族个体、作为场景的仪式过程而存在的叙事文本,即《亚鲁王》的文本内容;其次,作为《亚鲁王》文本内容叙述者的东郎和接受者的苗族个体是《亚鲁王》构成的叙述行为主体;最后,丧葬仪式是《亚鲁王》唱诵不可或缺的环境。这几方面的因素共同构成了作为苗族史诗的《亚鲁王》,离开其中一方面的因素,对《亚鲁王》的认识都是不完整的。当苗族史诗独立于作为叙述者的歌师和作为接受者的苗族个体,脱离史诗唱诵的具体环境,而以纯文本的方式存在的时候,苗族史诗便脱离了其赖以生存的文化生态环境,变异成为一种作为认识对象的文化标本。这不只是《亚鲁王》的命运,所有支系的苗族史诗也都如此。

在超越于苗族村寨的宏阔的社会视野中,作为认识对象的苗族史诗首先被人类学、哲学、社会学和文学等社会学科界的学者所关注,这种古老的文化标本很快成了他们学术思想的载体。从中国知网收录的学位论文和期刊文章看,迄今以苗族文化为论题的文章有7000余篇,以苗族史诗为论题的文章有200余篇,以《亚鲁王》为论题的文章有50余篇,加上知网没有收录的期刊文章和各种论文集中的文章,苗族文化的研究显然已经形成了气候,苗族俨然成为一门显学。分布在各个专业领域的学者从各自的专业角度对苗族传统文化进行了逻辑梳理和价值评判。学术上对苗族史诗的关注是一种认识主体对对象的关注,学者只需苗族文化提供一种文化现象及与这种现象有关的物化形态、相关的数据,他们在这些基础上实现逻辑梳理,进行逻辑推断,然后得出自己需要的结论。显然,这种行为与苗族传统文化的传承没有直接的关系,苗族传统文化传承有自己的传承机制,其间的叙述者、接受者和叙述环境是苗族史诗文本内容附着的具体的载体。不管是对苗族史诗内容的关注还是对苗族史诗传承机制和过程的关注,都无法使苗族史诗的学术活动渗透到传承活动中去,这二者是几乎平行的关系,有关苗族史诗的学术活动对苗族史诗的传承最大的影响莫过于提醒人们对苗族史诗价值和现状的注意。所以,在苗族史诗的传承活动中,仅有学术的关注是远远不够的,甚至还会对苗族文化的传承提供一种不一定符合其传统意义的暗示。很多关于苗族传统文化的现代学术观点都是学者们站在人类学、哲学、社会学等立场上解读出来的,这些观点的合理性首先存在于学者的逻辑推断中,是否与苗族先民的生活事实、文化事实相符合,这本身是一个需要证明的问题。但人们看来具有科学性的学术活动的影响力给人们理解苗族传统文化提供了一种自信,当代苗族个体的民族文化记忆日渐模糊的今天,这些学术的推断必然会成为他们理解、继承和表达自己民族传统文化的方式。在这种情况下,以苗族史诗的学术活动对于苗族传统文化的传承而言,是一种改造作用而并非一种传承作用。例如,学者对蚩尤、"三苗"部落与现代苗族之间的关系推断逐渐成了苗族个体讲述本民族历史的开端;学者对屈原与苗族关系的推断也逐渐为很多苗族个体接受;甚至苗族各个支系的迁徙路线和相互关系在很大程度上也是学术研究带有假设性的推断,但是这些观点已经完全被苗族族人所接受。所以,苗族传统文化的传承应该有自己的传承方式,不能依靠作为描述对象的学术研究进行文化传承。《亚鲁王》之所以得以完整的传承下来,是因为麻山地区十分封闭而很少有人关注,"流传于乡间的《亚鲁王》是一部世代口传的史诗。它看不见摸不着,甚至没有一个字的抄本,它实实在在地以'非物质'的状态存在千年。它不是人人都能学,不是在任何时间、任何地点都能唱诵,更不是大众都会的"[4]。《亚鲁王》的传承少有外界的干扰,传承机制相对比较单一,这是其保存完整的主要原因。

还有一种以苗族史诗为对象的学术活动是苗族史诗的搜集整理。这种工作对于一种濒临消失的文化遗产而言是很有必要的,这是人类社会对即将消失的文化现象采取的最后措施,所以,《亚鲁王》的出版成为中国文化史上的一件大事。但是,这种活动抢救出来的只是一种叙事文本而已,它与活在民间的活态史诗《亚鲁王》有本质的区别。有人认为现代媒体的繁荣对很多少数民族传统文化的传承保护提供了极好的技术条件,"在当今传媒时代,随着数字化技术的成熟,口述和传媒结合,形成影像多媒体,以大大超越旧时文本的方式扩展时空,并以高度可塑性与文字结合,成为音像字的'三位一体'"[7]。这种"三位一体"的《亚鲁王》看起来是非常美好的,但通过多媒体的呈现方式将纸质文本的《亚鲁王》立体化并没有从根本上改变《亚鲁王》的存在状态,无论是纸质的文本还是多媒体的影像资料,这都是对一种文化的静态的保存,是一种文化标本的保存,虽然这种行为对保存一种文化现象而言是很有意义的,它甚至可以让这种文化现象以纸质的或者是音像的方式与人类历史共存,但是,这种记载对苗族史诗的传承而言却意义不大。因为《亚鲁王》只能在以具有文化传承使命的苗族歌师、具有宗教情感的接受者和具体唱诵场景构成的文化生态环境中才会显现出活力来,《亚鲁王》需要传承的不只是其文本内容而是连同其生存的生态环境。

在当代社会,作为对象而存在的苗族史诗还有更时尚的一种文化身份的意义,围绕苗族传统文化来进行文化旅游产品的打造似乎是所有苗族聚居地区的经济发展策略。从一般的苗族歌舞、婚礼习俗、服饰银饰、苗族民居等项目逐步发展到苗族的一些祭祀仪式，一些文化公司组织的表演性质的仪式展示已经超越了学者田野考察的需求，逐渐发展成为满足人们文化猎奇心理的文化消费品。对苗族史诗在内的传统文化进行市场化开发与苗族文化传承之间的关系是最具有迷惑性的，但是这种作为消费品的文化展示却不能从根本上取代苗族文化的传统传承机制。对苗族史诗在内的苗族传统文化的市场开发对苗族文化的宣传和发扬是毋庸置疑的，但是，这种文化展示的基本结构是表演者—文化产品—游客三者之间以经济利益为中心的互动关系。游客的消费需求与表演者的利益需求是这类活动的根本动因，文化猎奇心理的满足是表演者与游客的契合点，苗族传统文化的展示和表演是实现双方目的的方式。在这种活动中的价值追求决定了表演者的心理内容，首先，苗族传统文化的展示者是不是苗族不是很重要；其次，表演者在过程中有没有一种真正的民族精神的感动更不重要。人们在一般状况的田野调查中需要苗族歌师唱诵古歌的话，他即便欣然答应并随即唱诵，他唱诵的内容不可能与在丧葬仪式上一样，唱诵的方式肯定没有丧葬仪式上的神圣感严肃性，这种唱诵就成为离开仪式氛围的表演；最后，苗族传统文化的表演展示不会具有苗族文化传承的使命感，面对的不是具有共同历史文化、共同宗教情感的族人，而是这种文化场域之外的游客而已。所以，苗族村寨对传统文化的展示和表演与苗族文化的传承是完全不一样的文化活动，这种表演在展示本族文化的同时还改善了苗族村寨的经济状况，这是值得肯定的。但苗寨文化表演价值目标与在传统仪式上文化传承的价值目标差距巨大，所以，在注重苗族文化产品开发的同时不能忽略了这种文化真正传承过程。

苗族传统文化的价值绝不只体现于作为一种文化消费品的存在，作为一个民族的精神传统，它不仅仅记录了一个民族的历史过程，更是一个民族的精神家园，是这个民族的每一个个体诠释生命意义的终极归宿。这种体现族人生命观念、认知态度和道德选择的价值是苗族史诗传统的，也是更本质的价值。当然，苗族传统文化的这种价值的持续性体现必须依靠这种文化的有效传承来实现，而这种文化的传承必须依靠一种与之相适应的文化生态环境，对苗族史诗文化生态环境的保护就是对苗族史诗的保护。在现代市场经济环境下对苗族史诗文化生态环境的保护首先要明确其价值目标，对苗族消费性文化产品的打造与文化传承要区分开来；其次，苗族史诗唱诵的具体环境的保护是这一文化是否得以传承的根本。苗族史诗大多是在丧葬仪式上唱诵,《亚鲁王》正是在这样严格的规定性中得到比较完整的保存,丧葬仪式是一个人一生最后的仪式,也是最神秘的仪式,活着的人只能靠推量和猜测来对逝者灵魂进行安抚,只能通过神圣的苗族歌师来实现与逝者的沟通。这种仪式的神圣性对参与仪式的民众有一种情感和道德的规定性,参与者对苗族歌师的崇敬和对神灵的畏惧使《亚鲁王》的唱诵内容和唱诵方式很少得以改变,这就是《亚鲁王》唯一性的保证。而其他支系的苗族史诗在唱诵过程中有让歌师自由发挥的现象,"中部古歌有不变的'歌骨'和可以自由发挥的'歌花'。歌花展示了唱诵者的创造性和结束才能。在当地苗族民众看来,只有能够即兴创造歌花、'见子打子'的歌师,才是优秀的歌师","《亚鲁王》的传承强调'不变'"[4]。不变是史诗与艺术作品本质的区别,而这种不变却决定于史诗的文化生态环境的完整性。所以,对苗族史诗流传地区苗族民众生命观念和生活习俗的保护是维持苗族史诗文化生态环境的主要手段,特别是苗族民众丧葬习俗的保留与更改直接关系到苗族史诗的生存,让苗族民众的生活现实成为一种文化,让苗族村寨自然生活流程成为一种风景,是苗族传统文化生态环境保护和苗族传统文化的可持续开发的最佳途径。

三、从单向的文化阐释到相互的文化体认:多民族文化生态关系的构想

世界各族文化的渊源有悠久的历史,古希腊古罗马文明、希伯来文化、印度佛教文明和中国孔孟文化构成了世界文明的基础。由于人类种群、生活地域、生活方式和文化传统的原因而导致的文化板块之间有着复杂的关系,这不是一种简单的并列与对立、包含与被包含的关系,而是相互认同、影响的生态关系。"对于驳杂繁复的文化现象,我们姑且称不同源头且有不同传承渠道的文化为异质异体文化,例如西方文化与东方文化,……称共有一种文化渊源但同时具有不同传承渠道的文化为同质异体文化,例如,同一个种族下面不同的亚民族的文化关系,……称同一民族的不同地域的文化为同质同体文化。这三种关系构成了世界各民族各地区文化的基本关系,同时也构成了一个和谐而又充满生气的文化生态系统。"[9]中华民族是一个多民族的集合体,中国众多的少数民族(特别是南方的少数民族)之间的差异是很小的,甚至一些民族是中华人民共和国成立以后才认定的,民族之间的关系本身就十分模糊。从文化角度看,这些民族在几千年的历史上发生过多次族群

的融合和分裂,他们各自的文化虽然在传承机制上有些差异,他们利用各自的语言、文字和方式来实现对文化的传承,但是,在文化内涵、结构特点和价值取向上都有很多的相似之处。例如,南方很多少数民族和汉族都有相似的民间传说,像兄妹成亲、狗与稻种等故事在南方诸如汉族、苗族等民族都流行;维吾尔族的阿凡提和苗族的阿方形象也极为相似;南方的汉族小孩所戴的棉帽与苗族小孩的狗儿帽也基本一致;苗族的龙舟赛与汉族的龙舟赛也并无区别。这些文化上的交叉究竟是哪个民族影响了哪个民族?这是一个很难梳理的问题。就苗族史诗文化而言,在丧葬仪式上唱诵的内容在南方很多汉族和其他少数民族的丧葬仪式上也有体现。当然,汉文化在少数民族地区的传播更为广泛和深入。麻山苗族地区的《亚鲁王》唱诵中就有大量的汉文化的存在。"当今苗族人葬礼中融入不少汉族葬礼的元素:道士看期、画符、选圹、焚香、烧纸、丧联等。"[10]不同民族文化因素的相互渗透在民族文化发展过程中是正常的,只要没有出现文化上的改造和被改造、占领和被占领的现象,文化元素的借鉴实际上说明了各民族之间的一种文化体认关系,这种相互的文化因素的运动构成了不同民族文化的生态关系,有利于民族文化的健康发展。

但是,随着现代社会的来临,生活的开放性导致了文化的开放性,原有的由于不同种族、民族、生活地域所造成的异质异体文化、同质异体文化和同质同体文化的差异性越来越模糊,特别是生活在同一国家同一社会的中国各少数民族文化,在统一的社会制度机制和个人道德机制的规范下,产生了前所未有的趋同性。中国各民族文化关系平衡的打破首先缘于东西方文化的失衡。进入 20 世纪,西方文化逐渐具有优势,人们在对文化的表达时有了东方文化和西方文化的意识,随之出现了文化霸权、文化殖民等文化表达式,东方文化逐渐陷入一种可怕的失语状态。在强大的文化压力之下,中华知识分子文化的觉悟成为新时期炙热的话题,认为"在西方文化的压迫下,中国知识分子应当持有一种拼死的姿态,以保持国家尊严"[11]。抗争需要一种文化的合力,于是经历了现代社会以来备受冷落的、以儒释道为基本内容的中国传统文化终于迎来了前所未有的良好的发展时期。以汉族文化为核心的中国传统文化强大的整合力使它获取了中华文化的中心地位,为了东方文化的复兴,为了中华文化的复兴,这种中心地位得到了中国社会各阶层的承认,得到了包括各少数民族文化在内的边缘文化的承认。这种文化战略虽然使东方文化在强势的西方文化目前取得了一定的话语权,但是,它也在中国多民族的文化中树立了话语权。中国多民族文化的生态环境受到了很大的冲击,作为话语权力中心的汉文化与各少数民族文化之间的共生共融的关系逐渐消退,而解释和被解释,影响和被影响的关系逐渐取代了原有的文化生态平衡。

从迄今为止的苗族传统文化的研究状况看,对苗族传统文化的研究是全面和深入的,但从整体成果看,更多的是站在一个苗族文化之外的文化立场来对苗族文化进行阐释。当然,学术研究是没有特别的立场和范式的要求,从人类学、社会学、哲学和文学等立场来对少数民族传统文化进行研究在现代社会形成了一种国际学术研究的传统,著名人类学家克洛德·列维-斯特劳斯在谈到人类学家对土著民族的研究时说,"西方文明仿佛是人类社会进化的最先进的表现,原始群体却成为早期阶段的一些'遗存'"[12];英国人类学家爱德华·泰勒也从更加文明的视角对"未开化人"进行研究,认为"在把蒙昧部落同文明民族进行比较的时候,我们也清楚地看到,文化落后社会的生活怎样一步一步地上升到比较进步民族的生活"[13];德国语言学家、民族学家、宗教学家 W. 施密特称他的人类学研究对象是原始民族,"所谓原始民族,是在民族学上有最高年代的民族"[14],"这些民族所住的地方是最难进去的,因此不能引起后来进步的民族的注意"[14]。从人类学兴起以来,人类学家基本上都把自己的研究对象看成是"未开化的人""原始民族",英国人类学家在论及特罗布里恩德群岛土著居民的婚姻家庭生活时,直接将书名取为《野蛮人的性生活》。可见,对土著民族文化研究的研究者们一开始就是站在文明社会立场上展开工作的,他们是为了明确自己身处的文明社会的历史而接近土著民族文化的,对于土著民族的文化而言,他们代表的先进文化显然具有绝对的优势,这是典型的一种先进文化对土著文化的诠释,这两种文化之间的关系是单向的,其间不具有生态意义。

从现存的文献看,中国历史对苗族的关注和西方学者对中国苗族的研究具有悠久的历史,中国唐宋时期,主流历史已经注意到了南方少数民族的存在,唐代樊绰撰写的《蛮书》"是有关云南古代民族和地理的一部大辞典"[15],作者在其间谈到了苗族文化的存在。明清时期特别是改土归流后,记载苗族文化的文献越来越丰富,方志的修订使中国各地少数民族首次进入了官方文献,就贵州而言,记载苗族文化的方志就有:明代沈庠修、赵瓒纂的《弘治贵州图经新志》,郭子章撰的《万历黔记》等。清代的《宣统贵州地理志》,田雯撰的《康熙黔书》,张澍撰的《嘉庆续黔书》,爱必达、张凤笙等修撰的《黔南识略》、徐家干撰的《苗疆闻见录》、王正玺等修、周范纂的《毕节县志稿》等七十余部,民国时期有刘显世、谷正伦修,任可澄、杨恩元纂的《民国贵州通志》等五十余部。除了方志外,记载了苗族传统文化的文献还有当时苗族地区政府官员的笔记一类的著述,如清代田雯的《黔苗蛮记》、陆次云的《峒溪纤志》、陈鼎的《滇黔土司婚礼记》、檀萃的《说蛮》、方亨咸的《苗俗纪闻》、贝青乔的《苗俗记》等。显然,这些有关苗族文化的记载是具有明确的文化优势立场的,首先,这些文献是社会主流视角对少数民族文化进行表达,其间多把生活中苗族人描写得野蛮、残忍,认为苗族人"性狙诈,轻生好斗,得仇人辄生啖其肉"[16]。其次,把苗族族人的一些生活习俗和道德表达诠释成为离经叛道的行为,对苗族年轻人的婚恋习俗进行道德谴责,"女子十五六岁即构竹楼野外处之,以号淫者"[17],"六月六日为换带之期,群女裸浴于溪涧中,人或薄而观之,赠以裙带则尤喜"[18],"苗族有妹相思妹同庚诸名率淫奔私昵之词"[18]。另外,在这些文献中,苗族本性凶悍,生来就有谋反动机,认为"九股黑苗青服凶恶,处深穴,披铠挽弩,名曰偏架,一人持之,二人蹶张,常啸聚为乱"[19]。从这些文献表达的对苗族人性格和苗族生活内容看,描述者文化歧视的态度是明显的,描述者代表的主流文化与苗族文化之间的关系也是不平衡的,这种不平衡的关系表达不但为中国多民族文化生态关系的建设设置了障碍,而且在后来社会发展过程中苗族个体的民族文化自信也是一种毁灭性的打击。

西方人学者对苗族文化的关注主要集中在法国传教士萨维纳的《苗族史》、英国传教士柏格理的《苗族纪实》、英国传教士克拉克的《在中国的西南部落中》和日本人类学家的《苗族调查报告》,这些著作出版于 20 世纪上半叶,几个传教士的著作带有笔记的性质,根据他们的行踪和传教经理,站在西方文明的立场对中国苗族的历史、文化、生活现状,以及苗族与汉族的关系做了详细的记载。而日本学者鸟居龙藏则对苗族进行了人类学意义的考察,以人类学理论对苗族各支系的基本状况进行了记录和研究。这些研究者不仅较早记录了中国苗族的历史和文化,更重要的是他们提供的人类学方法给中国学界研究苗族提供了一种科学的思路,中国主流社会从此一改对苗族蔑视性的表达而开启了对苗族学术性的研究,出现了吴泽霖、张少徽、梁聚五、杨汉先、王建明、杨万选等学者及其有代表性的学术著作,为中华人民共和国成立后及新时期后苗学发展奠定了基础,当前关于苗族传统文化的研究有着明确的针对性、学术性等特点,基本表现出了主流文化对作为小众文化的苗族传统文化的严肃性和科学性,这是主流文化对苗族传统文化的肯定和承认。

但其间也存在从主流文化立场对苗文化进行简单诠释,对苗族文化现象进行过度解读的现象,这些现象虽然没有从根本上改变苗族传统文化与主流文化之间的生态关系,但也为中国多民族文化关系的发展提出了一些问题。

中国主流文化与少数民族文化的关系基本上是影响和被影响的关系,文化上的生态平衡要求少数民族传统文化在接受主流文化影响的同时尽量保持自身的独立性,这就是少数民族文化在融入主流文化过程中的矛盾所在。前面梳理了主流文化对苗族传统文化的视角变迁,从苗族传统文化的立场看,对主流文化因素的接纳来争取在主流文化场域中的地位似乎是苗族传统文化发展的一种策略。从苗族史诗《亚鲁王》的唱诵过程看,作为主流文化的汉文化因素在其间的存在已是一个不争的事实。甚至出现了苗族"褒牧"汉族丧葬仪式上的道士"共同参与丧事"[10]的情形,这与苗族的历史状况不太符合,历史上,"从他们信奉的宗教传统看,这些人有别于周围的族种群落,他们所信仰的既不是佛教,也不是道教,也不是孔教或神道教;他们没有建立寺庙和佛像,甚至在他们家里,也看不到宗教图像和膜拜的偶像"[20]。从萨维纳的记载看,苗族历史上对本族意外的文化接受甚少,在他看来基本没有任何主流文化的痕迹。从没有痕迹到麻山地区苗族丧葬仪式上同时存在褒牧唱诵《亚鲁王》,道士同时进行道场的现象出现,这是苗族个体对主流文化接纳的体现。如果这种对主流文化的接纳没有影响到他们与《亚鲁王》的关系,那可以看成是不同民族文化的并存,如果因为道场在麻山地区的丧葬仪式上挤压了《亚鲁王》的传统地位,那就是不同民族文化关系生态失衡的开始,这种生态的失衡也许会导致弱势文化的最后崩溃,这是中国一些少数民族文化状况的经验。所以,少数民族个体的文化立场最终会决定这个民族文化的现状,各民族文化之间的生态关系在很大程度上是由民族个体的文化态度决定的。《亚鲁王》的传承不只在于怎样抢救性发掘、整理和保存,而是要构建一个适合其传承发展的文化生态环境,这样传承下来的《亚鲁王》才不至于是一种精美的文化标本,而是一种活态的文化现实。

参考文献

[1]何圣伦.苗族服饰的生态美学意义阐释[J].贵州社会科学,2010(9).

[2]李志勇.论苗族史诗《亚鲁王》文化价值及其传承发展[C].苗族文化的保护与利用

研究.北京:中国言实出版社,2011.

[3]杨永华,熊春秀.杂散居苗族的风俗现状及保护建议[C].苗族文化的保护与利用研

究.北京:中国言实出版社,2011.

[4]余未人.追念苗族英雄亚鲁王[A].亚鲁王·史诗部分.北京:中华书局,2011.

[5]杨正兴.苗族英雄史诗《亚鲁王》歌师普查手记[C].苗族文化的保护与利用研究.北

京:中国言实出版社,2011.

[6]唐娜.苗族活态史诗《亚鲁王》的发现、认知与保护[J].艺苑,2013(3):108-111.

[7]朱伟华,刘心一.活在传媒时代的苗族史诗《亚鲁王》[J].贵州师范大学学报(人文

社会科学版),2012(6):112-115.

[8]杨松.浅谈《亚鲁王》歌师称谓划分及其传承方式[C].苗族文化的保护与利用研究.

北京:中国言实出版社,2011.

[9]何圣伦.多民族背景下中国审美文化的民族性思考[J].社会科学战线,2011(2):

258-259.

[10]余未人.亚鲁王(图版部分)[M].北京:中华书局,2011.

[11]尹昌龙.1985:延伸与转折[M].济南:山东教育出版社,1998.

[12]克洛德·列维-斯特劳斯.结构人类学(1)[M].张祖建,译.北京:中国人民大学出

版社,2006.

[13]爱德华·泰勒.原始文化[M].连树生,译.桂林:广西师范大学出版社,2005.

[14]W.施密特.原始宗教与神话[M].萧师毅,陈祥春,译.上海:上海文艺出版社,1987.

[15]向达.蛮书校注序言[A].樊绰.蛮书校注[M].北京:中华书局,1962.

[16]佚名.宣统贵州地理志[A].黄加服,段志洪.中国地方志集成(贵州编)卷一[C].成

都:巴蜀书社,2006.

[17]郭子章.万历黔记[A].黄加服,段志洪.中国地方志集成(贵州编)卷三[C].成都:

巴蜀书社,2006.

[18]贝青苗.苗俗记[A].王锡祺.小方壶斋舆地丛钞卷十第八帙[C].杭州:杭州古籍书

店,1985.

[19]檀萃.说蛮[A].王锡祺.小方壶斋舆地丛钞卷十第八帙[C].杭州:杭州古籍书

店,1985.

[20]萨维纳.苗族史[M].肖风,梅蓉,等,译.贵阳:贵州大学出版社,2009.

后记：苗学史上的大事

2014年9月13日，"中国人类学民族学研究会苗学研究专业委员会"的成立大会及第一届年会在贵州大学召开，这是苗学史上的一件大事，需要把这件历史性事件的来龙去脉在这里记录一下，便于后代了解。

先说"中国人类学民族学研究会苗学研究专业委员会"为什么要成立和怎么成立的。说到为什么？苗族在中国有九百多万人（国外还有几百万，本书主要谈论中国苗族，就不谈国外了）。苗族历史悠久，文化丰富。苗族分布比较广，小聚居大分散，原来主要在西南和中南，现在因为很多人到沿海地区打工，因此分布就更广泛。作为这样一个民族，提供的历史和区域的研究内容就太丰富了，因此不少的学者投入研究，苗学研究机构也应运而生。最早的是贵州省苗学会在1988年成立，接着湖南、云南等省区也成立了苗学会，还有地州市县各级成立的苗学会更多，全国加起来有近百个。但是我们一直没有一个全国性的苗学机构，"中国人类学民族学研究会苗学研究专业委员会"虽然只是全国性研究会的一个分支机构，但是它也是属于全国性的学术组织，至少能提供一个全国苗族研究学者的交流平台，一定程度满足大家学术切磋的需要。成立这么一个机构的必要性和现实意义，就不必说了。

"中国人类学民族学研究会苗学研究专业委员会"是怎么成立的？在这里简要记录这个历史过程和感谢应该感谢的机构和人员。

从2009年"国际人类学与民族学研究会（IUAES）第十六届世界大会"在昆明召开说起。对应"国际人类学与民族学研究会"，我国成立了"中国人类学民族学研究会"，由国家民族事务委员会（以下简称"国家民委"）主任兼任会长，在国家民委的领导下组织召开"国际人类学民族学研究会第十六届世界大会"。全国各级民委鼓励相关组织机构及学者踊跃参加，并积极申请专题会议。在贵州省民族宗教事务委员会(以下简称"省民宗委")的支持下,贵州民族研究会邀请全省各地有关学者前来省城开会,聚集一起商量参会事宜。与会者认为贵州省苗学会最具备申请专题会议的条件,因为申请国际会议专题会至少要有三个国家的学者参加。于是当天晚饭后,原贵州省民族研究所所长、时任贵州民族研究会会长的翁家烈研究员就召集相关苗族学者开会,讨论参加国际会议事宜,决定提请贵州省苗学会申请一个题目为"苗学人类学"专题会议,以翁家烈研究员担任专题会议主席,贵州大学张晓教授担任执行主席。贵州省苗学会领导人分工,原贵州省军区政委、贵州省苗学会名誉会长喻忠桂担任"苗学人类学"专题会议筹备组组长,负责领导专题会议的筹备和召开事宜。原贵州省省长王朝文时任贵州省苗学会会长,他负责当年苗学会的年会工作。

2009年7月29日,由国际人类学与民族学联合会主办的,以"人类、发展与文化多样性"为主题的国际人类学与民族学联合会(IUAES)第十六届世界大会在昆明市召开。时任中国国务院副总理回良玉、时任国家民委主任杨晶、国际人类学与民族学联合会主席瓦格斯及来自全球100多个国家和地区的4000多名人类学、民族学学者参加了会议。由贵州省苗学会承办的"苗学人类学"专题会议也顺利召开并取得成功。贵州省民宗委提供了20万元经费资助"苗学人类学"专题会议,并委派徐飞副主任出席会议。贵州省苗学会承担了全部的后勤工作。会议结束后,贵州省苗学会邀请了"苗学人类学"专题会议的全部海外代表,以及其他专题的苗族代表数十人到贵州省的黔西县、雷山县等苗族地区考察交流,作为会议的延伸,大家满意而归。"苗学人类学"专题会议是苗学学科在中国第一次承办和集体参加的国际会议,意义重大。这次大会取得圆满的效果。国家民委和云南省政府在会后表彰了一批单位和个人,张晓教授获得了"筹备会议先进个人"的荣誉,也是一个证明。

国际会议结束了,大家各自回到自己的岗位。如果事情到这里结束,也就没有后面"中国人类学民族学研究会苗学研究专业委员会"(以下简称"苗学专委会")的成立。国际会议是2009年召开,2010年中国人类学民族学研究会在中山大学召开的"中国人类学民族学学科负责人联席会议",邀请部分原来国际会议的专题主席参加,张晓在受邀请之列。在这次会议上张晓得知中国人类学民族学研究会有"专业委员会"可以申请,萌发了申请一个"苗学专委会"的想法。2011年中国人类学民族学研究会在广西民族大学召开年会,张晓接到邀请参会并承办一个专题会议，于是申请"苗学专委会"就有了一种可能性。就在广西民族大学召开的中国人类学民族学研究会的年会期间，参加苗学专题会议的部分代表讨论商量了申请"苗学专委会"这件事情，并开始筹备。2012年中国人类学民族学研究会年会在兰州召开，"苗学专委会筹备组"将申请书及章程等材料拜托贵州大学长江学者纳日碧力戈教授去代交给中国人类学民族学研究会秘书长黄忠彩。申请书建议张晓教授担任"苗学专委会"主任。"苗学专委会"申请报告和章程等申报材料主要由苗族年轻学者李一如执笔撰写，苗学专家杨培德老先生等人审定修改。

2013年2月26日，中国人类学民族学研究会批准"苗学研究专业委员会"筹办。2014年4月29日，"中国人类学民族学研究会苗学研究专业委员会"正式获批成立。2014年9月13日，"中国人类学民族学研究会苗学研究专业委员会"的成立大会及第一届年会在贵州大学召开。

"中国人类学民族学研究会苗学研究专业委员会"的成立获得国家民委主管下的中国人类学民族学研究会的大力支持，时任中国人类学民族学研究会常务副会长、原国家民委副主任周明甫，中国人类学民族学研究会秘书长、国家民委民族理论政策研究室巡视员黄忠彩，研究会的秘书处办公室副主任张利佳等一行6人出席了会议，周常务副会长和黄秘书长分别发表了讲话；会议获得贵州省民宗委3万元的经费支持，徐飞副主任出席开幕式并讲话；作为挂靠单位贵州大学不仅提供了会议场地等硬件支持，而且常务副校长封孝伦出席了开幕式并讲了话；原贵州省省长王朝文因身体原因没有出席会议但发来贺信；喻忠桂老政委出席会议并讲话；湖南湘西州老州长龙文玉和云南文山学院党委书记熊荣元分别代表湖南和云南苗学界讲了话；原国际会议"苗学人类学"专题会议主席翁家烈也出席了会议。还有来自贵州、云南、湖南、北京、广西、湖北、四川、重庆等全国各地的苗学机构、领导、学者等100多人出席了会议。特别提出的是贵州大学长江学者纳日碧力戈用贵州大学长江学者专项经费给予支持。他最早就提出支持3万元，到了最后会议结束结账的时候超支的3万多元（一共6万多）也一并支付了。现在即将出版的这本书的出版费也是贵州大学长江学者专项经费资助的。

开幕式在早上大约10点结束以后，代表们移步到贵州大学大礼堂观看了由贵州大学、贵州民族大学、贵州师范大学等苗族青年自己排练表演的一场精彩的艺术节目，其中著名的苗族歌王潘兴周、著名新秀杨一方等歌星到场表演予以捧场。

下午，代表们聚集到贵州大学中国文化书院勉学堂进行学术交流，代表们发言踊跃气氛热烈。会议收到40多篇论文。本文集就是以该次会议论文为主。最后，会议宣布下一届会议由云南省文山学院和文山苗学会承办，文山党委书记熊荣元发表了讲话。

需要补充的是，在会议的前天晚上，会议筹备组在会议代表下榻的宾馆召开了一次交流会，大家各自表示了对苗学专委会的支持。

中国人类学民族学研究会苗学研究专业委员会在成立之际需要感谢太多的人和事情。首先感谢在国家民委领导下中国人类学民族学研究会承办了由国际人类学与民族学联合会主办的、以"人类、发展与文化多样性"为主题的国际人类学与民族学联合会（IUAES）第十六届世界大会，苗学得以第一次参加了国际会议并承办了专题会议，为后来成立"苗学专委会"奠定了基础；感谢中国人类学民族学研究会批准成立了"苗学研究专业委员会"，特别感谢时任常务副会长的国家民委前副主任周明甫和时任秘书长的国家民委民族理论政策研究室巡视员黄忠彩给予的具体支持和指导；感谢贵州省民委、贵州大学给予的支持；特别感谢贵州大学长江学者纳日碧力戈教授的雪中送炭；感谢积极参会的代表、专题主持人评论员及撰写文章的各位学者和苗学爱好者；还要感谢参与"苗学专委会"筹备的各位，如承担了外联工作的李一如、承担了所有会务工作的左振廷以及贵州大学参与会务工作的全体博士研究生和硕士研究生；感谢那些热情提供文艺表演的演员们和同学们！感谢所有提到的和没有提到的单位和个人对"苗学研究专业委员会"支持和关心！最后感谢知识产权出版社和责任编辑王辉的辛勤工作，使这本书得以面世！

中国人类学民族学研究会苗学研究专业委员会将从这里出发，走向远方！

2017年7月补记